■2025年度高等学校受験用

筑波大学附属高等学校

収録内容一覧

★この問題集は以下の収録内容となっています。また、編集の都合上、解説、解答用紙を省略させていただいている場合もございますのでご了承ください。

（〇印は収録、一印は未収録）

入試問題と解説・解答の収録内容		解答用紙
2024年度	英語・数学・社会・理科・国語	〇
2023年度	英語・数学・社会・理科・国語	〇
2022年度	英語・数学・社会・理科・国語	〇
2021年度	英語・数学・社会・理科・国語	〇
2020年度	英語・数学・社会・理科・国語	〇

★当問題集のバックナンバーは在庫がございません。あらかじめご了承ください。

●凡例●

【英語】

≪解答≫

〔　〕　①別解

②置き換え可能な語句（なお下線は置き換える箇所が2語以上の場合）

(例) I am〔I'm〕glad〔happy〕to ~

(　)　省略可能な言葉

≪解説≫

1, 2…　本文の段落（ただし本文が会話文の場合は話者の１つの発言）

〔　〕　置き換え可能な語句（なお〔　〕の前の下線は置き換える箇所が 2 語以上の場合）

(　)　①省略が可能な言葉

(例)「(数が) いくつかの」

②単語・代名詞の意味

(例)「彼（＝警察官）が叫んだ」

③言い換え可能な言葉

(例)「いやなにおいがするなべにはふたをするべきだ（＝くさいものにはふたをしろ)」

//　訳文と解説の区切り

cf.　比較・参照

≒　ほぼ同じ意味

【数学】

≪解答≫

〔　〕　別解

≪解説≫

(　)　補足的指示

(例)（右図１参照）など

〔　〕　①公式の文字部分

(例)〔長方形の面積〕=〔縦〕×〔横〕

②面積・体積を表す場合

(例)〔立方体 ABCDEFGH〕

∴　ゆえに

≒　約、およそ

【社会】

≪解答≫

〔　〕　別解

(　)　省略可能な語

＿＿　使用を指示された語句

≪解説≫

〔　〕　別称・略称

(例) 政府開発援助〔ODA〕

(　)　①年号

(例) 壬申の乱が起きた（672 年)。

②意味・補足的説明

(例) 資本収支（海外への投資など)

【理科】

≪解答≫

〔　〕　別解

(　)　省略可能な語

＿＿　使用を指示された語句

≪解説≫

〔　〕　公式の文字部分

(　)　①単位

②補足的説明

③同義・言い換え可能な言葉

(例) カエルの子（オタマジャクシ)

≒　約、およそ

【国語】

≪解答≫

〔　〕　別解

(　)　省略してもよい言葉

＿＿　使用を指示された語句

≪解説≫

〈　〉　課題文中の空所部分（現代語訳・通釈・書き下し文）

(　)　①引用文の指示語の内容

(例)「それ（＝過去の経験）が ～」

②選択肢の正誤を示す場合

(例)（ア，ウ…×）

③現代語訳で主語などを補った部分

(例)（女は）出てきた。

／　漢詩の書き下し文・現代語訳の改行部分

筑波大学附属高等学校

所在地	〒112-0012 東京都文京区大塚1-9-1
電　話	03-3941-7176
ホームページ	https://www.high-s.tsukuba.ac.jp/shs/wp/
交通案内	地下鉄有楽町線　護国寺駅 徒歩８分 地下鉄丸ノ内線　茗荷谷駅 徒歩10分

普通科

男女共学

くわしい情報は
ホームページへ

応募状況

年度	募集数	受験数	合格数	倍率
2024	80名	男子 323名 女子 176名 帰国　5名	98名 67名 3名	3.3倍 2.6倍 1.7倍
2023	80名	男子 340名 女子 191名 帰国　1名	90名 65名 1名	3.8倍 2.9倍 1.0倍
2022	80名	男子 360名 女子 189名 日本・現地 3名	90名 66名 2名	4.0倍 2.9倍 1.5倍

※男子＝一般入試男子　女子＝一般入試女子
帰国＝海外帰国枠
日本＝海外日本人学校　現地＝海外現地校

試験科目　（参考用：2024年度入試）

国語・数学・英語（リスニング含む）・理科・社会の５教科について，学力検査が行われる。この成績にもとづきながら，出願書類の内容も併せみて合否が決定される。

本校の特色

筑波大学の教育研究，あるいはその実証学校として充実した勉学環境を保ち，優秀な卒業生を数多く送り出している。

中学校における教育の基礎の上に，心身の発達や進路に応じて，高度な普通教育を行うとともに，筑波大学における，生徒の教育に関する研究に協力し，かつ筑波大学の計画に従い，学生の教育実習の実施にあたる使命をもつ。

学校行事

4月　入学式，開成レース（対開成高校ボート部定期戦）
5月　２年校外学習，教育実習Ⅰ期
6月　院戦（対学習院総合定期戦），進路説明会
7月　夏季行事（合宿等）開始，１年蓼科生活，青少年リーダーズサミット
9月　桐陰祭（文化祭），教育実習Ⅱ期
10月　スポーツ大会
11月　２年修学旅行
12月　教育研究大会
3月　卒業式，湘南戦（対湘南高校サッカー部定期戦）

※行事は過去の実績であり，変更の可能性があります。

進路状況

2023年度・大学合格者数

（期卒含む／2023年５月現在）

東京大学29名，京都大学６名，一橋大学６名，東京工業大学５名，北海道大学１名，東北大学４名，筑波大学６名，東京医科歯科大学（医）２名，千葉大学（医）１名，山梨大学（医）１名，弘前大学（医）２名，新潟大学（医）２名，群馬大学（医）１名，岐阜大学（医）１名，大阪公立大学（医）１名，横浜市立大学（医）１名，防衛医科大学校（医）４名，早稲田大学106名，慶應義塾大学72名，上智大学59名，東京理科大学72名，日本医科大学（医）６名，東京医科大学（医）１名，東京慈恵会医科大学（医）６名，順天堂大学（医）９名，昭和大学（医）３名，帝京大学（医）４名，自治医科大学（医）１名 など。

編集部注一本書の内容は2024年3月現在のものであり，変更されている場合があります。正確な情報は，学校のホームページ等で必ずご確認ください。

出題傾向と今後への対策　英語

出題内容

	2024	2023	2022
大問数	4	4	4
小問数	37	34	31
リスニング	○	○	○

◎例年大問は４題，小問数35問前後である。放送問題１題，長文読解２題，作文１題となっており，全体的に大きな変化は見られず，基本的な良問が目立つ。

2024年度の出題状況

1 放送問題
2 長文読解総合―物語
3 長文読解総合―物語
4 和文英訳―完全記述

解答形式

2024年度	記　述／マーク／併　用

出題傾向

長文の課題文は時間のわりに分量が多く，物語が多い。複数の人物などが登場し，会話文形式をとるので，慣れていないと人物関係や状況の把握が難しく感じられるかもしれない。設問は要旨を問うものなどである。作文は，与えられた日本文に合う英作文を記述する形式である。放送問題は例年５～６問，記号選択式である。

今後への対策

長文読解は慣れが重要である。短編中心の副読本を選び繰り返し読もう。量をこなすうちに，速読ができるようになってくる。リスニング力も一朝一夕で身につくものではない。継続的に毎日英語を耳にすることが大切である。最後に過去問で問題形式や時間配分を確認しよう。確かな実力を養うのは，日々の努力でしかない。健闘を祈る。

◆◆◆◆◆ 英語出題分野一覧表 ◆◆◆◆◆

分野		年度	2022	2023	2024	2025 予想※
音声	放送問題		■	■	■	◎
	単語の発音・アクセント					
	文の区切り・強勢・抑揚					
語彙・文法	単語の意味・綴り・関連知識					
	適語(句)選択・補充					
	書き換え・同意文完成					
	語形変化		●	■	●	◎
	用法選択					
	正誤問題・誤文訂正					
	その他					
作文	整序結合		●	●	●	◎
	日本語英訳	適語(句)・適文選択				
		部分・完全記述	●	●	●	◎
	条件作文					
	テーマ作文					
会話文	適文選択					
	適語(句)選択・補充					
	その他					
長文読解	内容把握	主題・表題				
		内容真偽	●	●	●	◎
		内容一致・要約文完成	●		■	◎
		文脈・要旨把握	●			△
		英問英答				
	適語(句)選択・補充		■	■	★	◎
	適文選択・補充		●	●	●	◎
	文(章)整序			●		△
	英文・語句解釈(指示語など)		●	●	●	◎
	その他					

●印：１～５問出題，■印：６～10問出題，★印：11問以上出題。
※予想欄　◎印：出題されると思われるもの。　△印：出題されるかもしれないもの。

出題傾向と今後への対策　数学

出題内容

2024年度　作　証　グ

大問５題，17問の出題。[1]は特殊・新傾向問題で，何枚かの長方形の紙を折って冊子をつくったときのページ番号などに関する問題。[2]はデータの活用から４問。[3]は関数で，座標平面上の図形に関する問題。ある点を原点を中心に回転させたときに移る点の座標を求めるもの。[4]は空間図形で，立方体について問うもの。断面を図示する問題もある。[5]は関数で，時間と距離の関係を利用する問題。

2023年度　作　証　グ

大問５題，15問の出題。[1]は関数で，放物線と双曲線に関する問題。放物線上の２点と双曲線上の２点を結んでできる四角形が平行四辺形であるときを考えるもの。[2]は平面図形で，三角形に円が内接した図を利用した問題。[3]は方程式の応用問題で，速さを利用したもの。[4]は空間図形で，全ての面が合同なひし形でできた六面体について問うもの。展開図を完成させる問題もある。[5]はデータの活用で，標本調査について問うもの。乱数さいを使った標本の選び方や，理由など，全て文章を記述する問題となっている。

作…作図問題　証…証明問題　グ…グラフ作成問題

解答形式

2024年度	記　述／マーク／併　用

出題傾向

大問４～５題，設問15問前後の出題。総合題は，図形２題はほぼ必出で，あとは，関数，方程式の応用，確率，データの活用など，さまざま。計算力，思考力を問うものや，工夫を要するものがある。難度の高い問題も含まれるので，それなりの準備が必要となる。理由や過程などを書かせる問題が出題されることもある。

今後への対策

難度の高い問題を解くためには，定理や性質，公式を理解したうえで，これらを手際よく柔軟に使いこなせるようにすることが重要である。これを習得するには，日々演習。できるだけ多くの問題と接し，いろいろな解法や考え方を身につけるようにしよう。正確で迅速な計算力も備えるようにすること。

◆◆◆◆◆ 数学出題分野一覧表 ◆◆◆◆◆

分野	年度	2022	2023	2024	2025 予想※
数と式	計算，因数分解				
	数の性質，数の表し方				
	文字式の利用，等式変形				
	方程式の解法，解の利用				
	方程式の応用		★		◎
関　数	比例・反比例，一次関数				
	関数 $y=ax^2$ とその他の関数		★		△
	関数の利用，図形の移動と関数			★	△
図　形	（平面）計　量	★	★		◎
	（平面）証明，作図				
	（平面）その他				
	（空間）計　量	★	■	■	◎
	（空間）頂点・辺・面，展開図		●		△
	（空間）その他			●	
データの活用	場合の数，確率				△
	データの分析・活用，標本調査	★	★	★	△
その他	不 等 式				
	特殊・新傾向問題など	★		★	
	融合問題				

●印：１問出題，■印：２問出題，★印：３問以上出題。
※予想欄　◎印：出題されると思われるもの。　△印：出題されるかもしれないもの。

出題傾向と今後への対策 社会

論…論述問題

出題内容

2024年度

地理 論
・世界の地形や気候，歴史，産業等の問題。
・東北地方の気候や産業，地形図等に関する問題。

歴史 論
・古代から現代までの資料を題材にした日本と世界の政治や文化等に関する問題。

公民
・男女平等を題材にした政治や資料の読み取り，国際関係等に関する問題。
・経済に関する問題。

2023年度

地理 論
・アフリカ州や世界の特徴，貿易，地図等の問題。
・日本の気候や産業等に関する問題。

歴史 論
・古代から現代までの資料を題材にした日本と世界の政治や文化等に関する問題。

公民 論
・憲法や人権，政治等に関する問題。
・市場における利益と公正さに関する問題。

2022年度

地理 論
・世界の貿易と産業，環境に関する問題。
・日本の人口や産業，地形図等に関する問題。

歴史 論
・古代から現代までの資料やグラフを題材にした日本と世界の政治や文化等に関する問題。

公民 論
・政治や環境，人権等に関する問題。
・市場における売り手と買い手の関係に関する問題。

解答形式

2024年度	記　述／マーク／併　用

出題傾向

大問数は例年６題であり，小問数は年によってばらつきがある。

地理は変化に富んだ出題内容であり，歴史や文化的な要素も含まれる。歴史は，古代と近代の政治や文化が頻出である。公民は幅広い範囲から出題されている。全体としては融合問題が多いのが特色である。

論述問題が複数出されている。

今後への対策

中学生の教科書以外の資料集等からも問題が出題されている。問題を解くうえでは，知識だけではなく，応用力や考察力も必要となるだろう。

学習の際には，教科書をすみずみまで読んだり，地図帳や資料集をフル活用したりして，正確かつ細かな知識を身につけておくことが大切である。

◆◆◆◆◆ 社会出題分野一覧表 ◆◆◆◆◆

分野＼年度		2022	2023	2024	2025 予想※
地理的分野	地形図	●		●	◎
	アジア			総	△
	アフリカ		総		△
	オセアニア				△
	ヨーロッパ・ロシア				△
	北アメリカ				△
	中・南アメリカ				△
	世界全般	産 人	地 産	地 産 人	◎
	九州・四国		地		△
	中国・近畿				△
	中部・関東				△
	東北・北海道			地 産	△
	日本全般	地 産 人	産 総	産	◎
歴史的分野	旧石器～平安	●	●	●	◎
	鎌倉	●			◎
	室町～安土桃山	●	●	●	◎
	江戸	●	●	●	◎
	明治		●	●	◎
	大正～第二次世界大戦終結	●	●	●	◎
	第二次世界大戦後	●	●	●	◎
公民的分野	生活と文化		●		△
	人権と憲法	●	●		◎
	政治	●	●	●	◎
	経済	●	●	●	◎
	労働と福祉			●	△
	国際社会と環境問題	●		●	◎
	時事問題			●	

※予想欄　◎印：出題されると思われるもの。　△印：出題されるかもしれないもの。
地理的分野については，各地域ごとに出題内容を以下の記号で分類しました。
地…地形・気候・時差，　産…産業・貿易・交通，　人…人口・文化・歴史・環境，　総…総合

出題傾向と今後への対策　理科

出題内容

2024年度　~~作~~　記

1気象と天気の変化から，日本の気象に関する問題。天気図や海陸風について，知識と考察力を問われた。　2物体の運動と電流と磁界に関する問題。月の公転周期や記録タイマーのしくみ，運動の記録について，知識と理解を問われた。　3シュリーレン現象や化学変化，プラスチックの性質について，知識や考察力，科学的な思考力を問われた。　4動物に関する問題。進化やヒトの体，染色体について，基本的な知識を問われた。

	2024	2023	2022
大問数	4	4	8
作図問題	0	4	2

2023年度　作　記

1物理分野から小問集合題。電流と回路，鏡による像，力学的エネルギーに関する問題。基本的な知識を問われた。　2化学変化とイオンに関する問題。酸・アルカリとイオンについて問われた。3生物分野から小問集合題。生殖，生物季節観測，光合成と呼吸に関する問題。知識や科学的な思考力を問われた。　4太陽の動きに関する問題。太陽の南中した時間や南中高度の変化，地軸の傾きについて，知識と理解を問われた。

作…作図・グラフ作成問題　記…文章記述問題

解答形式

2024年度	記　述／マーク／併　用

出題傾向

2023年度より，大問数がそれまでの８題から４題になったが，これまで通り出題分野に偏りはなく，物理・化学・生物・地学の各分野から均等に出題されている。

教科書に載っている実験・観察を題材に，発展的内容に踏み込んだ問題も見られる。正確な知識を押さえたうえで，応用力や考察力が必要。

今後への対策

まずは，教科書に載っている重要用語や実験・観察の手順・結果・考察をまとめよう。その後，標準的な問題集を１冊解き，正確な知識が身についているかを確認。できない問題があったら，教科書やノートを見直すこと。

さらに，過去の入試問題を使って，応用力・考察力を身につけたい。

◆◆◆◆◆ 理科出題分野一覧表 ◆◆◆◆◆

分野	年度	2022	2023	2024	2025 予想※
身近な物理現象	光　と　音	●	●		◎
	力のはたらき(力のつり合い)	●			◎
物質のすがた	気体の発生と性質				△
	物質の性質と状態変化	●		●	◎
	水　溶　液			●	△
電流とその利用	電流と回路		●		◎
	電流と磁界(電流の正体)			●	◎
化学変化と原子・分子	いろいろな化学変化(化学反応式)	●		●	◎
	化学変化と物質の質量	●			◎
運動とエネルギー	力の合成と分解(浮力・水圧)				△
	物体の運動			●	◎
	仕事とエネルギー		●		◎
化学変化とイオン	水溶液とイオン(電池)		●		◎
	酸・アルカリとイオン		●		◎
生物の世界	植物のなかま				◎
	動物のなかま				◎
大地の変化	火山・地震	●			◎
	地層・大地の変動(自然の恵み)	●			◎
生物の体のつくりとはたらき	生物をつくる細胞				△
	植物の体のつくりとはたらき	●	●		◎
	動物の体のつくりとはたらき			●	◎
気象と天気の変化	気象観察・気圧と風(圧力)				△
	天気の変化・日本の気象			●	◎
生命・自然界のつながり	生物の成長とふえ方	●	●	●	◎
	遺伝の規則性と遺伝子(進化)	●		●	◎
	生物どうしのつながり	●			◎
地球と宇宙	天体の動き		●	●	◎
	宇宙の中の地球	●			△
自然環境・科学技術と人間					
総　　合	実験の操作と実験器具の使い方	●		●	◎

※予想欄　◎印：出題されると思われるもの。　△印：出題されるかもしれないもの。
分野のカッコ内は主な小項目

出題傾向と今後への対策　国語

出題内容

2024年度

論説文　小説

課題文

一 橋場　弦『古代ギリシアの民主政』
二 水野良樹『誰がために，鈴は鳴る』

2023年度

論説文　小説

課題文

一 山下　浩『漱石新聞小説復刻全集 第11巻 解題』
二 はらだみずき『海が見える家 逆風』

2022年度

論説文　小説

課題文

一 野口悠紀雄『知の進化論』
二 重松　清『かさぶたまぶた』

解答形式

2024年度　記述／マーク／併用

出題傾向

近年，出題傾向に大きな変化はない。設問は，それぞれの読解問題に6～10問付され，そのうちのほとんどが内容理解に関するものとなっている。設問のレベルが高いうえ，記述式解答を求めるものも多く，年によって多少の変動はあるものの，全体の合計で150～200字程度の記述解答が求められている。

今後への対策

課題文の分量は標準的だが，内容が比較的高度なので，文章を正確に読む力をつけておかなければならない。そのためには，日々読書をすることと応用力養成用の問題集をできるだけたくさんこなすことが必要である。また，記述式解答の設問に備えるため，課題文の要旨をまとめる練習などもするとよい。

◆◆◆◆◆ 国語出題分野一覧表 ◆◆◆◆◆

分野		年度	2022	2023	2024	2025予想※
現代文	論説文 説明文	主題・要旨	●			△
		文脈・接続語・指示語・段落関係		●		△
		文章内容	●	●	●	◎
		表現		●	●	◎
	随筆 日記 手紙	主題・要旨				
		文脈・接続語・指示語・段落関係				
		文章内容				
		表現				
		心情				
	小説	主題・要旨				
		文脈・接続語・指示語・段落関係				
		文章内容	●	●	●	◎
		表現	●	●		◎
		心情	●	●		◎
		状況・情景				
韻文	詩	内容理解				
		形式・技法				
	俳句 和歌 短歌	内容理解				
		技法				
古典	古文	古語・内容理解・現代語訳				
		古典の知識・古典文法				
	漢文	（漢詩を含む）				
国語の知識	漢字 語句	漢字	●	●	●	◎
		語句・四字熟語	●	●		◎
		慣用句・ことわざ・故事成語		●	●	◎
		熟語の構成・漢字の知識				
	文法	品詞				
		ことばの単位・文の組み立て				
		敬語・表現技法				
	文学史					
作文・文章の構成・資料						
その他						

※予想欄　◎印：出題されると思われるもの。　△印：出題されるかもしれないもの。

2024年度 筑波大学附属高等学校

【英　語】（50分）〈満点：60点〉

1　放送の指示にしたがって答えなさい。〈編集部注：放送文は未公表につき掲載してありません。〉

例題　ア　A CD.　　イ　A pen.　　ウ　A cake.　　エ　A book.

(1)　ア　Two.　　イ　Three.　　ウ　Four.　　エ　Five.

(2)　ア　Watch the game with Mary.　　イ　Sell the tickets to Mary.
　　ウ　Play baseball with Mary's sister.　　エ　Invite Mary's sister to the game.

(3)　ア　Make pancakes.　　イ　Go to school.
　　ウ　Buy some eggs.　　エ　Get some milk.

(4)　ア　Clean the watch.　　イ　Exchange the watch.
　　ウ　Repair the watch.　　エ　Return the watch.

(5)　ア　At 7:50.　　イ　At 8:00.　　ウ　At 8:45.　　エ　At 9:00.

(6)　ア　A black T-shirt and black jeans.　　イ　A black T-shirt and white pants.
　　ウ　An orange T-shirt and black jeans.　　エ　An orange T-shirt and white pants.

2　次の英文を読んで，**問1～問9**に答えなさい。

"Mary Johnson," Coach Kelly said. She had the list of events and swimmers for the next competition.

'Oh no. Please tell me that she did not say my name for that event. Not the one-hundred-meter breaststroke. I'm not ready for it,' I thought. When Coach announced it, all eyes were turned to me. Susan and her friends were whispering to each other. I didn't have to guess what they were laughing at. Betty pressed her elbow into my side and tried to encourage me. It didn't help. My stomach sank to my knees like a rock in water.

Coach Kelly finished the list of names and said, "Remember, the competition is on Wednesday night. Be here at four-thirty for warming up. I'll see you at practice tomorrow."

We left the pool and went back to the locker room.

"It'll be fine," Betty said.

"You got your event," I said. "I wish I had the backstroke. What was she thinking ?"

"Maybe Coach has confidence in you," Betty replied.

"Or maybe," came a voice from the corner of the room, "she wants to make us laugh when you sink to the bottom of the pool." Susan and her friends laughed.

"Shut up, Susan," Betty shouted.

I said nothing and shut my locker.

"Did you find out your events for Wednesday ?" Mom asked as she opened the pizza box on the table.

I took a slice and started eating it. "Yeah. The one-hundred-meter breaststroke," I said without looking at her eyes.

"I don't know why Coach didn't give me (1-A)__________. She knows it's my best. I can't swim

(1-B)__________!" I said as I picked up another slice. "I'm terrible at (1-C)__________. What will happen if I swim the race and sink to the bottom of the pool ? Or, if I become last ?"

"Someone has to be the last," Mom said.

"But I don't think I can swim the breaststroke for one hundred meters !" I said as I put my pizza down. "I'm going to tell Coach. I won't join this competition."

Mom said, "Don't worry about other people. Just do your best and swim your own race."

"Thanks. But (2)__________," I replied.

Coach Kelly was reading her notes when I found her at practice. She looked up and said, "Hi, Mary. Are you ready for the practice ?"

I was nervous. I breathed in deeply and said, "I can't do the breaststroke. It's my worst, and I'm always last in practice."

Coach said, "Mary, I know you're very good at the backstroke, but I think you can do more. You just need confidence in yourself." She held up a hand when I started to speak. She continued, "(3)[time / the breaststroke / given / practice / you / yourself / to / haven't / enough], and I want you to try something different."

"OK," I said.

My teammates arrived. Coach placed a hand on my shoulder and said, "Go and get ready. Practice will start in five minutes. You can do it, Mary."

Practice was terrible. I lost rhythm on my strokes. I couldn't do my turns. I even had to stop and catch my breath a few times. Susan and her friends laughed at me.

"Just ignore them," Betty said when we were in the locker room. "(4)__________. Just count your strokes and focus on your own race."

I arrived at the pool on Wednesday. Teams from other schools were already warming up. The sitting area was full of people.

"I don't think I can do this," I said.

"You'll be fine," Mom said. "Remember, (5)it's just you. Don't worry about any of the other swimmers. Just swim your race."

"OK," I replied.

After we finished warming up, the first swimmers were up on the starting blocks. The race began. I felt sick. My teammates looked so strong. Betty finished second in her event. My knees shook as each event finished.

Then the one-hundred-meter breaststroke was announced. I was really nervous.

"You can do it, Mary !" Betty smiled and waved as I took off my jacket and walked to the blocks.

'Just swim your race. Don't think about the other swimmers,' I said to myself.

I was ready on my block. My heart was beating in my ears.

The buzzer rang. I dived into the water and kicked like a dolphin.

'Just count strokes,' I thought.

I kept focusing on the line in front of me.

I pulled, breathed, and kicked. I counted strokes.

I hit the end of the pool. I breathed in fast and pushed hard against the wall. My legs started to get tired, but I kept kicking and counting strokes. I saw the other swimmers ahead of me, but I focused back on the line.

I pulled, breathed, and kicked. I kept counting strokes.

My arms were getting tired. The other swimmers were ahead of me. The wall was so far away. I pushed myself forward while I was counting strokes and looking at the line until the wall came into sight. I finally touched it. There was no one else (6-A)_______ in the pool. I was last.

I lifted myself out of the water on (6-B)_______ arms. All my energy was left in the water, and I walked slowly back to my team.

Betty (6-C)_______ a towel around me and shouted, "You did it!"

I sat in a chair. I was too tired to (6-D)_______.

After the competition, I waited outside the locker room until everyone was gone. Mom found me there.

"I'm so proud of you," she said.

"I (7)_______," I said.

"Yeah," she nodded and said, "but you did it, right?"

I bit my lip and answered, "Yeah. I guess I did." I became last, but I gave everything I had to finish. "I swam my race. And I think I won."

(注) event 種目　stroke ひとかき　block 飛び込み台　buzzer ブザー

問1 下線部(1-A)～(1-C)のそれぞれの空所に入る語句として適切なものを，次のア，イから1つずつ選び，記号で答えなさい。

ア the backstroke　イ the breaststroke

問2 下線部(2)の空所に入る最も適切なものを，次のア～エから1つ選び，記号で答えなさい。

ア I want to be able to swim better someday

イ I want you to tell Coach about it tomorrow

ウ I think I'm going to practice the breaststroke hard

エ I think I'm going to talk to Coach tomorrow

問3 下線部(3)の[ ]内の語句を，意味が通るように並べかえなさい。

問4 下線部(4)の空所に入る最も適切なものを，次のア～エから1つ選び，記号で答えなさい。

ア Don't take it seriously　イ You don't mean that

ウ You must be kidding　エ We are all in trouble

問5 下線部(5)が表す意味として最も適切なものを，次のア～エから1つ選び，記号で答えなさい。

ア チームから大会に出場する選手はMaryだけであるということ。

イ 母は他の選手には目もくれずにMaryだけを応援するということ。

ウ Maryは他の選手を気にせず自分の泳ぎをするべきだということ。

エ Maryはコーチに期待されている唯一の選手であるということ。

問6 下線部(6-A)～(6-D)のそれぞれの空所に入る最も適切な動詞を次から選び，必要があれば適切な形に変えて答えなさい。

answer　catch　leave　shake　wrap

問7 下線部(7)の空所に入る最も適切な1語を，本文中から抜き出して答えなさい。

問8 本文の内容に合うものを，次のア～エから1つ選び，記号で答えなさい。

ア Coach told Mary that she would be a strong swimmer by practicing the backstroke more.

イ　Mary thought that she was behind the other swimmers while she was swimming.

ウ　When Mary reached the wall, the audience in the sitting area praised her.

エ　After the competition, Betty waited for Mary until Mary stopped crying.

問9　次の英文は，この日の終わりにMaryが書いた日記である。文中の空所①，②に入る最も適切な英語1語を答えなさい。

Today, I joined the swimming competition. I swam the 100-meter breaststroke. Even though I didn't have (①) in my skill, I was able to finish it. I really thank Mom. She encouraged me by giving me a piece of (②). It was "Don't worry about other people." Through this experience, I think I've become a stronger swimmer.

3　次の英文を読んで，問1～問9に答えなさい。

Ben was a lazy young man. He was lying under the tree one afternoon when he smelled the fresh cookies. He went to his mother's kitchen. When he tried to reach for a warm cookie, a spoon hit his fingers.

"Boy, don't be lazy and start working in the fields," said his mom. "Farmer Duncan is always ready to pay a hard worker. Earn some gold, then you can get a wife, build a house, and live by yourself."

"No, Mom," said Ben, "it is too hot to work today. I'll take some cookies to invite a fairy and ask him to do it instead. Then your wishes for me will come true."

"Such a foolish boy," said his mom.

Ben took the plate of cookies and went back to the (1-A)______. He put the plate in the shade and waited for a fairy. Soon, he got bored of waiting. He started to eat one cookie, then another and another . . . and fell asleep. The last piece was in his palm. Ben dreamed of a fine house, a warm-hearted wife, and a field of gold, then suddenly his fingers were pulled. He woke up. Someone was stealing the cookie from his (1-B)______.

"Go away !" Ben shouted. Then he was surprised to find a small fairy. The fairy was eating the cookie.

"Excuse me, little sir," said Ben, "but as you have eaten my cookie, you must give me three wishes."

The fairy sighed, "That's true, I suppose. You can't get something for nothing."

"My mom is telling me to build a house of my own, but it is hard work. So, for that cookie you got from me, I wish for a fine house," said Ben.

"Accepted," said the fairy. The little man put his hand in his bag, and drew out a cottage. It was beautiful, but not big enough even for a dog — certainly not for a man.

"What's this ?" cried Ben.

"It's a house, as you wished," replied the fairy.

"I meant a house for myself. That one is a little (2)______," said Ben.

"You know," said the fairy, "it was a very (2)______ cookie."

"Fine, fine. I'll give up the house," said Ben. "Instead, I need a wife."

"You can't get something for nothing," said the fairy. "As you have no more cookies, you'll get no more wishes."

"I can get you a lot of cookies," said Ben. "Only fetch me a wife, sir. Any one will be OK. I suppose one is as good as another !"

"(3)[want / sure / to / you / you / you / are / me / a wife / bring] ? You didn't look happy with the house I gave you," said the fairy.

Ben sighed, "My mom will be happy with any woman."

He led the way down the path to Mr. Mackenzie's house. His wife's cookies were very famous. Often Ben stole one from the plate of cookies cooled near the kitchen window. As he expected, a lovely plate of cookies sat there.

Ben passed a few cookies to the fairy. He ate them quickly and cried, "Accepted !" Soon, Ben felt a hand on his shoulder.

"Oh, hello, Ben, I was looking for you," said a woman.

When Ben turned around, he saw a big woman who was as old as his mom.

"Do I know you ?" he asked.

"(4)__________, but my husband, Farmer Duncan, sent me to fetch you," she said.

Ben was surprised and asked, "Your husband ?"

"Yes," said the woman. "He wants you to work in his fields."

Ben looked at the fairy. The fairy was hiding behind the tree. To the farmer's wife, Ben said, "I'll come soon after (5)doing something important."

The wife nodded and hurried toward Farmer Duncan's land. Ben gave the fairy an angry look. "When I wished for a wife, I wasn't asking for someone's wife," shouted Ben.

"You know," said the fairy, "the cookies (6)__________, too. And you said one wife was as good as another."

Ben said, "Very well. I have thought about it carefully. All my trials will be over if you give me a field of gold. You've tricked me twice, but with a field full of gold I can get both a wife and a house."

"Yes, well, (7)you can't get something for nothing," said the fairy.

"Just wait a little. I'll work in the field and earn the money to buy you the best cookies. Then you'll give me that field of gold, and you will play no more strange tricks on me," Ben said.

"All right," said the small man. "I'll be back when the coins hit your palm."

Ben worked hard through the day. When the sun began to set, Farmer Duncan appeared. He shook hands with Ben and some other workers and gave them a few silver coins. Ben looked at the coins and pushed them around his palm. For him, there was never a sweeter sight than these coins until he looked up at the girl who gave him a cup of cold water and some cookies. She smiled and said, "I'm sure my dad will be proud to have a fine hard worker like you. He will be happy to eat dinner together with you." And she led Ben to Farmer Duncan's kitchen.

While he was walking with the girl, Ben looked back to see the setting sun. It was turning the field into an ocean of (8)______. And somebody whispered on the wind, "Accepted !"

問１　下線部(1-A), (1-B)の空所に入る語の組み合わせとして最も適切なものを，次のア～エから１つ選び，記号で答えなさい。

ア　(1-A)　house　(1-B)　hand　　イ　(1-A)　tree　(1-B)　hand

ウ　(1-A)　house　(1-B)　plate　　エ　(1-A)　tree　(1-B)　plate

問２　下線部(2)の空所に共通して入る最も適切な１語を，本文中から抜き出して答えなさい。

問3　下線部(3)の［　］内の語句を，意味が通るように並べかえなさい。

問4　下線部(4)の空所に入る最も適切なものを，次のア～エから1つ選び，記号で答えなさい。

ア　Yes, of course, I do　　イ　No, we have not met

ウ　No, we don't know that　　エ　Yes, I have brought you here

問5　下線部(5)の内容を次のように説明するとき，空所に入る日本語を，句読点を含む10字以内の日本語で答えなさい。

妖精に__________

問6　下線部(6)の空所に入る最も適切なものを，次のア～エから1つ選び，記号で答えなさい。

ア　were someone else's　　イ　were taken by mistake

ウ　were all the same　　エ　were freshly baked

問7　下線部(7)の内容として最も適切なものを，次のア～エから1つ選び，記号で答えなさい。

ア　持っていないものを与えることはできない

イ　ただで何かを手に入れることはできない

ウ　安いものばかり買っても得にはならない

エ　まだ手に入っていないものはあてにならない

問8　下線部(8)の空所に入る最も適切な1語を，本文中から抜き出して答えなさい。

問9　次の英文は，後日，Benが妖精への贈り物に添えた手紙である。文中の空所①～④に入る最も適切な英語1語を答えなさい。

Dear Fairy,

Hello, how have you been? Last summer, I started to work at Farmer Duncan's field to earn some money. There, I met a very nice girl who invited me to her family dinner. Actually, she was the (①) of Farmer Duncan. And a few months later, I (②) her. She is such a lovely and cheerful wife. Thanks to you, I got a chance to get a job, have a family, and live in a nice house. My (③) is very happy that her wishes have come true. Do you remember I promised to give you the best (④)? I baked some with my wife. I hope you will like them.

Best wishes,

Ben

4　次の(1)～(4)の対話を読んで，それぞれの空所に，［　］内に示した日本語の意味を表す英語を書きなさい。

(1)　A：Mom, what time is Uncle George going to come?

B：Around five. ______________________________

［3時までには家の掃除を終えないとね。］

A：OK. I'll start with the entrance hall.

(2)　A：Did you watch the drama yesterday?

B：No. ______________________________

［宿題で忙しくてテレビを観る時間がなかったんだ。］

A：That's too bad.

(3)　A：You should listen to this band's songs. They are all great.

B：Oh, they are my favorite, too. ______________________________

［ファン歴はどのくらいなの。］

A：For about a year. How about you?

(4) A : Wow, so many people have come to see our performance. Do you see your mother ?

B : Over there. ____

[あの青いシャツで眼鏡の人がうちのお母さんだよ。]

A : Oh, she looks just like you !

【数　学】（50分）〈満点：60点〉

注意　1．円周率を必要とする計算では，円周率は π で表しなさい。

　　　2．直定規とコンパスを使用してもかまいません。

1　同じ大きさの長方形の紙を何枚か二つ折りにして重ね，冊子を作ることを考える。例えば3枚の紙では，下図のようにページ数12の冊子を作ることができる。

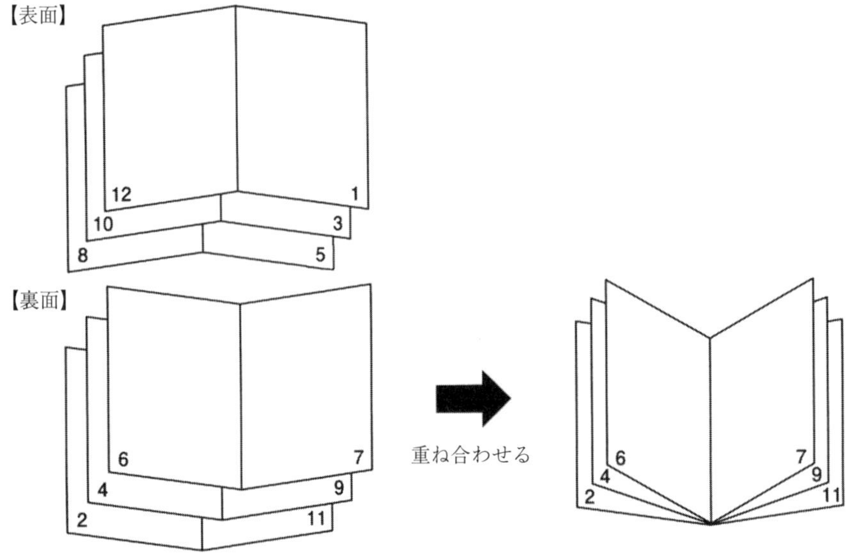

　このとき，次の①～④の［　］にあてはまる数または式を答えなさい。

　5枚の紙でページ数20の冊子を作り，上図のようにページ番号を書く。その後，冊子をばらして5枚の紙に戻す。

(1)　ページ番号15がある紙において，ページ番号15と同じ面にあるページ番号は［①］であり，その裏面にあるページ番号は［②-ア］と［②-イ］である。

　ただし，②-アと②-イは解答の順序を問わない。

　このページ数20の冊子に，クラス40人の自己紹介を氏名の五十音順に掲載することを考える。冊子のページ1枚分の半分の大きさの紙を40人に1枚ずつ配布して，出席番号(氏名の五十音順)と自己紹介を記入してもらう。その40枚の紙を，右図のように，ページ番号1のページに出席番号1番と2番，ページ番号2のページに出席番号3番と4番，…のように冊子に貼り付ける。その後，冊子をばらして5枚の紙に戻す。

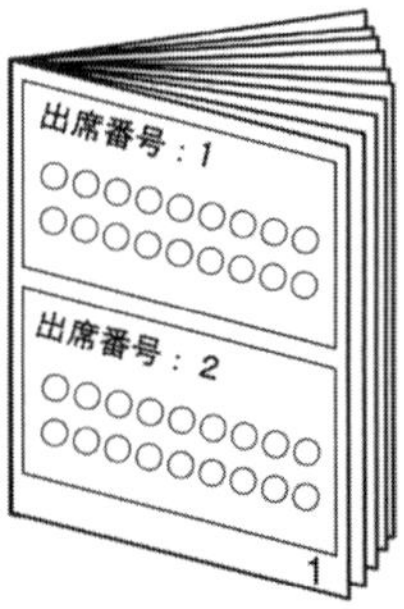

(2)　ある紙に書いてある4つのページ番号の中で，最も小さい番号を n とする。その紙に掲載されている8人の生徒の出席番号のうち，最も小さい番号は［③-ア］，最も大きい番号は［③-イ］である。

(3)　生徒の自己紹介は五十音順に掲載したが，出席番号が2桁の，ある1人の生徒が，誤って出席番号の十の位と一の位を逆にした2桁の整数を記入してしまっていた。誤って記入した整数と，同じ紙に掲載されている他の7人の生徒の出席番号との8つの数の総和は173であった。番号の記入を誤った生徒の正しい出席番号として考えられるものをすべて求めると，［④］である。

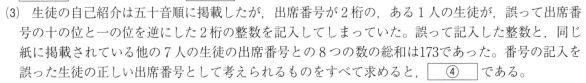

2　ある中学校の生徒23人が，ハンドボール投げの記録を測定する予定であった。しかし，測定当日に３人欠席したため，欠席者３人を除く20人で記録を測定した。その結果が表１であり，20人の記録の平均値は21.3mであった。

表１：20人のハンドボール投げの記録(m)

9.8	13.7	14.2	15.4	16.0	16.2	17.9	19.7	20.0	20.7
22.5	23.0	23.1	24.3	24.7	25.9	27.5	29.6	29.9	31.9

欠席していた３人も後日測定を行い，23人全員の記録を集計したところ，次のことがわかった。

・範囲は22.3m　・四分位範囲は10.4m　・平均値と中央値が等しい

また，表２は23人全員の記録の累積度数を表にしたものである。

表２：23人のハンドボール投げの記録の累積度数

階級(m)	累積度数(人)
0以上 〜 5未満	0
5 〜 10	2
10 〜 15	5
15 〜 20	10
20 〜 25	17
25 〜 30	22
30 〜 35	23

このとき，次の⑤〜⑧の□にあてはまる数を答えなさい。

(1)　23人の記録の最大値は［⑤-ア］m，最小値は［⑤-イ］mである。

(2)　23人の記録の中央値は［⑥］mである。

(3)　23人の記録の第１四分位数は［⑦-ア］m，第３四分位数は［⑦-イ］mである。

(4)　後日測定を行った３人の生徒の記録を小さい方から順に並べると，［⑧-ア］m，［⑧-イ］m，［⑧-ウ］mである。

3　座標平面上の点A(8,　−4)を，原点Oを中心として反時計回りに60°だけ回転させた点をBとし，その座標を以下のような方法で求めることを考える。

次の⑨〜⑫の□にあてはまる数または図形を答えなさい。

２点A，Bからx軸に垂線AC，BDを引く。また，点Bから線分OAに引いた垂線BEとx軸との交点をFとする。

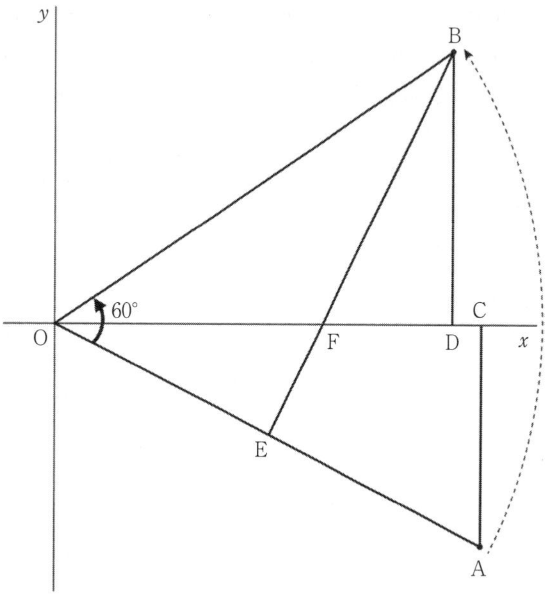

(1)　線分OEの長さは，［⑨］である。

(2)　７点O，A，B，C，D，E，Fから３点を選んでつくる三角形のうち，△OACと相似な三角形は△OAC以外に３つあり，［⑩-ア］，［⑩-イ］，△AFEである。

(3)　線分BFの長さは，［⑪］である。

(4)　点Bの座標は，(［⑫-ア］，［⑫-イ］)である。

4　1辺の長さが30cmの立方体ABCD-EFGHにおいて，辺FG，GHの中点をそれぞれM，Nとする。また，線分EM，FNの交点をPとする。

このとき，次の⑬～⑮の□にあてはまる数または図を答えなさい。

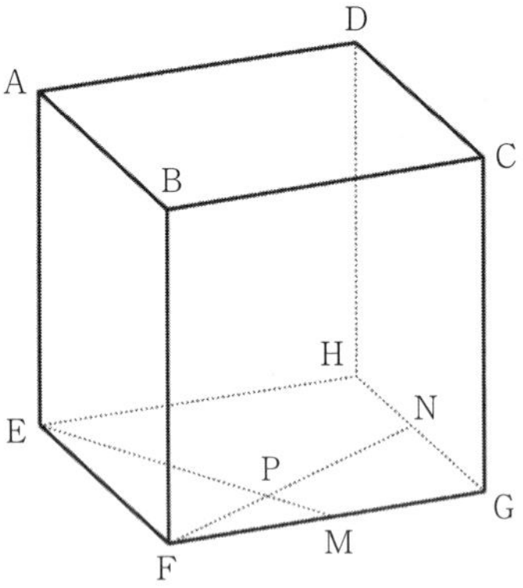

(1)　四角形EPNHの面積は，[⑬] cm^{2}である。

立方体ABCD-EFGHを，3点B，E，Mを通る平面と，3点C，F，Nを通る平面で切る。分けられた立体のうち，点Hを含む立体をXとする。立体Xの辺DH上に点Qをとり，Qを通ってDHに垂直な平面で立体Xを切ったときの断面をYとする。

(2)　HQ$=t$ cmとする。$t=10$，20のときの断面Yを，⑭の解答欄にかきなさい。ただし，$t=0$，30のときの図を参考にすること。

t	0	10	20	30
断面Y	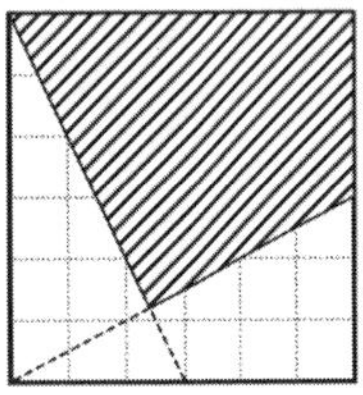	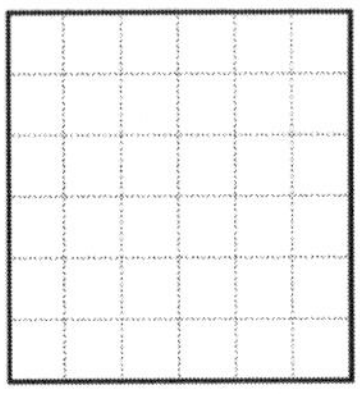	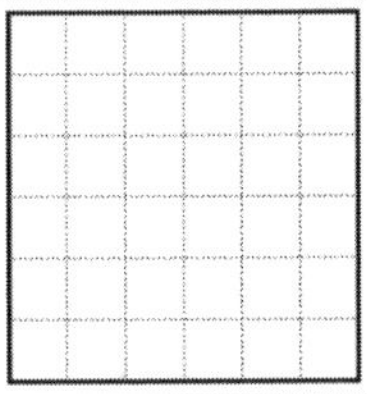	

(3)　立体Xの体積は，[⑮] cm^{3}である。

5　2つの列車A，Bがある。次の⑯～⑱の□にあてはまる数を答えなさい。

列車Aが駅Pを発車してからx秒間に進む道のりをy mとすると，発車してからt秒後までは$y=ax^2$の関係があり，発車してからt秒後以降は秒速30mの一定の速さで進む。発車してから$3t$秒後までの平均の速さは秒速25m，その間に進む道のりは4050mである。

(1)　t，aの値を求めると，$t=$[⑯-ア]，$a=$[⑯-イ]である。

列車Bが駅Pを発車してからx秒間に進む道のりをy mとすると，発車してからu秒後までは$y=bx^2$の関係があり，発車してからu秒後以降は秒速20mの一定の速さで進む(ただし，$u<t$)。発車してからu秒後までの平均の速さは秒速10m，その間に進む道のりは列車Aが発車してからu秒後までに進む道のりより80m長い。

(2)　uの値を求めると，$u=$[⑰-ア]または$u=$[⑰-イ]である。(ただし，[⑰-ア]$>$[⑰-イ])

以下，$u=$[⑰-ア]の場合について考える。

駅Pを発車してから踏切Qを通過するまでの時間は，列車Aも列車Bも同じであった。

(3)　駅Pから踏切Qまでの道のりは，[⑱] mである。

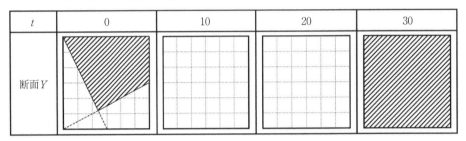

【社　会】（50分）〈満点：60点〉

1　問1　下のX～Zは，図ⅠのA～Cのいずれかの地形断面図である。これらの正しい組合せを，後のア～カの中から1つ選び，記号で答えなさい。なお，A～Cの●と□の間の実際の距離はそれぞれ異なるが，X～Zでは同じ長さで表現してある。

図Ⅰ

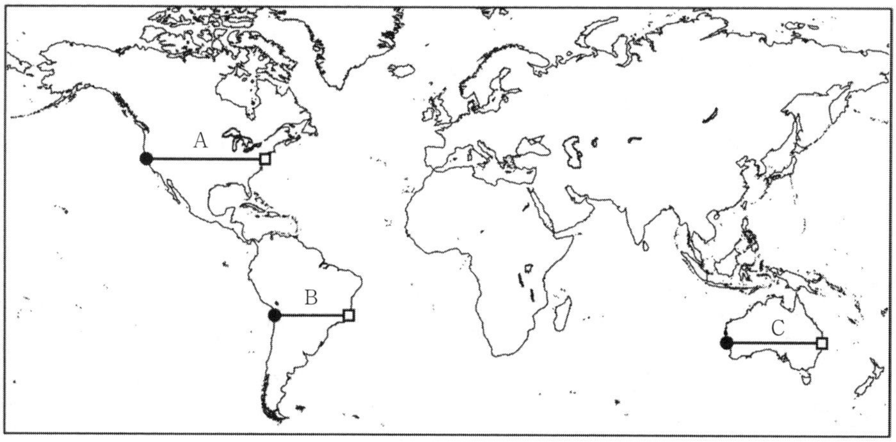

X

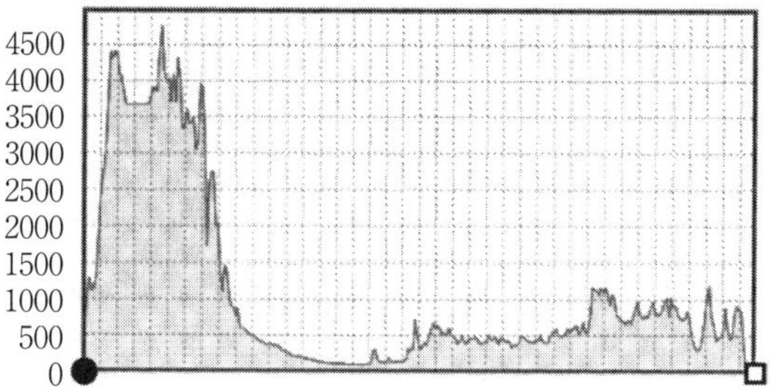

Y

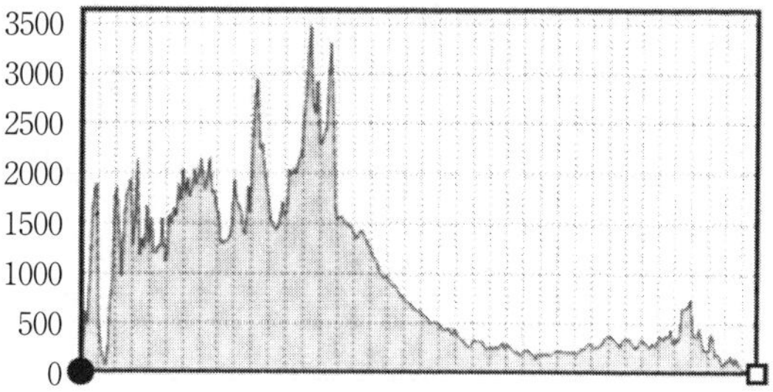

Z

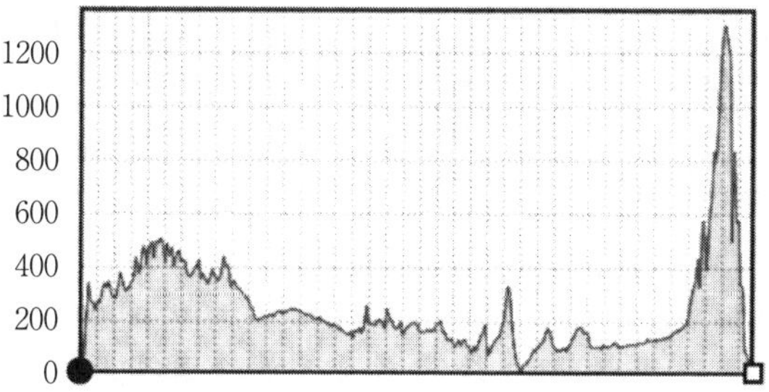

（地理院地図により作成）

	ア	イ	ウ	エ	オ	カ
X	A	A	B	B	C	C
Y	B	C	A	C	A	B
Z	C	B	C	A	B	A

問2　東南アジアの様子や，関連した事がらについて述べた文として，下線部に誤りを含むものを，次のア～オの中から2つ選び，記号で答えなさい。

ア．インドネシアの列島の北側には東西に海溝型のプレート境界が位置するため，このプレートの働きで，標高の高く険しい山が多く，地震や火山活動が活発である。

イ．インドシナ半島の沿岸部の平野では，６月から９月ころにおもに西から吹き込む湿った季節風(モンスーン)によって雨季となり，稲作が広く行われている。

ウ．仏教，イスラム教，キリスト教，ヒンドゥー教などのさまざまな宗教が信仰されている。これは，アジアの他地域やヨーロッパ諸国の影響を受けたことによる。

エ．多くの国ぐには，工業化を図ることにより，農産物や鉱産資源の輸出に依存したモノカルチャー経済から脱却してきている。

オ．ASEAN 諸国は経済発展が著しく，EU やアメリカ合衆国に比べて総人口が多いことからも，これから大きく成長する市場として注目されている。

問３　下のＡ～Ｄのカードは，図Ⅱの①～④のいずれかの国の国歌の特徴を説明したものである。①と④の正しい組合せを，後のア～シの中から１つ選び，記号で答えなさい。

図Ⅱ

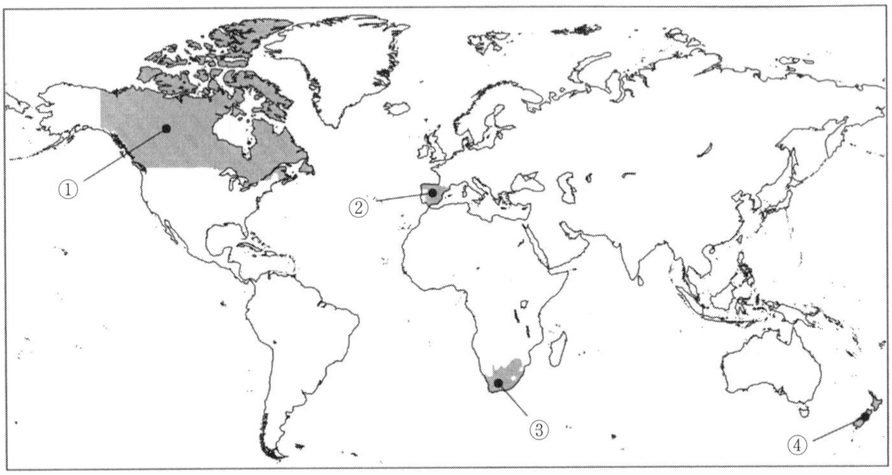

カードＡ

この国の公用語は11あるが，１つの国歌の中で，その内５言語が混在する形で使用されている。具体的には，コーサ語，ズールー語などの現地で使用されている４言語と，英語で歌詞がつづられている。

カードＢ

作曲された当初は，公用語のフランス語の歌詞のみであった。同じく公用語である英語の歌詞は遅れて作詞され，現在では，同じメロディでフランス語版と英語版の２つの版で歌われている。

カードＣ

この国には，２つの国歌がある。１つは，英語と，先住民の言語であるマオリ語で歌われるものである。もう１つの「国王陛下万歳」は英語のみで歌われ，別の国でも国歌として使われている。

カードＤ

この国の国歌の起源は，軍隊の行進曲である。国歌として使われるようになったが，歌詞が無いため，作詞する試みが何度も行われた。しかし，現在でも歌詞は無い状態である。

	ア	イ	ウ	エ	オ	カ	キ	ク	ケ	コ	サ	シ
①	A	A	A	B	B	B	C	C	C	D	D	D
④	B	C	D	A	C	D	A	B	D	A	B	C

問4　図ⅢのA～Dは，日本，アメリカ合衆国，スイス，スペインのいずれかの国における，品目別カロリーベースの食料自給率(%)を示したものである(2019年)。日本とスペインの正しい組合せを，下のア～シの中から1つ選び，記号で答えなさい。

図Ⅲ

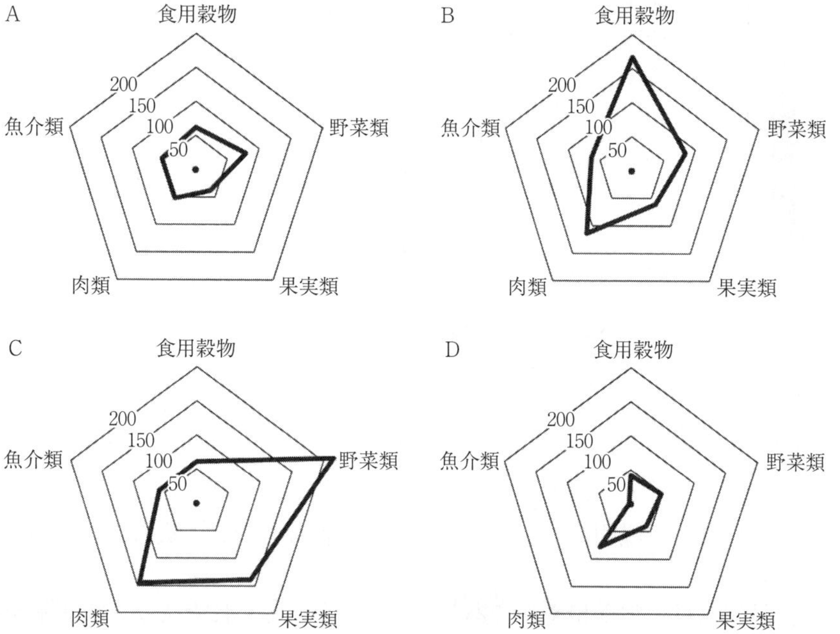

＊各図内の数値は食料自給率(%)であり，中心の・は0%を示す。

（農林水産省資料により作成）

	ア	イ	ウ	エ	オ	カ	キ	ク	ケ	コ	サ	シ
日本	A	A	A	B	B	B	C	C	C	D	D	D
スペイン	B	C	D	A	C	D	A	B	D	A	B	C

2　**問1**　図Ⅰの3地点(A～C)について，次ページの図Ⅱは月別日照時間，図Ⅲは気温に関するデータを示したものである(1991年から2020年までの30年間の平均)。AとCの正しい組合せを，後のア～カの中から1つ選び，記号で答えなさい。

図Ⅰ　3地点の位置

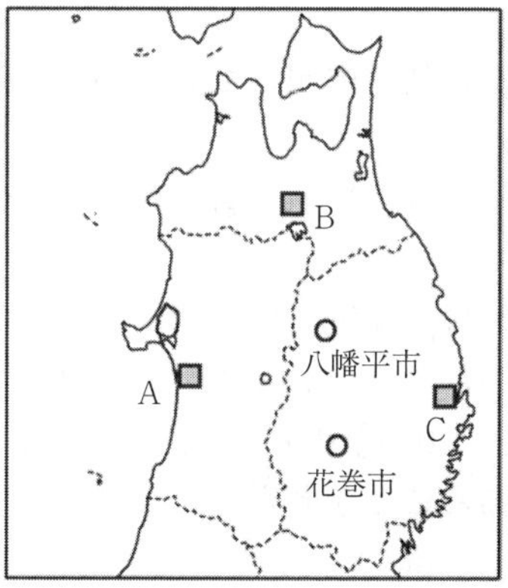

図Ⅱ　３地点の月別日照時間の最少月と最多月とその時間

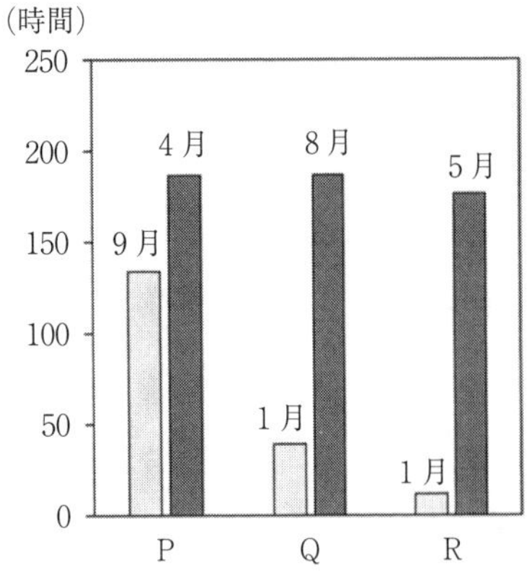

図Ⅲ　３地点の最暖月と最寒月平均気温（P～Rは図Ⅱと同地点を示す）

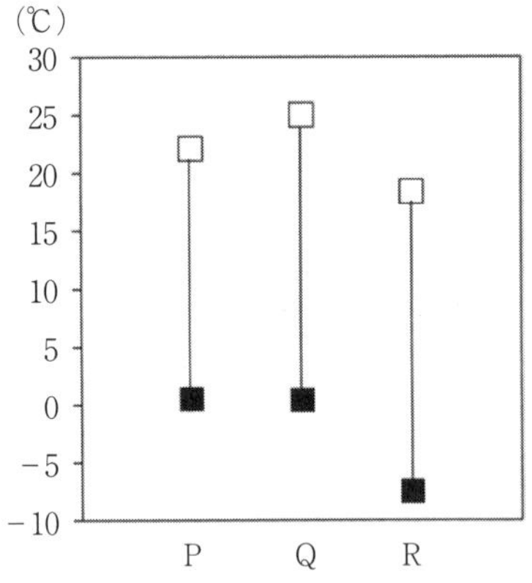

（いずれも気象庁資料により作成）

	ア	イ	ウ	エ	オ	カ
A	P	P	Q	Q	R	R
C	Q	R	P	R	P	Q

問２　東北地方のさまざまな産業に関して説明した文として，誤りを含むものを，次のア～オの中から１つ選び，記号で答えなさい。

ア．リアス海岸が続く太平洋沿岸部は，波が穏やかであり，かき，わかめ，ほたてなどの養殖業が盛んに行われている。

イ．かつて，農閑期には出稼ぎに行く人が大勢いたが，各地に工業団地が造成されたため，現在では減少した。

ウ．さくらんぼや桃，りんごなどの果樹栽培が広く行われている。高速道路や空港の整備が進んだことから，国内のみならず海外へも出荷されている。

エ．火山が多いことから，火山活動で生じるエネルギーを用いて，地熱発電が各地で行われている。地熱発電は，二酸化炭素の排出量が少なく，環境負荷が少ない。

オ．明治時代に整備された官営の製鉄所が核となり，鉄鋼業を中心とした工業地帯が整備された。

問３　次ページ以降の，図Ⅳと図Ⅴは，1970年と2008年に発行された２万５千分の１地形図であり，岩手県花巻市周辺の同じ地域を示している。図Ⅳと図Ⅴから読み取れることとして適切なものを，次のア～エの中からすべて選び，記号で答えなさい。

ア．市街地は，1970年では，花巻駅から見て東部や南部に広がっていたが，2008年では，北部や西部にも広がっていることがわかる。

イ．1970年では，花巻駅の東側にあった市役所やその付近にある官公署は，2008年では，駅の西側に移転していることがわかる。

ウ．1970年には敷設されていた花巻電鉄花巻温泉線は，2008年の地形図では廃線となっており，その線路跡の一部は自転車専用道路に転用されていることがわかる。

エ．古くからの市街地である南東部の「上町」と，2008年の地形図で見られる北西部の「運動公園」の南にある高等学校では標高差が40m以上あることがわかる。

図Ⅳ（1970年発行）

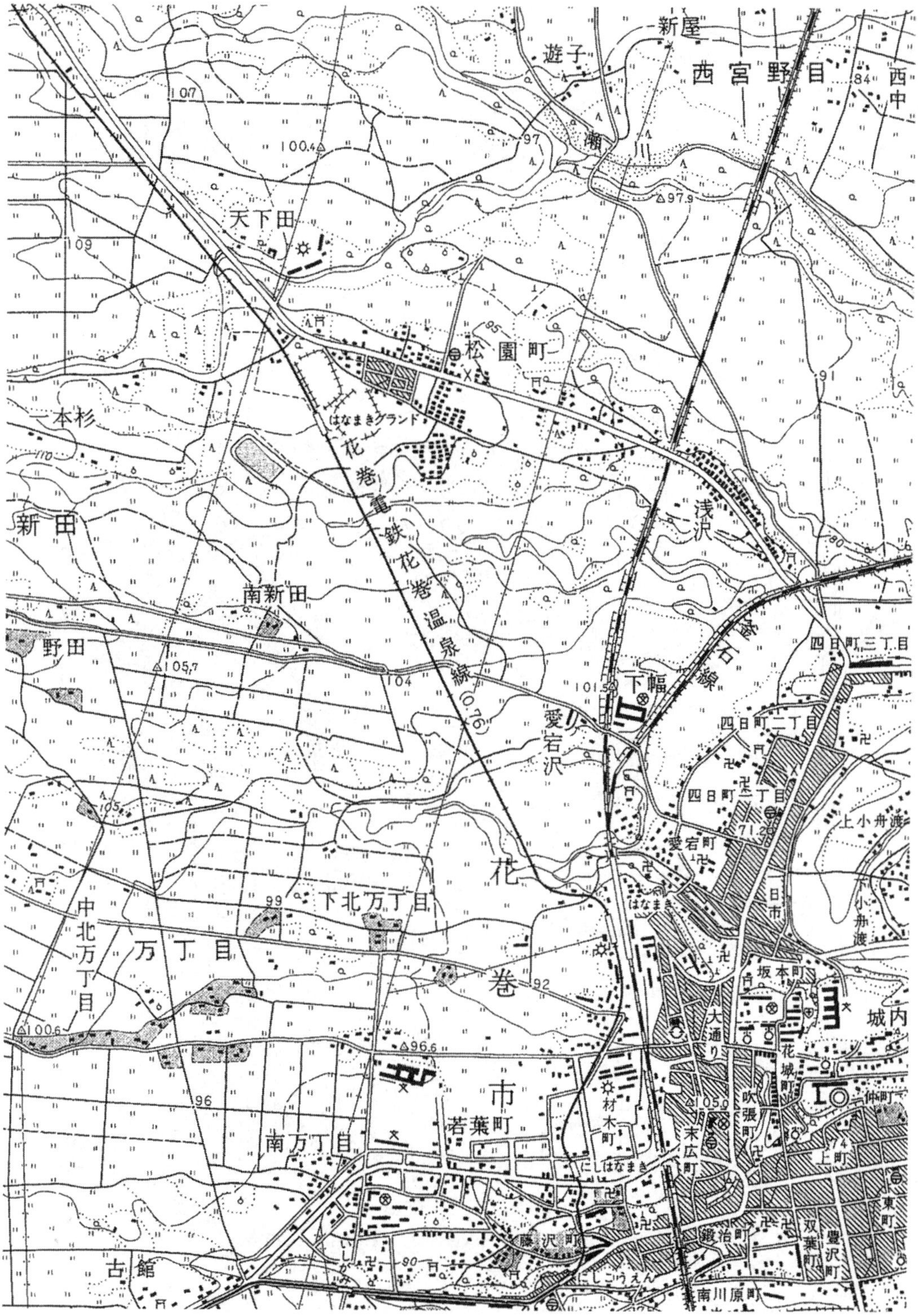
新屋
遊子
西宮野目
西中
84
107
100.4
97
瀬川
97.9
天下田
109
95
松園町
はなまきグランド
一本杉
110
花巻電鉄花巻温泉線
(0.76)
91
浅沢
80
新田
南新田
野田
105.7
104
釜石線
四日町三丁目
101.5
下幅
愛宕沢
四日町二丁目
四日町一丁目
71.2
上小舟渡
愛宕町
105
はなまき
一日市
下小舟渡
花巻市
中北万丁目
99
下北万丁目
万丁目
92
坂本町
城内
大通り
100.6
96.6
花城町
吹張町
105.0
仲町
材木町
若葉町
南万丁目
末広町
74
上町
96
にしはなまき
東町
藤沢町
鍛治町
双葉町
豊沢町
90
古館
にしこうえん
南川原町

図Ⅴ（2008年発行）

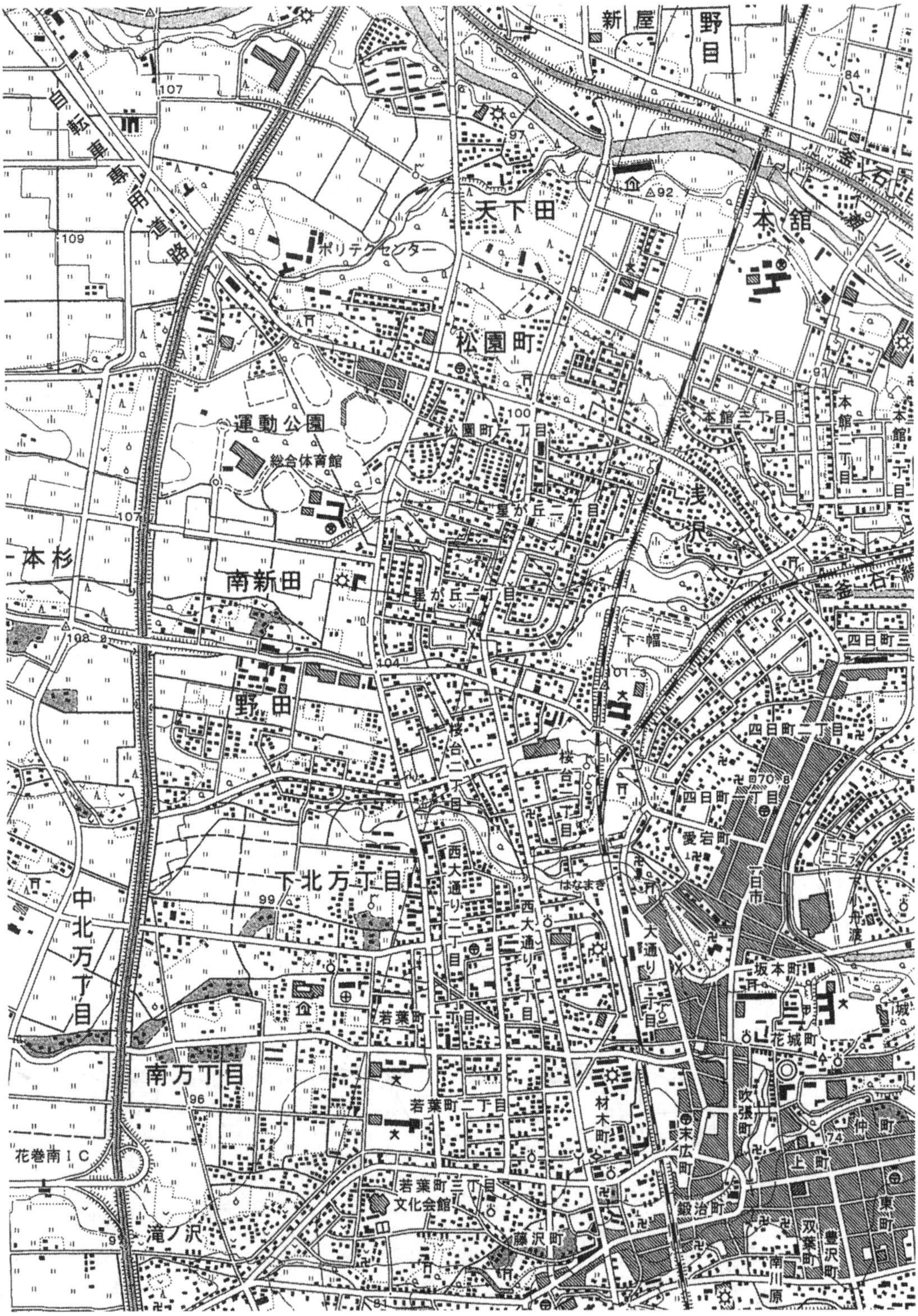
新屋
野目
自転車専用道路
107
109
天下田
ポリテクセンター
本館
釜石線
84
97
92
松園町
91
運動公園
総合体育館
100
松園町一丁目
本館三丁目
本館二丁目
本館一丁目
星が丘二丁目
浅沢
107
一本杉
南新田
星が丘一丁目
下幅
108.2
104
四日町三
野田
桜台二丁目
桜台一丁目
四日町二丁目
70.8
四日町一丁目
愛宕町
下北万丁目
西大通り二丁目
西大通り一丁目
はなまき
一日市
小舟渡
99
中北万丁目
大通り一丁目
坂本町
城
若葉町一丁目
花城町
南万丁目
96
若葉町二丁目
材木町
吹張町
末広町
74
仲町
上町
花巻南ＩＣ
若葉町三丁目
文化会館
鍛治町
東町
滝ノ沢
藤沢町
双葉町
豊沢町
南川原

問４　岩手県八幡平市には，松尾鉱山と呼ばれる硫黄鉱山があった。この鉱山は20世紀半ばに大きく栄えたが，1970年代初めには閉山(操業停止)してしまった。資料Ⅰ～資料Ⅲをもとに，考えられる閉山理由を説明しなさい。

松尾鉱山とは(八幡平市松尾鉱山資料館資料などによる)

松尾鉱山は，岩手県北西部の標高1,000mの高所に位置し，20世紀初めから硫黄や硫化鉄鉱を採掘しました。最盛期となる1950年代半ばには全国で生産される硫黄の1/3を生産して「東洋一」の硫黄鉱山となりました。一帯の人口は約15,000人を超え，山中にありながら都会の人がうらやむほどの近代的な福利厚生施設の整った「雲上の楽園」と呼ばれました。しかしその繁栄は続かず，1970年代初めに閉山に追い込まれました。次の写真は，最盛期に建設された鉱山従業員とその家族用のアパートの一部で，現在は廃墟となっていますが，解体されることなく現存しています。

資料Ⅰ　日本の硫黄生産量(1955年～1971年)と硫黄のおもな用途

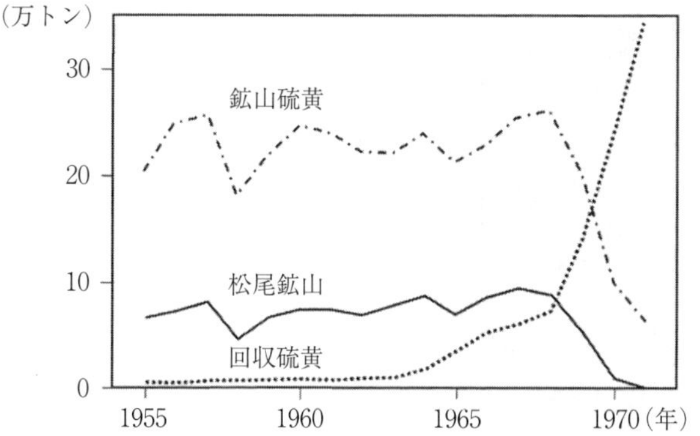

硫黄のおもな用途

合成繊維，製紙，農薬，化学薬品，医薬品，肥料，ゴムなどの原料

(「松尾鉱山閉山に伴う鉱山集落の変容」などにより作成)

資料Ⅱ　石油精製のプロセス

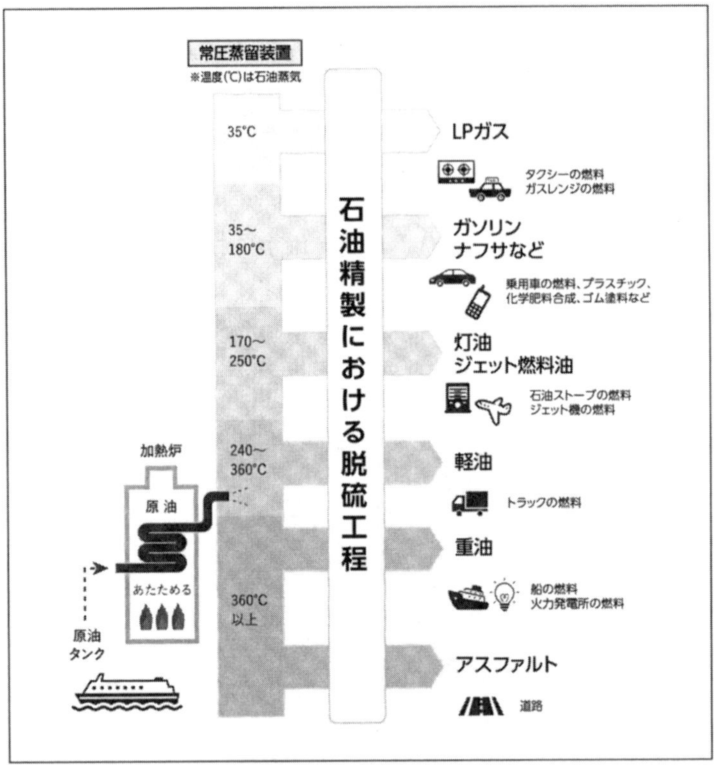

(Tipton社資料により作成)

資料Ⅲ　日本における石油供給量の推移(1950年度〜1980年度)

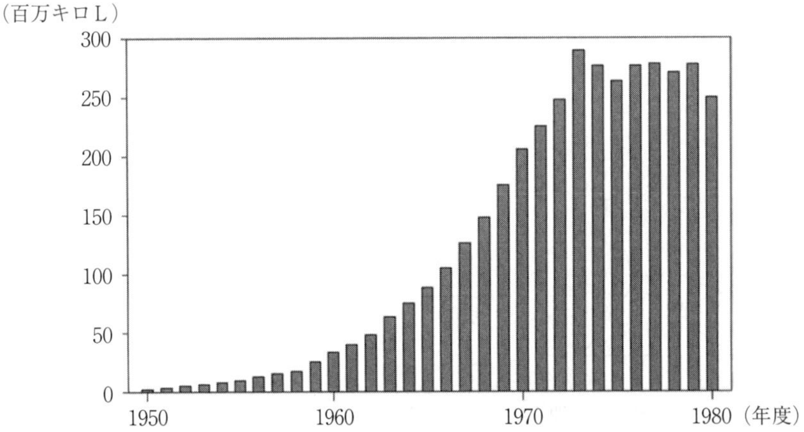

(資源エネルギー庁資料により作成)

3 問1　資料Ⅰ，Ⅱ(原文一部改め)に関する問題に答えなさい。

資料Ⅰ

> 「魏志」倭人伝より
>
> 法を犯した場合は，軽罪ならばその妻子を取り上げて奴隷の身分におとし，重罪ならばその一門および一族を奴隷とする。尊卑に従ってそれぞれの序列がはっきりしており，身分に応じた礼が尽くされている。…
>
> その国では，以前は男王をたてて70～80年を過ごしたが，国内が乱れ何年間も戦争が続いたので，諸国が共同で一人の女子を王として推戴した。この女王の名を[A]といい，呪術を行い，多くの人に自分の占いを信じさせている。すでに成人しているが，夫はなく，弟が政治を補佐している。王位についてから[A]を見た者は少なく，1,000人の婢を近侍させている。…

資料Ⅱ

> 偉大な光明であるブラフマンは，彼が創造した一切のものを守護するために，口，腕，腿，足から生まれた者たちに，各々が従事すべき職業を割り当てた。…
>
> バラモンには教授と学習，自分と他人のための祭式執行などを割り当てた。クシャトリヤには人民の守護などを指示した。ヴァイシャには家畜の飼育，商業および農業などを定めた。ブラフマンは，シュードラに対し，バラモン・クシャトリヤ・ヴァイシャに不平を言わずに奉仕するという唯一の行為のみを命じた。…
>
> 生活難に陥ったクシャトリヤは，ヴァイシャに定められたこれらすべての生活法によって生活してもよい。しかし，いかなるときでもバラモンの生業につこうなどと考えてはならない。…

(1)　資料Ⅰの[A]にあてはまる語を漢字で答えなさい。

(2)　資料Ⅱは，資料Ⅰとは時代も地域も異なる社会で成立したものである。資料Ⅰと資料Ⅱの社会の共通点を簡潔に1つ答えなさい。

問2　次の新聞記事に関する問題に答えなさい。

> …①北前船の寄港地が交流を深める「北前船寄港地フォーラム」が2日，鹿児島市の城山ホテル鹿児島であった。フォーラムは，これまでも北前船ゆかりの各地で開かれ，今回が29回目。九州では初めての開催という。鹿児島は寄港地ではないが，北前船が北海道で調達した[B]などを②薩摩藩が入手し，琉球経由で中国に輸出し，財政を立て直したといわれる。…
>
> (2020年2月3日付『朝日新聞』鹿児島版朝刊より，一部改め)

(1)　下線部①について，北前船が往復し，河村瑞賢によって整備された航路の名称を答えなさい。

(2)　[B]にあてはまるものを，次のア～カの中から1つ選び，記号で答えなさい。

ア．織物　　イ．銀　　ウ．米　　エ．昆布　　オ．砂糖　　カ．木材

(3)　下線部②に関連して，財政を立て直すうえで，薩摩藩が資料Ⅲを定めたねらいを説明しなさい。

資料Ⅲ

> 一　薩摩の許可書がない商人を入れてはならない。
>
> 一　琉球からほかの藩へ貿易船を出してはならない。
>
> (薩摩藩が琉球に対して1611年に定めたものから抜粋)

(4)　琉球が中継貿易で繁栄しはじめたのは14世紀後半であった。この時期の東アジアに関する説明として適切なものを，次のア～エの中から１つ選び，記号で答えなさい。

ア．中国では，元が厳しい海禁政策をとって民間の交易を禁じた。

イ．朝鮮半島では，高麗が権力を確立して倭寇を撃退した。

ウ．日本では，足利義満が朱印状によって貿易を管理下に置いた。

エ．蝦夷地と呼ばれた現在の北海道では，アイヌが独自の文化を営んでいた。

4　社会科の宿題で音羽さんが作成したレポートをもとに，後の問いに答えなさい。

レポート

祖父母の家の近くにあった石碑について，小さいころから気になっていたので調べてみました。【写真】の石碑には大きく「拓魂碑」とあります。建立当時の県知事の名前で碑文も刻まれていました。

【写真】

【碑文の抜粋(一部改め)】

開拓は戦後荒廃と困苦の中に，祖国再建の国策として実施され，此の①国家的要請に応じて東雲原に入植した開拓者は百四十五戸であった。その多くは海外引揚者，被戦災者，復員者等でその土地も僻遠不毛の地で，営農と生活の基盤は皆無に等しい状態であった。

…かつての荒野は今や整斉とした四百五十余町歩の沃土と化し，現存する百二十五戸の同志は益々団結を強め模範的経営者としてまた団体として，農林大臣賞の栄に浴した事は我等開拓者の努力のたまものといささか自負するところである。

ここに東雲原開拓者は入植二十五周年を記念し，更に今後の躍進を期する為拓魂不滅を信じて碑を建立するものである。

これは，②満州(中国東北部)から帰国した開拓団による③開拓の歴史を顕彰したものだということがわかりました。開拓の中心は東京都出身の人々だったということも知り，私の住む東京と帰省先の④移民を通じた意外なつながりも見えてきました。この石碑に限らず，⑤今日，お寺や神社，学校の敷地，駅や旅先なども含め，私たちに身近な様々なところでも歴史的な石碑や像などを見ることが出来ます。

問１　この石碑が建立された時期の日本や世界の様子として最も適切なものを，次のア～オの中から１つ選び，記号で答えなさい。

ア．ソ連と不可侵条約を結んだドイツがポーランドに侵攻した。

イ．海軍の青年将校らが首相官邸を襲い，犬養毅首相を暗殺する事件が起きた。

ウ．大気汚染などの公害問題が深刻化し，公害対策基本法が制定された。

エ．地域の経済的・政治的統合を進めるためにヨーロッパ連合(EU)が発足した。

オ．ソ連などを除く連合国と日本の間で，サンフランシスコ平和条約が結ばれた。

問２　下線部①に関して，近現代の日本における「国家的要請」の一例である次の法律とその説明文の［A］～［C］にあてはまる語を答えなさい。

法律

> 本法は国民食糧の確保及び国民経済の安定を図るため，食糧を管理し，その需給及び価格の調整ならびに［　A　］の統制を行うことを目的とする。本法において主要食糧とは，米穀，大麦，…その他勅令を以て定める食糧をいう。米穀，大麦…の生産者又は土地について権利を有し，小作料としてこれを受ける者は命令の定める所により，その生産し，又は小作料として受けた米麦にして命令を以て定めるものを，政府に売渡すべし。
>
> （1942年成立時の条文　一部改め）

説明

> この法律は，大正期の［　B　］を教訓として政府が制定した「米穀法」という法律を基にしたもので，「食糧管理法」と呼ばれ，1942年に制定されました。制定当初の目的は，当時の社会状況から，政府による［　A　］実施の円滑化だと思われますが，この法律は戦後も改正を経て1995年に廃止されるまで継続されました。農産物の価格や流通を政府が管理する同法律は，結果として自由な取引を規制します。廃止の背景には，20世紀後半に加速した経済の自由化・［　C　］化を背景とした国際的な競争に，日本のそれまでの仕組みでは対応出来なくなったこともあるでしょう。

問３　下線部②に関連して，次の資料は1914年に日本の雑誌に掲載されたある論文である。これに関して述べた文として適切なものを，下のア～カの中からすべて選び，記号で答えなさい。

> ⓐ青島陥落がわたしの予想よりはるかに早かったのは，同時に戦争の不幸が意外に少なかったという意味において国民の一人として喜びを共有するものである。しかし，このように我が軍の手に帰した青島は，結局どう扱うのが最も得策だろうか。…この問題に対するわたしの立場は明白だ。日本はアジアに領土を拡張すべきでなく，満州も速やかにこれを放棄すべきだというのが私の宿論である。…ややもすれば中国の領土に野心を抱いていると認識されているのが，露独日の三国である。この点において，ⓑ我が日本は深く中国人に恐れられ，排斥を受け，更に米国には危険視され，盟邦の英人にすら大に疑念を抱かれている。それなのに，今若しドイツが中国の山東半島から駆逐されたらどうなるか。それだけでも，日本の中国における満州進出は，著しく目立つのに，その上で更に日本が青島を拠点に，山東の地に領土的経営を行ったならば，その結果は果してどうなるか。中国への我が国の侵出は一層明白となり，世界列強の注目を集めることは言うまでもない。
>
> （「石橋湛山全集」より，現代語訳してある）

ア．下線部ⓐの戦争において，日本はドイツの同盟国として戦った。

イ．下線部ⓐの戦争の講和会議で，日本はこの戦争で得た一切の領土や利権を放棄した。

ウ．著者は日本がポーツマス条約で獲得した利権だけは維持すべきだと主張している。

エ．著者は日本が中国に新たな領土を獲得することに批判的である。

オ．著者の考えは，同じころアメリカのウィルソンが提唱した14か条の内容と対立するものであった。

カ．下線部ⓑで著者が心配していたとおり，中国では日本の要求に反発する運動が起こった。

問４　下線部③に関連して，明治期に，失職した士族らを北海道の防備と開拓の担い手とする制度がつくられた。この制度の名称を答えなさい。

問５　下線部④に関連して，音羽さんはアメリカの開拓についての授業を思い出し，学習プリントを見返した。音羽さんのプリントの［Ａ］・［Ｂ］にあてはまる語の組合せとして正しいものを下のア～エの中から１つ選び，記号で答えなさい。

【プリントの一部】

移民の流入による人口増

戦争や土地の購入，開拓の進展 ⬇

発展
領土が主に［Ａ］へ急速に拡大した。

⟷ 一方

対立
［Ｂ］が土地を奪われたり居留地に強制移住させられた。
⇒図版参照

図版

ア．Ａ－北から南　Ｂ－黒人奴隷
イ．Ａ－北から南　Ｂ－先住民（ネイティブ＝アメリカン）
ウ．Ａ－東から西　Ｂ－黒人奴隷
エ．Ａ－東から西　Ｂ－先住民（ネイティブ＝アメリカン）

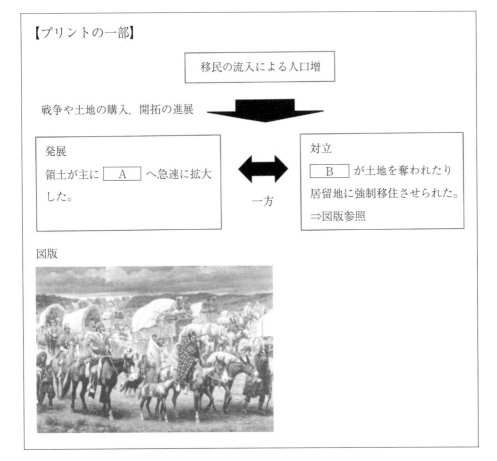

問６　下線部⑤に関連して，次のＸ～Ｚのモニュメント・像について，建立された時期の古いものから順に並べなさい。

X

大規模な地上戦が展開された，沖縄県糸満市にある洞窟(ガマ)の上に立てられた碑

Y

ある戦争の講和翌年に立てられた碑で，題字は激戦地旅順で指揮した将軍が書いたもの(石碑中の「卅」は30の意味)

Z

2023年に生誕100年を迎えた「忠犬」が11歳になる年に建立(ただし現在は二代目)

５　小日向さんが社会科の授業をまとめたノートをもとに，後の問いに答えなさい。

ノート

> 男女平等の実現
> ・①法律の制定
> 　男女共同参画社会基本法の制定(1999年)
> ・権利を守るためには②司法の働きも大切
> ・男女平等は世界的な課題
> 　1979年の第34回国連総会で女子差別撤廃条約が採択
> 　2015年に③国際連合で採択されたSDGsの中にも示されている。

問１　下線部①に関連して，小日向さんのノートを見た先生は，男女共同参画社会基本法の他にも男女平等を目指す法律があることを，次ページの資料Ⅰを示しながら教えてくれた。資料Ⅰの法律名を答えなさい。

資料Ⅰ

> 第６条　事業主は，次に掲げる事項について，労働者の性別を理由として，差別的取扱いをしてはならない。…

問２　男女平等に関心を持った小日向さんは，「女性参画」について発表するために資料を探したところ，次の資料Ⅱ・Ⅲを見つけた。２つの資料をもとにまとめたメモの[A]～[C]にあてはまる語句や数字をそれぞれ答えなさい。

資料Ⅱ

	政治	経済	教育	健康
日本	0.057	0.561	0.997	0.973
平均	0.221	0.601	0.952	0.960

（世界経済フォーラムのサイトによる）

資料Ⅲ　男女別・年代別投票率（第26回参議院議員通常選挙）

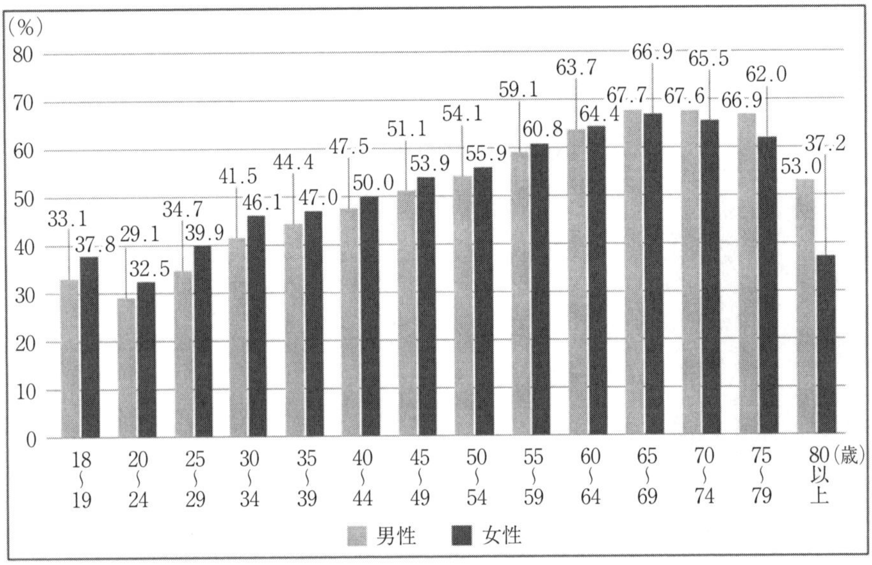

（内閣府男女共同参画局「女性活躍・男女共同参画の現状と課題」より）

メモ

> 資料Ⅱは，スイスの非営利財団「世界経済フォーラム」が公表したジェンダー・ギャップ指数（2023年）から日本の数値と全体の平均を抜き出したものです。この指数は，０が完全不平等，１が完全平等を表しているので，日本は４つの分野の中でも特に[A]の値が低いことがわかります。
>
> [A]に関しては，女性の関心が低いのかとも考えましたが，資料Ⅲを見ると「18～19歳」の年代から「[B]歳」の年代までは，女性の方が投票率は高くなっていることがわかります。一方で，国会議員の数について調べたところ，令和３年の衆議院議員総選挙では女性が45名当選しています。つまり，議員定数に占める女性の割合は[C]％です（数字は小数第一位を四捨五入）。

問３　小日向さんは，次ページの資料Ⅳを見つけた。資料Ⅳの読み取りとして適切なものを，後のア～エの中から２つ選び，記号で答えなさい。なお，例えばグラフ上の60％と30％との差は「30ポイント」と表現している。

資料Ⅳ　男女の年代別人口における就業率と正規雇用比率

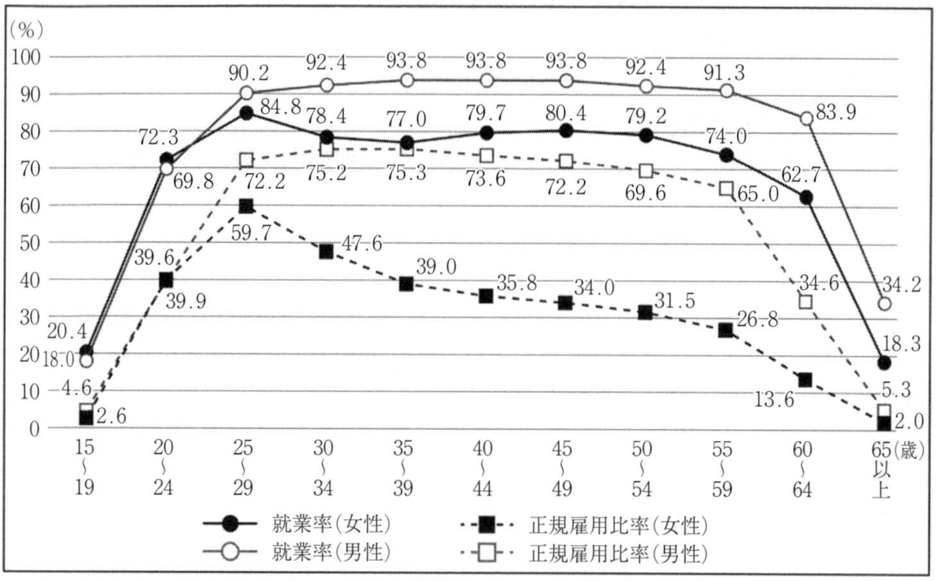

（総務省「令和４年　労働力調査(基本集計)」により作成）

注１：就業率は，各年代別の人口に対する就業者の割合(%)

注２：正規雇用比率は，各年代別の人口に対する正規の職員・従業員数の割合(%)

ア．男性の30～34歳の年代から45～49歳の年代の間のいずれの年代においても，就業率と正規雇用比率との間の差は，25ポイントを超えることはない。

イ．女性の25～29歳の年代から55～59歳の年代の間における就業率の最大値と最小値の差は，５ポイント以内である。

ウ．男性の正規雇用比率は35～39歳の年代をピークに下がり続けており，35～39歳の年代と55～59歳の年代との差は30ポイント以上ある。

エ．女性の正規雇用比率を25～29歳の年代と35～39歳の年代とで比較すると，その差は15ポイント以上である。

問４　ノートの下線部②に関連して，裁判が正しい手続きによって，中立な立場で公正に行われるためには司法権の独立が守られなければならない。司法権の独立にかかわる日本国憲法の条文を，次のア～オの中からすべて選び，記号で答えなさい。

ア．すべて裁判官は，その良心に従い独立してその職権を行い，この憲法及び法律にのみ拘束される。

イ．すべて刑事事件においては，被告人は，公平な裁判所の迅速な公開裁判を受ける権利を有する。

ウ．最高裁判所は，その長たる裁判官及び法律の定める員数のその他の裁判官でこれを構成し，その長たる裁判官以外の裁判官は，内閣でこれを任命する。

エ．裁判官は，裁判により，心身の故障のために職務を執ることができないと決定された場合を除いては，公の弾劾によらなければ罷免されない。

オ．何人も，抑留又は拘禁された後，無罪の裁判を受けたときは，法律の定めるところにより，国にその補償を求めることができる。

問５　ノートの下線部③に関連して，国際連合についての説明として適切なものを，次のア～エの中から１つ選び，記号で答えなさい。

ア．国際連合の収入にあたる分担金は，安定的な運営を行うために，全加盟国が同じ金額を負担している。
イ．すべての加盟国で構成されている総会は，主権平等の原則によって，各国が平等に一票を持っており，加盟国はその決議に従う義務がある。
ウ．国際連合は，世界の人々の暮らしの向上のために取り組んでおり，そのために専門機関や，その他の国際機関，NGO などと連携している。
エ．安全保障理事会は，常任理事国５か国と，任期２年の非常任理事国15か国とで構成されており，常任理事国は拒否権を持っている。

6　問１　次の文章を読み，［A］・［B］にあてはまる言葉の組合せとして適切なものを，下のア～エの中から１つ選び，記号で答えなさい。

ある財・サービスに対する需要が，価格が変化してもほとんど変わらない場合，このことを「需要の価格弾力性が小さい」という。逆に，価格の変化によって敏感に需要が変化することを「需要の価格弾力性が大きい」という。

縦軸に価格，横軸に需要量をとるグラフで需要曲線を考えると，需要の価格弾力性が小さい財・サービスの需要曲線は［A］に近い［B］の曲線になる。

	ア	イ	ウ	エ
A	垂直	水平	垂直	水平
B	右上がり	右上がり	右下がり	右下がり

＊「垂直」「水平」は横軸を基準にして考える。「右上がり」とは，グラフの線が右に行くほど上に上がること。

問２　あるパソコンの価格が市場の働きで決まるとして，市場価格(均衡価格)が上がる原因となる出来事として適切なものを，次のア～オの中からすべて選び，記号で答えなさい。
ア．そのパソコンで故障が多発して，悪い評判が立った。
イ．人気俳優がそのパソコンを使っていることが知られ，パソコンの人気も高まった。
ウ．同じ機能を持つ別のパソコンが他社から発売された。
エ．景気が悪くなって，消費者の収入が減った。
オ．そのパソコンに欠かせない部品の供給が減った。

問３　道路，港湾施設などは経済学では公共財と呼ばれ，警察や消防などは公共サービスと呼ばれる。公共財・公共サービスは
①　複数の人が同時に消費できること(非競合的であるという。反対語は競合的)
②　代金を払わずに消費できること(非排除的であるという。反対語は排除的)
の少なくとも一方の性質を持つものとして定義できる。

(1)　次の文章の［A］～［F］にあてはまるものを次ページのア～エの中から選び，それぞれ記号で答えなさい。なお，同じ記号を何度使ってもよい。また，［X］にあてはまる用語を答えなさい。

Ⅰ　食料は，ある人が食べてしまえば別の人は食べられないから［A］で，また普通，手に入れるためには代金を払わなければならないから［B］である。一般の道路は，同時に何人もの人や何台もの車が使えるから［C］，かつ，通行するのに費用はかからないから［D］である。映画館(映画館で映画を鑑賞させるサービス)は非競合的であり［E］であると考えられる。

Ⅱ　ある街で空き巣狙いが増えたことから，町内会で警備員を雇うことにし，賛同する町内の住民からの寄付でその費用をまかなうことにした。

このとき，警備員の提供するサービス(警備をして泥棒を防ぐこと)は，非競合的で［F］

である。そのため「自分が寄付をしなくても，街を警備してくれるのなら自分の家に入ろうとする泥棒も減るだろう」とお金を出し渋る人が出る可能性がある。もし，そういう人が増えれば，寄付が不足して警備員が雇えなくなる。

Ⅲ　ⅠとⅡから想像できるように，公共財・公共サービスは，市場において，企業にゆだねては，社会に必要とされるだけ［ X ］されない場合がある。そのため，公共財・公共サービスの［ X ］は一般に政府の役割とされる。

ア．競合的　　イ．非競合的　　ウ．排除的　　エ．非排除的

(2)　政府は公共財・公共サービスに必要な費用を税金でまかなう。日本の税金についての次のア～オの中から，誤っているものをすべて選び，記号で答えなさい。

ア．所得税は国税の一種である。

イ．固定資産税は間接税の一種である。

ウ．法人税は累進課税制度をとっている。

エ．国の2023年度予算の歳入では直接税の税収が間接税の税収より多い。

オ．国の2023年度予算での税収は10兆円に達しない。

【理　科】（50分）〈満点：60点〉

注意　1．字数制限のある設問は，句読点やその他の記号も1字として数えます。

2．直定規とコンパスを使用してもかまいません。

1　Ａ　次の図1のア～エは，それぞれの季節に特徴的なある日の天気図である。これについて，あとの(1)～(3)の問いに答えよ。

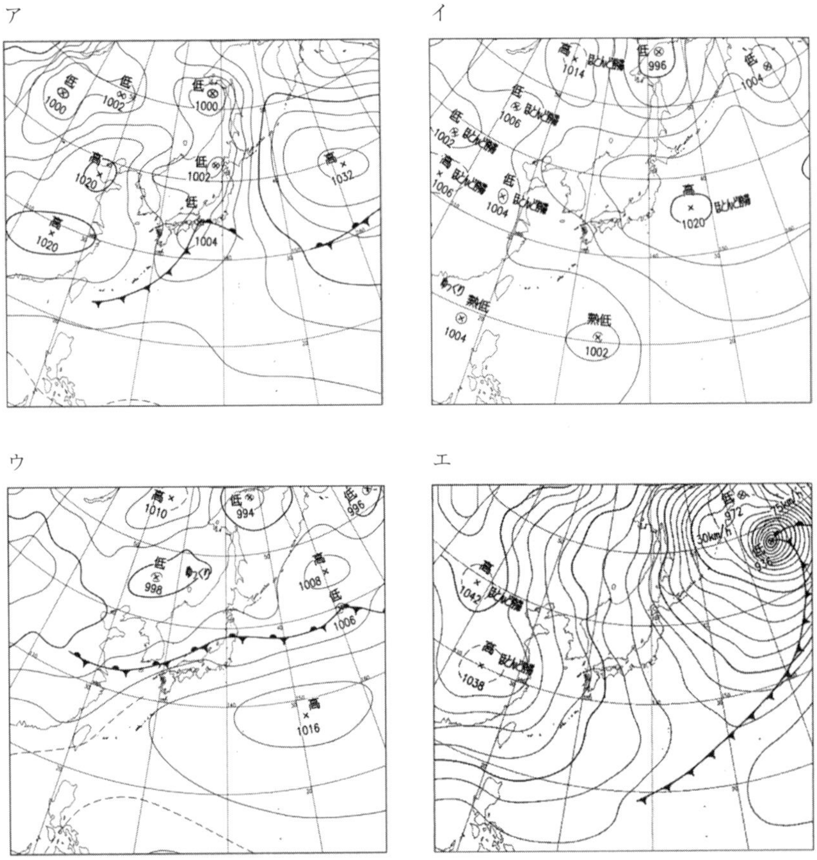

図1

(1)　図2は，気象衛星から撮影したある日の雲の画像である。この日の天気図として，最も適切なものを図1のア～エから1つ選び，記号で答えよ。またその根拠を30字程度で簡潔に述べよ。

（日本気象協会）

図2

(2)　次のページの図3は，天気図アの1日前から1日後までの3日間の，東京と大阪の気圧の変化を示している。気圧が最も低かった時を低気圧の中心が通過した時と考え，低気圧の速さはおよそ何 km/ 時になるかを求めよ。ただし，東京―大阪間の距離は500km とする。

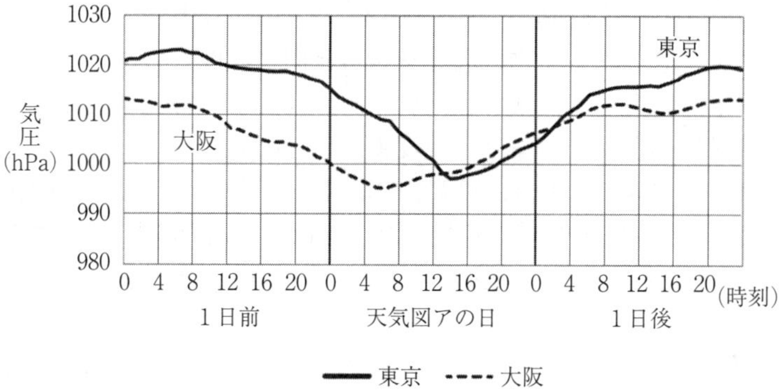

図3

(3) 図4は，天気図アの1日前から1日後までの3日間の，東京における気温，湿度，気圧の変化を示している。天気図アの2日後，東京の気温，湿度，気圧，天気は天気図アの日と比べどう変わると考えられるか。4つの項目それぞれについて適切なものを下の表から選び，aまたはbの記号で答えよ。低気圧や高気圧が(2)で求めた速さで進むとして考えよ。

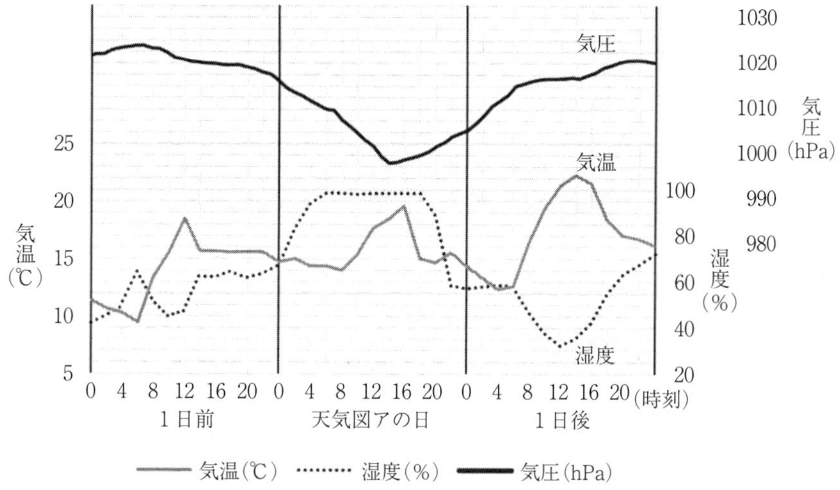

図4

気温	湿度	気圧	天気
a　低い	a　低い	a　低い	a　晴れ
b　高い	b　高い	b　高い	b　曇りや雨

B 空気の流れは，気圧差や温度差など様々な要因によって生じることが知られている。地球表面の温度差によって空気がどのように流れるかを調べるために，以下の実験を行った。あとの(4)，(5)の問いに答えよ。

<準備>

図5のように，水槽《すいそう》の中にA・B2枚のトレイを用意し，Aには砂を，Bには水を入れ，2つのトレイに温度計を入れた。また，2つの同じライトを，水槽上部に点灯していない状態で設置した。

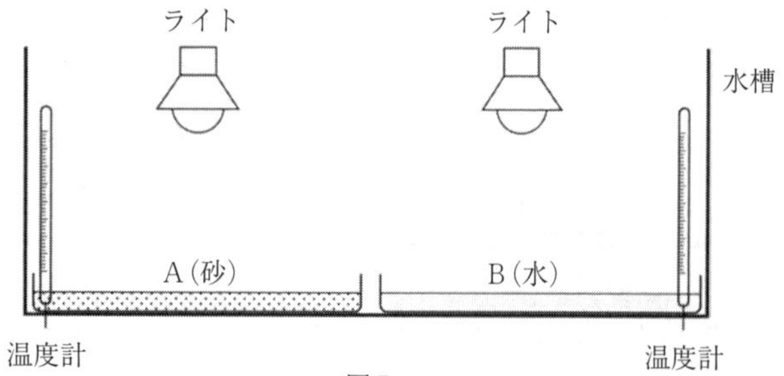

図5

<操作と結果>

(i) 水槽を室内にしばらく置き，A・Bのトレイ内の温度を測ると同じ温度だった。

(ii) 次に，水槽上部の2つのライトを点灯させ，A・Bそれぞれに同じように光が当たる状態でしばらく置き，aA・Bのトレイ内の温度を測ると，温度差が生じていた。

(iii) その後ライトをはずし，水槽上部にふたをした。次に，ふたをわずかにずらし，そのすき間から煙の上がった線香を差し入れた。しばらくして，b線香を抜き，ふたを戻してすき間をなくしたところ，線香の煙によって水槽全体の空気が対流している様子を観察することができた。

(4) ① 文中の下線部aで，温度が高かったのはA・Bどちらのトレイか。A・Bの記号で答えよ。

② 文中の下線部bで，水槽全体の空気の対流の様子を示した図として，最も適切な図をア～エから1つ選び，記号で答えよ。ア～エの図は，図5と同じ側から見たものである。

ア

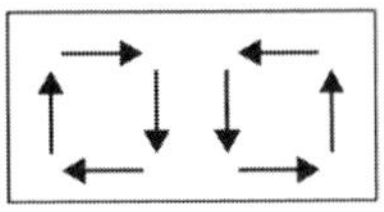

イ

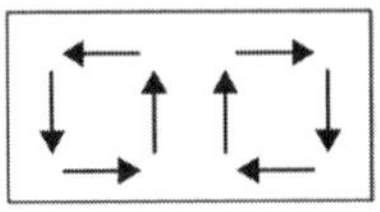

ウ

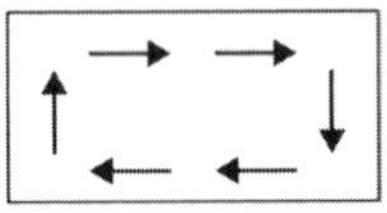

エ

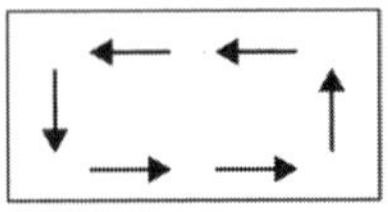

(5) 次のア～ウは陸海間の温度差により吹く風や，その影響について述べたものである。誤ったものを次のア～ウの中から1つ選び，記号で答えよ。

ア 晴れた夏の日の昼，海岸沿いの町では，気圧が上がりやすい。

イ 晴れた夏の日の昼，海岸沿いの町では，気温が上がりにくい。

ウ 晴れた日の朝方や夕方，海岸沿いの町では，無風の状態になることがある。

2 物体の運動についての次の文章を読み，あとの(1)～(5)の問いに答えよ。

「運動」とは何だろうか。ある辞書には，「物体が，時間の経過とともに空間内の位置を変える現象」と書かれている。つまり物体の運動を観察するということは，物体の位置と時間の関係を調べることに他ならない。

時間の測定には，周期的な現象が利用される。例えば，長い周期では太陽や①月の運動，短い周期では脈拍やふり子などが，古くから利用されてきた。運動をより精密に測定するためには，より短い周期での測定が必要となる。

その代表的なものに，記録テープと記録タイマーを利用した方法がある。ある②記録タイマーは，家庭用コンセントにつなぐことで，一定時間ごとに記録テープに打点することができる。例えば下図のように，まず，なめらかな水平面上に力学台車を置き，記録タイマーを通した記録テープを力学台車につける。次に力学台車を手で持って動かし，水平面に沿って運動させる。その後，一定時間ごとに打点されたテープを分析することで，力学台車の運動の，位置と時間の関係を調べることができる。

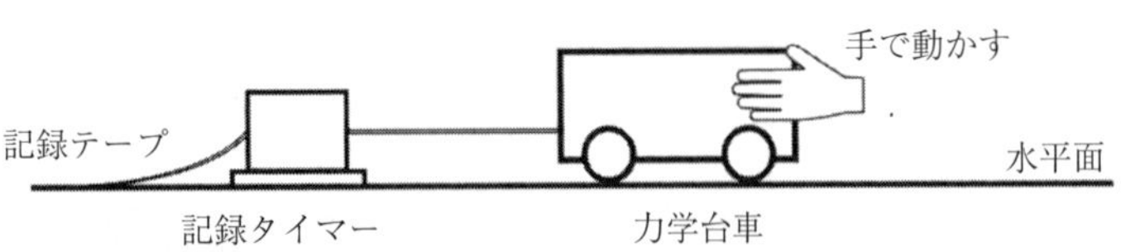

実際に上記の実験を，異なる動かし方で3回行った。次のページのA～Cの記録テープは，それぞれの運動の記録の一部である。なお，各テープとも，左側の打点ほど，先に記録されたものである。

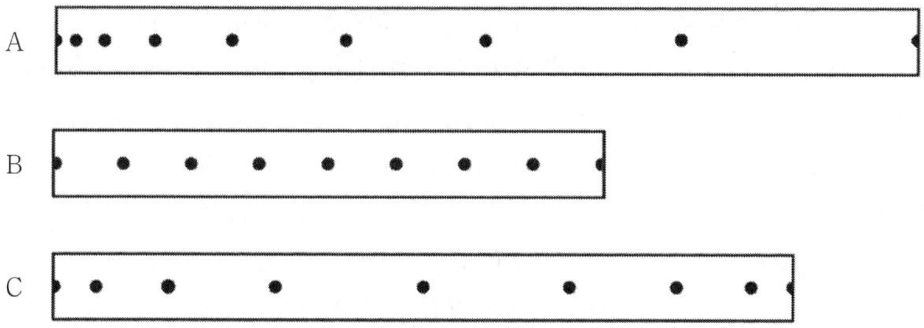

(1)　下線部①について，月の公転周期に最も近いものを，次のア～カから１つ選び，記号で答えよ。
ア　12時間　　イ　24時間　　ウ　７日
エ　15日　　オ　30日　　カ　365日

(2)　下線部②について，右図はこの記録タイマーの仕組みを説明するための模式図である。次の文章の，空欄ア～オにあてはまる適切な数値または語句を答えよ。

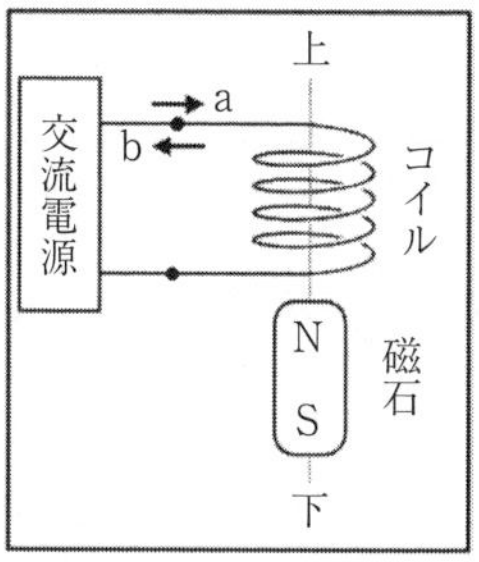

記録タイマーの内部には，コイルと磁石がある。記録タイマーを家庭用コンセントの交流電源につなぐと，東京ではコイルに（ ア ）Hzの交流電流が流れる。図のように磁石があるとき，aの向きに流れるコイルの電流は，図の磁石の位置に（ イ ）向きの磁界を作るので，磁石には全体として（ ウ ）向きの磁力がはたらく。bの向きに流れるコイルの電流は，図の磁石の位置に（ エ ）向きの磁界を作るので，磁石には全体として（ オ ）向きの磁力がはたらく。つまり磁石は周期的に振動することになり，うまく位置を調整することで，一定時間ごとにテープに打点することができる。

(3)　A～Cの記録テープに記録された部分の運動について，その部分の運動に要した時間を比較せよ。解答欄に，「A＞B＝C」のように等号や不等号を用いて表せ。

(4)　A～Cの記録テープのうち，「記録テープに記録された部分の運動の向き」と，「力学台車にはたらくすべての力の合力の向き」とが常に一致していると考えられるものを，<u>すべて選び</u>，記号で答えよ。

(5)　Cの記録テープに記録された部分の運動について述べた文として，最も適切なものを次のア～ウから１つ選び，記号で答えよ。
ア　手が力学台車に及ぼす力は，はじめ大きくなっていき，その後小さくなっていった。
イ　運動の途中から，手が力学台車に及ぼす力の向きが変わった。
ウ　運動の途中から，力学台車の運動の向きが変わった。

3　次の文章を読み，あとの(1)～(5)の問いに答えよ。

図１のように，エタノールを入れたビーカーに15％食塩水を加えていくと，①<u>シュリーレン現象（液体中にもや状のものが見える現象）</u>が起こった。さらに白色の粉末が発生した。この白色の粉末は②<u>塩化ナトリウム</u>であった。

エタノール，水，15％食塩水の密度を比較した場合，最も大きいのは（ A ）で，次いで大きいのは（ B ）である。

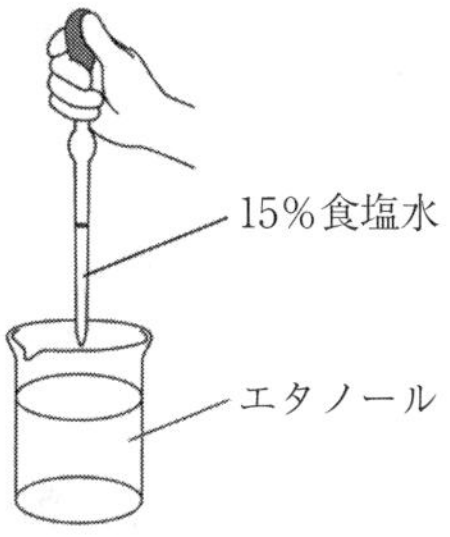

図１

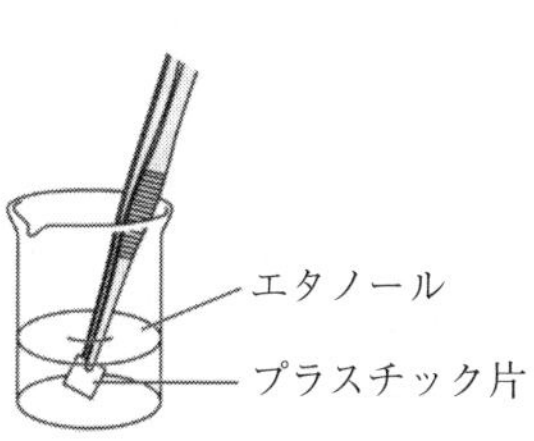

図２

ペットボトルの容器を１辺１cmの正方形に切りとったものとペットボトルのキャップを１辺１cm

の正方形に切りとったものを，それぞれ前のページの図２のようにピンセットでつかみ，同じビーカーのエタノールの中に入れて離した。それぞれのプラスチック片が浮くか沈むか観察したところ，両方とも（ C ）。次に少量の15％食塩水をビーカーのエタノールに加え，混ぜたのち静置したところ，プラスチック片の位置に変化はなかった。さらにこの操作を繰り返し行ったところ，プラスチック片のうち，（ D ）のプラスチック片が液面に浮いたり，底に沈んだりせず，③容液中に留まっていた。その後も同様の操作を繰り返し行うと（ D ）のプラスチック片は（ E ）。また，もう一方のプラスチック片は（ C ）ままであった。なお，ペットボトルの容器やキャップに使われている素材はそれぞれ，下表の中のいずれかである。

表

密度〔g/cm^3〕	プラスチックの名称	略称
0.90～0.91	ポリプロピレン	PP
0.91～0.92	低密度ポリエチレン	LDPE
0.94～0.96	高密度ポリエチレン	HDPE
1.05～1.07	ポリスチレン	PS
1.34～1.46	ポリエチレンテレフタラート	PET

(1)　下線部①について，エタノールも食塩水も用いずに，シュリーレン現象を起こすには，何を用いてどのように操作すればよいか。具体的に述べよ。

(2)　文中の（A）～（E）にあてはまる最も適切な語句を，次のア～キから１つずつ選び，記号で答えよ。ただし，同じ記号を何度使用してもよい。

ア　エタノール　　イ　水　　ウ　15％食塩水
エ　液面に浮いた　　オ　底に沈んだ　　カ　ペットボトルの容器
キ　ペットボトルのキャップ

(3)　下線部②の物質を作ることができる組み合わせはどれか，次のア～エから２つ選び，記号で答えよ。さらに，選択した組み合わせから下線部②の物質が生成するときの反応を，化学反応式でそれぞれ表せ。

ア　塩化アンモニウムと水酸化バリウム
イ　炭酸水素ナトリウムと塩酸
ウ　塩酸と水酸化バリウム
エ　塩酸と水酸化ナトリウム

(4)　下線部③のときの水溶液5.0cm^{3}をはかり取り，その質量を測定したところ，4.7gであった。下線部③のプラスチック片の密度を求め，単位とともに答えよ。さらに，このプラスチック片の素材の**略称**を本文の表から１つ選び，答えよ。

(5)　ペットボトルの容器とキャップをまとめて細かく裁断し，混ざったものが多量にある。これをエタノールも食塩水も用いずに２つの素材に分別するには，何を用いてどのように操作すればよいか。具体的に述べよ。

4　動物に関する次の(1)～(5)の問いに答えよ。

(1)　現在生きているＡ～Ｅの５つのグループの動物の進化について，次の文章を読み，空欄①～④にあてはまる最も適切なものをそれぞれあとのア～コから選び，記号で答えよ。

地球上に最初に現れた脊椎《せきつい》動物はＡで，海で生活していた。このようなＡの中から陸上に適した生活ができるような特徴をもつ動物が現れて，最初のＢに進化した。やがて，Ｂのあるものから，乾燥に耐《た》えられるしくみをもつ動物が現れて，ＣやＤに進化した。そして，Ｄの中の一部の動物からＥに進化したと考えられている。

これらの５つのグループは，様々な観点で比べて分類されている。

一般的な特徴として，Ｃは呼吸を［　①　］で行う。Ｄの子のうまれ方は［　②　］で，生活場所は［　③　］である。Ｅの体表は［　④　］でおおわれている。

①の選択肢　ア　幼生はえら，成体は皮膚や肺　　イ　えら　　ウ　肺

②の選択肢　エ　卵生　　オ　胎生

③の選択肢　カ　幼生は水中，成体はおもに陸上　　キ　おもに陸上

④の選択肢　ク　うろこ　　ケ　毛　　コ　羽毛

(2)　大昔の生物に近い特徴を現在まで保っている生物を「生きている化石」という。「生きている化石」にあてはまる生物を次のア～キから２つ選び，記号で答えよ。

ア　マンモス　　イ　カブトガニ　　ウ　オウムガイ　　エ　ビカリア

オ　アンモナイト　　カ　サンヨウチュウ　　キ　フズリナ

(3)　現在地球上で生活する脊椎動物の特徴を詳しく見ると，進化の道すじが見えてくることもある。現在の見かけの形やはたらきは異なっていても，コウモリの翼とクジラのひれのように，基本的なつくりが同じで，起源は同じものであったと考えられる器官のことを何というか。漢字で答えよ。

(4)　ヒトのからだや動物の染色体について，次のア～コから正しいものを３つ選び，記号で答えよ。

ア　ヒトの赤血球には，ヘモグロビンが含まれている。

イ　ヒトの組織液には，酸素が含まれているが二酸化炭素は含まれていない。

ウ　ヒトの心臓から送り出された血液が流れる血管は，他の血管と比べて壁がうすく弾力性がある。

エ　ヒトが呼吸をするとき，吸気と呼気では酸素と二酸化炭素の割合が逆転し，呼気の成分のうち約20％は二酸化炭素になる。

オ　ヒトの尿素は肝臓でつくられ，血管を通って小腸に運ばれる。

カ　ヒトの胆汁は肝臓でつくられ，胆のうに貯蔵される。

キ　ヒトの胃では，消化酵素のほかに酸性の物質が分泌される。

ク　ヒトが成長するとき，からだの中の細胞が分裂する前後で，１つの細胞の中の染色体の数は増加する。

ケ　カエルの受精卵の染色体数と，その受精卵が成長したオタマジャクシの１つの細胞の中の染色体数は異なる。

コ　オタマジャクシの尾にある１つの細胞の中の染色体数と，そのオタマジャクシが成長したカエルの後あしにある１つの細胞の中の染色体数は異なる。

(5)　だ液のはたらきと温度の関係を調べるために，＜実験①＞と＜実験②＞を行った。あとの問いに答えよ。

＜実験①＞

操作１　水でうすめただ液を小さな試験管㋐，㋑，㋒に２cm^3ずつ入れ，別の小さな試験管㋓，㋔，㋕には水を２cm^3ずつ入れた。

操作２　㋐と㋓を０℃の氷水に，㋑と㋔を40℃の湯に，㋒と㋕を90℃の湯にしばらく入れた。

操作３　0.5％デンプン水溶液を５cm^3ずつ６本の試験管Ａ～Ｆに入れた。

操作４　試験管Ａには操作２の㋐を，試験管Ｃには操作２の㋑を，試験管Ｅには操作２の㋒をそれぞれ２cm^3加えた。

操作５　試験管Ｂには操作２の㋓を，試験管Ｄには操作２の㋔を，試験管Ｆには操作２の㋕をそれぞれ２cm^3加えた。

操作６　試験管Ａ～Ｆを40℃の湯に入れ，温度を保ちしばらく待った。

操作7　試験管A，B，C，D，E，Fの溶液をそれぞれ2つの試験管A1とA2，B1とB2，C1とC2，D1とD2，E1とE2，F1とF2に分けた。

操作8　A1～F1の6本には，ヨウ素液を加えて，色の変化を観察した。

操作9　A2～F2の6本には，ベネジクト液を加えて加熱し，色の変化を観察した。

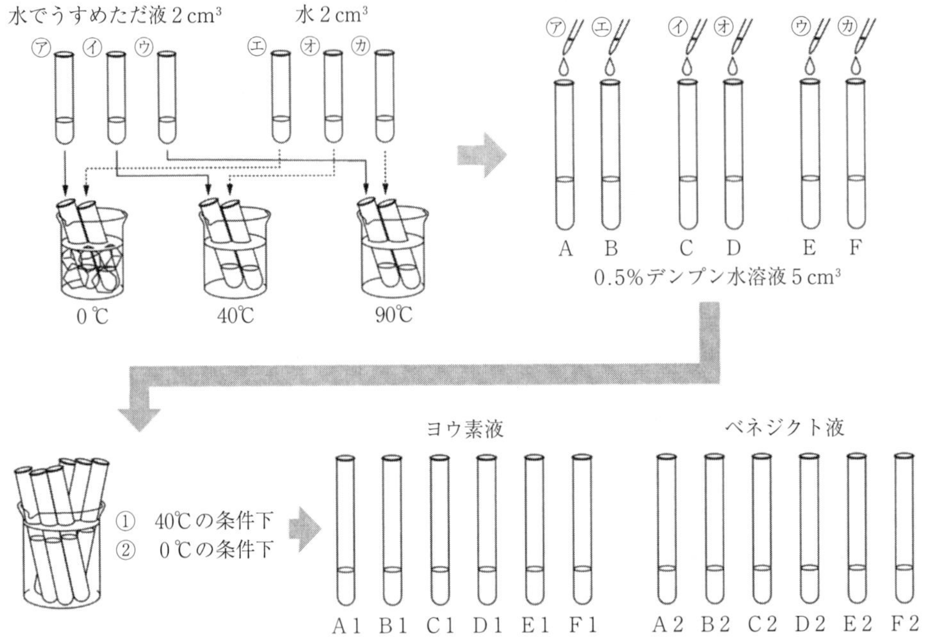

＜実験②＞

＜実験①＞の操作1～操作9のうち，操作6の下線部を0℃の氷水に変えて，同様の実験を行った。

＜実験①と実験②の結果＞

＜実験①＞（40℃の条件下）

試験管	ヨウ素液の変化	試験管	ベネジクト液の変化
A1	変化しなかった	A2	赤褐色に変化した
B1	青紫色に変化した	B2	変化しなかった
C1	変化しなかった	C2	赤褐色に変化した
D1	青紫色に変化した	D2	変化しなかった
E1	青紫色に変化した	E2	変化しなかった
F1	青紫色に変化した	F2	変化しなかった

＜実験②＞（0℃の条件下）

試験管	ヨウ素液の変化	試験管	ベネジクト液の変化
A1	青紫色に変化した	A2	変化しなかった
B1	青紫色に変化した	B2	変化しなかった
C1	青紫色に変化した	C2	変化しなかった
D1	青紫色に変化した	D2	変化しなかった
E1	青紫色に変化した	E2	変化しなかった
F1	青紫色に変化した	F2	変化しなかった

この結果からわかることを，次のア～シからすべて選び，記号で答えよ。

ア　0℃にしただ液は，0℃の条件下に保った場合に，よくはたらく。
イ　0℃にしただ液は，0℃の条件下に保った場合に，はたらかない。
ウ　0℃にしただ液は，40℃の条件下に保った場合に，よくはたらく。
エ　0℃にしただ液は，40℃の条件下に保った場合に，はたらかない。
オ　40℃にしただ液は，0℃の条件下に保った場合に，よくはたらく。
カ　40℃にしただ液は，0℃の条件下に保った場合に，はたらかない。
キ　40℃にしただ液は，40℃の条件下に保った場合に，よくはたらく。
ク　40℃にしただ液は，40℃の条件下に保った場合に，はたらかない。
ケ　90℃にしただ液は，0℃の条件下に保った場合に，よくはたらく。
コ　90℃にしただ液は，0℃の条件下に保った場合に，はたらかない。
サ　90℃にしただ液は，40℃の条件下に保った場合に，よくはたらく。
シ　90℃にしただ液は，40℃の条件下に保った場合に，はたらかない。

［注］

＊ダッシュボード…自動車の運転席の前のメーターやスイッチ類が並んでいる部分。

＊飛んだ…思い出せなくなった、の意。

問一　傍線部①「一応、持ってきた」とあるが、すぐるが鈴を持ってきた本当の理由は何か。わかりやすく説明しなさい。

問二　傍線部②「孫にこんなものもらったら」とあるが、「こんなもの」とはどのようなものか。その説明として最も適切なものを次の中から一つ選び、記号で答えなさい。

ア　身代わりに厄災を引き受けてくれるもの。
イ　家族四人の旅行の思い出となるもの。
ウ　孫の無邪気な愛情がこもったもの。
エ　死んだ後で形見となるもの。

問三　傍線部③「あんたには黙ってたんだけどさ……」とあるが、今まで黙っていた話をここですることによって、美咲がすぐるに最も伝えたかったことはどのようなことか。それを述べた部分を本文中から**四〇字以内**で抜き出し、**はじめとおわりの五字ずつ**を答えなさい。

問四　傍線部④「もうひとつ、身代わり鈴を買ってきて」とあるが、「祖母」が美咲にこのように頼んだ理由は何か。わかりやすく説明しなさい。

問五　傍線部⑤「まるで一生懸命に拝むみたいに両手で鈴をぎゅって握って」とあるが、この鈴は「母」にとって、どのようなものだったか。その説明として最も適切なものを次の中から一つ選び、記号で答えなさい。

ア　自分の祈りを届けてくれるもの。
イ　息子の願いを叶えてくれるもの。
ウ　息子の身を守ってくれるもの。
エ　自分に寄り添ってくれるもの。

問六　傍線部⑥「〝お母さん〟」とあるが、美咲はここで「〝お母さん〟」をどのような意味で用いているか。本文中から**一〇字以内**で抜き出して答えなさい。

問七　二重傍線部a「鬼籍に入った」・b「由緒」・c「口走った」について、それぞれの本文中の意味として最も適切なものを後の中から一つずつ選び、記号で答えなさい。

a「鬼籍に入った」
ア　連絡が取れなくなった
イ　代替わりをした
ウ　亡くなった
エ　隠居した

b「由緒」
ア　古くから言い伝えられた教え
イ　神様から与えられるご利益《りやく》
ウ　事のおこりやいきさつ
エ　こまごまとした規則

c「口走った」
ア　たまりかねてつぶやいた
イ　うっかりと言葉にした
ウ　強い口調で言い放った
エ　早口でまくし立てた

渡したの。でも、おばあちゃんがお母さんに渡したところは見てないのよ。本当に渡せたのかなって、ずっと思ってた」

　姉はハンドルに肘をかけ、信号をみつめながら少し黙った。姉弟のあいだに生まれた刹那《せつな》の沈黙のなかを泳ぐように、ウインカーの音がカチカチと鳴っている。すぐるは自分でも気づかないうちに、鈴を握りしめていた。指先に力が入る。

「あんたが初めて主演したドラマあるじゃない？　第一回が放送されるとき、お母さん、テレビの前に座ってさ、なんか大事そうに握ってるなって思ったら、あの鈴を握ってたの。⑤まるで一生懸命に拝むみたいに両手で鈴をぎゅって握って、あんたのドラマ見てた」

　手のひらを開き、視線を落とす。そこには見慣れた鈴がある。

　初めて台詞《せりふ》が＊飛んだとき……いや、あれは飛んだのではなかった。頭では台本に書かれた文字が浮かんでいて、自分の肉体はちゃんと芝居のなかで脈を打ち、唇は声を待っていた。でも漏れるのは息ばかりで、台詞ではなく空白がこぼれて、しゃぼん玉のように目の前で膨らんだ。相手役の女優が、その無言のしゃぼん玉越しにこちらを見ていた。

　現場に鈴を持っていくようになった。縁起担《かつ》ぎなのか、お守りなのか、いい大人が祖母の思い出に甘えるようで恥ずかしかったが、芝居に向かう前に指先で鈴に触れて「頼む」と心のなかで呟《つぶや》くのが常になっていた。

　それでも願いは叶《かな》わなかった。声は出なかった。

　祖母の墓に、鈴を置いていこうと思っていた。祖母に返そうと思っていた。もう夢は終わりにするから。芝居の現場には戻らないから。

「思わず私、聞いちゃったよ。お母さん、それどうしたのって。そしたら、なんて言ったと思う？　すぐるのドラマをひとりで見るのが怖いのって。おばあちゃんに一緒に見てもらおうと思って……って、お母さん、そう言ったの」

　また黙り込んでいる弟に、まるで言い聞かすように、美咲は話を続けた。

「お母さんにも必要だったんだよ。支えになるものがね。だって、あのひと、一生懸命ひとりで子どもたちを食わせてさ、それで最後には私たち、家を出ていっちゃうんだよ。おばあちゃんはそれをわかっていたんじゃないかな」

「姉貴は出戻ったけどな」

「やかましいわ」

　すぐるはテレビの前に座る母親の後ろ姿を想像した。頭の中で一度も見たことのないはずのその背中を見つめながら、これは祖母が見せてくれているのだなと思った。

「おばあちゃんはずっと、お母さんの⑥〝お母さん〟だったんだよ」

「うん」

「ねぇ、すぐる。私の言っている意味、わかる？」

「ん？　なんだよ」

「お母さんもあんたの〝お母さん〟だってこと。あんたはひとりじゃないってことだよ。だからどうしたってわけじゃないけど、覚えておきな。私から言えるのは、それだけ」

「うん」

　寺の駐車場は細い路地を入った坂の上にあって、斜面をつたって車を進めていくと表門にたどりつく。門の前で、母は待っていた。

「少し、老《ふ》けたか」

「そりゃ、これだけ息子が悪ガキじゃ、心労で老けもするでしょう」

　車が止まるとフロントガラス越しに母と目があった。どんな表情をすればいいのかわからないでいると、母が微笑んだので、途端に恥ずかしくなって下を向いた。

　もう一度、顔をあげると、母の笑顔は前よりも少し、祖母に似ていた。

　手のなかで、鈴が鳴った。

（水野《みずの》良樹《よしき》「誰《た》がために、鈴は鳴る」による）

の温泉に行ったことがあった。当時、美咲は中学三年生、すぐるは小学六年生だった。

旅館の近くの土産物屋に陳列されていた身代わり鈴は、どこぞの神社の名前を冠した小さな説明書きが添えられていたが、まわりくどい古文調でｂ由緒《ゆいしょ》はよくわからなかった。

御身に降りそぐ、ありとあらゆる厄災を此《こ》の鈴が身代わりと為《な》りまして……

姉に訊《き》くと「なんか悪いものを引き受けてくれるってことでしょ。身代わりなんだから」とそっけなく返された。どちらが買おうと言い出したかは覚えていない。姉弟で別々の色を選び、旅館の部屋で横になっていた祖母に二つの身代わり鈴を手渡した。

もちろん、喜んでくれるとは思っていた。だが、その喜びを、祖母はあの快活な笑顔で表してくれたわけではなかった。しわくちゃの両手の中に二つの鈴を大事そうに収めて、小さく背を丸め、祖母はしくしくと泣いた。その姿に孫たちは声を失った。

隣にいた母だけが顔色を変えなかった。布団《ふとん》から起き上がった祖母の肩を支えながら「お母さんも②孫にこんなものもらったら、もうひと踏ん張りしなくちゃね」と言った。母が祖母のことを「お母さん」と呼んだのを見たのは、あのときだけだった。

「あの頃はこれが形見になるなんて思ってなかったよね。あんたなんかさ、僕がこんなもの買ったから、おばあちゃんが死んじゃったんだって泣いてさ」

「わざわざ形見になるようなものを、ばあちゃんに押し付けた気がしたんだよ」

姉は「そうね」と言って微笑《ほほえ》むと、黙ってしまった。

母親に抱きしめてもらった回数よりも、祖母に抱きしめてもらった回数の方が多い。

学校から帰るといつも祖母が迎えてくれ、祖母がつくる夕飯を食べ、祖母が見てくれている居間で宿題をした。シングルマザーという言葉が当時からあったのかは知らない。祖母が怒った顔は少しも思い出せないが、一方で、いつも夜遅くに帰ってきて、ため息を吐《っ》きながら鞄《かばん》をテーブルに置き、そのまま風呂に直行し、そこから出るなり「今日は学校で何があった？」「塾の課題はした？」と問い詰めてくる母の顔はよく覚えている。

父親という存在がどういうものなのか、すぐるはよくわからないまま育ったが、母がまとっていた厳しさがそれに似ているのではないかと、よく思った。

大学に行かず、上京して芝居の道に進みたいと言ったとき、母は「許せるわけないじゃない」と繰り返した。あまりに頑《かたく》なに首を振るから、苛立《いらだ》って「ばあちゃんが生きていたら、応援してくれたはずだよ」とｃ口走った。あのとき母は視線をそらし、しばらくテーブルに乗せた自分の拳を見ていた。涙を流しはしなかった。何度か息を吐き、最後に「勝手にしなさい」とだけ、言った。

次の交差点を曲がり、しばらく道なりに進めば、祖母が眠っている吉澤家の墓がある寺に着く。そして久しぶりに会う、母が待っている。

「③あんたには黙ってたんだけどさ……」

「なんだよ。急に。こえーな。再婚でもするのか？」

「違うわ、アホ。あのとき、④もうひとつ、身代わり鈴を買ってきてって言われたの」

「え？　誰に？」

「おばあちゃんに」

声は出さなかったが、すぐるは思わず運転席の姉に顔を向けた。

「みーちゃん、おばあちゃんの代わりにお母さんにも買ってきてあげてって」

十六年も前に聞けなくなったはずの祖母の声が、頭のなかで蘇《よみがえ》るから不思議だった。

「お母さんにだってお守りが必要なのよって、おばあちゃん、そう言ってた。次の日の朝にひとりで買いにいってさ、おばあちゃんに

かという点に気づかせてくれるから。

エ　古代ギリシア人が価値を確かなものにした自由は、政治家の発言力が増す現代にあって、自分の意地を貫き通して生きることの大切さに気づかせてくれるから。

問七　本文の論じ方についての説明として**適切でない**ものを次の中から一つ選び、記号で答えなさい。

ア　近代民主主義の基本について先に触れておくことで、その後に触れる古代民主政の基本が対比的に明らかになるようになっている。

イ　ポストコロニアリズムの影響による論調の変化に言及することで、民主政の概念が次第に変容していったことが暗示されている。

ウ　日本の惣村の自治意識という例を対比的に示すことで、古代ギリシアにおける権力の捉え方に見える民主政の本質を強調している。

エ　プラトンに反論するフィンリーの言葉を引用することで、現代民主主義の課題と古代ギリシアの民主政の価値を明確にしている。

問八　二重傍線部a〜cのカタカナを適切な漢字に改めなさい。

二

次の文章を読んで、後の問いに答えなさい。

（吉澤《よしざわ》すぐるは役者をしているが、職業性ジストニア（意思に反して決まった動作ができなくなる疾患。イップスともいう。）のため休業している。）

実家がある浜松に帰ってきたのは約七年ぶりだった。七年前には美咲《みさき》の結婚式があった。姉は二年前に苗字《みょうじ》をもとに戻した。さすがにその話題に触れる勇気はない。

信号が青になった。車が発進すると、振動で鈴の音が鳴る。＊ダッシュボードの上に置かれた美咲のキーケースに、祖母の形見の〝身代わり鈴〟が結びつけられていた。

「おばあちゃんの十七回忌だから今年だけは絶対に帰ってきなさい」

母から二週間前に電話がきていた。

「なんとか、あんたが帰ってくる理由をつくりたかったんじゃないの、お母さんも」

「うん」

「うん……じゃねーわ。ほんと素直じゃないっていうか。親も子も。おたがいね」

月日だけが顔色を変えず、過ぎ去っていく。主だった親戚たちも、多くがもう a鬼籍に入った。集まる人間も少なくなって、祖母の法事はこれでひと区切りにするという。

美咲がハンドルを大きく右に切る。車が揺れて、またキーケースの鈴が鳴った。それに呼応するように今度はすぐるの膝上からも鈴の音が鳴った。

「あれ、あんたも持ってきたの？」

「うん、ばあちゃんの墓に行くのも久しぶりだから。①一応、持ってきた」

すぐるは膝上で折り畳んだコートのポケットから、手のひらに収まる小袋を取り出した。紺の紐《ひも》をほどき、アイボリー色の袋から身代わり鈴を取り出す。

「そんな小綺麗《こぎれい》な袋なんかに入れちゃって。そういうところ、変に几帳面《きちょうめん》よね」

すぐるが首を振る。白糸で上部が結びつけられ、さくらんぼのように垂れた銀色の鈴が一つと、大人の親指の爪先ほどの大きさの守り袋が一つ、並んで二つ取り付けられている。鈴は同色だが守り袋にはカラーバリエーションがあって、姉のものは桃色で、すぐるのものは薄水色だった。

祖母が入院する前に、母と祖母、美咲とすぐるの家族四人で熱海《あたみ》

＊碩学…学問を広く修めた人のこと。

＊フィンリー…アメリカの歴史学者（一九一二〜一九八六）。

問一　傍線部①「ことばの成り立ちから考えてみよう」とあるが、そのような考え方をするのはなぜか。その説明として最も適切なものを次の中から一つ選び、記号で答えなさい。

ア　ラテン語レプラエセンタレの原義を考えれば、代議制がどのような過程を経て生じたのかが理解できるようになるから。

イ　ラテン語レプラエセンタレの由来を考えれば、代議制がヨーロッパで連綿と受け継がれてきたことが明らかとなるから。

ウ　ラテン語レプラエセンタレの変遷を考えれば、代表制がいつから当たり前のものとなったのかが分かるようになるから。

エ　ラテン語レプラエセンタレの意味を考えれば、代表制が近代以降に特有の考え方によるということがはっきりするから。

問二　傍線部②「生活を『分かちあう』ことは、包摂と統合にもつながった」とあるが、それはなぜか。その説明として最も適切なものを次の中から一つ選び、記号で答えなさい。

ア　分かちあうということは、人々がみな参政権を持つことであり、様々な情報を広く共有することが重視され、市民が集う大きな施設や大規模な集会の仕組みが形成されたため。

イ　分かちあうということは、持っている権力が等分されることであり、一部に権力が偏って階級差が生まれるということがなく、身分差による分断や対立が生じなかったため。

ウ　分かちあうということは、全体で公平に分け前を得ることであり、敵対する相手も含めて折り合いをつけようと努め、みな同じものを共有していると捉えることになったため。

エ　分かちあうということは、利益だけではなく負担についても分担することであり、多くの人で請け負う方が個人の負荷が減る上に、集団としての強い一体感が生まれたため。

問三　傍線部③「それはまた別の問題である」とあるが、民主政が「寄り合い」と異なる点は何か。わかりやすく説明しなさい。

問四　傍線部④「それは、私たちがギリシア人の経験に負っているものの重みを、雄弁に物語っている」とあるが、どのような意味か。その説明として最も適切なものを次の中から一つ選び、記号で答えなさい。

ア　民主主義についての議論は現代においても必要だが、その際には最初に「デモクラティア」の本質を検討する必要があり、ギリシア人が残してくれた古典が役に立つということ。

イ　民主主義という言葉は、ギリシア人によって生み出されたものであるため、その語源に遡って考えることで、彼らが世界史上に残した「民主主義」の意義が理解できるということ。

ウ　民主主義という訳語は、ギリシア人が経験してきた民主政への意識的な制度化を反映した言葉であり、その本質を知るには、ギリシア人の経験に頼る必要があるということ。

エ　民主主義について考えるとき、ギリシア人がいかにその本質を理解し、意識的に民主政を採用し、制度として洗練させてきたのかということが、改めて分かるということ。

問五　傍線部⑤「むろん専門家は必要だ」とあるが、「フィンリー」がそのように考えるのはなぜか。わかりやすく説明しなさい。

問六　傍線部⑥「彼らがエレウテリア（自由）と名づけたその価値は、今も色あせることがない」とあるが、そのようにいえるのはなぜか。その説明として最も適切なものを次の中から一つ選び、記号で答えなさい。

ア　古代ギリシア人が価値を見出した自由は、専門家集団に勝手に支配されかねない現代にあって、自分の生き方を自ら決めることの尊さに気づかせてくれるから。

イ　古代ギリシア人が価値を明らかにした自由は、日々大量の情報が飛び交う現代にあって、他人の意見に流されずに生きることの重要さに気づかせてくれるから。

ウ　古代ギリシア人が価値を高めた自由は、平和の維持が困難な現代にあって、自分で意思決定できることがいかに素晴らしいた民俗学者の宮本常一《みやもとつねいち》が指摘したように、西日本の村落共同体には、成員の平等を原則とした「寄り合い」という集会の伝統があり、戦後の農地改革の問題などを何日もかけて話しあいながら解決したという。

しかし、ではこれらの集会を民主政と呼べるかというと、③それはまた別の問題である。民主政とは、たんなる集団的意思決定のことだけではないからである。

デモクラティアという語が「民衆の権力」を意味することから明らかなように、古代ギリシアでは民会が意思決定をするのみならず、その決定を実行するために、市民たちみずからが権力を行使した。市民団自身が権力者であり、少なくとも理念上は、王や領主やGHQのような上位の権力があってはならなかった。これはやはり他の古代文明にない、古代ギリシアに固有の特徴である。

何よりギリシア人は、民主政が君主政や貴族政とはことなる独自の政体であることをよく自覚し、それがなぜほかよりもすぐれているのか、どこがちがうのかというテーマをめぐり、さかんに知的な議論をかわした。彼らが民主政というものを意識化、制度化し、それについて(たとえ批判的にでも)豊かなテクストを古典として後世に遺《のこ》した世界史的な意義は大きい。

民主主義について考えたり話したりするとき、結局のところ私たちは、今なおデモクラティアを語源とすることばにたよるほかはない。「デモクラシー」にしても、その訳語である「民主主義」にしてもそうである。④それは、私たちがギリシア人の経験に負っているものの重みを、雄弁に物語っている。

プラトンは、国家を船にたとえた。そして統治の専門技術を知らぬ素人の民衆に国のかじ取りをcユダねる民主政が、いかに危険で不合理かを説いた。統治は専門家のエリートにまかせればよい、と彼は信じた。

選挙の投票率は低迷し、政治には一般国民の手が届かぬものという諦めが漂う一方で、*ポピュリズムや強権政治が幅をきかせるようになった現代の世界に、プラトンと同じ信念をいだく人びとがいたとしても、おかしくはない。「反民主主義の伝統」は、けっして過去のものではない。

しかしここで私は、*碩学《せきがく》*フィンリーのことばを借りたい。彼はプラトンのエリート主義に対し、アテナイの民衆を代弁してこう反論する。⑤むろん専門家は必要だ。船を雇うときには、私も船長に操船をまかせるだろう。だが、行き先を決めるのは私だ。船長ではない。

私たちの将来を決めるのは、私たちであって、政治家ではない。フィンリーは、「ファシズムとの戦い」に勝利したはずの現代民主政治が、実は政党や官僚のような専門家集団に牛耳られる偽物《にせもの》だと訴えたかったのだ。彼のことばが心を打つのは、民主政の生命を、まっすぐに言い当てているからである。

個人であれ集団であれ、自分の生き方を自分の意思で決めるということには、かけがえのない価値がある。そのことに、はやくから気づいたのがギリシア人であった。⑥彼らがエレウテリア(自由)と名づけたその価値は、今も色あせることがない。

(橋場《はしば》 弦《ゆづる》『古代ギリシアの民主政』による。一部改)

[注]

*ハンナ・ピトキン…アメリカの政治学者(一九三一～二〇二三)。
*三部会…フランスで一四世紀以降設置された身分制議会。
*アテナイ…ギリシアの首都アテネの古い名称。
*寡頭政…少数の者が権力を握って行う政治形態。
*あずかる…関わりを持つ、の意。「与る」と書く。
*アゴラ…都市国家ポリスの広場。市民総会である「民会」の会場でもあった。
*三〇人政権…ペロポネソス戦争に敗れたアテナイで成立した寡頭政の政権。
*ポストコロニアリズム…帝国主義、植民地主義に対する反省的な態度。
*ポピュリズム…大衆の権利こそ尊重されるべきだと主張する政治思想。

二〇二四年度
筑波大学附属高等学校

【国語】（五〇分）〈満点：六〇点〉

注意 1．字数制限のある設問は、句読点やその他の記号も一字として数えます。
2．解答用紙の一行の枠には、二行以上書いてはいけません。
3．＊のついている語は、本文の後に[注]があります。

一 次の文章を読んで、後の問いに答えなさい。

近代民主主義の基本原理は、代表制（代議制）である。しかし、選挙された特定の一人が大勢の人びとの利益を「代表する」という考え方自体、そもそも古代のデモクラティアには存在しなかった。

①ことばの成り立ちから考えてみよう。代表を意味する英語リプリゼンテイションは、ラテン語レプラエセンタレに由来する。それは本来、「あるものを別のあるものによっておき替えること」を意味するにすぎなかった。それが政治的な文脈のなかで、ある人物が別のある人物もしくは集団になり代わり、その代理人として行動すること、すなわち「代表する」という概念を指ししめすようになるのは、aメイチョ『代表の概念』で政治学者＊ハンナ・ピトキンが明らかにしたとおり、ようやく近代初期になってからのことである。それは、身分制議会（イギリス議会やフランスの＊三部会）の発展とともに、近世から近代のヨーロッパにはじめて出現した考え方であった。

多数者の利益を「代表する」と称する人物が現れれば、その人に権威や権力が集中することは避けられない。古代＊アテナイ人がもし今日の議会政治を目にしたならば、それを民主政ではなく、bキヨクタンな＊寡頭政《かとうせい》と見なすであろう。彼らにとって統治の主体とは代議士ではなく、市民自身だったからである。

近代民主主義の基本が「代表する」ことにあるならば、古代民主政の基本とは何か。それは「＊あずかる」、あるいは「分かちあう」ことであると私は思う。

ギリシア人は政治に参加することを、国政に「あずかる（メテケイン）」と表現した。この語は「分かちあう」とも訳すことができ、大きな全体の一部、たとえば獲物の分け前などに、みんながあずかるときに使われる。市民にとって政治参加とは、ポリスの公共性という大きな全体に、一人一人が平等にあずかることを意味した。

参政権・市民権というものは、いわば大きな全体と考えられていて、めいめいの市民がその分け前にあずかる、というふうに理解されていた。参政権を個人の権利と考える近代的発想と、その点で根本的にちがう。

兵役や財政の負担も、（個々の市民の能力に応じて）公平に「分かちあう」ものであった。祭祀《さいし》もまた、市民たちが分かちあう大事な営みであった。＊アゴラの掲示板で公共のできごとを告知し、碑文《ひぶん》や公文書館で過去の記録を公開したのも、市民が情報をひろく分かちあうためであった。

②生活を「分かちあう」ことは、包摂と統合にもつながった。「嫌いな人びとと共生する技術」でもあった民主政は、おのれを倒した＊三〇人政権の一派とさえ和解する道を必死で探った。目標としたのは分断や排除ではなく、統合と共存であった。「分かちあう」は、古代民主政を理解するためのキーワードである。

二一世紀に入ると、いわゆる＊ポストコロニアリズムの影響下、民主主義を最初に発明したのは古代ギリシア人ではない、という論調が、以前にもまして目につくようになった。住民が集会での熟議によって意思を決定するという政治スタイルは、古代のエジプトやメソポタミア、インド、中国など世界各地に古くから見られるもので、民主主義を古代ギリシアだけの遺産と考えるのは、西欧中心主義的な偏見であるという主張である。

言われてみれば、日本中世にも惣村《そうそん》の自治組織というものがあって、村の集会で熟議がはかられていたことはよく知られている。ま

2024年度／筑波大学附属高等学校

英語解答

1 放送文未公表

2 問1 (1-A) ア (1-B) イ
(1-C) イ
問2 エ
問3 you haven't given yourself enough time to practice the breaststroke
問4 ア 問5 ウ
問6 (6-A) left (6-B) shaking
(6-C) wrapped
(6-D) answer
問7 lost 問8 イ
問9 ① confidence ② advice

3 問1 イ 問2 small
問3 Are you sure you want me to bring you a wife
問4 イ
問5 (例)文句を言うこと。
問6 ア 問7 イ 問8 gold
問9 ① daughter ② married
③ mother〔mom〕
④ cookies

4 (1) (例) We have to finish cleaning the house by three (o'clock).
(2) (例) I was too busy with my homework to watch TV.
(3) (例) How long have you been a fan of them？
(4) (例) The person in a blue shirt wearing glasses is my mother.

1 〔放送問題〕放送文未公表

2 〔長文読解総合―物語〕

≪全訳≫❶「メアリー・ジョンソン」とコーチのケリーさんは言った。彼女は次の競技会の種目と泳者の一覧を持っていた。❷「そんな。彼女がその種目で私の名前を言ったなんて，うそでしょ。100メートル平泳ぎはダメよ。準備ができていないわ」と私は思った。コーチが発表すると，全員の視線が私に向けられた。スーザンとその友人たちはお互いにささやき合っていた。彼女たちが何を笑っているのか，想像する必要はなかった。ベティは肘を私の脇腹に押し当て，励まそうとした。それは役に立たなかった。胃が水中の岩のように膝まで沈む思いだった。❸コーチのケリーさんが名前の一覧の発表を終えて，こう言った。「覚えておいてください，競技会は水曜日の夜です。ウォーミングアップのために4時半にここに来てください。では，明日の練習でお会いしましょう」❹私たちはプールを出て，ロッカールームに戻った。❺「大丈夫よ」とベティは言った。❻「あなたは自分の種目に出られるんだもん」と私は言った。「背泳ぎだったらよかったのに。彼女は何を考えているのかしら？」❼「コーチはあなたを信頼しているのかもね」とベティは答えた。❽「あるいは」と部屋の隅から声が聞こえた。「彼女は，あなたがプールの底に沈んで，私たちを笑わせたいのかもね」 スーザンとその友人たちは笑った。❾「黙りなさい，スーザン」とベティが叫んだ。❿私は何も言わず，ロッカーを閉めた。⓫「水曜日の種目はわかったの？」 ママがテーブルの上のピザの箱を開けながらきいた。⓬私は一切れ取って，食べ始めた。「うん。100メートル平泳ぎよ」と私はママの目を見ずに言った。⓭「なぜコーチが私に背泳ぎをやらせてくれなかったのかわからないの。それが私の一番の得意種目だと彼女は知っているのに。私，平泳ぎはできない！」と私はピザをもう一切れつまみながら言った。「私は平泳ぎがとても下手なの。レースで泳いでプールの底に沈んだら，どうなるんだろう？ それとも，ビリになったら？」⓮「誰かがビリにならないとね」とママが言った。⓯「でも，平泳ぎで100メートルも泳げるとは思わないわ！」と私はピザを置きながら言った。「コーチに伝えるわ。この競技会には参加しないって」[16]ママは「他人のことは気にしないの。ただベストを尽くして，自分の泳ぎをしなさい」と言った。[17]「ありがとう。でも，(2)明日コーチと話してみるつもりよ」と私は答えた。[18]ケリーコーチは，私が彼女を練習中に見つけたとき，メモに目を通していた。彼女は顔を上げて，「あら，メアリー。練習の準備はできた？」と言った。[19]私は緊張していた。深呼吸をして，こう言った。「私，平泳ぎはできません。一番苦手で，練習ではいつもビリなんです」[20]コーチは「メアリー，私はね，あなたが背泳ぎがとても上手なのは知ってるけど，あなたはもっとできると思うのよ。あなたは自分に自信が必要なだけよ」　私が話し始めると，彼女は手を挙げて制した。彼女はこう続けた。「(3)あなたは平泳ぎを練習するのに十分な時間を自分に与えてこなかったから，あなたには新しいことにチャレンジしてほしいの」[21]「わかりました」と私は言った。[22]チームメイトたちが到着した。コーチは私の肩に手を置いて，こう言った。「行って準備していらっしゃい。練習は5分後に開始よ。あなたはできるわ，メアリー」[23]練習はひどいものだった。ストロークのリズムを失った。ターンができなかった。何回か，止まって息も整えなければならなかった。スーザンとその友人たちは私を笑った。[24]「あの子たちのことは無視しておけばいいのよ」と，ロッカールームにいるとき，ベティが言った。「(4)深刻に考えないで。ストロークを数えて，自分のレースに集中するだけよ」[25]私は水曜日にプールに着いた。他校のチームがすでにウォーミングアップをしていた。観客席は人でいっぱいだった。[26]「できるとは思わないわ」と私は言った。[27]「大丈夫よ」とママは言った。「忘れないで，自分のことだけよ。他の泳者のことはいっさい気にしないで。自分のレースをするだけよ」[28]「わかった」と私は答えた。[29]私たちがウォーミングアップを終えると，最初の泳者たちが飛び込み台に上がった。レースが始まった。私は気分が悪くなった。チームメイトたちはとても強く見えた。ベティは彼女の種目で2位になった。一つ一つの種目が終わるたびに，膝が震えた。[30]そして，100メートル平泳ぎのアナウンスがあった。私は本当に緊張した。[31]「あなたはできるわ，メアリー！」　私がジャケットを脱いで飛び込み台に向かうと，ベティは笑顔で手を振った。[32]「自分のレースをするだけ。他の泳者のことは考えない」と私は自分に言い聞かせた。[33]飛び込み台の上で準備ができた。心臓の鳴る音が聞こえた。[34]ブザーが鳴った。私は水に飛び込み，イルカのようにキックした。[35]「ストロークを数えるだけ」と私は思った。[36]目の前のラインに集中し続けた。[37]プル，ブレス，キック。私はストロークを数えた。[38]プールの端にぶつかった。速く息を吸い込み，壁を強く押した。足が疲れ始めたが，キックを続け，ストロークを数え続けた。他の全泳者が前方に見えたが，私はラインに集中した。[39]プル，ブレス，キック。ストロークを数え続けた。[40]腕が疲れてきた。他の全泳者は前方にいた。壁はとても遠かった。私は体を前方に推し進めながら，ストロークを数え，ラインを見つめ，ようやく壁が視界に入ってきた。ついに壁に触れた。プールには他に誰も残されていなかった。私はビリだった。[41]私は震える腕で自分の体を水中から持ち上げた。私の全エネルギーは水の中に取り残され，私はゆっくりとチームの方に歩いて戻った。[42]ベティがタオルで私の体を包み，「やったね！」と叫んだ。[43]私は椅子に座った。疲れすぎていて，答えられなかった。[44]競技会の後，私はロッカールームの外でみんながいなくなるまで待っていた。ママはそこで私を見つけた。[45]「あなたを誇りに思うわ」とママは言った。[46]「負けたよ」と私は言った。[47]「ええ」とママはうなずき，「でも，やったんでしょ？」と言った。[48]私は唇をかみしめながら，「うん。そう思うわ」と答えた。私はビリになったが，ゴールするために全力を尽くした。「私は自分のレースをしたわ。そして，勝ったと思う」

問1＜適語句選択＞(1-A)この前の内容から，メアリーの出る種目は The one-hundred-meter

breaststroke「100メートル平泳ぎ」だとわかるので，やらせてもらえなかった種目は the backstroke「背泳ぎ」である。　**(1-B)・(1-C)** 第２段落，第15段落，第19段落などから，メアリーは the breaststroke「平泳ぎ」が苦手なことがわかる。　terrible「ひどい，とても下手な」

問２＜適文選択＞直前の But「でも」に着目。母親の励ましに感謝しつつも，２段落前(第15段落)で述べた，平泳ぎはできないので競技会には出ないとコーチに伝えるという考えは変わらなかったのである。

問３＜整序結合＞主語と動詞は‘have/has＋過去分詞’の現在完了形の否定文で You haven't given とする。残りの語句で enough time to practice the breaststroke というまとまりができるので(to 以下は形容詞的用法の to不定詞)，残った yourself は‘give＋人＋物’「〈人〉に〈物〉を与える」の形となるように given の後に置く。

問４＜適文選択＞メアリーを笑っているスーザンたちを見たベティがメアリーにかけた言葉。前後で周りは気にせず，自分のことに集中するように伝えていることから判断できる。take ～ seriously は「～を真剣に受けとめる」という意味。　ignore「～を無視する」

問５＜英文解釈＞レース当日を迎え，弱気になるメアリーを母親が励ましている場面。続く２文で「他の泳者のことは気にしないで」，「自分の泳ぎをするだけ」と言っている。

問６＜適語選択・語形変化＞(6-A) 直後に I was last. とあるので，プールには誰も「残されて」いなかったのである。　leave－left－left　**(6-B)** shaking arms で「震えている腕」。直前の on は「～を支えにして」の意味で，文全体の直訳は「震えている手を支えにプールの外に自分自身を持ち上げた」。　**(6-C)**‘wrap ～ (around …)’で「～を(物・身体などに)巻きつける」という意味。時制は前後の文と同じく過去形になる。　**(6-D)**‘too ～ to …’「…するには～すぎる，～すぎて…できない」の文。あまりに疲れていたので，ベティの You did it！という言葉に「答える」ことができなかったのである。

問７＜適語補充＞この発言を聞いた母はうなずいた後，but you did it, right？「でもあなたはやったんでしょ？」と尋ねていることから，空所には，you did it とは相反する内容が入る。前に主語 I があり，「１語」という条件があることから，動詞が入ると判断できる。第23段落第２文にある lost を「負けた」の意味で使う。

問８＜内容真偽＞ア．「コーチはメアリーに，背泳ぎをもっと練習すれば優れた泳者になるだろうと言った」…×　第20段落参照。コーチが練習するよう促したのは背泳ぎではなく，平泳ぎである。　イ．「メアリーは泳いでいるとき，自分が他の全泳者の後ろにいると思った」…○　第38段落最終文および第40段落第２文に一致する。　behind ～「～の後ろに」↔ahead of ～「～の前方に」　ウ．「メアリーが壁に到達したとき，観客席の観客は彼女を賞賛した」…×　このような記述はない。　praise「～を賞賛する」　エ．「競技会の後，ベティはメアリーが泣きやむまで待った」…×　このような記述はない。

問９＜内容一致＞≪全訳≫今日，私は水泳競技会に参加した。100メートルの平泳ぎを泳いだ。自分の技術に①自信がなかったけれど，最後まで泳げた。ママには本当に感謝している。ママは私にある②アドバイスをくれて，励ましてくれた。それは「他人のことは気にするな」だ。この経験を通して，私は泳者としてより強くなったと思う。

＜解説＞①confidence in ～ で「～に対する自信」という意味。第20段落第２文に You just need confidence in yourself. とある。　②直後の Don't worry about other people. は母親

がくれた advice「アドバイス，助言」である。advice は‘数えられない名詞’なので，「１つのアドバイス」は an advice ではなく，a piece of advice の形で表す。なお，動詞は advise でスペルが異なることに注意。

3〔長文読解総合─物語〕

≪全訳≫**1**ベンはものぐさな若者だった。ある日の午後，彼が木の下で寝そべっていると，焼きたてのクッキーのにおいがした。彼は母親の台所に行った。彼が温かいクッキーに手を伸ばそうとしたとき，スプーンが彼の指に当たった。**2**「坊や，怠けてないで，畑仕事を始めなさい」と母親が言った。「農夫のダンカンさんは，働き者にはいつでも喜んでお金を払ってくれるわ。金を稼げば，お嫁さんをもらって，家を建てて，１人で暮せるのよ」**3**「嫌だよ，ママ」とベンは言った。「暑すぎて，今日は働けないよ。クッキーを持っていって，妖精を呼んで，彼に代わりにやってもらうように頼むよ。そうしたら，ママの僕への願いがかなうよ」**4**「なんてばかな子なの」と母親は言った。**5**ベンはクッキーの皿を持って，木へと戻った。彼は皿を日陰に置き，妖精を待った。まもなく，ベンは待つのに飽きた。彼はクッキーを１枚食べ始め，また１枚，また１枚…，そして眠ってしまった。最後の１枚は彼の手のひらの中にあった。ベンが立派な家，心温かいお嫁さん，金の畑の夢を見ていると，突然，彼の指が引っ張られた。ベンは目覚めた。誰かがクッキーを彼の手から盗んでいた。**6**「あっちへ行け！」とベンは叫んだ。そして，彼は小さな妖精を見つけて驚いた。妖精がクッキーを食べていたのだ。**7**「すみませんが，そこの小さな方」とベンは言った。「あなたは私のクッキーを食べたので，私の３つの願いをかなえなくてはなりません」**8**妖精はため息をついた。「そうですね。ただで何かを手に入れることはできません」**9**「ママは僕に自分の家を建てなさいと言っていますが，それは大変な仕事です。だから，あなたが僕からとったクッキーの代わりに，立派な家をお願いします」とベンは言った。**10**「かなえましょう」と妖精は言った。妖精は自分のかばんに手を入れ，小屋を取り出した。それはとてもきれいだったが，犬１匹分──もちろん人１人分の大きさもなかった。**11**「これは何です？」とベンは叫んだ。**12**「これは，あなたがお望みの家ですよ」と妖精は答えた。**13**「僕は自分のための家のつもりだったんだ。これではちょっと小さいよ」とベンは言った。**14**「いいですか」と妖精は言った。「とても小さいクッキーでしたから」**15**「わかった，わかった，家は諦めます」とベンは言った。「その代わり，お嫁さんが必要です」**16**「ただで何かを手に入れることはできません」と妖精は言った。「これ以上クッキーがないのですから，これ以上は願いもかないません」**17**「あなたにたくさんクッキーをあげられます」とベンは言った。「お嫁さんを１人連れてきてくれるだけでいいんです。どんなお嫁さんでもいいです。どのお嫁さんでも変わらないと思うので！」**18**「(3)お嫁さんを連れてきてほしいというのは確かですか？　あなたは私があげた家には不満そうでしたけど」と妖精は言った。**19**ベンはため息をついた。「ママはどんな女性でもきっと喜びますから」**20**ベンはマッケンジーさんの家までの道を案内した。彼の奥さんのクッキーはとても有名だった。ベンはしばしば，台所の窓近くの冷えたクッキーの皿から１枚盗んでいた。彼の予想どおり，すてきなクッキーの皿がそこにあった。**21**ベンは数枚のクッキーを妖精に渡した。彼はすぐにクッキーを食べ，「かなえましょう！」と叫んだ。まもなく，ベンは肩に手があるのを感じた。**22**「あら，こんにちは，ベン，あなたを捜していたのよ」と女性が言った。**23**ベンが振り向くと，母親と同じくらいの年齢の大きな女性が目に入った。**24**「僕はあなたを知っていますか？」とベンはきいた。**25**「(4)いいえ，私たちは会ったことはないけれど，夫で農夫のダンカンが，あなたを連れてくるようにと私をよこしたのよ」と彼女は言った。**26**ベンは驚いて，「ご主人が？」ときいた。**27**「そうよ」と女性は言った。「彼はあなたに自分の畑で働いてほしいのよ」**28**ベンは妖精を見た。妖精は木の後ろに隠れていた。農夫の奥さんに対して，ベンは「大事なことをしてから，すぐに行きます」と言った。㉙奥さんはうなずいて，農夫のダンカンの土地へと急いだ。ベンは妖精に怒った顔をした。「僕がお嫁さんを願ったとき，誰かのお嫁さんを願ったわけじゃないんだ」とベンは叫んだ。㉚「いいですか」と妖精は言った。「クッキーも他の誰かのものでしたよ。それに，どのお嫁さんでも変わらないって言ったじゃないですか」㉛ベンは言った。「わかったよ。よく考えてみたんだ。僕のあらゆる試練は，あなたが僕に金の畑をくれたら終わりだ。あなたは僕を２回も引っかけたけど，畑いっぱいの金があれば，お嫁さんも家も両方，手に入れられる」㉜「ええ，まあ，ただで何かを手に入れることはできません」と妖精は言った。㉝「ちょっと待って。僕は畑で働いて，お金を稼いで，あなたに最高のクッキーを買ってあげますよ。そうしたらあなたは僕にその金の畑を渡して，もうこれ以上，僕に変ないたずらをしないでしょ」とベンは言った。㉞「わかりました」と妖精は言った。「コインがあなたの手のひらに当たったら，戻ってきます」㉟ベンはその日はずっと一生懸命働いた。日が暮れ始めると，農夫のダンカンが現れた。彼はベンや他の労働者たちと握手して，数枚の銀貨を渡した。ベンはその銀貨を見て，銀貨を手のひらに押しつけた。彼にとって，この銀貨は今までで最も甘美な光景だったが，見上げると，彼に冷たい水の入ったコップとクッキーを渡す女の子がいた。彼女はほほ笑んで，こう言った。「きっと，パパはあなたのような立派な働き者を持ったことを，誇りに思うわ。あなたと一緒に夕食を食べられたら，パパは喜ぶわよ」　そして，彼女はベンを農夫のダンカンの台所へ連れていった。㊱ベンは少女と一緒に歩いているとき，振り返ると夕日が見えた。夕日は畑を金の海に変えていた。そして，誰かが風に乗ってささやいた。「かなえましょう！」

問１＜適語選択＞(1-A)go back to ～ で「～に戻る」。第１段落より，木の下にいたベンが，クッキーを取りに台所へ来ていたことがわかる。　(1-B) 3 文前より，クッキーの最後の１枚はベンの手のひらの中にあったことがわかる。　palm「手のひら」　'steal *A* from *B*'「*A*を*B*から盗む」

問２＜適語補充＞最初の空所は妖精が取り出した cottage「小屋」を説明する語，２つ目の空所は妖精が食べたクッキーを説明する語が入る。第10段落に妖精が取り出した小屋は not big enough だったとある。また，一般的にクッキーは大きいものではない。第６段落などに small がある。　a little ～「ちょっと～」

問３＜整序結合＞直前の「お嫁さんを１人連れてきてくれるだけでいい」というベンに対する妖精の発言。願いは本当にそれでいいのかを確認する内容になると考え，Are you sure (that) ～？「あなたは～というのは確かですか」という疑問文をつくる。that節の中は，'want＋人＋to ～'「〈人〉に～してほしい」の形で you want me to bring とし，bring 以下は 'bring＋*A*＋*B*'「*A*に*B*を持ってくる，*A*に*B*を連れてくる」の形で bring you a wife とまとめる。

問４＜適文選択＞直前の Do I know you？「僕はあなたを知っていますか」という疑問文に対する答え。直後に'逆接'を表す but が続き，主人に言われて来たと説明していることから，２人は会ったことがないとわかる。

問５＜語句解釈＞この後ベンがしたことを簡潔にまとめる。２文後の Ben gave the fairy an angry look. という表現がヒントになる。

問６＜適語句選択＞直前にある I wasn't asking for someone's wife というベンのセリフに着目する。ベンが妖精に渡したクッキーもまた盗んだ物＝「他人の物」であった(第20段落～第21段落第１文)。

問７＜英文解釈＞get ～ for nothing で「～をただで手に入れる」。この for は'交換'を表し「～に対して，～の代わりに」の意味。for nothing(≒for free)で「無料で，ただで」という意味を表す。

問８＜適語補充＞‘turn *A* into *B*’で「*A*を*B*に変える」という意味。夕日に照らされた畑の様子を表しているだけでなく，働けば金になる場所でもあることを示している。

問９＜内容一致＞≪全訳≫妖精さんへ／こんにちは，お元気ですか？　去年の夏，僕はお金を稼ぐために農夫のダンカンさんの畑で働き始めました。そこで，僕を家族の夕食に招待してくれたとてもすてきな女の子に出会いました。実は，彼女は農夫のダンカンさんの①娘だったのです。そして数か月後，僕は彼女と②結婚しました。彼女はとても愛らしくて陽気なお嫁さんです。あなたのおかげで，僕は仕事を得て，家庭を持ち，いい家に住む機会を手に入れました。僕の③母は願いがかなってとても幸せそうです。最高の④クッキーをあげると約束したことを覚えていますか？　クッキーをお嫁さんと一緒に焼きました。あなたがこのクッキーを気に入ってくれることを願っています。／それでは／ベン

＜解説＞①第35段落第６～８文参照。少女は Farmer Duncan のことを my dad「私のパパ」と呼んでいる。daughter「娘」のスペルに注意。　②直後の文に wife「妻，お嫁さん」とある。「〈人〉と結婚する」は‘marry＋人’で表せる。前の文と同じ過去形で用いる。　③第２，３段落参照。直前の，仕事を得て，家庭を持ち，いい家に住む機会を手に入れたという内容は，ベンの母親がベンに対して願っていたことである。　④第33段落第２文参照。　bake「～を焼く」

4〔和文英訳―完全記述〕

(1)「終えないとね」は「終わらせないといけない〔終わらせるべきだ〕」ということなので，have to, need to, must, should などの表現を用いる。「～することを終わらせる」は finish ～ing。「～までには」は‘期限’を表す前置詞 by や「～より前に」と考えて before を使って表せる。

(2)「忙しくてテレビを観る時間がなかった」は，‘too ～ to …’「～すぎて…できない」や‘so ～ that＋主語＋cannot …’「とても～なので…できない」などの形が使える。接続詞の so や because を用いて表してももちろんよい。「～で忙しい」は be busy with ～ または be busy doing ～ で表せる。　(別解例) I was so busy with my homework that I couldn't watch TV.／I was busy with my homework, so I couldn't watch TV.／Because I was busy with my homework, I had no time to watch TV.

(3)「ファン歴はどのくらい」→「どのくらいの間(彼らの)ファンであるか」と読み換え，How long を使った，現在完了の疑問文をつくる(‘継続’用法)。「(彼らの)ファンであるか」は fan をそのまま名詞として使って，have you been a fan of them と表す。また，別解例のように動詞 like を使って表すこともできる。　(別解例) How long have you liked them？

(4)「あの青いシャツで眼鏡の人」は，「青いシャツを着ている」「眼鏡をかけている」という２つの情報を，名詞 the person(the の代わりに that，person の代わりに woman などでもよい)の後に関係詞節や分詞句，前置詞句でつなげる。「青いシャツを着ている」は(who is) wearing a blue shirt や in a blue shirt，「眼鏡をかけている」は(who is) wearing glasses などと表せる。

数学解答

1 (1) ①…6　②-ア・イ…5，16

(2) ③-ア…$2n-1$　③-イ…$42-2n$

(3) 12，23，34

2 (1) ⑤-ア…31.9　⑤-イ…9.6

(2) 20.7

(3) ⑦-ア…15.4　⑦-イ…25.8

(4) ⑧-ア…9.6　⑧-イ…14.7

⑧-ウ…25.8

3 (1) $2\sqrt{5}$

(2) ⑩-ア・イ…△OFE，△BFD

(3) $2\sqrt{15}-\sqrt{5}$

(4) ⑫-ア…$4+2\sqrt{3}$　⑫-イ…$4\sqrt{3}-2$

4 (1) 495　(2) 下図　(3) 22650

5 (1) ⑯-ア…54　⑯-イ…$\frac{5}{18}$

(2) ⑰-ア…24　⑰-イ…12　(3) 900

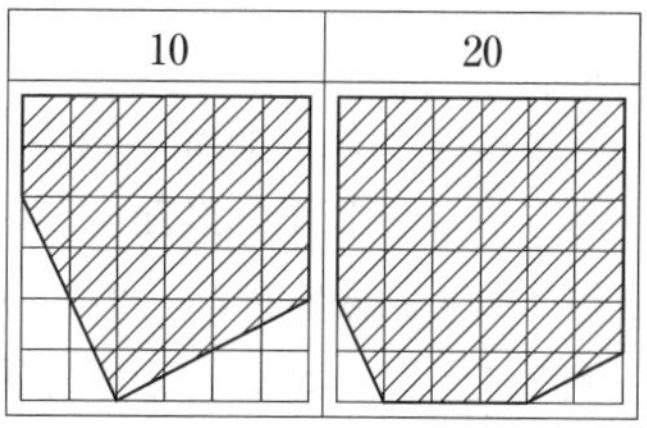

1 〔特殊・新傾向問題〕

(1)＜ページ番号＞長方形の紙を折って冊子をつくるので，ページ番号1と最後のページ番号，ページ番号2と最後から2番目のページ番号，ページ番号3と最後から3番目のページ番号，……が，それぞれ同じ面にあるページ番号となる。ページ数20の冊子なので，ページ番号15は，最後から$20-14=6$(番目)である。これより，同じ面にあるページ番号は6となる。また，あるページ番号とその裏面のページ番号は，連続する自然数であり，必ず，小さい方が奇数，大きい方が偶数となる。よって，ページ番号6の裏面にあるページ番号は5，ページ番号15の裏面にあるページ番号は16である。

(2)＜出席番号＞ある紙の4つのページ番号の中で，最も小さい番号と最も大きい番号，2番目に小さい番号と2番目に大きい番号がそれぞれ同じ面となる。最も小さい番号をnとすると，最も大きい番号は，最後からn番目のページだから，$20-(n-1)=21-n$である。ページ番号1のページから，出席番号の小さい順に，1ページに2枚ずつ紙を貼りつけるので，ページ番号$n-1$のページまでは，出席番号$2(n-1)=2n-2$までの紙が貼られる。よって，最も小さいページ番号をnとする紙に掲載される8人の生徒の出席番号のうち，最も小さい番号は，$(2n-2)+1=2n-1$となる。また，最も大きい番号は，$2(21-n)=42-2n$となる。

(3)＜出席番号＞(2)より，最も小さいページ番号をnとする紙に掲載される8人の生徒の出席番号は，最も小さい番号が$2n-1$，最も大きい番号が$42-2n$だから，$2n-1$，$2n$，$2n+1$，$2n+2$，$42-2n$，$41-2n$，$40-2n$，$39-2n$である。その和は，$(2n-1)+2n+(2n+1)+(2n+2)+(42-2n)+(41-2n)+(40-2n)+(39-2n)=164$となる。誤って出席番号の十の位と一の位を逆にした生徒の正しい出席番号の十の位の数をa，一の位の数をbとすると，正しい出席番号は$10a+b$，記入した出席番号は$10b+a$となる。誤った出席番号と，同じ紙に掲載されている他の7人の出席番号の和は173であり，これは正しい和より$173-164=9$大きいから，誤った出席番号は正しい出席番号より9大きい。よって，$10b+a=(10a+b)+9$が成り立つ。これより，$9b=9a+9$，$b=a+1$となり，正しい出席番号の一の位の数は十の位の数より1大きい。番号の記入を誤った生徒の正しい出席番号は2けたで，40以下だから，考えられる正しい出席番号は12，23，34である。

2 〔データの活用―累積度数分布表〕

(1)＜**最大値，最小値**＞表２より，25m 以上30m 未満の累積度数は22人，30m 以上35m 未満の累積度数は23人だから，30m 以上35m 未満の生徒は $23-22=1$(人)である。表１より，当日欠席した３人を除く20人の中に30m 以上35m 未満の生徒は，31.9m の１人だから，当日欠席した３人の中に30m 以上35m 未満の生徒はいない。よって，最大値は31.9m である。23人全員の記録の範囲は22.3m だから，最小値は $31.9-22.3=9.6$(m)である。

(2)＜**中央値**＞生徒が23人なので，中央値は，小さい方から12番目の記録である。表２より，小さい方から12番目の記録は，20m 以上25m 未満の記録のうち小さい方から２番目の記録である。20m 以上25m 未満の生徒は，表１では７人であり，表２でも $17-10=7$(人)となる。これより，当日欠席した３人の中に20m 以上25m 未満の生徒はいない。よって，表１で，20m 以上25m 未満の記録のうち小さい方から２番目が20.7m だから，中央値は20.7m となる。

(3)＜**四分位数**＞第１四分位数は，小さい方の11人の記録の中央値だから，小さい方から６番目の記録である。表２より，小さい方から６番目の記録は，15m 以上20m 未満の記録のうち最も小さいものである。15m 以上20m 未満の生徒は，表１では５人であり，表２でも $10-5=5$(人)だから，当日欠席した３人の中に15m 以上20m 未満の生徒はいない。表１で，15m 以上20m 未満の記録のうち最も小さいものは15.4m だから，第１四分位数は15.4m である。また，四分位範囲が10.4m だから，第３四分位数は $15.4+10.4=25.8$(m)である。

(4)＜**記録**＞(1)より，最小値は9.6m で，この値は表１にはないので，後日測定を行った３人の生徒のうちの１人の記録である。また，(3)より，第３四分位数は25.8m である。第３四分位数は，大きい方11人の記録の中央値だから，大きい方から６番目の記録である。この値も表１にないから，３人のうちの１人の記録である。後日測定を行った３人を除く20人の記録の平均値は21.3m であり，23人全員の記録の平均値は中央値と等しいので，(2)より，20.7m となる。これより，３人の生徒の記録の合計は $20.7\times23-21.3\times20=50.1$(m)であり，３人のうちの残り１人の記録は $50.1-9.6-25.8=14.7$(m)となる。したがって，後日測定を行った３人の生徒の記録は，小さい順に，9.6m，14.7m，25.8m となる。

3 〔関数―座標平面と図形〕

≪基本方針の決定≫(1)　△BOE の３辺の比に着目する。　(4)　(2)の三角形の相似を利用して，OF，FD，BD の長さを求める。

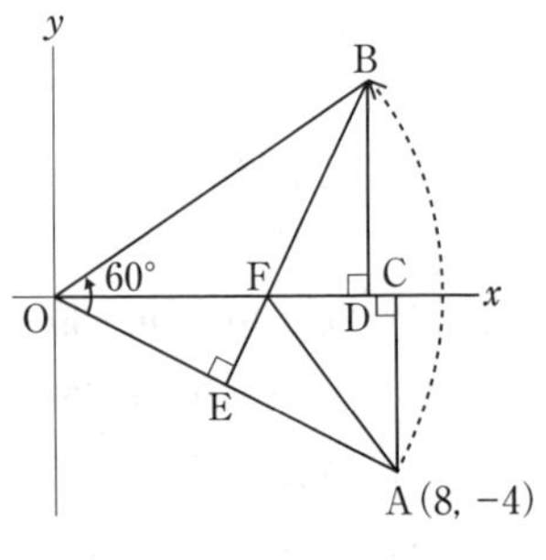

(1)＜**長さ―三平方の定理**＞右図で，$\angle BEO=90^\circ$，$\angle BOE=60^\circ$ より，△BOE は３辺の比が $1:2:\sqrt{3}$ の直角三角形だから，$OE=\frac{1}{2}OB=\frac{1}{2}OA$ である。また，$\angle OCA=90^\circ$ であり，A(8, −4)より，OC＝8，AC＝4である。よって，△OAC で三平方の定理より，$OA=\sqrt{OC^2+AC^2}=\sqrt{8^2+4^2}=\sqrt{80}=4\sqrt{5}$ となるから，$OE=\frac{1}{2}\times4\sqrt{5}=2\sqrt{5}$ となる。

(2)＜**相似な三角形**＞右図で，$\angle OEF=\angle OCA=90^\circ$，$\angle FOE=\angle AOC$ だから，△OFE∽△OAC である。これより，$\angle OFE=\angle OAC$ であり，$\angle BFD=\angle OFE$ だから，$\angle BFD=\angle OAC$ となる。$\angle BDF=\angle OCA=90^\circ$ なので，△BFD∽△OAC である。

(3)＜**長さ**＞右上図で，(1)より，△BOE は３辺の比が $1:2:\sqrt{3}$ の直角三角形であり，$OE=2\sqrt{5}$ だから，$BE=\sqrt{3}OE=\sqrt{3}\times2\sqrt{5}=2\sqrt{15}$ となる。また，(2)より，△OFE∽△OAC だから，FE：AC＝OE：OC であり，$FE:4=2\sqrt{5}:8$ が成り立つ。これより，$FE\times8=4\times2\sqrt{5}$，$FE=\sqrt{5}$ となる。よって，$BF=BE-FE=2\sqrt{15}-\sqrt{5}$ である。

(4)<座標>前ページの図で，△OFE∽△OAC だから，OF：OA＝OE：OC より，OF：$4\sqrt{5}=2\sqrt{5}$：8が成り立ち，OF×8＝$4\sqrt{5}\times2\sqrt{5}$，OF＝5である。また，△BFD∽△OAC だから，FD：AC＝BF：OA より，FD：4＝$(2\sqrt{15}-\sqrt{5})$：$4\sqrt{5}$ が成り立ち，FD×$4\sqrt{5}$＝4×$(2\sqrt{15}-\sqrt{5})$，FD＝$2\sqrt{3}-1$ である。よって，OD＝OF＋FD＝5＋$(2\sqrt{3}-1)$＝$4+2\sqrt{3}$ となる。さらに，BD：OC＝FD：AC より，BD：8＝$(2\sqrt{3}-1)$：4が成り立ち，BD×4＝8×$(2\sqrt{3}-1)$，BD＝$4\sqrt{3}-2$ である。以上より，B$(4+2\sqrt{3},\ 4\sqrt{3}-2)$である。

4〔空間図形―立方体〕

(1)<面積>右図1で，四角形 EFGH は正方形であり，2点M，Nはそれぞれ辺 FG，辺 GH の中点だから，△EFM≡△FGN となり，∠EMF＝∠FNG である。よって，∠FMP＝∠FNG であり，∠PFM＝∠GFN だから，△FPM∽△FGN となる。FM＝GN＝$\frac{1}{2}$GH＝$\frac{1}{2}\times30=15$ だから，△FGN で三平方の定理より，FN＝$\sqrt{\mathrm{FG}^2+\mathrm{GN}^2}=\sqrt{30^2+15^2}=\sqrt{1125}=15\sqrt{5}$ となり，△FPM と△FGN の相似比は FM：FN＝15：$15\sqrt{5}$＝1：$\sqrt{5}$ となる。これより，面積比は△FPM：△FGN＝1^2：$(\sqrt{5})^2$＝1：5となり，△FPM＝$\frac{1}{5}$△FGN である。△FGN＝$\frac{1}{2}\times30\times15=225$ だから，

図1

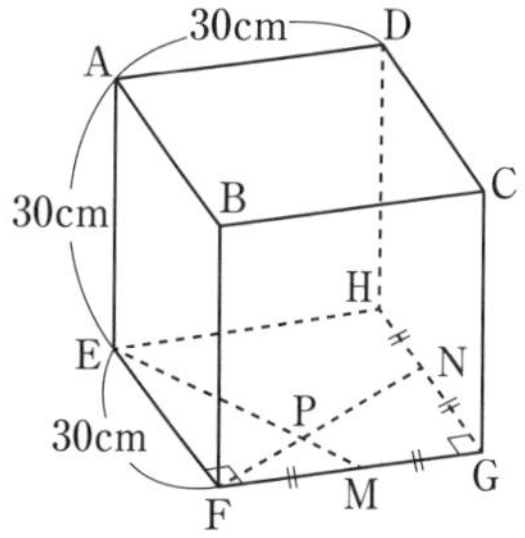

△FPM＝$\frac{1}{5}\times225=45$ である。したがって，〔四角形 PMGN〕＝△FGN－△FPM＝225－45＝180 となる。〔正方形 EFGH〕＝30^2＝900，△EFM＝△FGN＝225 なので，〔四角形 EPNH〕＝〔正方形 EFGH〕－△EFM－〔四角形 PMGN〕＝900－225－180＝495(cm^2)となる。

(2)<断面>右図2で，BM と CF の交点をIとする。立方体 ABCD-EFGH を3点B，E，Mを通る平面と，3点C，F，Nを通る平面で切ると，立体Xは，9点A，B，C，D，I，E，P，N，Hを頂点とする立体である。△ICB∽△IFM だから，BI：MI＝CI：FI＝BC：MF＝2：1である。$t=10$ のときの点Qを点 Q_1 とすると，$HQ_1=10$ より，$DQ_1=30-10=20$ となり，$DQ_1:HQ_1=20:10=2:1$ である。よって，BI：MI＝$DQ_1:HQ_1$ となるから，点 Q_1 を通り DH に垂直な平面は点Iを通る。この平面と立体X，立方体 ABCD-EFGH の辺との交点を，図2のように，点 J_1，K_1，L_1，R_1 と定める。

図2

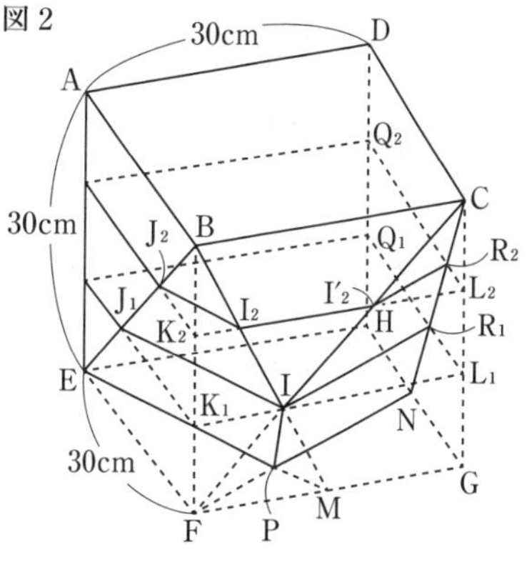

△BJ_1K_1∽△BEF だから，J_1K_1：EF＝BK_1：BF＝BI：BM＝2：(2＋1)＝2：3となり，$J_1K_1=\frac{2}{3}$EF＝$\frac{2}{3}\times30=20$ となる。同様に考えて，K_1I：FM＝2：3より，K_1I＝$\frac{2}{3}$FM＝$\frac{2}{3}\times15=10$ となり，L_1R_1：GN＝2：3より，$L_1R_1=\frac{2}{3}$GN＝$\frac{2}{3}\times15=10$ となる。30÷6＝5より，1目盛り分の長さは5cm を表すから，J_1K_1 は20÷5＝4(目盛り)分の長さ，K_1I，L_1R_1 は10÷5＝2(目盛り)分の長さとなる。次に，$t=20$ のときの点Qを点 Q_2 として，点 Q_2 を通り DH に垂直な平面と立体X，立方体 ABCD-EFGH の辺との交点を，図2のように，点 J_2，K_2，I_2，I'_2，L_2，R_2 と定めて同様に考えると，$J_2K_2=10$，$K_2I_2=5$，$I'_2L_2=10$，$L_2R_2=5$ となる。解答参照。

(3)<体積>右上図2で，三角錐 B-EFM と三角錐 C-FGN は合同なので，〔三角錐 B-EFM〕＝〔三角

錐 C-FGN〕$=\frac{1}{3}\times$△FGN$\times$CG$=\frac{1}{3}\times225\times30=2250$ である。三角錐 I-FPM は，△FPM を底面と見ると，高さは $HQ_1=10$ だから，〔三角錐 I-FPM〕$=\frac{1}{3}\times$△FPM$\times HQ_1=\frac{1}{3}\times45\times10=150$ である。よって，〔立体 CIPMGN〕＝〔三角錐 C-FGN〕－〔三角錐 I-FPM〕$=2250-150=2100$ となり，〔立方体 ABCD-EFGH〕$=30^3=27000$ だから，立体Xの体積は，〔立方体 ABCD-EFGH〕－〔三角錐 B-EFM〕－〔立体 CIPMGN〕$=27000-2250-2100=22650$(cm^3)となる。

5 〔関数―関数の利用〕

(1)**＜時間，比例定数＞**列車Aの発車してから x 秒間に進む道のり y m は，t 秒後までは $y=ax^2$ と表せるので，t 秒後までに進む道のりは at^2m である。その後，秒速30m で進むので，発車してから $3t$ 秒後までに進む道のりは，$at^2+30(3t-t)=at^2+60t$(m)となる。これが 4050m だから，$at^2+60t=4050$……①が成り立つ。また，発車してから $3t$ 秒後までの平均の速さが秒速25m であることより，$\frac{4050}{3t}=25$ が成り立ち，$4050=75t$，$t=54$ となる。これを①に代入して，$a\times54^2+60\times54=4050$，$54a+60=75$，$54a=15$，$a=\frac{5}{18}$ となる。

(2)**＜時間＞**列車Bの発車してから x 秒間に進む道のり y m は，u 秒後までは $y=bx^2$ と表せるので，u 秒後までに進む道のりは bu^2m である。平均の速さは秒速10m だから，$\frac{bu^2}{u}=10$ が成り立ち，$bu=10$……②となる。また，(1)より，列車Aの発車してから t 秒後までに進む道のりは $y=\frac{5}{18}x^2$ と表せ，$u<t$ だから，列車Aが u 秒後までに進む道のりは $\frac{5}{18}u^2$m である。列車Bの発車してから u 秒後までに進む道のりは列車Aの発車してから u 秒後までに進む道のりより80m 長いから，$bu^2=\frac{5}{18}u^2+80$ が成り立つ。②を代入すると，$10u=\frac{5}{18}u^2+80$，$u^2-36u+288=0$，$(u-24)(u-12)=0$ となり，$u=24$，12 となる。

(3)**＜道のり＞**列車Aの発車してから x 秒間で進む道のり y m は，(1)より，$0<x\leqq54$ のとき，$y=\frac{5}{18}x^2$ と表せ，$x\geqq54$ のとき，$y=\frac{5}{18}\times54^2+30(x-54)$，$y=30x-810$ と表せる。(2)より，$u=24$ だから，これを(2)の②に代入して，$b\times24=10$，$b=\frac{5}{12}$ となる。これより，列車Bの発車してから x 秒間で進む道のり y m は，$0<x\leqq24$ のとき，$y=\frac{5}{12}x^2$ と表せる。発車してから24秒後以降は秒速20m で進むから，$x\geqq24$ のとき，$y=\frac{5}{12}\times24^2+20(x-24)$，$y=20x-240$ と表せる。発車してから踏切Qを通過するまでの時間が同じなので，列車A，列車Bが同じ道のりを進むときの時間を考える。$0<x\leqq24$ のとき，$\frac{5}{18}x^2=\frac{5}{12}x^2$ とすると，$x^2=0$，$x=0$ となり，適さない。$24\leqq x\leqq54$ のとき，$\frac{5}{18}x^2=20x-240$ とすると，$x^2-72x+864=0$ より，$x=\frac{-(-72)\pm\sqrt{(-72)^2-4\times1\times864}}{2\times1}=\frac{72\pm\sqrt{1728}}{2}=\frac{72\pm24\sqrt{3}}{2}=36\pm12\sqrt{3}$ となり，$24\leqq x\leqq54$ を満たさないので，適さない。$x\geqq54$ のとき，$30x-810=20x-240$ とすると，$10x=570$，$x=57$ となり，$x\geqq54$ を満たすので，適する。よって，$x=57$ であり，駅Pから踏切Qまでの道のりは，$20x-240=20\times57-240=900$(m)となる。

社会解答

1 問1　ウ　問2　ア，イ　問3　オ
問4　イ

2 問1　ウ　問2　オ　問3　ア，ウ
問4　(例)1960年代に石油の利用が盛んになる中で，石油精製時に出る回収硫黄の産出量が増え，鉱山硫黄の需要が減ったため。

3 問1　(1)…卑弥呼
(2)　(例)身分制度がしかれている。
問2　(1)…西廻り航路　(2)…エ
(3)　(例)琉球が貿易を行って得られた利益を薩摩藩が独占するため。
(4)…エ

4 問1　ウ
問2　A…配給　B…米騒動
C…グローバル
問3　エ，カ　問4　屯田兵制度
問5　エ　問6　Y→Z→X

5 問1　男女雇用機会均等法
問2　A…政治　B…60～64　C…10
問3　ア，エ　問4　ア，エ
問5　ウ

6 問1　ウ　問2　イ，オ
問3　(1)　A…ア　B…ウ　C…イ
D…エ　E…ウ　F…エ
X…提供〔供給〕
(2)…イ，ウ，オ

1〔世界地理―世界の諸地域〕

問1＜大陸の断面図＞図Ⅰ中のAは，アメリカ合衆国を横断しており，西部には標高4000m級の高く険しいロッキー山脈が，東部には標高1000mほどの低くなだらかなアパラチア山脈が分布している。また，2つの山脈の間の地域は，グレートプレーンズやプレーリーなどが広がる平原となっている(A…Y)。図Ⅰ中のBは，南アメリカ大陸の中部を横断しており，西部には標高6000m級の険しい山々が南北に連なるアンデス山脈が走り，東部には広大なブラジル高原が広がっている(B…X)。図Ⅰ中のCは，オーストラリア大陸を横断しており，東部に標高1000mほどの低くなだらかなグレートディバイディング山脈が分布している(C…Z)。

問2＜東南アジアの様子＞インドネシアの列島(大スンダ列島・小スンダ列島)の南側にプレート(ユーラシアプレートとインド・オーストラリアプレート)の境界が位置し，海溝となっている(ア…×)。インドシナ半島では，夏(6～9月頃)の季節風〔モンスーン〕は主に南西から吹く(イ…×)。なお，仏教やヒンドゥー教は南アジアのインドから，イスラム教は西アジアから，キリスト教はヨーロッパから東南アジアに伝わった(ウ…○)。東南アジアの多くの国では，工業化の進展により，主な輸出品が農産物や鉱産資源から機械類などの工業製品に変化している(エ…○)。ASEAN諸国の総人口は約6.8億人で，EUの約4.5億人(2022年)やアメリカの約3.4億人よりも多い(2021年)(オ…○)。

問3＜世界の国々の言語＞図Ⅱ中の①はカナダ，②はスペイン，③は南アフリカ共和国，④はニュージーランドである。まず，カードBは，公用語がフランス語と英語であることから，①のカナダである。カナダ東部の一部地域は最初フランスの植民地であったが，その後カナダはイギリスの植民地となったことから，現在も2つの言語を公用語としている。次にカードCは，英語の他に先住民の言語であるマオリ語が使われていることから，④のニュージーランドである。ニュージーランドは，イギリスからの移民によって国づくりが行われたが，古くからマオリの人々が暮らしており，現在は英語とマオリ語が公用語となっている。残るカードAとカードDのうち，カードAは，英語

と現地の言語が公用語となっていることから，かつてイギリスの植民地であった③の南アフリカ共和国となり，カードDが②のスペインとなる。

問4＜各国の食料自給率＞まず，日本のグラフがどれであるかを考える。日本の食料自給率は全体的に低く，最も自給率の高い米でほぼ100%，次に自給率の高い野菜類で80%程度となっている。ただし図Ⅲ中では，米は小麦やとうもろこしとともに「食用穀物」に含まれている。したがって，自給率が100%を超える品目がなく，野菜類の自給率が80%と比較的高いAが日本のグラフとなる。残るB～Dのうち，日本と同様に自給率が100%を超える品目がなく，魚介類がほぼ0%で肉類の自給率が比較的高いDは，国土の大部分が山岳地帯で海がなく，アルプス山脈での牧畜が盛んなスイスである。また，食用穀物や肉類の自給率が高いBは，とうもろこしや牛肉などの生産量が世界第1位(2021年)で，小麦の生産量も世界有数であるアメリカである。野菜類の自給率が特に高く，果実類や肉類の自給率も高いCは，地中海沿岸でぶどうやオレンジ，トマトなどの栽培が盛んで，豚肉の生産量が世界有数であるスペインである。

2 〔日本地理―東北地方，地形図〕

問1＜東北地方の気候＞図Ⅰの3地点のうち，AとBは日本海側の気候，Cは太平洋側の気候に属する。図Ⅱを見ると，QとRは日照時間の最少月が1月となっていることから，冬に降雪量が多い地域であると判断できる。したがって，QとRはAとBのいずれかに当てはまり，PがCに当てはまると考えられる。次に図Ⅲを見ると，RはPやQに比べて最暖月・最寒月とも平均気温が低くなっている。したがって，Rは奥羽山脈の北端付近に位置し標高が高いBに当てはまり，残るQがAに当てはまる。なお，図Ⅲ中で，緯度がほぼ同じP(=C)とQ(=A)は，最寒月の平均気温がほぼ同じで最暖月の平均気温はPの方が低くなっている。これは，Pの位置する太平洋側はやませの影響で夏の気温が上がりにくいためである。

問2＜東北地方の産業＞オは，1901年に操業を開始した官営の八幡製鉄所を中心に発展した北九州工業地帯〔地域〕について述べた文である。

問3＜地形図の読み取り＞2008年には，市役所(◎)の位置は1970年よりもやや北西に移動しているが，依然として花巻駅の東側にある(イ…×)。2008年の地形図で，「上町」付近には「74」mの標高点があり，「運動公園」の南にある高等学校(⊗)から西へ進んだ高速道路付近には「107」mの標高点があることから，両地域の標高差は30mあまりと考えられる(エ…×)。

問4＜硫黄鉱山の閉山理由＞資料Ⅰを見ると，鉱山硫黄の生産量は1960年代末に急激に落ち込み，松尾鉱山の生産量も同時期に落ち込んでいる。一方，これと反比例するように「回収硫黄」の生産量が1960年代末から急増している。次に資料Ⅱを見ると，石油精製のプロセスにおいて「脱硫工程」があり，石油からさまざまな石油製品をつくる際の副産物として硫黄が得られることがわかる。また，この硫黄が資料Ⅰ中の「回収硫黄」に該当すると推測できる。最後に資料Ⅲを見ると，日本における石油供給量は1960年代から1970年頃にかけて大きく増加している。以上から，日本で石油の供給量が増える中で，石油精製の際に得られる回収硫黄の量も増えたことから，鉱山で硫黄を採掘する必要性が低くなったと考えることができる。

3 〔歴史―古代～近世の日本と世界〕

問1＜卑弥呼と邪馬台国＞⑴中国の歴史書である「魏志」倭人伝には，3世紀の倭に存在した邪馬台国についての記述が見られる。邪馬台国の女王は卑弥呼であり，呪術によって政治を行っていたことなどが記されている。　⑵資料Ⅰには，奴隷の身分があること，身分による序列がはっきりしていることが書かれている。また資料Ⅱ(古代インドの法典『マヌ法典』)には，バラモン，クシャトリア，ヴァイシャ，シュードラという身分があること，シュードラは他の身分に奉仕する隷属的な身分であることが記されている。したがって，どちらの社会にも身分制度がしかれ，奴隷やそれに近い階級があったという共通点がある。

問２＜薩摩藩と琉球，14世紀の東アジア＞⑴江戸時代の17世紀，河村瑞賢は，東北地方や北陸地方の物資を大阪や江戸に運ぶための航路を整備した。このうち北前船が往復したのは，日本海沿岸から下関を回り，瀬戸内海を通って大阪へ至る西廻り航路である。この他，東北地方から太平洋を南下して江戸に至る東廻り航路があった。　⑵ア～オのうち，北海道の産物であるのは昆布である。江戸時代，昆布はアイヌの人々との交易によって和人（本州から来た人々）の手に渡り，北前船によって西日本を中心とする各地へ広まったほか，薩摩藩から琉球に運ばれ，琉球から中国へも輸出された。　⑶江戸時代の琉球王国は，薩摩藩の支配下に置かれながらも国際的には独立国としての形を保っており，中国との間では，海産物などを輸出し，生糸や薬を輸入する中継貿易を行っていた。薩摩藩は，資料Ⅲのような決まりを定めることで，琉球が行うこれらの貿易を管理下に置き，そこから得られる利益を独占しようとした。　⑷蝦夷地（北海道）では，独自の文化を持つアイヌの人々が古くから暮らしており，14世紀には津軽（青森県）の安藤氏と交易を行うようになっていた（エ…○）。なお，民間の交易を禁じる海禁政策をとったのは，明と清である（ア…×）。高麗は倭寇を撃退する力がなく，14世紀末に倭寇を撃退した李成桂が高麗を滅ぼして朝鮮国を建てた（イ…×）。室町幕府第３代将軍を辞した後の足利義満は，15世紀初めに勘合を用いた日明貿易を始めた（ウ…×）。

4 〔歴史―近代～現代の日本と世界〕

問１＜1970年前後の出来事＞まず，石碑が建立された時期を考える。レポートの内容から，この石碑は「満州（中国東北部）から帰国した開拓団による開拓の歴史を顕彰したもの」であり，開拓は「戦後荒廃と困苦の中に，祖国再建の国策として実施され」たものである。したがって，開拓が行われたのは第二次世界大戦終結直後の時期と考えられる。石碑は「入植二十五周年を記念」して建立されたものであるため，終戦の年である1945年から25年後と考えると，建立の時期は1970年頃（実際は1971年）となる。ア～オのうち，1970年に最も近い時期の出来事はウである。高度経済成長期にあたるこの時期には，公害問題が深刻化しており，1967年に公害対策基本法が制定された。なお，アの第二次世界大戦勃発は1939年，イの五・一五事件は1932年，エのヨーロッパ連合〔EU〕発足は1993年，オのサンフランシスコ平和条約の締結は1951年である。

問２＜食糧管理法と近・現代の日本＞A．説明文中の［A］の前にある「当時の社会状況」とは，戦時下ということである。1937年に始まった日中戦争が長引く中で生活必需品が不足し，米の配給制や日用品の切符制が行われていた。さらに1941年には太平洋戦争が始まり，十分な量の配給を行うことが困難になっていった。このような中で1942年に制定された食糧管理法は，配給を円滑に実施することが目的の１つであった。　B．「米穀法」を制定するにあたっての教訓となった大正時代の出来事は，1918年の米騒動である。第一次世界大戦中に行われたシベリア出兵に関連して，国内で出兵を見越した米の買い占めや売り惜しみが行われたことから，米の価格が急激に上昇し，全国各地で民衆が米屋などを襲う米騒動が発生した。　C．［C］の前後に，20世紀後半に加速した現象であること，国際的な競争が行われるようになった背景の１つであることが書かれており，グローバル化が当てはまる。グローバル化は，人や物，お金，情報などが国境を越えて地球規模で移動し，世界の一体化が進むことをいう。

問３＜第一次世界大戦中の日本＞1914年は第一次世界大戦が始まった年であり，資料は，第一次世界大戦中に中国の山東半島にあるドイツの拠点を攻撃した日本の行動について述べた文章である。著者は，「日本はアジアに領土を拡張すべきでなく」と述べており，日本の山東半島への進出が列強を警戒させることを懸念している(エ…○)。第一次世界大戦後，日本が山東省のドイツ権益を引き継ぐことが認められると，1919年に中国で大規模な反日・反帝国主義運動(五・四運動)が起こった(カ…○)。なお，第一次世界大戦において，日本は連合国側で参戦し，同盟国側のドイツの拠点を攻撃した(ア…×)。パリ講和会議で，日本は山東省の権益や，それまでドイツ領であった南洋諸島の委任統治権を得た(イ…×)。日露戦争の講和条約であるポーツマス条約で，日本は旅順・大連の租借権など満州南部の利権を得たが，著者は「満州も速やかにこれを放棄すべき」と述べている(ウ…×)。ウィルソンは「十四か条の平和原則」の中で軍備縮小や民族自決などを主張しており，著者の考えと対立するものではない(オ…×)。

問４＜屯田兵制度＞明治政府は，北海道の開拓事業を進めるため，失職した士族などから屯田兵を募集し，防備と開拓を担わせた(屯田兵制度)。屯田兵は，農地の開墾に従事しながら，非常時に備えて軍事訓練を行った。

問５＜アメリカの開拓＞アメリカは，18世紀末に独立した当時は大西洋に面した大陸東部の13州からなる国であったが，ヨーロッパから多くの移民が流入し人口が増える中，戦争や土地の購入によって領土を西へ拡大していき，19世紀半ばには太平洋岸に到達した。領土拡大によって開拓が進む中で，もともとその地域に住んでいた先住民であるネイティブ=アメリカンは圧迫を受け，土地を奪われたり，図版のように長距離を移動して西部に設けられた居留地に強制移住させられたりした。

問６＜年代整序＞Ｙの碑文には「明治卅(三十)七八年戦役」とあることから，これは1904～05(明治36～37)年に起こった日露戦争の講和翌年である1906年に建立された碑である。また，Ｚの像は「忠犬」が生まれた1923年の11年後にあたる1934年に建立された。したがって，年代の古い順に，Ｙ(日露戦争の翌年―1906年)，Ｚ(1934年)，Ｘ(沖縄戦―1945年)となる。

5 〔公民―総合〕

問１＜男女雇用機会均等法＞男女雇用機会均等法は，雇用における男女平等を目指して1985年に制定された法律であり，採用や昇進などでの女性差別を禁止している。1997年の改正では内容が強化され，男女の均等待遇の努力義務が差別禁止規定などとなった。

問２＜資料の読み取り，国会議員の定数＞Ａ．０が完全不平等，１が完全平等であるため，数値が小さいほどジェンダー・ギャップが大きいことになる。資料Ⅱ中の４つの分野のうち，日本は政治分野の値が0.057と特に低くなっている。　　Ｂ．資料Ⅲ中で，「18～19歳」の年代から「60～64歳」の年代までは男性よりも女性の投票率が高くなっている。　　Ｃ．衆議院の議員定数は465名であることから，議員定数に占める女性議員の割合は，$45 \div 465 \times 100 = 9.6\cdots$より約10％となる。

問３＜資料の読み取り＞資料Ⅳより，女性の「25～29歳」の年代から「55～59歳」の年代のうち，就業率の最大値は「25～29歳」の84.8％，最小値は「55～59歳」の74.0％であり，その差は10.8ポイントである(イ…×)。男性の正規雇用比率は，「35～39歳」の年代で75.3％，「55～59歳」の年代で65.0％であり，その差は10.3ポイントである(ウ…×)。

問４＜司法権の独立＞司法権の独立とは，裁判が中立・公正に行われるため，裁判所は国会や内閣などからの干渉を受けることなく独立を保つとする原則である。司法権の独立を保つため，裁判官は自らの良心に従い，憲法と法律にのみ拘束される(日本国憲法第76条)(ア…○)。裁判官は在任中の身分が保障されており，心身の故障や国会議員による弾劾裁判，最高裁判所の裁判官に対する国民審査による場合を除いて，辞めさせられることはない(憲法第78，79条)(エ…○)。なお，イとオは人権を守るための権利に関する条文であり，イは裁判を受ける権利，オは刑事補償請求権を保障したものである。ウは，内閣(行政権)が裁判所(司法権)に対して持つ権限について定めたものである。

問5＜国際連合＞国際連合の分担金は，加盟国の支払い能力に応じて負担の比率が決定される(ア…×)。国際連合の総会での決議には法的な拘束力はないため，加盟国がその決議に従う義務はない(イ…×)。安全保障理事会は，常任理事国5か国と，任期2年の非常任理事国10か国とで構成されている(エ…×)。

6〔公民─経済〕

問1＜需要曲線と価格＞需要量は価格が高いほど少なく，価格が低いほど多くなるため，グラフの縦軸に価格，横軸に需要量をとった場合，需要曲線は右下がりの曲線となる。「需要の価格弾力性が小さい」とき，価格が変化しても需要量はあまり変わらないため，需要曲線は右図の①のように垂直に近い形となる。反対に「需要の価格弾力性が大きい」とき，価格の変化に応じて需要量が大きく変化するため，需要曲線は右上図の②のように水平に近い形となる。

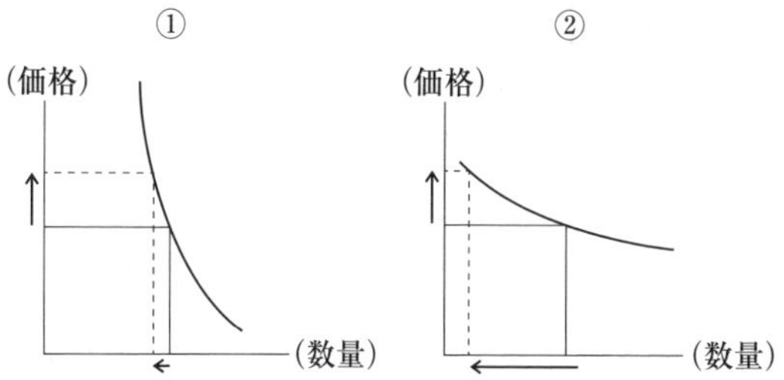

価格が上昇しても需要量があまり減少しない。

価格が上昇すると需要量が大きく減少する。

問2＜市場価格が上がる原因＞市場価格(均衡価格)が上がるのは，需要量が供給量を上回るときである。したがって，需要と供給の均衡が取れた状態よりも需要量が増えるか供給量が減るかした場合に，価格は上がる。パソコンの人気が高まると需要量が増えるため，価格は上がる(イ…○)。部品の供給が減ると製品であるパソコンの供給量も減るため，価格は上がる(オ…○)。なお，パソコンの評判が悪くなると需要量が減るため，価格は下がる(ア…×)。同じ機能を持つ別のパソコンが他社から発売された場合，他社製品を買う人が増えると自社製品の需要量が減るため，価格は下がる(ウ…×)。消費者の収入が減ると，購入をやめる人が増えて需要量が減るため，価格は下がる(エ…×)。

問3＜公共財・公共サービスと税金＞⑴A．複数の人が同時に消費できないので，競合的である。　B．代金を払わずに消費できないので，排除的である。　C．複数の人が同時に利用できるので，非競合的である。　D．代金を払わずに利用できるので，非排除的である。　E．映画館は，複数の人が同時に利用できるので非競合的であり，代金を払わずに利用できないので排除的である。　F．警備員の提供するサービスは，複数の人が同時に利用できる(町全体で利用できる)ので非競合的であり，代金を払わずに利用できる(自分が寄付をしなくても他の人が寄付をすれば町全体を警備してもらえる)ので非排除的である。　X．市場経済では，需要と供給の関係によって財やサービスの価格が決まり，財やサービスを手に入れるためには代金を支払う必要がある。Ⅱの例のように，寄付が不足するなど何らかの理由で代金が支払われなければ，需要があっても財やサービスは供給されない。一方，公共財や公共サービスは，道路や公園などのように代金を支払わずに誰でも利用でき，十分な利益を生み出すものではないため，市場で企業に委ねた場合，需要に見合うだけの提供〔供給〕が見込めない。そのため，政府が税金を使って公共財・公共サービスの提供を行っている。　⑵固定資産税は土地や家屋にかかる税金であり，直接税である(イ…×)。所得が多いほど税率が高くなる累進課税制度は，所得税や相続税で導入されているが，法人税では導入されていない(ウ…×)。2023年度の一般会計当初予算における税収は，約70兆円である(オ…×)。

2024年度／筑波大学附属高等学校

理科解答

1 (1) 記号…エ

根拠…(例)図２のすじ状の雲より，季節は冬だから，気圧配置は西高東低である。

(2) 63km/時

(3) 気温…b　湿度…a　気圧…b

天気…a

(4) ①…A　②…ウ　(5) ア

2 (1) オ

(2) ア…50　イ…下　ウ…下　エ…上

オ…上

(3) A＝B＝C　(4) A　(5) イ

3 (1) (例)水に角砂糖を入れ，角砂糖が溶ける様子を観察する。

(2) A…ウ　B…イ　C…オ　D…キ

E…エ

(3) 記号…イ

反応式…$NaHCO_3 + HCl \longrightarrow NaCl + H_2O + CO_2$

記号…エ

反応式…$HCl + NaOH \longrightarrow NaCl + H_2O$

(4) 密度…$0.94g/cm^3$　略称…HDPE

(5) (例)水の中に入れて，水に浮かんだものと沈んだものを別々に集める。

4 (1) ①…ウ　②…エ　③…キ　④…コ

(2) イ，ウ　(3) 相同器官

(4) ア，カ，キ

(5) イ，ウ，カ，キ，コ，シ

1〔気象と天気の変化〕

(1)＜**天気図**＞図２の雲の画像には，日本海や太平洋にすじ状の雲が多数見られる。このような雲は，ユーラシア大陸から日本列島に向かって冷たい季節風が吹く冬によく発生するため，この画像を撮影した季節は冬と考えられる。天気図では，冬の日本列島付近の気圧配置は西高東低となり，等圧線が狭い間隔で南北に伸びる。よって，この日の天気図として最も適切なのは，エである。なお，アは高気圧と低気圧が交互に日本付近を通過しているので，春の天気図で，イは日本列島の東の太平洋上に高気圧があり，南の海上に熱帯低気圧があるので，夏の天気図，ウは日本列島に停滞前線がかかっているので，梅雨前線や秋雨前線ができる頃の天気図と考えられる。

(2)＜**低気圧**＞図３より，天気図アの日に低気圧の中心が大阪を通過したのは６時頃，東京を通過したのは14時頃である。よって，低気圧は，東京－大阪間の500kmを，14－6＝8(時間)で通過したと考えられるから，低気圧の速さは，500÷8＝62.5より，およそ63km/時である。

(3)＜**天気の変化**＞天気図アは，高気圧と低気圧が交互に日本付近を通過していることから，季節は春と考えられる。低気圧や高気圧が(2)で求めた速さで進むとすると，ユーラシア大陸の海沿いの地域にある高気圧の中心と東京の間の距離は，大阪－東京間のおよそ６倍なので，東京にその高気圧が到達するのはおよそ48時間後と予想される。よって，天気図アの日の２日後には，低気圧におおわれて天気が悪いアの日と比べて東京の天気はよくなり(晴れ)，気温，気圧は高く，湿度は低いと考えられる。

(4)＜**陸風・海風**＞①砂や岩石は水より温まりやすいので，図５のBのトレイの水よりAのトレイの砂の方が温度は高くなっている。　②図５で，Aのトレイの砂の上の方がBのトレイの水の上より温度が高いので，Aのトレイの上では上昇気流が，Bのトレイの上では下降気流が発生している。よって，水槽全体ではウのような空気の対流が起こる。

(5)＜**陸風・海風**＞ア…誤り。海よりも陸の方が温まりやすいため，晴れた夏の日の昼には海岸沿いの町の方が海上よりも気温が高くなり，温められた空気が軽くなって上昇気流が発生する。そのため，気圧は下がりやすい。　イ…正しい。晴れた夏の日の昼間は，陸側で上昇気流が発生するため，海側から陸側へ向かって風(海風)が吹く。海側の空気は陸側の空気より温度が低いので，海岸沿いの町では気温が上がりにくい。　ウ…正しい。陸は海よりも温まりやすく冷めやすいので，夜になると陸側と海側の空気の温度(気温)は逆転し，陸側の方が低くなる。そのため，夜は陸側から海側へ向かって風(陸風)が吹く。この陸風と海風とが入れかわる朝方や夕方には，一時的に無風の状態(なぎ)になることがある。

2 〔運動とエネルギー，地球と宇宙，電流とその利用〕

⑴＜**月の動き**＞月が地球の周りを１回りするときの公転周期は約27.3日である。なお，地球も太陽の周りを公転しているため，月の満ち欠けの周期は約29.5日と少し長くなる。

⑵＜**電流と磁界**＞新潟県の糸魚川と静岡県の富士川を結ぶ線をおよその境として，関東では50Hz，関西では60Hzの交流が用いられている。また，コイルに電流を流すと，右手で親指以外の４本の指先をコイルの電流の流れる向きにそろえて手を握ると，突き出した親指の向きに磁界が生じ，磁石の磁界は，Ｎ極から出てＳ極に入る。よって，図で，ａの向きに電流が流れるとき，コイルの下端がＮ極となるように，下向きの磁界が生じて，向かい合う極どうしが反発するため，磁石は下向きの磁力を受ける。電流が，ａとは逆のｂの向きに流れると，コイルの上端がＮ極，下端がＳ極となるように，上向きの磁界が生じて，向かい合う極どうしが引き合うため，磁石は上向きの磁力を受ける。

⑶＜**物体の運動**＞東京では50Hzの交流を用いているので，打点は$\frac{1}{50}$秒ごとに１つ記録される。Ａ～Ｃの記録テープではいずれも打点の数が等しいので，運動に要した時間は全て等しい。よって，それぞれの記録テープの運動に要した時間の関係は，Ａ＝Ｂ＝Ｃとなる。

⑷，⑸＜**運動と力**＞Ａの記録テープでは，打点の間隔がしだいに広がっているので，力学台車の速さはしだいに速くなっている。このような運動を行うのは，運動の向きと同じ向きの力(合力)がはたらき続けるときである。Ｂの記録テープでは，打点間隔が一定なので，力学台車が一定の速さで直線上を移動していることがわかる。このとき，力学台車にはたらく全ての力はつり合っていて，合力は０である。Ｃの記録テープでは，打点間隔がはじめはしだいに大きくなり，途中からしだいに小さくなっている。打点間隔が大きくなっているときは，運動の向きに力(合力)がはたらき，打点間隔が小さくなっているときは，運動の向きとは逆向きに力(合力)がはたらいている。つまり，運動の途中から手が台車に及ぼす力の向きが変わっている。なお，⑸のアでは，速さの増え方は変わるが，速さはしだいに速くなり，打点間隔は大きくなり続ける。また，図で，記録テープの取りつけ方からわかるように，記録テープに打点が記録されるのは，台車が右向きに移動しているときだけである。そのため，ウのように運動の向きが変わる場合は，途中から記録テープに打点が記録されなくなる。

3 〔物質のすがた，化学変化と原子・分子〕

⑴＜**シュリーレン現象**＞透明な液体の中に密度の異なる他の透明な液体を加えたとき，もや状のものが見えることがある。このような現象をシュリーレン現象という。透明な物質を光が通過するとき，密度の異なる物質が混じり合っているとその境界で光が屈折するが，密度によって屈折率(屈折のしかたの大きさ)が異なるために混じり合った部分がもや状に見える。シュリーレン現象を起こす操作の例としては，水を入れたビーカーに，砂糖を入れ，砂糖が溶ける様子を観察すると，砂糖が溶けて濃度が変わった部分がもや状に見える，などがある。なお，シュリーレン現象は異なる種類

の液体どうしだけではなく，同じ液体でも部分によって温度が異なるために密度に差が生じるときにも見られる。また，かげろうのように空気などの気体でも温度差による密度の違いが生じる場合に見られる。

(2)＜**密度**＞水に食塩を溶かした食塩水は，食塩を含んでいる分，密度は水より大きくなる。エタノールの密度は約0.79g/cm^3で水の密度1.0g/cm^3より小さい。ペットボトルの容器はポリエチレンテレフタラート(PET)，キャップはポリプロピレン(PP)やポリエチレン(PE)でつくられている。PEには低密度ポリエチレン(LDPE)と高密度ポリエチレン(HDPE)の２種類があり，表より，どちらの密度もエタノールの密度よりは大きく，さらに，PPもPETも密度はエタノールよりも大きいので，エタノール中ではPEもPPもPETも底に沈む。プラスチック片が沈んだエタノール中に15％食塩水を加えていくと，液体の密度は0.79g/cm^3からしだいに大きくなっていき，やがてキャップのプラスチック片の密度と等しくなると，キャップのプラスチック片は溶液中にとどまった状態となる。このとき，PETは密度が最も大きいので，沈んだままである。そして，溶液の密度がキャップのプラスチック片の密度より大きくなると，キャップのプラスチック片は液面に浮く。

(3)＜**化学反応と反応式**＞イの炭酸水素ナトリウム($NaHCO_3$)と塩酸(HCl)を反応させると，$NaHCO_3 + HCl \longrightarrow NaCl + H_2O + CO_2$という反応が起こり，塩化ナトリウム(NaCl)を生じる。また，エの塩酸と水酸化ナトリウム(NaOH)水溶液を反応させると，中和して，$HCl + NaOH \longrightarrow NaCl + H_2O$という反応が起こり，塩《えん》として塩化ナトリウムが生じる。なお，アとウでは，反応する物質にナトリウム(Na)が含まれていないので，塩化ナトリウムが生じることはない。

(4)＜**密度**＞下線部③のときの水溶液の密度は，$4.7 \div 5.0 = 0.94$(g/cm^3)である。この密度は，キャップのプラスチック片の密度に等しいので，表より，プラスチック片の素材は高密度ポリエチレンで，略称はHDPEである。

(5)＜**密度と分別**＞ペットボトルの容器に使われているPETの密度は水の密度より大きく，キャップに使われているHDPEの密度は水の密度より小さい。よって，これらが混ざったものを水の中に入れると，キャップのHDPEだけが水面に浮くので，分別することができる。

4〔**生物の世界，生命・自然界のつながり**〕

(1)＜**動物の進化**＞地球上に最初に現れた脊椎動物は魚類(A)である。やがて，魚類の中から陸上での生活に適した特徴を持つ両生類(B)が出現した。さらに，両生類の中から乾燥に耐えられる体のしくみを持つようになった哺乳類(C)やは虫類(D)が現れ，は虫類の一部は鳥類(E)に進化した。哺乳類やは虫類，鳥類は一生肺で呼吸を行い，両生類は，子は皮膚とえら，親は皮膚と肺で呼吸を行う。また，魚類や両生類は，殻のない卵を水中に産み，は虫類や鳥類は，殻のある卵を陸上に産む。これらのような子の産まれ方を卵生という。哺乳類は子が母親の体内である程度育ってから産まれる。このような子の産まれ方を胎生という。は虫類や鳥類の生活場所は主に陸上で，魚類は水中，両生類は，子は水中，親は主に陸上や水辺である。鳥類の体表は羽毛でおおわれ，は虫類や魚類はうろこ，哺乳類は毛(体毛)でおおわれている。両生類の体表は皮膚呼吸を行うため，粘液でおおわれて湿っている。

(2)＜**化石**＞ア～キのうち，生きている化石は，カブトガニとオウムガイである。カブトガニは古生代に栄えたなかまの子孫で，節足動物に分類される。カニという名前がついているが，甲殻類ではなくクモやサソリなどのなかまに近い。オウムガイは，イカやタコなどと同じ軟体動物のなかまである。中生代に現れたアンモナイトの子孫ではないが，共通の祖先から分かれたとされている。

(3)＜**相同器官**＞現在の見た目の形やはたらきは異なっていても，起源は同じと考えられている器官を相同器官という。なお，コウモリの翼と昆虫の羽のように，はたらきが同じであったり，よく似ていたりする器官であっても，起源が異なるものは相似器官という。

⑷**＜ヒトのからだ，染色体＞**ア…正しい。ヘモグロビンは鉄を含む赤色の色素で赤血球に含まれる。カ…正しい。胆汁は脂肪を分解する消化酵素のリパーゼのはたらきを助けるはたらきをしている。肝臓でつくられ，胆のうに蓄えられて必要に応じて十二指腸に分泌される。　キ…正しい。胃ではタンパク質の消化にはたらく消化酵素であるペプシンが分泌されるほか，酸性の塩酸も分泌されていて，タンパク質を変化させて消化酵素をはたらきやすくしたり，食物と一緒に入ってきた細菌を死滅させたりしている。　イ…誤り。二酸化炭素も組織液を通して血液中に運ばれる。　ウ…誤り。心臓から送り出された血液が流れる動脈には高い圧力がかかるので，血管の壁は他の血管と比べて厚くできている。　エ…誤り。呼気の成分のうち二酸化炭素の割合は酸素の約16％より小さく，約４％である。　オ…誤り。肝臓でつくられた尿素は腎臓に運ばれて体外に排出される。ク…誤り。ヒトが成長するときの細胞分裂は体細胞分裂で，染色体の数は一定に保たれる。　ケ…誤り。受精卵の染色体数は，体細胞の染色体数と同じになっている。　コ…誤り。どちらも体細胞なので，染色体数は同じである。生殖細胞を除いて，からだの各部の細胞に含まれる染色体の数はどこでも同じである。

⑸**＜消化酵素＞**だ液がはたらいた試験管では，デンプンが分解されるため，ヨウ素液の変化は見られず，糖(麦芽糖)ができているので，ベネジクト液の変化は見られる。一方，だ液がはたらかなかった試験管では，デンプンが残っているため，ヨウ素液の変化が見られ，糖はできていないので，ベネジクト液の変化は見られない。　イ…適する。実験②のA1，A2の結果から示される。よって，アは不適である。　ウ…適する。実験①のA1，A2の結果から示される。温度が０℃の条件下でだ液ははたらきを失うが，適温の40℃くらいにすれば再びはたらきを取り戻すことがわかる。よって，エは不適である。　カ…適する。実験②のC1，C2の結果から示される。よって，オは不適である。　キ…適する。実験①のC1，C2の結果から示される。よって，クは不適である。コ…適する。実験②のE1，E2の結果から示される。よって，ケは不適である。　シ…適する。実験①のE1，E2の結果から示される。よって，サは不適である。なお，温度を90℃のように高温にすると，だ液はそのはたらきを失い，適温の40℃くらいに戻してもはたらきは戻らない。これは，消化酵素が主にタンパク質でできていて，タンパク質は熱に弱いためである。

2024年度／筑波大学附属高等学校

国語解答

一 問一　エ　　問二　ウ

問三　「寄り合い」は，成員が話し合って問題の解決を図るだけであるが，民主政では，市民たちが意思決定のみならず権力の行使もする点。

問四　ウ

問五　統治に関しては素人の民衆に，国のかじ取りを委ねるのは危険で不合理であり，かじ取りだけなら専門家に任せてもよいと考えたから。

問六　ア　　問七　イ

問八　a　名著　b　極端　c　委

二 問一　生きていたら芝居の道に進むことを応援してくれたであろう祖母のことを思い，芝居を諦めたことを報告して，形見になった鈴を祖母に返そうと思ったから。

問二　ウ

問三　お母さんも～いってこと

問四　祖母は，一人で子どもたちを育てて気丈に生きている母でも，お守りになるものが必要だということを理解していたから。

問五　エ　　問六　支えになるもの

問七　a…ウ　b…ウ　c…イ

一〔論説文の読解―政治・経済学的分野―社会〕出典：橋場弦『古代ギリシアの民主政』「おわりに」。

≪本文の概要≫近代民主主義の基本原理は代表制であるが，特定の一人が大勢の人々の利益を「代表する」という考え方は，古代のデモクラティアには存在しなかった。古代ギリシアの民主政の基本は，「分かちあう」ことである。二一世紀に入り，最初に民主主義を発明したのは古代ギリシア人ではないということが，よく言われる。確かに，日本中世にも惣村の自治組織があり，成員が話し合って問題を解決していた。しかし，古代ギリシアでは，民会が意思決定をするだけではなく，その決定を実行するために，市民自らが権利を行使した。市民が権力者であったことは，古代ギリシアに固有の特徴である。ギリシア人が民主政というものを意識化，制度化し，それについて豊かなテクストを後世に遺したことの意義も大きい。プラトンは，素人の民衆に国のかじ取りを委ねる民主政を，危険で不合理なものと考えたが，フィンリーは，確かに操船には専門家が必要だが，市民の将来を決めるのは市民であると反論した。自分の生き方を自分の意思で決めるエレウテリア（自由）の価値は，今も色あせることがない。

問一＜文章内容＞近代民主主義の基本原理は「代表制（代議制）」である。「代表を意味」する英語リプリゼンテイションは「ラテン語レプラエセンタレに由来」するが，そのレプラエセンタレは，本来，「あるものを別のあるものによっておき替えること」を意味するだけで，近代のように「代表する」という概念はなかった。このことをつかんでおくと，リプリゼンテイションが「『代表する』という概念を指ししめす」ようになるのは，「ようやく近代初期になってからのこと」であることがよくわかる。「代表する」ということは，身分制議会の発展とともに，「近世から近代のヨーロッパにはじめて出現した考え方」だったのである。

問二＜文章内容＞ギリシア人が「政治に参加すること」を表現した「あずかる（メテケイン）」は，「分かちあう」とも訳せ，「大きな全体の一部，たとえば獲物の分け前などに，みんながあずかるとき」に使われる。この「分かちあう」ことを基本とする古代民主政は，「嫌いな人びとと共生する技術」でもあり，敵とも「和解」する道を探った。「和解」するということは，対立している両者が譲歩し合い，両者ともに合意できる点を見出すことであるから，「統合と共存」を可能にする。

問三＜文章内容＞「成員の平等を原則」とした「寄り合い」では，問題を「何日もかけて話しあいながら解決」したが，彼らの上には「王や領主やGHQ」といった「上位の権力」が存在した。一方，古代ギリシアの「民主政」では，「民会が意思決定をするのみならず，その決定を実行するために，市民たちみずからが権力を行使」した。「民主政」においては，「市民団自身が権力者」であり，市民に対する「上位の権力があってはならなかった」のである。

問四＜文章内容＞ギリシア人は，民主政とはどのような政体かということについて知的な議論をかわした。民主主義というデモクラシーの訳語はギリシア人の「民主政というものを意識化，制度化し，それについて(たとえ批判的にでも)豊かなテクストを古典として後世に遺した世界史的な意義」に基づいており，現代の私たちが民主主義について考える際には，ギリシア人のこうしたテクストに頼ることが必要なのである。

問五＜文章内容＞プラトンは，国家を船にたとえ，「統治の専門技術を知らぬ素人の民衆に国のかじ取りを委ねる民主政」は「危険で不合理」だと説いた。そして，「統治は専門家のエリートにまかせればよい」と信じた。フィンリーは，「私たちの将来を決めるのは，私たちであって，政治家ではない」と主張し，「私たち」の決めた「行き先」に向かう航路の「かじ取り」に関してだけなら「操船をまかせ」てもよいと考えた。

問六＜文章内容＞「個人であれ集団であれ，自分の生き方を自分の意思で決めるということには，かけがえのない価値がある」ということ，つまり「エレウテリア(自由)」の価値に，ギリシア人は早くから気づいていた。現代民主政治は，「『ファシズムとの戦い』に勝利したはず」であるが，「実は政党や官僚のような専門家集団に牛耳られる偽物」であり，そのような専門家集団のいる現代にあっては，ギリシア人が自覚していた「自由」に大きな価値があるといえる。

問七＜表現＞まず，近代民主主義の基本原理が「代表制(代議制)」であることにふれ，これと対比する形で，古代民主政の基本が「分かちあう」ことであることが明らかにされている(ア…○)。その後，二一世紀に入るとポストコロニアリズムの影響下で，「民主主義を最初に発明したのは古代ギリシア人ではない，という論調」が目につくようになったことが述べられる(イ…×)。これを受けて，日本の惣村の自治組織が，成員の話し合いで問題を解決するものだったことが紹介され，ギリシアのデモクラティアを惣村の自治組織と比較して，デモクラティアの場合は意思決定だけでなく，市民自らが「権力を行使した」ことが述べられる(ウ…○)。その後，プラトンが民主政を危険で不合理だと考えていたことが紹介される。そして，それに対して，専門家集団に牛耳られる現代民主政治は「偽物」であり，「私たちの将来を決めるのは，私たち」だというフィンリーの反論を通して，ギリシアの民主政には今も「価値がある」ことが明記される(エ…○)。

問八＜漢字＞ａ．「名著」は，優れた著作のこと。　ｂ．「極端」は，非常に偏っていること。
ｃ．音読みは「委員」などの「イ」。

二〔小説の読解〕出典：水野良樹『誰がために，鈴は鳴る』(『モノガタリは終わらない』所収)。

問一＜文章内容＞すぐるは，祖母の法事のために帰ってくるにあたり，「もう夢は終わりにするから。

芝居の現場には戻らないから」と決め，「祖母の墓に，鈴を置いていこうと思って」いた。すぐるは，芝居をやめることを祖母に報告し，形見となった鈴を「祖母に返そうと思って」いたのである。すぐるがそう思ったのは，単にその鈴が祖母の形見だからというだけではなく，すぐるが母の反対を押しきって上京しようとしたとき，「ばあちゃんが生きていたら，応援してくれたはずだよ」と言って母を説き伏せたという事情があったからだろう。

問二＜文章内容＞鈴は，「御身に降りそそぐ，ありとあらゆる厄災」を「身代わり」になって引き受けてくれるという「身代わり鈴」である。すぐると美咲は，その意味を深く考えずに「身代わり」の鈴を，「旅館の部屋で横になっていた」祖母のためを思って祖母に手渡した。

問三＜文章内容＞美咲は，すぐるの上京後の母について語り，その話の「意味」について，「お母さんもあんたの“お母さん”だってこと。あんたはひとりじゃないってことだよ」と言った。美咲によれば，母は，すぐるが「初めて主演したドラマ」の「第一回が放送されるとき」に，テレビの前に座って「あの鈴を握って」いた。そしてそれは，「すぐるのドラマをひとりで見るのが怖い」ので「おばあちゃんに一緒に見てもらおうと思って」のことだった。美咲は，すぐるに，祖母が母を支えていたように，母もすぐるを支えているのだということを伝えたかったのである。

問四＜文章内容＞祖母は美咲に，「お母さんにだってお守りが必要なのよ」と言っていた。今の美咲も，母にも「支えになるもの」が必要だったと思っている。なぜなら，母が「一生懸命ひとりで子どもたちを食わせて」も，最後には子どもたちは「家を出ていっちゃう」ことになったからである。祖母は「それをわかっていた」から，母にもお守りを持たせようとしたのである。

問五＜文章内容＞鈴を握っている母に対する美咲の「それどうしたの」という問いに，母は「すぐるのドラマをひとりで見るのが怖い」ので，「おばあちゃんに一緒に見てもらおうと思って」と答えた。鈴は，すぐるの演技がうまくいくようにと祈るためのものである以前に，母にとってはまず何よりも，自分に寄り添ってくれる「支えになるもの」だったのである。

問六＜文章内容＞母は，「すぐるのドラマをひとりで見るのが怖い」ので，「おばあちゃんに一緒に見てもらおうと思って」身代わり鈴を握っていた。美咲は，鈴を形見として残した祖母は「お母さんの“お母さん”だった」と言ったが，それは祖母が母の「支えになるもの」だったということである。美咲は，すぐるにとっては母が「支えになるもの」なのだから，「あんたはひとりじゃない」ということを，すぐるに伝えたかったのである。

問七． a**＜慣用句＞**「鬼籍に入る」は，死ぬ，という意味。「鬼籍」は，死者の名前や死亡日などを記しておく帳簿のこと。　b**＜語句＞**「由緒」は，物事の起源やこれまでのいきさつのこと。
c**＜語句＞**「口走る」は，言ってはいけないことをつい言ってしまう，という意味。

2023年度 筑波大学附属高等学校

【英　語】（50分）〈満点：60点〉

1　放送の指示にしたがって答えなさい。〈編集部注：放送文は未公表につき掲載してありません。〉

例題　ア　A CD.　　イ　A pen.　　ウ　A cake.　　エ　A book.

(1)　ア　360 yen.　　イ　400 yen.　　ウ　450 yen.　　エ　500 yen.

(2)　ア　Enjoy talking with Bob.　　イ　Do Bob's homework.
　　ウ　Practice soccer.　　エ　Take a music lesson.

(3)　ア　Write a report.　　イ　Enjoy fine arts.
　　ウ　Play video games.　　エ　Watch a tennis match.

(4)　ア　A bag of coffee beans.　　イ　A box of potatoes.
　　ウ　A chocolate bar.　　エ　A pair of sneakers.

(5)　ア　30 minutes.　　イ　40 minutes.　　ウ　50 minutes.　　エ　60 minutes.

(6)　ア　She has a cough.　　イ　She has a sore throat.
　　ウ　She has a broken arm.　　エ　She has a broken leg.

2　次の英文を読んで，問１～問９に答えなさい。

"Whoa, boy," Emma said to Aster, the horse in front of her. "You heard what Dad said yesterday. If I can't get this halter on you by tomorrow, we'll have to send you back to the rescue ranch. I don't want to send you back. I want you to stay with me."

"I know what your problem is," a voice said from the stall door.

Emma turned and asked, "Who are you ?"

"I'm Ben," the boy said with a smile. "We just moved to this town."

"You don't know me or my horse," Emma said. "How can you know what my problem is ?"

"I just do," Ben said.

Emma turned her back on him and said, "Leave me alone. I have work to do."

"OK. I'll be around if you need me," said Ben. He waved his hand at Emma's back and left.

"I don't need (1)[do / me / my horse / telling / to / what / with / a stranger]," Emma said. "I've been riding horses for twelve years, my whole life." She pulled out a biscuit from her bag, and held it out to Aster. He smelled it but didn't take it. Emma wanted him to come closer by himself, and waited with patience. He didn't take a step forward. When her arm began to shake, she sighed and said, "Maybe tomorrow, Aster ?" Aster made a sound with his nose.

The next morning, Emma greeted Aster in a joyful way. He gave a cheerful reply. That made her happy. 'Today is the day !' (2)Emma could feel it. She fed him, and cleaned up his stall while he was eating.

An hour later, the stall shone softly. Emma turned to Aster and said, "Have you finished eating, sweet boy ?" She held her hand out to him and waited. He reached toward her hand with his nose, and she could feel the heat of his breath. She got excited, and took a step forward. Suddenly he breathed out loudly, and stepped back. When she stretched out both hands and he pushed himself back, her heart was broken. '(3)＿＿＿＿＿＿,' she thought.

Emma found Ben in a stall on the far side of the building. He was taking care of Colt, his horse.

"Hello," Emma said.

"Hello!" he smiled, invited her inside, and asked, "(4)__________?"

"Well . . ." The words stuck in her throat, but she thought of Aster's sweet face and said, "I need your help. What's my problem?"

"It's your face," said Ben.

"Excuse me?" Emma got really angry.

"No, no. I didn't mean anything bad. It's your facial expressions," Ben said. Emma frowned. "Yes, like that," Ben said. "Probably you don't even notice. You're frowning at Aster when you are trying to get close to him."

"Why is it a problem?" Emma asked.

"Horses can read a person's facial features, and they guess what might happen because of the look on your face," Ben explained.

"(5)That's silly," said Emma. "I can't believe it."

"I can show it's true," said Ben.

Emma thought for a while, and finally said, "OK."

Ben said, "Let's do an experiment. We will use two big photos." He took out the photos of a man Colt didn't know. They were as big as Ben's face. In one of them, the man was making a smile, and in the other, an angry face. "Now," he said, "you'll hold Colt's lead rope and wait here." He went out of the stall. Emma waited.

Ben stepped in. He was holding the "happy" photo in front of his face.

(6)

By twisting his head, Colt pulled the lead rope, and went back into the corner. "Whoa," Emma said and tried to cool him down.

Ben dropped the photo, and Colt became calm immediately.

"Now I see," said Emma, "That's amazing. . . . Well then, it's best to put on a happy face when you're around horses."

Ben said, "Exactly. I'm sure you can do it. Are you ready to put the halter on Aster now?"

'This is my last chance,' Emma thought. She took a deep breath and nodded to Ben. They walked silently back to Aster's stall.

"OK, sweet boy," said Emma, as she entered Aster's stall. She had his halter and lead rope in her hand. She was very nervous, but she was able to (7)__________. "We can do this, Aster," she said softly. He moved his ears in her direction. Emma raised the halter toward his face. Aster didn't (8-A)______ to step into it. Tears filled Emma's eyes as she (8-B)______ it behind his ears.

"I knew you could do it," said Ben from outside.

Emma kept smiling at Aster, and she touched his face softly with her hand. "We did it," she whispered to her beautiful horse. She turned to Ben as she (8-C)______ her eyes quickly, and said, "Thanks."

"You're welcome," said Ben. "Let's take him outside and watch how he'll run."

"Sure," said Emma.

Ben opened the door, and Aster (8-D)______ Emma outside.

(注) whoa 「どうどう」(馬への掛け声)　halter 端綱《はづな》(馬につける綱)
rescue ranch 他に行き場のない家畜を育てる牧場
stall 馬屋の一区画　frown しかめ面をする
lead rope 端綱に取りつける綱

問1 下線部(1)の[ ]内の語句を，意味が通るように並べかえなさい。

問2 下線部(2)を次のように書き換えるとき，空所に入る最も適切なものを，下のア～エから1つ選び，記号で答えなさい。

Emma could feel that ＿＿＿＿＿.

ア she would achieve her goal
イ people around her would be happy
ウ somebody would help her
エ something would hurt her feelings

問3 下線部(3)の空所に入る最も適切なものを，次のア～エから1つ選び，記号で答えなさい。

ア He did a good job　イ He needs my help
ウ I did a good job　エ I need some help

問4 下線部(4)の空所に入る最も適切なものを，次のア～エから1つ選び，記号で答えなさい。

ア How about riding my horse
イ How are you doing with your horse
ウ How long have you been with your horse
エ How many times did you come to see my horse

問5 下線部(5)の内容を次のように説明するとき，空所に入る日本語を，句読点を含む30字以内で答えなさい。

馬は人の＿＿＿＿＿＿＿＿＿＿＿＿＿＿＿＿＿＿＿＿

問6 次のア～エは本文中の空所 [(6)] に入る英文である。意味が通るように正しい順番に並べかえ，記号で答えなさい。

ア When he turned around with the “angry” one, Colt suddenly breathed out loudly.
イ Then Ben turned away and changed photos.
ウ Colt looked up and turned his ears forward.
エ He didn’t step back or get scared.

問7 下線部(7)の空所に入る最も適切な連続する5語を，本文中から抜き出して答えなさい。

問8 下線部(8-A)～(8-D)のそれぞれの空所に入る最も適切な動詞を次から選び，必要があれば適切な形に変えて答えなさい。

attach　decide　follow　hesitate　hide　wipe

問9 本文の内容に合うものを，次のア～キの中から2つ選び，記号で答えなさい。

ア As soon as they met, Emma and Ben made friends with each other.
イ When he first saw Emma and her horse, Ben realized what was wrong with them.
ウ As Aster refused the carrots, Emma gave him some cookies instead.
エ In order to upset Emma, Ben began to speak about her face.
オ Ben gave a demonstration of horse behavior to Emma.
カ After Emma listened to Ben’s advice, things got worse.
キ Emma told her friends about the importance of reading facial features.

3 次の英文を読んで，問１～問９に答えなさい。

Early one morning, a queen was riding a horse through the woods. As the sun rose, songs by birds filled the air. The queen found that one of the songs was especially sweet. She whispered to a knight she trusted, "I have never heard such a melody. I will make that bird mine."

The queen discovered the bird with the sweet voice in the tallest tree in the forest. He had dark blue feathers, and his neck was vivid purple. She told the knight to catch the bird, and he succeeded. They brought the bird to the castle.

At the castle, a golden cage was placed beside the queen's seat. "I'll give you the finest home, my treasure," the queen said to the bird and shut the door behind him.

As he suddenly lost his freedom, the blue bird kept on shaking and became silent inside the cage. The queen offered tasty berries to him. This made him feel a little better, though his feet still stuck tightly to the perch.

Soon, the queen fed the blue bird only when he sang for her. He quickly cooperated, and she was (1)______ about it. Her pleasure with this new treasure increased when he began to speak to her.

Yet, the blue bird spoke only to ask her to release him. "I am wild. I am not a pet."

"Ah, you are not a pet. Instead, you are one of my most valuable treasures. You decorate my castle with your lovely voice. Now, sing once more," the queen said.

(2)<u>This</u> went on for weeks. The queen knew that the bird's song was not as sweet as before, but it was not a big problem for her because he sang when she told him to.

One morning, the blue bird woke up and cried, "Unfair! Unfair! Why can a human fly, though I am locked here in the castle?"

"Fly?" asked the queen. "What do you mean?"

"In my dream, you had a flying carpet. You were flying in the sky as I once did," replied the bird.

The queen laughed and said, "Dreams often show impossible things. Sing, my treasure, and forget about it."

But that day, there was something wrong with the bird's song. Over the next two days he sang less. He didn't eat much, and got thinner.

The queen was worried about her valuable bird. She said, "I will not release you. (3)<u>[I / you / do / enough / can / to make / anything else / there / happy / is]</u> to sing once more?"

After thinking about it for a while, the bird answered, "I would like to send a message to my friends and family in the forest. They don't know what happened to me. Perhaps they think that I am already dead. Or they may hope for my return. Let me at least tell them that I live in a castle and that I am locked in a golden cage by a queen. Perhaps I will stop thinking of getting out if they know the truth."

The queen quickly called the knight and said, "Go to the forest and announce (4)<u>the bird's message</u>. Then, the friends and family of my precious bird will hear it. When you return, let us know if they have any news for him."

A few hours later, the knight reached the woods. He found the tallest tree in the forest. It was filled with birds. Among them, there were a few birds that (5-A)______ similar to the queen's. They were jumping from branch to branch. He said, "Ah, I'm sure they are the family of the queen's blue bird."

He took a deep breath and said, "Listen. The bird that left this forest the other day is now kept by the queen of this land. He is now her treasure and sings for her every day." The knight heard nothing from the blue birds. He was annoyed that they (5-B)______ him. Then he added, "He sings from a golden cage!"

At that, one of the birds fell on the forest floor. She moved her head and wings rapidly. The knight was scared and stepped back. Suddenly, the bird became still.

The knight got down on his knees, held the bird in his hands, and said, "I am so sorry, little one. I didn't know how precious (6)______ was to you, creatures of the air. The queen's bird is already sad about his situation. Oh, what shall I tell him now?" The knight felt very bad. He laid the bird on the forest floor, and covered her with a few leaves.

The knight was depressed and didn't feel like going back, but his sense of responsibility took him to the castle.

"What news do you have?" asked the queen.

The knight shook his head. He couldn't look at the queen or the blue bird in the eye.

"Nothing?" whispered the bird. "(7)__________?"

"Never!" the knight cried. "When I told them that you are now the queen's, the birds didn't pay attention. But when I said you are locked in a cage, one bird fell down at my feet. She moved her head and wings quickly, became still . . . and died. I could only cover her with leaves."

"No!" screamed the queen's bird. He fell to the bottom of the cage, and moved his head and wings rapidly. Then, he became still.

The queen and the knight were shocked. The queen opened the cage, and carried the blue bird to the window. "Air, he needs fresh air!" the knight said and opened the window. A cool breeze came into the room.

Suddenly, the blue bird flew out and sat high on a cherry tree branch. "Thank you, messenger!" he said, "Because of you, my family was able to teach me how to (8)______."

Moments later, in a flash of blue and purple feathers, the queen's former treasure was gone.

（注） knight 騎士　melody メロディー　still 静止した　perch とまり木

問1　下線部(1)の空所に入る最も適切なものを，次のア～エから１つ選び，記号で答えなさい。

ア happy　イ sad　ウ worried　エ careful

問2　下線部(2)が指す内容を，句読点を含む30字以内の日本語で答えなさい。

問3　下線部(3)の［　］内の語句を，意味が通るように並べかえなさい。

問4　下線部(4)の内容として最も適切なものを，次のア～エから１つ選び，記号で答えなさい。

ア　青い鳥は女王のために歌ったので，約束通り逃がしてもらえること。

イ　青い鳥は死んでしまい，森の家族のもとに帰ることはできないこと。

ウ　青い鳥は食欲がなく，やせ細り，日に日に元気がなくなっていること。

エ　青い鳥は女王によって城に捕らわれ，鳥かごの中で暮らしていること。

問5　下線部(5-A)，(5-B)のそれぞれの空所に入る最も適切な動詞を次から選び，必要があれば適切な形に変えて答えなさい。

forget　ignore　keep　look　make

問6　下線部(6)の空所に入る最も適切な１語を，本文中から抜き出して答えなさい。

問7　下線部(7)の空所に入る最も適切なものを，次のア～エから１つ選び，記号で答えなさい。

ア Have you seen my family　イ Have they forgotten me so soon

ウ　Have they got my message　　エ　Have you got lost in the forest

問8　下線部(8)の空所に入る最も適切な１語を答えなさい。

問9　本文の内容に合うものを，次のア～キの中から２つ選び，記号で答えなさい。

ア　In the forest, the queen found a blue bird and caught it by herself.

イ　When the blue bird was put in a golden cage, he got upset and cried many times.

ウ　After he had a bad dream, the blue bird didn't eat or sing as much as before.

エ　The blue bird said that he might accept his situation if he could send a message.

オ　When the knight told the message to the blue birds, they got surprised and flew away.

カ　As the knight didn't want to see the blue bird, he didn't return to the castle.

キ　The knight felt sorry for the blue bird, so he opened the cage and let him go.

4　次の(1)～(4)の対話を読んで，それぞれの空所に，［　］内に示した日本語の意味を表す英語を書きなさい。

(1)　A： I heard you are going to study abroad.　Are you excited?

B： Yes, I am. ______________________________

［できる限り多くの現地の人たちと話をしたいです。］

(2)　A： Our gym is small and old, isn't it?

B： Yes, it is.　And it's too hot in summer.

A： I know it's impossible, but ______________________________.

［もっと大きくてより快適な体育館ならなあ。］

(3)　A： How can I help you?

B： I have a runny nose caused by hay fever. ______________________________

［眠くならない薬はありますか。］

A： Sure.　Then I recommend this.

(4)　A： Can I ask a favor of you?

B： No problem.　What can I do for you?

A： ______________________________

［根岸先生(Mr. Negishi)から出された宿題を手伝ってほしいんだ。］

【数　学】（50分）〈満点：60点〉

注意　円周率を必要とする計算では，円周率はπで表しなさい。

1　a，bを正の数とし，関数$y=ax^2$のグラフが表す曲線を放物線P，関数$y=-\dfrac{b}{x}$のグラフが表す曲線を双曲線Hとする。

放物線P上にx座標が$\dfrac{1}{2}$である点A，x座標が1である点Bをとり，双曲線H上にx座標が$-\dfrac{1}{2}$である点C，x座標が-1である点Dをとったところ，四角形ABCDは平行四辺形となった。

辺AB，CDの中点をそれぞれM，Nとし，Mからx軸に引いた垂線と放物線Pとの交点をK，Nからx軸に引いた垂線と双曲線Hとの交点をLとする。

このとき，次の①～③の［　］にあてはまる数または式を求めなさい。また，④の解答欄には適切な記号に○をつけ，その理由を述べなさい。

(1)　$a=4$とする。このとき，$b=$［　①　］であり，線分MKとNLの長さの差MK－NLの値を求めると，MK－NL＝［　②　］である。

(2)　線分NLの長さを，aを用いて表すと，NL＝［　③　］である。

(3)　線分MK，NLの長さの大小関係について，適切なものを以下の(ア)～(エ)から1つ選び，④の解答欄の該当する記号に○をつけ，その理由を簡潔に述べなさい。

> (ア)　aの値によらず，MKの方がNLより長い。
> (イ)　aの値によらず，MKとNLは同じ長さである。
> (ウ)　aの値によらず，MKの方がNLより短い。
> (エ)　aの値が決まらないと，MKとNLのどちらが長いかは定まらない。

2　右の図のように，長さが14cmの線分AB上に点Pをとる。ただし，AP＜BPとする。Pで線分ABと接する円Oに，2点B，Aからそれぞれ点Q，Rで接する接線を引き，その2本の接線の交点をCとすると，BC＝10cmとなった。

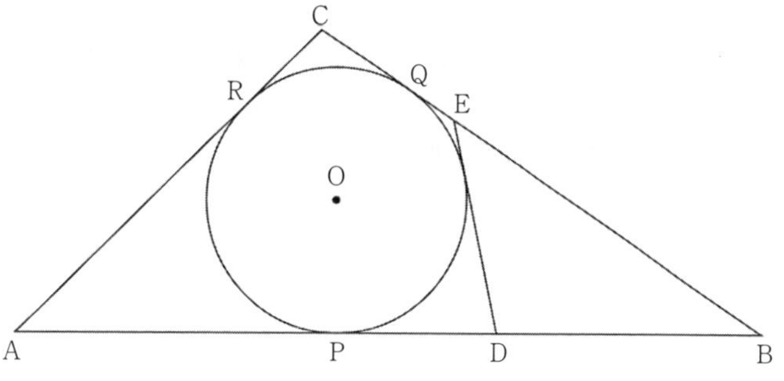

また，線分AB上にBD＝5cmとなる点Dをとり，Dから円Oに引いた接線と線分BCとの交点をEとすると，BE＝7cmとなった。

このとき，次の⑤～⑦の［　］にあてはまる数を求めなさい。

(1)　線分ACの長さは，線分DEの長さの［　⑤　］倍である。

(2)　線分ARの長さは，AR＝［　⑥　］cmである。

(3)　線分AE，CDの交点をFとするとき，AF：FEを最も簡単な整数の比で表すと，

AF：FE＝［　⑦-ア　］：［　⑦-イ　］

である。

3 　あるバスは，地点Aを午前9時に出発し，停留所Tを経由して地点Bまで行き，折り返してTを経由してAまで戻るという往復運行をする。Tでは往路，復路いずれも10分間停車し，Bでも10分間停車する。

渋滞がない場合，バスは各区間を次に定める一定の速度(以下，標準速度とする)で運行する。

	地点A～停留所T	停留所T～地点B
往路	時速40km	時速50km
復路	時速30km	時速40km

標準速度で運行する場合，往路について，AからTまでの走行時間はTからBまでよりも30分短く，往路全体の走行時間は復路全体よりも1時間短い。

このとき，次の⑧～⑩の［　］にあてはまる数を求めなさい。

(1)　2地点A，B間の距離は［ ⑧ ］kmである。

ある日，渋滞のために，Aを出発後，2地点A，T間のある地点Pまで標準速度より遅い一定の速度で走ることとなり，Pを通過する時点で15分の遅れが生じた。Pからは渋滞が少し緩和し，それまでより速い一定の速度で運行できたが，渋滞がなかった場合のTへの到着予定時刻にはまだTの16km手前の地点にいて，Tに到着したのは午前11時であった。

(2)　2地点A，P間の距離は［ ⑨ ］kmである。

その後，渋滞は解消し，TからBまでは標準速度で走った。復路では遅れを取り戻すため，BからTまでは標準速度より速い一定の速度で運行することとした。Tから先の速度は，BからTまでの速度の$\frac{2}{3}$倍としたところ，Pに到達した時点で遅れを取り戻すことができた。

(3)　復路でTに到着したのは，午後［ ⑩-ア ］時［ ⑩-イ ］分である。

4 　6つの合同なひし形でできる立体を，ひし形六面体という。右の図は，すべての辺の長さが2cmであるひし形六面体ABCD-EFGHの見取図であり，∠CGF＝∠FGH＝∠HGC＝60°である。

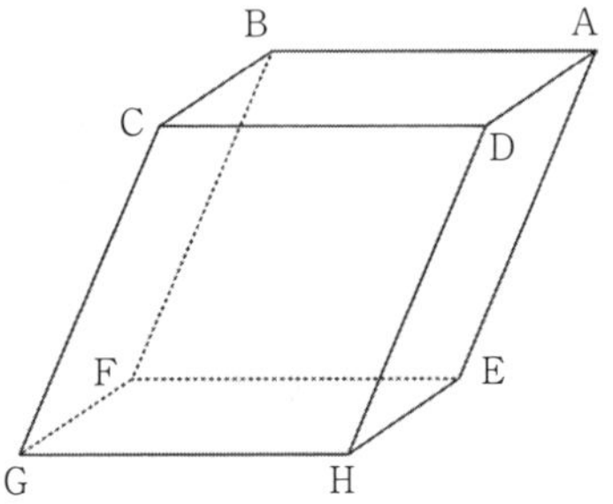

このとき，⑪の解答欄には展開図を完成させ，⑫，⑬の［　］にはあてはまる数を求めなさい。

(1)　下の図は，ひし形六面体ABCD-EFGHの展開図の一部である。

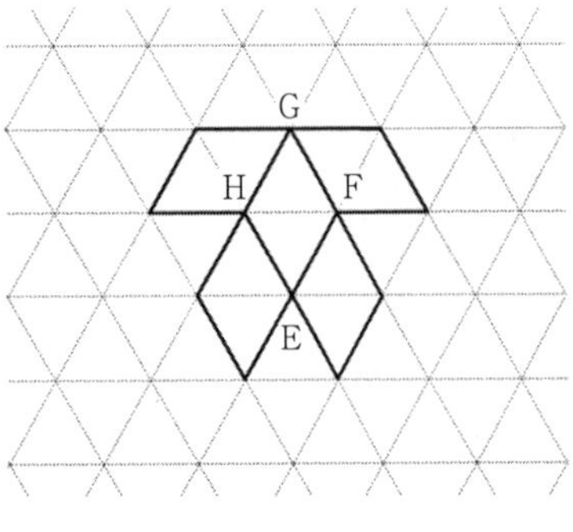

解答欄⑪の図にひし形を1つかき加えて，展開図を完成させなさい。その際，下の例を参照し，展開図のひし形のすべての頂点に，A～Dのいずれかを記入すること。

※かき加えるひし形は複数考えられるが，そのうちの1つをかけばよい。

例　正四面体 ABCD の見取図と展開図

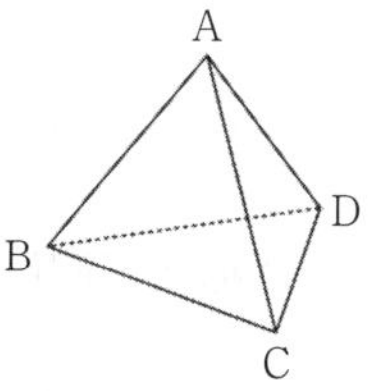

見取図

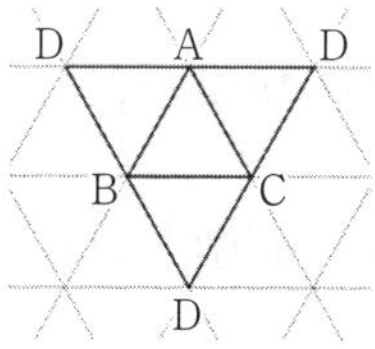

展開図

(2)　ひし形六面体 ABCD-EFGH において，対角線 CE の長さは，CE＝［⑫］cm である。

(3)　ひし形六面体 ABCD-EFGH を，３点 A，B，H を通る平面で切断したとき，切断面の面積は［⑬］cm^2 である。

5　東京都のＴ中学校３年生のＡさん，Ｂさんが，以下の会話をしている。その会話文を読んで，各問いに答えなさい。

Ａ「昨晩，遅くまで受験勉強をしていて，あまり寝ていないんだ。」
Ｂ「高校受験も近づいてきているし，私も少し寝不足気味…。」
Ａ「同じ学年のみんなも，睡眠時間はあまりとれていないような気がするな。」
Ｂ「どうだろう。私たちの学校の３年生全員の睡眠時間を調査してみない？」
Ａ「面白いけど，３年生は100人もいて，全員に調査するのは大変ではないかな。」
Ｂ「そうだね。では，数学の授業で学習した『標本調査』をしてみようか。」
Ａ「では[１]乱数さいを利用して，100人から３人の標本を取り出すのではどうかな。」

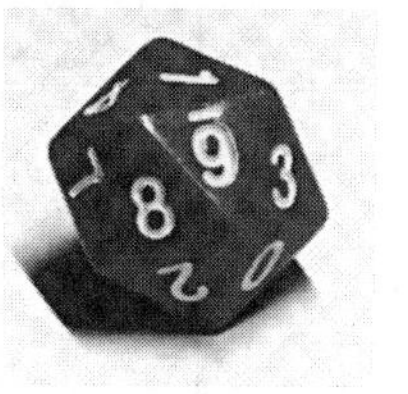

Ｂ「[２]標本の大きさは少し大きくした方がいいんじゃないかな。」
Ａ「では，標本の大きさを10人にして調査してみよう。」
（中略）
Ｂ「標本平均は６時間50分だったよ。この結果から，Ｔ中学校の３年生100人の睡眠時間の平均は６時間50分であると推測できるね。」
Ａ「そうだね。さらにこの結果から，[３]日本全国の中学３年生全員の睡眠時間の平均も，６時間50分であると推測できるね。」
Ｂ「う～ん…，その推測は誤っているのではないかな？」

(1)　下線部[１]について，乱数さいを利用して３人の標本を取り出す方法を⑭の解答欄に説明しなさい。（乱数さいは，正二十面体の各面に０から９までの数字がそれぞれ２回ずつ書かれたさいころである。）

(2)　下線部[２]について，標本の大きさを大きくすることの利点を⑮の解答欄に説明しなさい。ただし，「標本平均」，「母集団の平均」という言葉を使用すること。

(3)　下線部[３]について，Ａさんの推測が誤っている理由を⑯の解答欄に説明しなさい。

【社　会】（50分）〈満点：60点〉

1　問１　(1)　アフリカ州の様子について述べた文として**誤っているもの**を，次のア～オの中から**２つ**選び，記号で答えなさい。

ア．地形は，大部分が台地状となっている。低緯度付近の内陸部にはキリマンジャロ山やケニア山などの火山がみられる。

イ．気候は，赤道を挟んでほぼ南北対称となっている。赤道付近は熱帯で，高緯度に向けて順に，乾燥帯，温帯，亜寒帯(冷帯)の地域が広がっている。

ウ．サハラ砂漠より南の国では，植民地支配を受けた影響で，共通語としてヨーロッパの国ぐにの言語を用いており，英語よりスペイン語を使用している国が多い。

エ．原油やダイヤモンドなどの鉱産資源に恵まれた国では，それらの資源の輸出に頼ったモノカルチャー経済の国が多い。

オ．人口が急激に増加している国では，さまざまな要因から主食となる農作物の生産が追いつかず，食料不足が発生している。

(2)　図Ⅰの３か国(X～Z)について，図Ⅱは，図Ⅰの●印の位置にある都市の雨温図，次のページの表Ⅰはその国で生産されている特徴的な農産物を１つずつ示している。Yにあてはまる正しい組合せを，次のページのア～ケの中から１つ選び，記号で答えなさい。

図Ⅰ

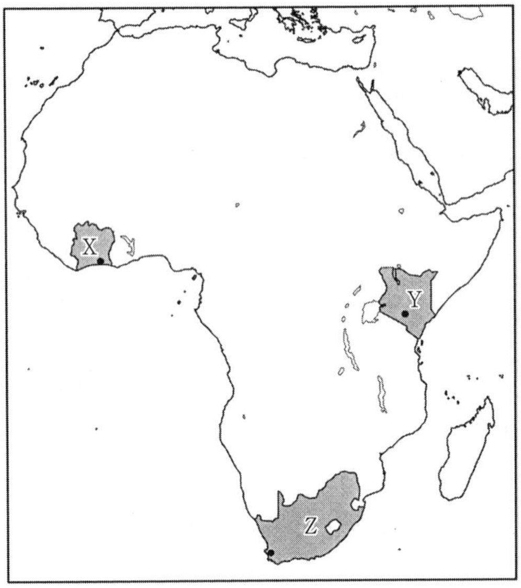

図Ⅱ

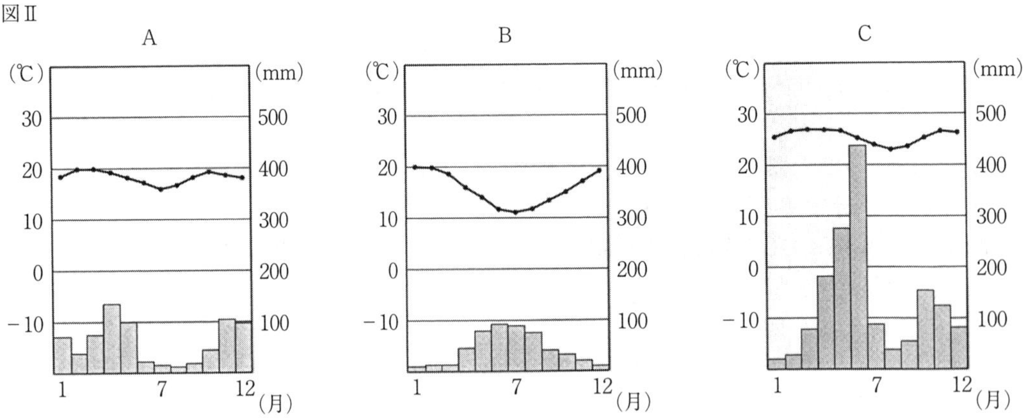

表Ⅰ

D	グレープフルーツ
E	カカオ豆
F	茶

	ア	イ	ウ	エ	オ	カ	キ	ク	ケ
雨温図	A	A	A	B	B	B	C	C	C
農作物	D	E	F	D	E	F	D	E	F

問2　図Ⅲと次のページの図Ⅳは，2001年と2020年の世界のおもな国の貿易の様子を示したもので，*図Ⅲは輸出額第1位を，図Ⅳは輸入額第1位の国の関係をそれぞれ示している。2つの図のA～Dには日本，アメリカ合衆国，中華人民共和国，ドイツのいずれかが共通してあてはまる。アメリカ合衆国と中華人民共和国の正しい組合せを，下のア～シの中から1つ選び，記号で答えなさい。

＊図Ⅲ・図Ⅳの読み方

図Ⅲ　P国 ---------▶ Q国　「P国の輸出額第1位の国はQ国」

図Ⅳ　X国 ―――――▶ Y国　「Y国の輸入額第1位の国はX国」

なお，それぞれの矢印の長さ，国内の国の位置に，意味はない。

	ア	イ	ウ	エ	オ	カ	キ	ク	ケ	コ	サ	シ
アメリカ合衆国	A	A	A	B	B	B	C	C	C	D	D	D
中華人民共和国	B	C	D	A	C	D	A	B	D	A	B	C

図Ⅲ　輸出額第一位の国の関係(2001年と2020年)

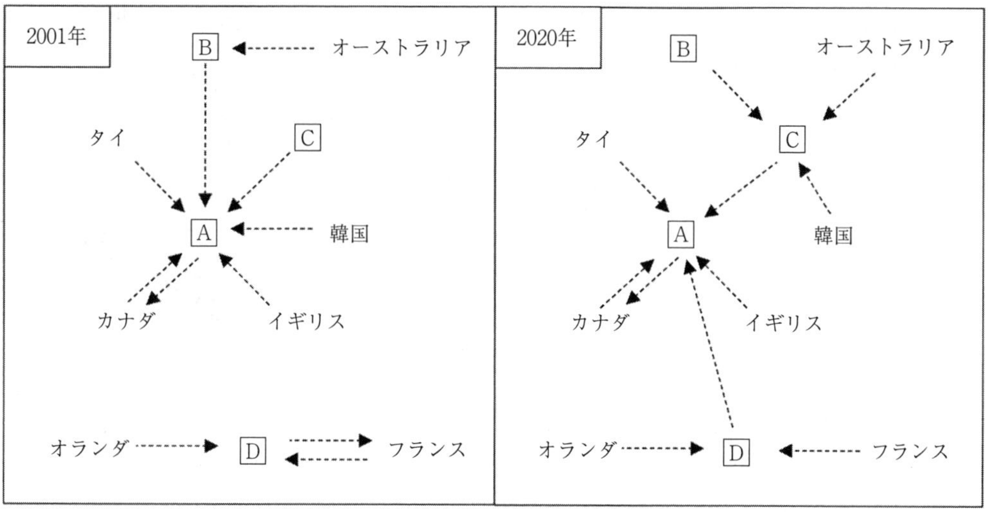

図Ⅳ　輸入額第一位の国の関係（2001年と2020年）

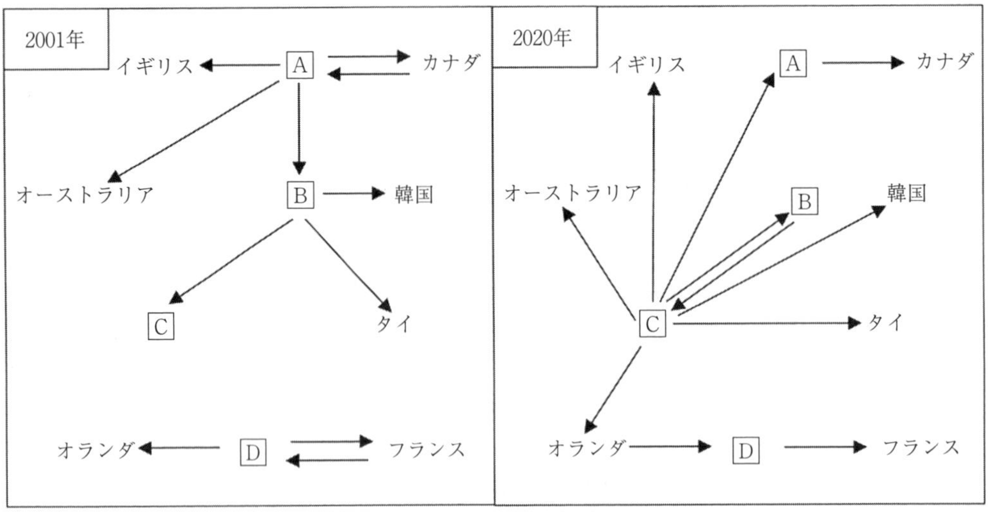

（いずれも IMF Direction of Trade Statistics により作成）

問3　インターネット上のデジタル地図は，紙の地図では難しい拡大・縮小が容易にでき，確認したい地域の様子をつぶさに見ることが可能である。このような機能を備えるために，一般的にインターネット上の地図は，メルカトル図法を用いて作成されている。図Ⅴは，Google 社が提供しているインターネット上の地図（Google Maps）の一部である。ズームレベルは０～21までの整数で設定ができ，数値が小さいほど広域，大きいほど詳細な地図を表示できる。

図ⅤのＡと次のページのＢはある都市の一部を示した地図で，どちらも同じズームレベルで表示している。どちらが高緯度に位置する地図か答えなさい。また，そう考えた理由を，地図から読み取れる固有名詞を用いずに，説明しなさい。

図Ⅴ

A

B

2 問1 図Ⅰの3地点(X～Z)について，下の表Ⅰは気温，次のページの図Ⅱは降水量に関するデータを示したものである。地点Zにあてはまる正しい組合せを，次のページのア～ケの中から1つ選び，記号で答えなさい。

図Ⅰ

表Ⅰ 3地点の最暖月と最寒月

	最暖月平均気温	最寒月平均気温
A	26.9℃(8月)	3.0℃(1月)
B	28.6℃(8月)	5.9℃(1月)
C	25.4℃(8月)	1.0℃(1月)

図Ⅱ　3地点の月別降水量

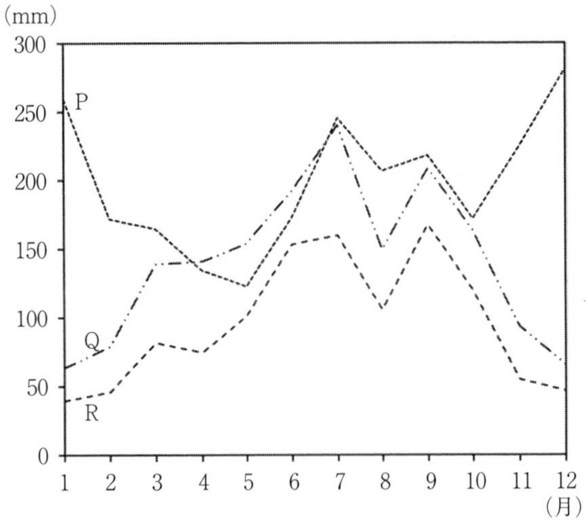

(いずれも気象庁資料により作成)

	ア	イ	ウ	エ	オ	カ	キ	ク	ケ
気温	A	A	A	B	B	B	C	C	C
降水量	P	Q	R	P	Q	R	P	Q	R

問2　表Ⅱは，2019年度の5つの都県別二酸化炭素(CO_2)排出量の推計値を示したものである。A～Dには，愛知県，岐阜県，静岡県，東京都のいずれかがあてはまり，残る1つは神奈川県である。岐阜県と東京都の正しい組合せを，下のア～シの中から1つ選び，記号で答えなさい。

表Ⅱ

(単位：千トン-CO_2)

	部門別CO_2排出量				***CO_2排出量合計
	*産業部門	家庭部門	運輸部門	**その他	
A	32,394	8,725	11,813	11,305	64,237
B	5,261	16,988	10,179	31,698	64,126
神奈川県	24,960	11,119	9,168	13,231	58,478
C	9,351	4,269	6,516	5,072	25,208
D	4,785	2,579	3,788	2,987	14,139
全国平均	9,232	3,414	4,156	4,205	21,006

(環境省資料により作成)

*　産業部門とは，製造業，建設業・鉱業，農林水産業を指す。
**　その他とは，産業部門以外の業種，一般廃棄物などを指す。
***　数値は，小数点以下を四捨五入しているため，CO_2排出量合計の値は各欄の合計と合致しない場合がある。

	ア	イ	ウ	エ	オ	カ	キ	ク	ケ	コ	サ	シ
岐阜県	A	A	A	B	B	B	C	C	C	D	D	D
東京都	B	C	D	A	C	D	A	B	D	A	B	C

問3　次のページの図Ⅲは，2012年から2021年における4つの統計を示したものである。A～Dは，訪日外国人旅行者数(各年)，出国日本人数(各年)，東京都総人口(各年10月1日のもの)，通信販売市場の売上高(各年度)のいずれかであり，この期間における最大値が100になるように示してある。

訪日外国人旅行者数と通信販売市場の売上高の正しい組合せを，下のア～シの中から１つ選び，記号で答えなさい。

図Ⅲ

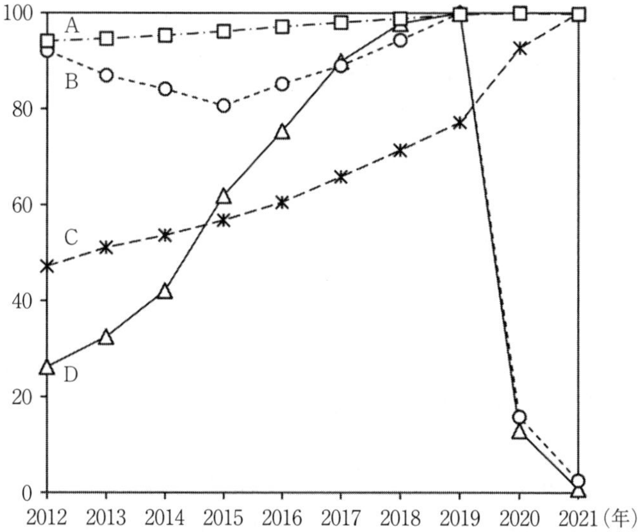

（日本政府観光局資料，「東京都の統計」，日本通信販売協会資料により作成）

	ア	イ	ウ	エ	オ	カ	キ	ク	ケ	コ	サ	シ
訪日外国人旅行者数	A	A	A	B	B	B	C	C	C	D	D	D
通信販売市場の売上高	B	C	D	A	C	D	A	B	D	A	B	C

問４　表Ⅲ，資料Ⅰ・次のページの資料Ⅱは，2020年の茶生産量上位２県に関する資料である。表Ⅲによれば，茶栽培農家数や茶園面積の値は，静岡県の方が鹿児島県よりはるかに大きいが，荒茶生産量は両県ともほぼ同量である。鹿児島県の荒茶生産量が静岡県に匹敵する理由について，資料Ⅰ・Ⅱも参照して説明しなさい。

表Ⅲ　静岡県と鹿児島県の茶に関する統計（2020年）

	静岡県	鹿児島県
茶栽培農家数	5,827	1,281
*茶園面積（ha）	15,200	8,360
１茶栽培農家あたり茶園面積（ha）	2.6	6.5
**荒茶生産量（ｔ）	25,200	23,900

＊　茶畑のこと。
＊＊　摘みたての葉を蒸気で加熱し乾燥しただけで，まだ精製していない茶のこと。

（「農林業センサス」「農林水産統計」などにより作成）

資料Ⅰ　茶の収穫について

茶は，比較的温暖で降水量の多い地域が栽培に適しており，栽培に適した気候下では，同じ木から年に複数回茶葉を収穫することができる。そのため，同一の農地で複数回収穫された場合，収穫に使用された農地の延べ面積（「摘採延べ面積」という）は次のとおりになる。

2020年	静岡県	鹿児島県
摘採延べ面積（ha）	29,000	25,100

（「作物統計」などにより作成）

資料Ⅱ　茶園の傾斜度について

静岡県	県内の茶園の約３割を占める中山間地域の茶園の半数が，傾斜度15度以上となっている。
鹿児島県	県内のすべての茶園のうち，傾斜度が０～５度の平坦な茶園の割合は99.6％である。

（「茶関係資料」，農林水産省資料により作成）

3　問１　社会科の宿題で，関心があった「試験と勉強の歴史」について調べた音羽さんのレポートをもとに，問いに答えなさい。

［レポート］

中国では「科挙」と呼ばれる大規模な試験が20世紀に廃止されるまで千年以上もずっと続けられてきたということを知り，興味を持ちました。私自身，勉強やテストが「大変だなぁ」と思うことがあるからです。

「科挙」の合格は非常に難しく，何十回と挑戦しても合格できなかったり，白髪のおじいさんになってやっと合格する例もあったようです。実は「選挙」という言葉は，もともと中国で官僚として選ばれることを意味していて，その官僚を選ぶための試験が「科挙」だったということです。この「科挙」の歴史を調べたところ，その仕組みが確立したのは宋の時代と書いてありました。①隋や唐の時代にもあったということですが，なぜ宋の時代が「科挙の確立期」とされているのか知るために，それ以前の時代も含め官僚がどのように選ばれていたのか調べてまとめました。

漢や魏の時代の「選挙」	中央の役人や，地方の有力者が官僚としてふさわしい者を推薦する。
唐の時代の「選挙」	試験は課されるが，役人の多くが貴族の子弟の学ぶ学校から推薦されることが多かった。

宋の時代の「選挙」

受験者の出身地での試験 ▶ 都の大試験会場での一斉試験 ▶ 皇帝自ら出題する皇帝の面前での試験 ▶ 官僚になる権利を得る ▶ 官僚に任用

（受験者の出身地での試験・都の大試験会場での一斉試験）試験科目はいずれも②儒教の経典の解釈，作詩，論文。答案回収後受験者の名前の部分は糊付けされ，すべての解答は試験官が転記する。

（皇帝自ら出題する皇帝の面前での試験）試験科目は論文で，儀礼的な意味合いが強く，基本は全員が合格する。

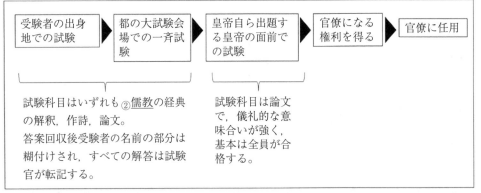

このように見てくると，宋の時代に確立した「科挙」は，一つは中国における皇帝の力を強めることにつながり，また，それまでの時代の「選挙」の仕組みの［　A　］という問題点を［　B　］という方法で解決することも試みたものだと考えられます。

そういえば，時代は少しずれますが，日本の歴史で学んだ［　C　］ことなども同じねらいがあるのではないかと気づきました。日本の政治でも中国と同じ課題が意識されていたということかなと思いました。しかし，律令を取り入れたにもかかわらず日本では中国とは違い，「科挙」のような仕組みは結局確立されなかったということです。

(1)　試験方法にも着目し，宋の時代における「選挙」制度改革のねらいを［A］，［B］にあてはまる形で答えなさい。

(2)　［C］にあてはまるものとしてもっとも適切なものを次のア～エの中から１つ選び，記号で答えなさい。

ア．源頼朝が朝廷から全国に守護や地頭を設置する許可を得た

イ．卑弥呼が魏に使いを送った

ウ．鎌倉幕府が徳政令を出して御家人の救済を試みた

エ．聖徳太子(厩戸王)が冠位十二階の制度を定めた

(3)　下線部①に関連して，次のア～オの出来事のうち，隋が成立するより前の出来事を**すべて**選び，記号で答えなさい。

ア．現在のインド北部やアフガニスタンなどにわたる地域にムガル帝国が誕生した。

イ．バビロニアのハンムラビ王がハンムラビ法典を制定した。

ウ．ローマ帝国が，共和政から強力な権力を持った皇帝による政治に移った。

エ．蝦夷地へ進出した和人と，コシャマインを指導者としたアイヌの人びととが衝突した。

オ．高句麗が滅亡したあと，朝鮮半島北部から中国東北部に及ぶ渤海が成立した。

(4)　下線部②に関連して，江戸時代の儒学(朱子学)について述べた次のア～エのうち，正しいものを１つ選び，記号で答えなさい。

ア．徳川綱吉は，武力よりも学問や礼節による政治を重視し，朱子学を奨励した。

イ．本居宣長は，『古事記伝』を著して朱子学を特に重視するべきと説いた。

ウ．田沼意次は幕府の学問所において朱子学以外の学問を禁止する命令を出した。

エ．身分や年齢などの上下関係を重んずる朱子学は，武士以外には浸透しなかった。

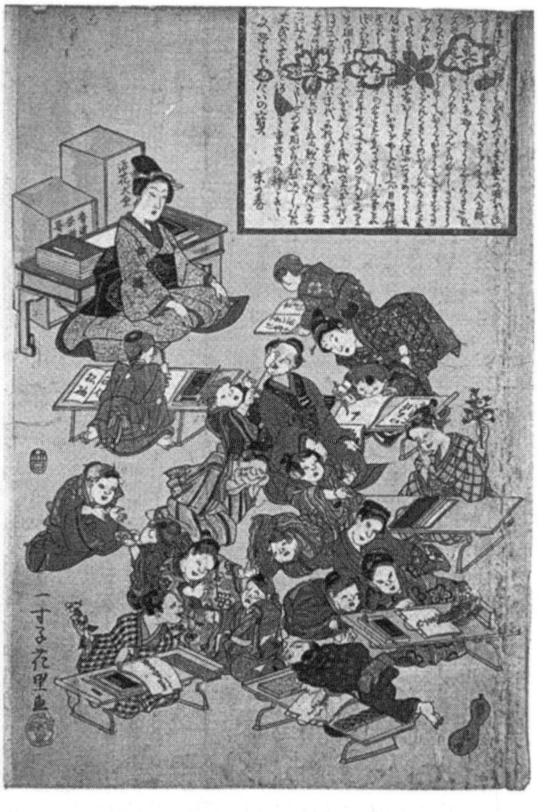

(5)　音羽さんは，日本における勉強の歴史についてさらに調べを進め，江戸時代の寺子屋の様子を描いた右の資料を見つけた。右の資料及び江戸時代の教育に関して説明したW～Zのうち，正しいものの組合せを，下のア～エの中から１つ選び，記号で答えなさい。

W　資料には，女性が先生となったり学んだりする様子が描かれている。

X　資料には，現在の多くの学校のように整然と机を並べて学ぶ様子が見られる。

Y　各藩は藩校を設置して主に町人や農民らの教育を行った。

Z　商取引の発展なども背景に，独自の数学である和算が流行した。

ア．W・Y

イ．W・Z

ウ．X・Y

エ．X・Z

問2　次の新聞記事を読んで，下の問いに答えなさい。

疫病退散を願ったり，怨念をはらしたりと，長い歴史を持つ呪術をテーマにした，ユニークな企画展が京都市内で開かれている。漫画「呪術廻戦」が大人気だが，実際のところ，昔の人々はどのように，どんな願いを込めてきたのか。

「考古資料とマンガで見る呪術―魔界都市京都―展」は，京都市考古資料館(上京区)と京都国際マンガミュージアム(中京区)が共同で開いている。市内で出土した平安時代以降の呪物約200点を資料館で展示し，マンガなどで分かりやすく解説している。…

呪術の変遷も学ぶことができる。例えば，平安前期の馬の形をした土製品「土馬」は，何かを願うときに神に捧げていた「いけにえ」の代わりだ。①仏教が普及して殺生が忌避されるようになったことで，作られるようになった。現在の絵馬の起源だという。

山本館長は「呪術というと，人を呪う怖いものという印象があるが，実際は自然災害などから身を守るものや幸福を招く願いがほとんど」と話す。

ただし，本当に怖いものもやっぱりある。

平安京右京六条三坊出土の「人形代」(平安前期)は木製の男女の人形で，井戸の中から出土した。人形には名前が墨で書かれ，組み立て式の男性の腕を胴体にくっつけると，後ろ手にしばられているように見えるという。「②おそらく呪いに使われたのでしょう」と山本館長は言う。

展示品の横には解説ボードが添えられている。子どもたちの間で流行しているカードゲームにヒントを得て，呪物の説明だけでなく，「危険度」「希少度」などを学芸員目線で分析し，特級やA級にランク付け。さきほどの「人形代」は特級だった。…

(『朝日新聞(京都版)』2022年8月19日付より)

(1)　下線部①に関連して，平安時代以降の仏教について述べた文として正しいものを，次のア～オの中から**すべて**選び，記号で答えなさい。

ア．法華経を重視した一遍は，国難を訴えて幕府などを批判し，題目を唱えれば国家も人びとも救われると説いた。

イ．室町時代には，禅宗の影響を受けて書院造などの建築様式や枯山水の庭園，雪舟による水墨画などの芸術が生まれた。

ウ．法然の弟子の道元は，罪を自覚した悪人こそが救いの対象であると唱え，浄土真宗を開いた。

エ．遣唐使として中国に渡った空海は，中国で密教を学び，帰国後に唐招提寺を開いた。

オ．織田信長は，対立する仏教勢力に厳しい態度で臨み，比叡山延暦寺に対して焼き討ちを行った。

(2)　下線部②に関連して，次の記事はある人物の日記の一部である。この日記の内容を踏まえ，この出来事の背景として考えられる政治状況にもっとも近いものを，下のア～エの中から1つ選び，記号で答えなさい。

四月十日

*惟風朝臣がやって来て言うには，「(**妍子さまがいらっしゃる)東三条殿の井戸に，呪物がありました」ということであった。そこで，東三条殿に参上して***陰陽師を呼んで尋ねさせたところ，陰陽師が申して言うには「これは呪物です」とのことである。

四月十一日

惟風朝臣がやって来て言うには，「前日に呪物が見つかった井戸の底をさらったところ，(昨日のもの以外にも)呪いをかけるための品々がございました」とのことであった。再び陰陽師たちを呼んでお祓いをさせる。

　＊惟風朝臣：人名，貴族の一人

　＊＊妍子：三条天皇の后

　＊＊＊陰陽師：占いやまじないを行う役人

ア．天皇の位を皇子に譲ったあとに上皇として政治を行う仕組みが確立した。

イ．武士として初めて太政大臣になった人物の一族が広大な荘園や公領を支配した。

ウ．特定の氏族が他氏族を退けて権力を握り，摂関政治を展開した。

エ．朝廷との対立に勝利した将軍の妻の一族が，執権の地位を確立した。

4　問１　1869年，明治政府は各藩の代表227人を集めて意見を聞く場を設けた。次の資料は，そこでの議論の様子を表したものである。これに関する事がらの説明として適切なものを，下のア～エの中から１つ選び，記号で答えなさい。

資料

議案　日本の国制を封建とする（藩を残す）か，郡県（中央集権）とするか。

　郡県とし，旧藩主などを知事とするという意見　103

　封建とするという意見　115

ア．廃藩置県においては封建が維持された。

イ．廃藩置県においては中央から県令（知事）が派遣された。

ウ．版籍奉還においては郡県がおかれ，旧藩主が県令（知事）となった。

エ．版籍奉還においては中央から県令（知事）が派遣された。

問２　明治政府は，国家や国民をまとめるために，さまざまな政策を実施した。こうした政策の説明として適切なものを，次のア～エの中から１つ選び，記号で答えなさい。

ア．キリスト教を禁止し，神道を国教とした。

イ．教育勅語によって，すべての子どもの義務教育を定めた。

ウ．身分制度を解体し，平民・華族・士族の間の結婚を認めた。

エ．徴兵令において，士族の男子にのみ兵役を課した。

問３　次の資料Ⅰ・次のページの資料Ⅱは，大正デモクラシーの中心的人物である吉野作造によるものである。これを読んで，あとの各問いに答えなさい。

資料Ⅰ

民本主義という文字は，日本語としては極めて新しい用例である。従来は民主主義という語をもって普通に唱えられておったようだ。時としてはまた民衆主義とか，平民主義とか呼ばれたこともある。しかし民主主義といえば，…「国家の主権は人民にあり」という危険なる学説と混同されやすい。また平民主義といえば，平民と貴族とを対立せしめ，貴族を敵にして平民に味方するの意味に誤解せらるるの恐れがある。…我々がみてもって憲政の根底となすところのものは，政治上一般民衆を重んじ，その間に貴賤の上下の別を立てず，しかも国体の君主制たると共和制たるとを問わず，あまねく通用するところの主義たるがゆえに，民主主義という比較的新しい用語が一番適当であるかと思う。

資料Ⅱ

本年(1914年) 2月，…民衆の示威運動があった。問題としては，減税問題などもあったけれども，主なるものは海軍収賄問題であった。同じようなことは昨年(1913年)の2月にもあった。昨年の2月の方は今年よりは運動も激烈で，その結果はとうとう桂を内閣から追い出してしまった。…民衆が政治上において1つの勢力として動くという傾向の流行するに至った初めはやはり1905年9月からとみなければならぬと思う。

(1) 次の①②は資料Ⅰ・Ⅱについての説明である。①②についての正誤の組合せとして適切なものを，下のア～エの中から1つ選び，記号で答えなさい。

① 資料Ⅰでは吉野作造は，天皇に主権がある現状を打破するべきだと言っている。

② 資料Ⅱでは吉野作造は，世論や一般民衆の行動が政治に影響を与えるようになったと言っている。

ア．① 正 ② 正　　イ．① 正 ② 誤

ウ．① 誤 ② 正　　エ．① 誤 ② 誤

(2) 資料Ⅱの下線部について，これは何のことを指しているのか，答えなさい。

問4 次の資料は，1950年3月，東京大学総長が卒業式で述べたものである。ここに記されている単独講和が指している内容を，下のア～エの中から1つ選び，記号で答えなさい。

資料

単独講和説ぐらい，短見にして速断的なものはあるまい。…もしこれによって軍事同盟や軍事基地設定を条件として考えるものであるならば，それこそわが国の中立的性格を放棄し，その瞬間に敵か味方かの決断をあえてすることになり，わが国はもちろん，世界を再び戦争に追いやる動因となるであろう。

ア．朝鮮戦争の休戦協定が結ばれること。

イ．日中共同声明により日本が中国と国交を正常化し，台湾と国交を断絶すること。

ウ．ソ連などを除いた交戦国と平和条約を結ぶこと。

エ．ソ連との領土問題が棚上げにされる形で日ソ共同宣言に調印すること。

問5 次の資料は，『ウィメンズ・オウン』誌インタビューにおける当時のイギリス首相の発言である。ここでの主張と，方向性が同じである戦後の日本の政策としてもっとも適切なものを，下のア～エの中から1つ選び，記号で答えなさい。

資料

あまりにも多くの子どもや大人たちが，もし自分たちに問題があれば，それに対処するのは政府の仕事だと思い込まされた時代を過ごしてきたように思います。「私は困っている。援助金が得られるだろう！」「私はホームレスである。政府は私に家を探さなければならない！」こうして，彼らは自分たちの問題を社会に転嫁しています。でも社会とはだれのことを指すのでしょうか。社会などというものは存在しないのです。存在するのは個々の男と女ですし，家族です。

(1987年10月3日)

ア．所得倍増計画の発表 (池田勇人内閣)

イ．公害対策基本法の制定 (佐藤栄作内閣)

ウ．日本国有鉄道の民営化 (中曽根康弘内閣)

エ．消費税の導入　(竹下登内閣)

5　問1　次の文章を読んで，下の問いに答えなさい。

確かに①言論の自由，宗教の自由，身体の自由など，一般に自由権と呼ばれるものは，政府が何も「悪さ」をしなければ，実現することができるでしょう。こうした自由は政府の不作為を求めるわけです。…しかしその一方で，まずは暮らしていくことができなければ，他の自由も実現できない。すでに見たように，そこから最低限度の生活を保障することを求める生存権など，②社会権と呼ばれる権利への要求が，とりわけ二〇世紀以降に出てきました。こうした権利は憲法で宣言されさえすれば，そのまま実現できるというものではない。人びとの生活を保障するために政府が何らかの制度をつくり，そこに③財政を投入しないと，生存権は達成できません。つまりこの場合，自由権とは異なって，権力の積極的な働きを必要とする。自由対権力，自由対政治という構図ではなく，自由のための権力，自由のための政治という構図になるということです。

(杉田　敦『政治的思考』より)

(1)　下線部①に関連して，日本における表現の自由について述べた文として適切なものを，次のア～エの中から1つ選び，記号で答えなさい。

ア．通信の秘密は日本国憲法で保障されているが，組織的な犯罪の捜査に関しては，令状に基づいた通信の傍受が認められている。

イ．表現の自由の一部である報道の自由は，民主政治に不可欠であるため，誤った報道を防ぐために，国は事前に検閲をすることができる。

ウ．表現の自由を保障することが原則であることから，不当な差別的言動であってもそれを規制するような法律は制定されていない。

エ．結社や集会の開催については，どのような規模のものであっても必ず国の認可が必要であるとされている。

(2)　下線部②に関連して，日本国憲法に規定されている社会権について述べた文として適切なものを，次のア～エの中から1つ選び，記号で答えなさい。

ア．労働条件を自由な交渉に任せていたのでは，労働者に不利な契約となってしまうため，労働時間や賃金などの労働契約の最低基準は法律で定められる。

イ．公務員の不法行為により損害を受けたときには，国や地方公共団体に対してその賠償を求めることができる。

ウ．自分らしい生活を送ることができるように，好きな職業を選んで働いたり，財産を自由に使ったりしてよい権利が保障されている。

エ．人権を侵害された人びとは，裁判に訴えて裁判所に法に基づいて公正に判断してもらうことができる。

(3)　下線部③に関連して，日本の国会での予算成立過程について述べた文として正しいものを，次のア～エの中から1つ選び，記号で答えなさい。

ア．衆議院と参議院が異なる議決をした場合，閣議で意見が一致すると，それが直ちに予算となる。

イ．参議院が衆議院とは異なる議決を行った場合は，必ず公聴会を開かなければならない。

ウ．衆議院が可決した議決を受け取った後，国会休会中の期間を除いて60日以内に参議院で可決されない場合は衆議院の議決が国会の議決となる。

エ．日本国憲法において，予算案は衆議院が先に審議することが定められており，参議院で先に審議されることはない。

問２　次の文章を読んで，下の問いに答えなさい。

> 国土交通省の有識者会議は，赤字が続く鉄道の地方路線の見直しについて，１キロあたりの１日平均乗客数(輸送密度)が1000人未満などの条件を満たす区間で，バスへの転換などを含めた協議ができるとする提言をまとめた。
>
> 協議に入る基準は輸送密度のほかに，対象となる路線が複数の都道府県や経済圏にまたがり，広い範囲での調整が必要な場合など。廃線前提の協議にはしない。
>
> 地方路線の見直し方法としては，「バス高速輸送システム」(BRT)への転換，設備を自治体が保有し，鉄道会社が運行を請け負う「上下分離方式」の導入などが想定される。
>
> (『朝日新聞』2022年８月４日付より)

(1)　下線部に関連して，国土交通省などの省庁で働く公務員について日本国憲法ではどのように定められているか。次の憲法第99条の［Ａ］にあてはまる語を漢字で答えなさい。

第99条　天皇又は摂政及び国務大臣，国会議員，裁判官その他の公務員は，この憲法を尊重し［Ａ］する義務を負ふ。

(2)　上の文章に関連して，鉄道やバスの路線を見直すような場合，効率とともに公正の考え方にも配慮して合意に至るようにすることが大切であるとされる。

例えば，Ｘ県にあるＡ市，Ｂ市，Ｃ村という隣接する複数の自治体が共同で体育施設を建設しようとするとき，「手続きの公正さ」を満たしているものとしてもっとも適切なものを，次のア～オの中から１つ選び，記号で答えなさい。

ア．Ｘ県の知事が建設する場所を決定する。

イ．それぞれの自治体の役所から等距離にある場所に設置する。

ウ．Ａ市，Ｂ市，Ｃ村の三者の話し合いにより場所を決める。

エ．費用を一番多く出すことができる自治体に建設する。

オ．人口がもっとも多い自治体に建設する。

6　問１　経子さんは町内会のお祭りの日に，屋台を用意して，タコ焼きをつくって販売しようと考えた。

タコ焼きをつくるのにかかる費用は

①　小麦粉，タコ，卵など原材料費

②　タコ焼き器など用具一式，テントなどのレンタル料

の２つだけと考える。

このうち①の費用は，タコ焼きを１パックつくると100円かかり，製造・販売するタコ焼きのパック数に比例して増える。②の費用は１万円と決まっているとする。

つくったタコ焼きが売れ残ったり，材料が余ったりすることは考えなくてよい。

売上高＝(タコ焼き１パックの値段)×(販売したパック数)　である。

利益＝(売上高)－(費用)　である。

タコ焼き１パックを180円で売るとする。３万８千円の利益を出すためには，経子さんは何パックのタコ焼きを売らなければならないか答えなさい。

問２　済くんも，同じお祭りでタコ焼きの屋台を開くとする。済くんの売上高，費用，利益の計算方法は経子さんと同じである。

経子さんと済くんの店のそれぞれのタコ焼きの価格と，その場合に売れるパック数が下の表のようだとする。

この表は次のように読む。例えば，経子さんがプランAのように「1パック200円」で売り，済くんがプランYのように「1パック180円」で売る場合(太字にしてある)，その行と列のぶつかるマスの「経子さん：300パック売れる」「済くん：800パック売れる」という結果が生じる。

表

済くん／経子さん	プランX 1パック200円で売る	プランY 1パック180円で売る
プランA 1パック200円で売る	経子さん：500パック売れる 済くん　：500パック売れる	経子さん：300パック売れる 済くん　：800パック売れる
プランB 1パック180円で売る	経子さん：800パック売れる 済くん　：300パック売れる	経子さん：600パック売れる 済くん　：600パック売れる

(1)　経子さんがプランBを選択し，済くんがプランXを選択した場合，それぞれの利益は何円になるか答えなさい。

(2)　上の表に基づいて考えた場合，なるべく利益を大きくしたい経子さんは，プランAよりプランBを選択すべきである。その理由を50字以内で説明しなさい。なお具体的な利益の額は示さなくてよい。

問3　上の表をみながら済くんはこう考えた。［ア］・［イ］に入る言葉を答えなさい。

問2の(2)では，経子さんと同じく僕も「180円で売る」プランYを選択すべきだということが分かる。でももし2人とも「200円で売る」ことができれば，その方がどちらにとっても，より多くの利益をあげられるはずだ。ただ，そうするためにはお互いに相手を裏切らないように経子さんと「どちらも180円では売らない」と取り決めをしなければならないな。

でも，こういう取り決めは社会の授業で習った［ア］にあたる行為だ。だから，子どものタコ焼きの屋台同士ならまだしも，大きな会社同士でこういう取り決めをしたら［イ］委員会から「やめなさい」と言われてしまうかもしれないな。世の中難しいな。

問4　問2のお祭りの場は，タコ焼きに関して寡占市場になっていると考えることができる。寡占市場の説明として正しいものを，次のア～エの中から1つ選び，記号で答えなさい。

ア．需要側が価格を操作しやすく，供給側が不利になる。
イ．生鮮食料品市場にみられるが，家庭用ゲーム機市場にはみられない。
ウ．消費者が不当に高い価格で購入せざるを得なくなる場合がある。
エ．寡占市場では，社会資本が提供されやすくなる。

【理　科】（50分）〈満点：60点〉

注意　1．字数制限のある設問は，句読点やその他の記号も1字として数えます。

　　　2．コンパスと定規は使用してもかまいません。

1　次の(1)～(3)の問いに答えよ。

(1)　抵抗器，電源，導線を用いて，図1と図2の回路をつくった。図1と図2の電源の電圧は等しく，抵抗器はすべて同一のものである。

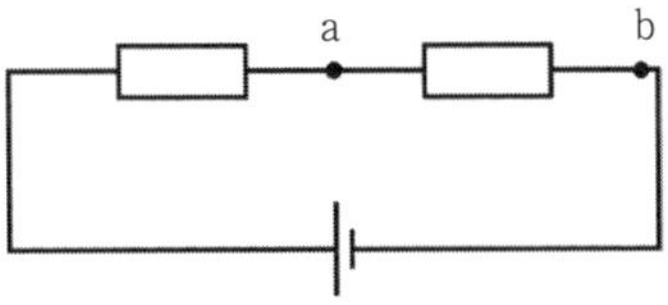

図1

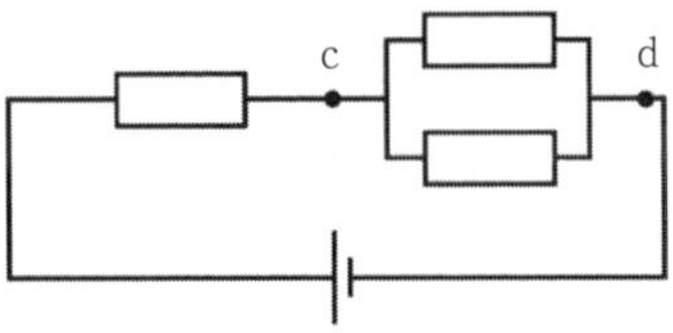

図2

　図1のa点を流れる電流をI_1，ab間に加わる電圧をV_1とする。また，図2のc点を流れる電流をI_2，cd間に加わる電圧をV_2とする。電流や電圧の大きさについて正しい関係を，次のア～カから2つ選び，記号で答えよ。

ア　$I_1 < I_2$　　イ　$I_1 = I_2$　　ウ　$I_1 > I_2$

エ　$V_1 < V_2$　　オ　$V_1 = V_2$　　カ　$V_1 > V_2$

(2)　図3のように，2枚の鏡を水平な机の上に立てた。2枚の鏡の間の角度は90°で，どちらの鏡も机に垂直に立っている。鏡の手前に鉛筆を，とがっている方が左を向くように置くと，鏡には鉛筆の像が複数見えた。それらの像のうち1つがこの図に示されている。他に見える鉛筆の像をすべて解答欄の図に描《か》き加えよ。

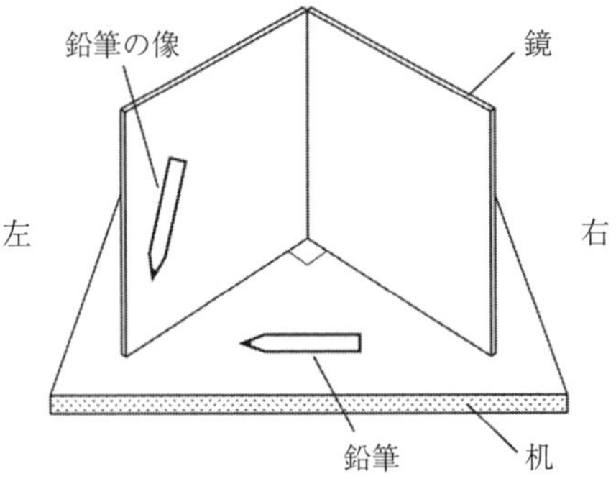

図3

(3)　図4のように直線レールADをBとCの2か所で曲げて，BC間が水平で，AとDが同じ高さになるように，また，CD間のレールの傾斜がAB間に比べて急になるようにした。レール上のAに小球をのせて，静かに手を離すと，小球はレールに沿ってなめらかにDまで運動した。

　XとZは同じ高さにあるレール上の点，YはBC間の中央にあるレール上の点として，あとの①～③の問いに答えよ。ただし，摩擦や空気抵抗の影響はないものとする。

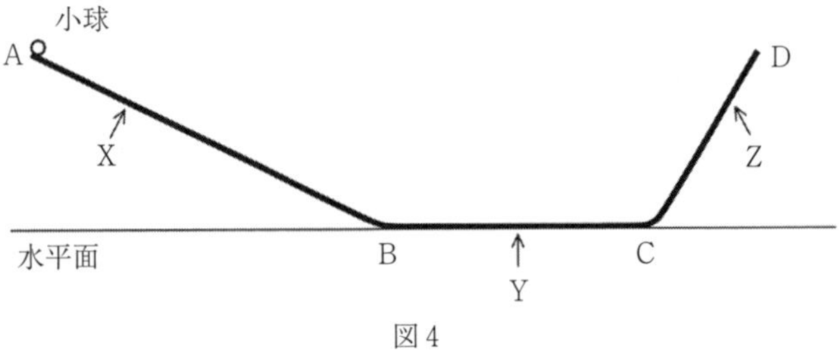

図4

①　小球がYを通過するとき，小球には重力の他にどのような力がはたらくか。解答欄の図に，力を表す矢印を描き加えよ。ただし，力の名称は書かなくてよい。

②　次のa～cのそれぞれの量は，小球がXを通過するときと，Zを通過するときとを比較すると，どちらを通過するときの方が大きいか，または等しいか。正しいものをそれぞれ，あとのア～ウから1つずつ選び，記号で答えよ。

a　小球の位置エネルギー

b　小球にはたらく力(複数の力がはたらくときはそれらの合力)の大きさ
c　小球の運動エネルギー
　ア　Xを通過するときの方が大きい
　イ　Zを通過するときの方が大きい
　ウ　Xを通過するときとZを通過するときは等しい

③　レールをZで切断して短くしてから，レール上のAに再び小球をのせて，静かに手を離すと，小球はレールに沿って運動したのちに右端から飛び出した。飛び出した小球が通る道すじに最も近いものを，次の図5の中のア～ウから1つ選び，記号で答えよ。また，そのように考えた理由を簡潔に答えよ。ただし，図中の破線は小球の最初の位置と同じ高さであることを表している。

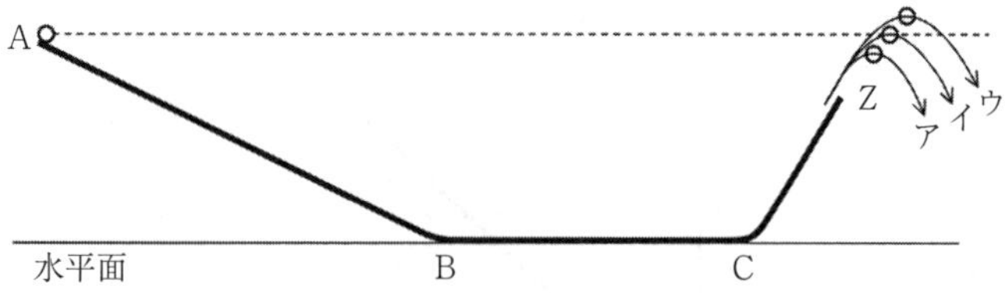

図5

2　次の記述を読み，あとの(1)～(5)の問いに答えよ。

塩酸は(　A　)を水に溶かした溶液である。塩酸に電流が流れるのは，水溶液中で(　A　)が(　B　)して陽イオンと陰イオンに分かれて存在しているためである。この(　A　)のように，水に溶けたときに電流が流れる物質を(　C　)という。

(1)　(A)～(C)にあてはまる最も適切な語を，それぞれ漢字5字以内で答えよ。
(2)　(A)が(B)する変化を化学反応式で表せ。

ここに4種類の水溶液，塩酸，水酸化ナトリウム水溶液，水酸化バリウム水溶液，硫酸がある。これらの水溶液を混ぜ合わせると，次のような結果が得られた。

水酸化ナトリウム水溶液 $2\ \text{cm}^3$ に塩酸 $2\ \text{cm}^3$ を加えると中性になった。 塩酸 $2\ \text{cm}^3$ に水酸化バリウム水溶液 $1\ \text{cm}^3$ を加えると中性になった。 水酸化ナトリウム水溶液 $2\ \text{cm}^3$ に硫酸 $1\ \text{cm}^3$ を加えると中性になった。

続いて，最初の4種類の水溶液を用いて，次のような操作を行った。

操作1　水酸化ナトリウム水溶液 $2\ \text{cm}^3$ に塩酸 $5\ \text{cm}^3$ を少しずつ加えていった。 操作2　水酸化バリウム水溶液 $2\ \text{cm}^3$ に硫酸 $5\ \text{cm}^3$ を少しずつ加えていった。 操作3　塩酸 $1\ \text{cm}^3$，水酸化ナトリウム水溶液 $2\ \text{cm}^3$，水酸化バリウム水溶液 $3\ \text{cm}^3$，硫酸 $4\ \text{cm}^3$ を混合した。ここにさらに(　D　)を(　E　) cm^3 加えると中性になった。

(3)　操作1において，混合溶液中に存在する水酸化物イオンの数は，右図の実線のように変化した。次の①～③のイオンの数の変化を表す図をあとのア～ケの中からそれぞれ1つずつ選び，記号で答えよ。
　①　ナトリウムイオン
　②　水素イオン
　③　塩化物イオン

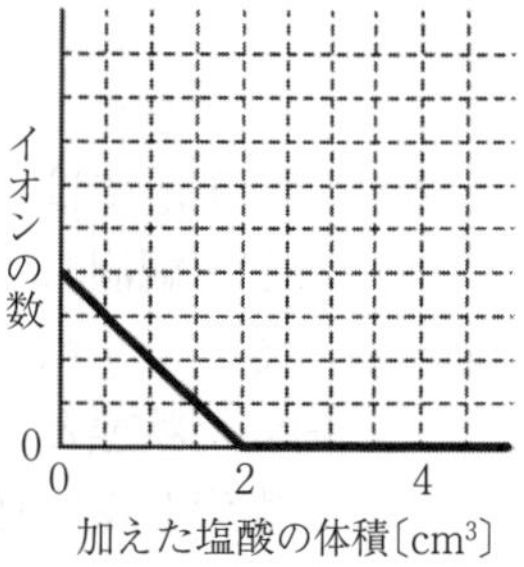

ア

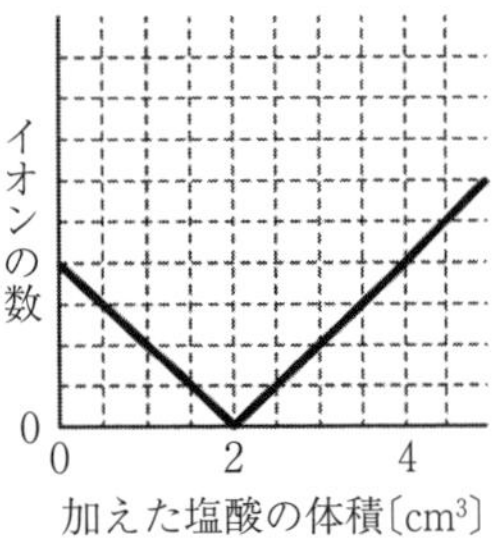

イ

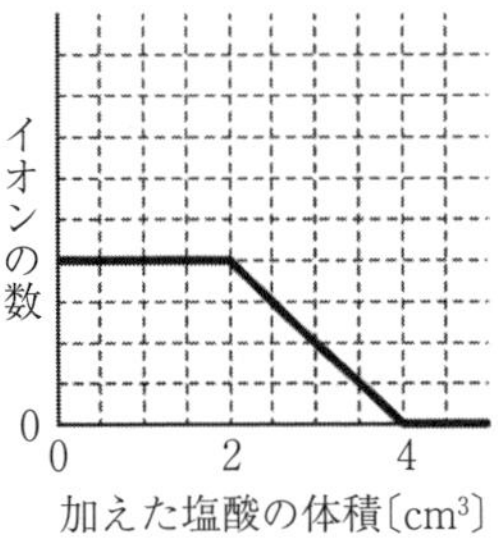

ウ

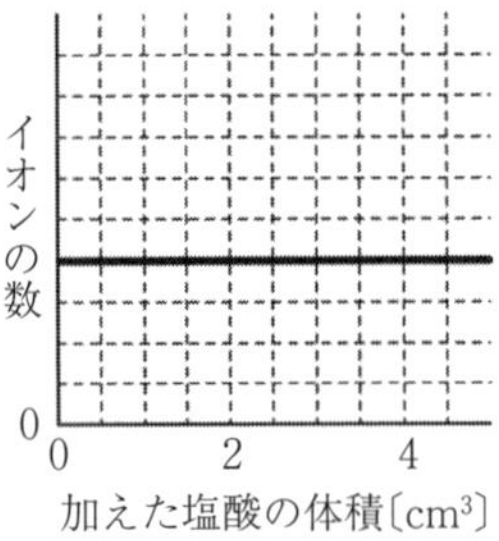

エ

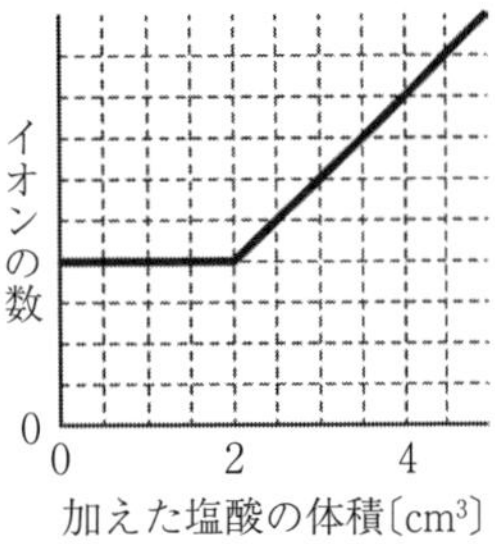

オ

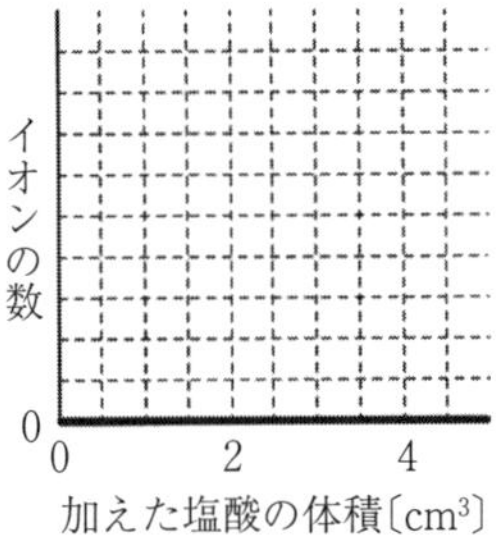

カ

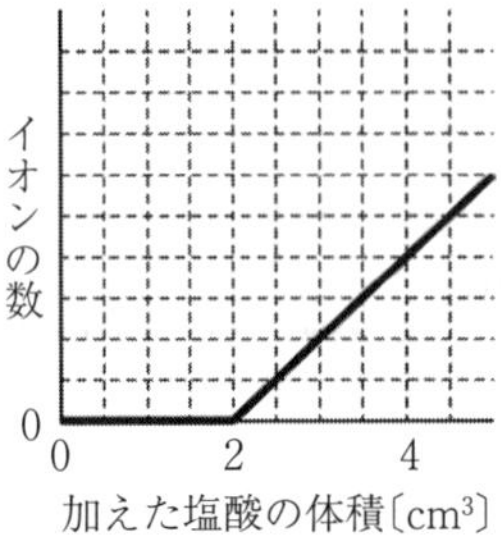

キ

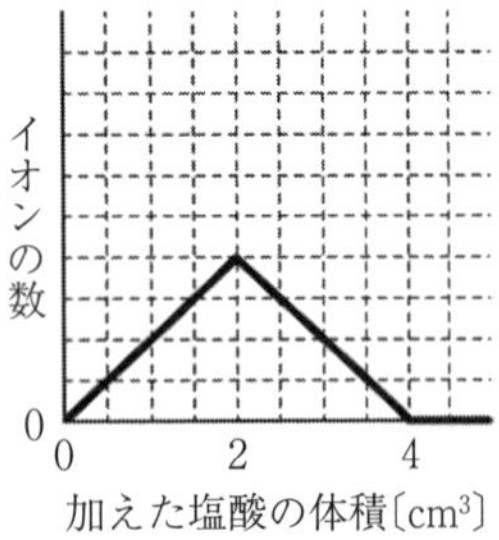

ク

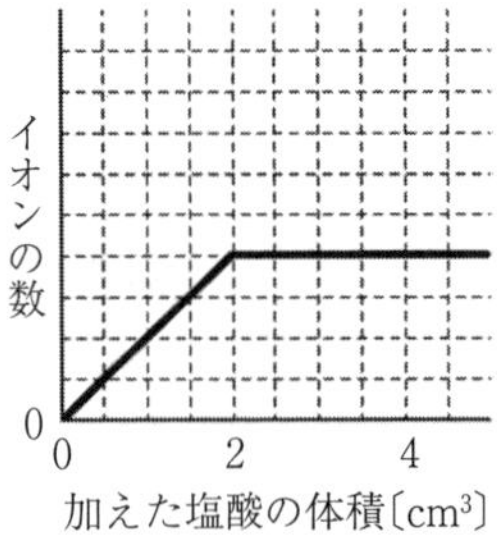

ケ

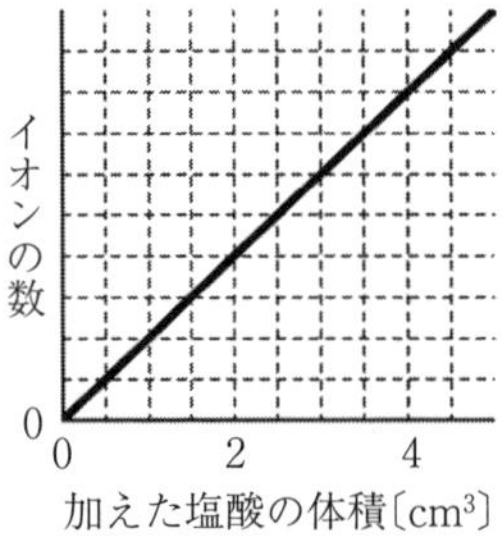

(4) 操作2において，混合溶液中に存在する次の④，⑤のイオンの数の変化を，それぞれ解答用紙の図に描け。ただし，縦軸の目盛りは，(3)の図と同じであるとする。

④ 水酸化物イオン　　⑤ 硫酸イオン

(5) 操作3において，(D)にあてはまる水溶液を，次のア，イから1つ選び，記号で答えよ。また，(E)にあてはまる数値を答えよ。

ア 塩酸　　イ 水酸化ナトリウム水溶液

3 次の3人の会話文を読み，あとの(1)〜(4)の問いに答えよ。

はなこ：あたたかくなってきたから，もうそろそろサクラの花が咲くかしら。
つばさ：ソメイヨシノというサクラは，どの木も同じ遺伝子をもつみたいだね。昔の人がソメイヨシノをつくった後は，それをⓐさし木などでふやして，各地に広がったらしいよ。
はなこ：気象庁では，決まった基準によって，全国各地で様々な植物の開花した日や黄葉《こうよう》した日などを観測しているそうよ。サクラの開花については，毎年ニュースで報道されるわよね。
研究者：そうですね。サクラのⓑ開花日とは，標本木(観測する対象の木)で5〜6個以上の花が開いた状態となった最初の日のことです。標本木は主にソメイヨシノです。ソメイヨシノが生育しない地域では，ヒカンザクラ，エゾヤマザクラを観測します。
はなこ：それらのデータが何年分もあるのですね。

つばさ：黄葉は，イチョウの木も観測しているのかな。
研究者：イチョウのⓒ黄葉日とは，標本木全体を眺めたときに，大部分の葉が黄色に変わった状態になった最初の日のことです。イチョウは落葉樹で，街路や社寺の境内に多く植えられ，食用の銀杏《ぎんなん》が実ることからもよく知られた植物です。
はなこ：サクラもイチョウも落葉樹で，落ち葉は，分解者によって無機物に変えられて再び生産者に利用されるのよね。落葉樹は，葉を落とした後，ⓓ光合成を行わないのかしら。
つばさ：光合成でつくった栄養をどこかにたくわえているのかな。あたたかい地方には，落葉樹より常緑樹の方が多くなるよね。寒い地方で，葉を維持するのは大変なのかもしれないね。
研究者：常緑樹のように，１年中，葉をつけているのと，落葉樹のように，葉を落とし，また新しく葉をつくるのとでは，何がどのように違うのでしょうね。

(1)　下線部ⓐのように，雌雄《しゆう》の親を必要とせず，親の体の一部が分かれて，それがそのまま子になる生殖を無性生殖という。無性生殖をする生物の例としてあてはまるものを，次のア～クから3つ選び，記号で答えよ。
ア　メダカ　　イ　ヒドラ　　ウ　ミミズ　　エ　アメーバ
オ　ウニ　　カ　ベンケイソウ　　キ　タコ　　ク　ダンゴムシ

(2)　下線部ⓑ，ⓒについて，下のア～エの図は，植物ごとに開花した日や黄葉した日を表したものである。図中の数字は，開花した日や黄葉した日を表している(例「1.31」は，「１月31日」のこと)。これらの図について，あとの①～③の問いに答えよ。

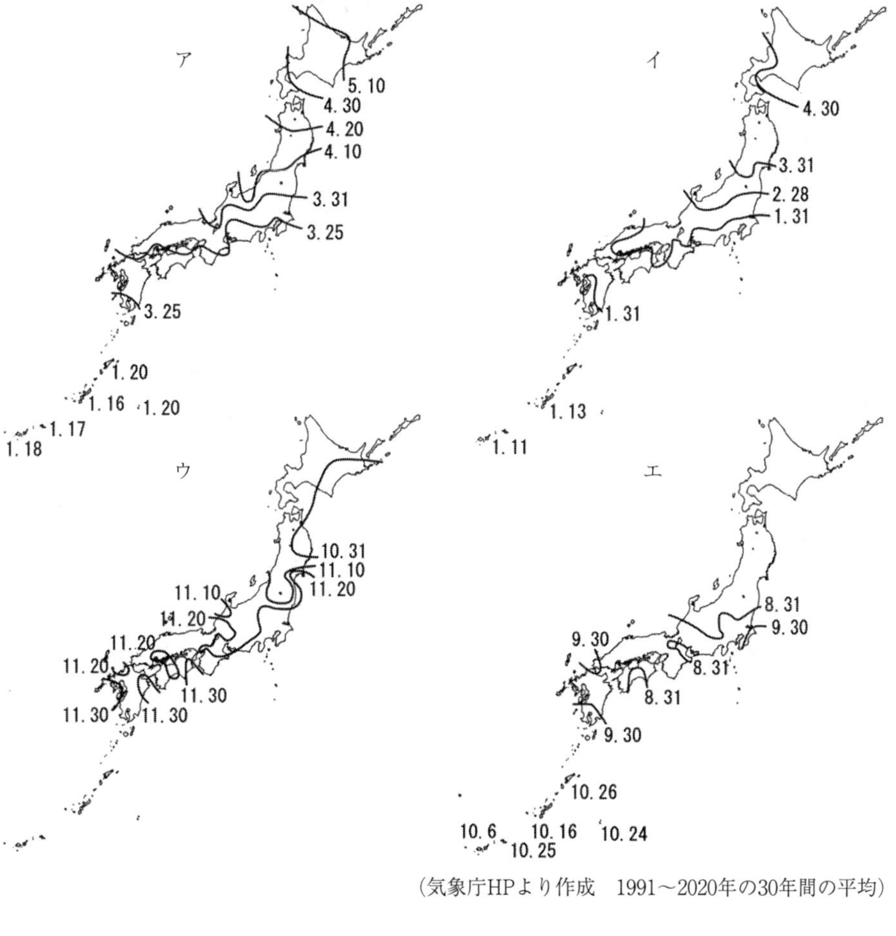

(気象庁HPより作成　1991～2020年の30年間の平均)

① サクラの開花日を表した図はどれか。ア～エから１つ選び，記号で答えよ。

② イチョウの黄葉日を表した図はどれか。ア～エから１つ選び，記号で答えよ。

③ 開花や黄葉は，様々なことが条件となって起こる。３人の会話文や図を参考にして，考えられる条件のうち１つを答えよ。

(3) 下線部ⓓについて，次の文の①，②にあてはまる最も適切な用語を，それぞれ漢字で答えよ。

光が当たる昼は，植物が（ ① ）を行うために二酸化炭素が取り入れられ，その量は（ ② ）によって生じる二酸化炭素の量より多い。光が当たらない夜は，（ ① ）を行わず，（ ② ）だけを行うので二酸化炭素が放出される。

(4) 腐葉土《ふようど》を入れた鉢植え，および，黒色と透明のポリエチレンの袋を用いて，次のＡ～Ｄのように袋のおおい方を変えて準備をした。これを用いて，あとに示す１～４の手順で実験を行い，結果を得た。

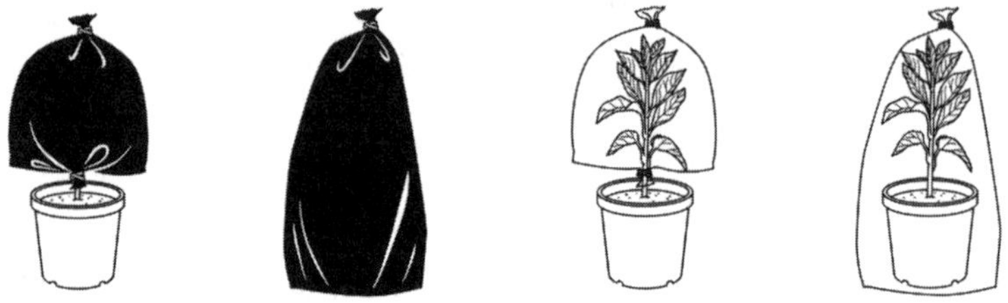

A	B	C	D
植物の土より上の部分を黒色の袋でおおう。	鉢ごと植物全体を黒色の袋でおおう。	植物の土より上の部分を透明な袋でおおう。	鉢ごと植物全体を透明な袋でおおう。

＜手順＞

1．袋でおおった後，袋の中の空気を追い出し，その中に同じ量の息をふきこみ袋を密閉する。

2．袋の中の二酸化炭素濃度を気体検知管で調べる。

3．じゅうぶんに明るい環境に６時間おく。ただし，袋の中は同じ温度で保たれているものとする。

4．再度，袋の中の二酸化炭素濃度を気体検知管で調べる。

＜結果＞ 手順２と手順４で調べた二酸化炭素濃度は，以下のような結果になった。文中のＡの値とは，Ａの袋の中の二酸化炭素濃度をさす。Ｂの値～Ｄの値も同様である。

手順２ Ａの値～Ｄの値はいずれも同じであった。

手順４ Ａの値とＢの値はいずれも手順２のときよりも大きく，さらにＢの値の方がＡの値よりも大きかった。Ｃの値とＤの値は，どちらも気体検知管では検知できないほど小さかった。

① 手順４で，Ｂの値の方がＡの値よりも大きくなったのはなぜか。簡潔に述べよ。

② ①で答えたことを確かめるには，どのような実験を行い，どのような結果であればよいか。実験方法と期待される結果を述べよ。

③ 手順４において，鉢の土の有無の違いがあるにもかかわらず，Ｃの値もＤの値も検知できないほど小さかったのはなぜか。簡潔に述べよ。

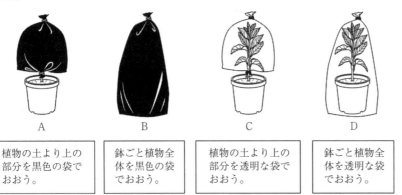

4　ある年の冬至の日に，日本のＡ～Ｅの各地点で太陽が南中した時刻と南中高度を測定したところ，次の表のようになった。現在の地軸の傾きを23.4°として，あとの(1)～(5)の問いに答えよ。

地点	A	B	C	D	E
南中した時刻	12時28分	11時52分	11時38分	12時15分	11時38分
南中高度	40.4°	30.0°	26.9°	33.8°	31.0°

(1)　次の①～③にあてはまる地点をＡ～Ｅからそれぞれ選び，記号で答えよ。同じ記号を何回用いてもよい。

Ａ～Ｅの各地点を比較したときに，最も北に位置する地点は（ ① ），最も西に位置する地点は（ ② ），夏至の日に，日の出から日の入りまでの時間が最も長い地点は（ ③ ）である。

(2)　夏至の日，Ｄ地点における太陽の南中高度は何度か。

(3)　冬至の日，Ｂ地点で，太陽が南中したときに水平な地面 $1\,m^2$ に当たる光の量は，真上から当たる場合の何％になるか。

(4)　ＣとＥの２地点間の距離は460kmである。これをもとに地球の半径が何kmであるかを計算せよ。ただし，地球の形は球と考え，距離は地表面に沿って測ったものとする。また，円周率は3.1とし，答えは四捨五入して整数で答えよ。

(5)　もし地軸の傾きが45°になったとすると，北緯45°のＦ地点では，現在と比べどのような変化がおこるのかを考えたい。以下の問いに答えよ。

①　地軸の傾きが45°である場合，夏至の日，Ｆ地点における太陽の南中高度は何度になるか。

②　日射の影響から考えて，地軸の傾きが45°である場合のＦ地点における夏と冬の気温差は，現在と比べてどうなるか。理由と共に答えよ。

b 「まんざらでもない」
ア もっと褒められてよい
イ 必ずしも悪くはない
ウ 照れくさいほどだ
エ これ以上はない

c 「お裾分け」
ア 余り物を惜しまず与えること
イ 少ない物を大人数に配ること
ウ 大事な物を敢えてゆずること
エ もらい物の一部をあげること

*凪子…和海の姪《めい》。
*店…文哉の営む雑貨店。凪子が手伝っている。

問一　傍線部①「このあたりは古くからの里道が残っているものの、狭い道は舗装されておらず、ふだん人がやって来るところではない」とあるが、そのような場所を別の言い方で端的に表現した部分を、本文中から**一〇字以内**で抜き出しなさい。

問二　傍線部②「めずらしいことではない」とあるが、何が「めずらしいことではない」のか。最も適切なものを次の中から一つ選び、記号で答えなさい。
ア　舗装されていない道を人が歩いていること。
イ　少子高齢化、過疎化が進んでいること。
ウ　見知らぬ老人と出会うこと。
エ　文哉の畑に人が来ること。

問三　傍線部③「五メートルほど手前で立ち止まった老人はなにも言わず、畑に視線を送っている」とあるが、このときの老人の気持ちの説明として最も適切なものを次の中から一つ選び、記号で答えなさい。
ア　休耕地だったはずの土地が耕されているのを見て、困ったことだと考えている。
イ　初対面なのに親しげに話しかけてくる若者を見て、失礼なやつだと考えている。
ウ　「自然栽培」と称する農法を見て、うまくいかないだろうと考えている。
エ　畝も立てていないのを見て、いかにも素人《しろうと》っぽい畑だと考えている。

問四　傍線部④「老人の声が沈んだ」とあるが、なぜ老人の声は沈んだのか。その理由として最も適切なものを次の中から一つ選び、記号で答えなさい。
ア　穏やかに説得しようと思った矢先に反論されて、うまく言い返せなくなったから。
イ　文哉に農家として生きていく覚悟がないことを知って、がっかりしたから。
ウ　自分の土地を耕作できなくなった幸吉の、健康状態を心配していたから。
エ　農地が耕作されずに荒れ果てていることを、残念に思っていたから。

問五　傍線部⑤「まずいんだわ」とあるが、老人は文哉の行動のどこが「まずい」と考えているのか。後で引用されている「農地法」の「第一条」をふまえて、**二〇字以内**で説明しなさい。

問六　傍線部⑥「言ってもらったこともある」、および⑦「喜んでみせてくれた」という表現から、文哉の作る野菜についての幸吉や和海たちの言葉を、文哉がどう思っていることがわかるか。説明しなさい。

問七　傍線部⑧「ひねくれた思い」とあるが、どういう点で「ひねくれ」ているのか。その説明として最も適切なものを次の中から一つ選び、記号で答えなさい。
ア　軌道に乗り始めた農業を中止しなければならない無念さから、役割を忠実に果たした農業委員に怒りの矛先を向けている点。
イ　時間をかけて進めてきた努力と耕作する正当性を上手に説明できなかった悔しさから、必要以上に自虐的になっている点。
ウ　農家としては力不足である自分のふがいなさを、地域になじめていないことによる疎外感にすり替えようとしている点。
エ　制度上の理由で耕作を止められたことを、排他的な地域住民がいるせいだと見なして卑屈になっている点。

問八　二重傍線部a「小一時間」、b「まんざらでもない」、c「お裾分け」の本文中での意味として最も適切なものを、それぞれ後の中から一つずつ選び、記号で答えなさい。
a「小一時間」
ア　約一時間半　イ　一時間強
ウ　一時間弱　エ　約三〇分

お礼として自分がつくった野菜を配った。
「ほー、こいつはたいしたもんだ」
「文哉君がつくったなら、喜んで食べますよ」
「え、こんなに？　いやいや、ありがたくちょうだいするよ」
どこにでも売っている野菜だが、彼らは喜んでくれた。
いや、⑦喜んでみせてくれた。
＊凪子《なぎこ》の家に持って行くと、凪子からお礼に青色のメダカをまたもらった。
返せるものがある喜び。
その喜びを与えてくれた自分の畑が奪われてしまう。
いや、自分の畑ですらない。資格すらないと、宣告されてしまった。
――どうせ、おれはよそ者なんだ。
⑧ひねくれた思いが喉元《のどもと》までこみあげる。
怒りの火照《ほて》りが引くと、からだから力が抜けた。
浮かんだ涙が乾き、大きなため息が漏れる。
「どうかしたんですか？」
＊店のほうから、凪子の細い声がした。
「いや、べつに……」
文哉は無理に明るい声色《こわいろ》を使った。
ネットで調べたところ、すぐに農地法という法律を見つけた。
海に漁業法があるように、田や畑にも法律があるだろうことはわかっていたが、これまで目を通したことはなかった。
なぜなら、自分には関係のない世界だと思っていたからだ。
――少なくとも、ここへ来る前までは。

農地法
第一条　この法律は、国内の農業生産の基盤である農地が現在及び将来における国民のための限られた資源であり、かつ、地域における貴重な資源であることにかんがみ、耕作者自らによる農地の所有が果たしてきている重要な役割も踏まえつつ、農地を農地以外のものにすることを規制するとともに、農地を効率的に利用する耕作者による地域との調和に配慮した農地についての権利の取得を促進し、及び農地の利用関係を調整し、並びに農地の農業上の利用を確保するための措置を講ずることにより、耕作者の地位の安定と国内の農業生産の増大を図り、もって国民に対する食料の安定供給の確保に資することを目的とする。

長い一文だった。
総則である第一条には、「農地」という言葉が八回も出てきた。
農地が特別な土地とされていることは、なんとなくわかった。農地を守るための法律だということも。
そもそも法律で言う「農地」とはなんなのか？
まずそこから調べはじめた。
「農地」とは、農地法の定義によれば、「耕作の目的に供《きょう》される土地」のことらしい。
では、「耕作」とはなにか――。
などと調べているうちに腹が減ってきた。

（はらだみずき『海が見える家　逆風』による。一部改）

［注］
＊畝…畑で作物を作るために細長く直線状に土を盛り上げた場所。
＊三角ホー…雑草を刈り取ったり土を掘り起こしたりするための農具。
＊休耕地…一時的に耕作を行っていない農地。
＊農業委員…農地法に基づき、農地の売買や貸し借りを許可したり、農地の転用に意見を述べたり、休耕地の調査や指導を行う行政委員。
＊寺島や和海…文哉と同じ地域に住む知人。
＊海が見える家…文哉が父から相続した住宅の名称。
＊野菜ソムリエ…野菜・果物の知識を身につけ、その魅力や価値を社会に広めることができる者として、民間団体が認定する専門家。
＊中瀬…文哉と同じ地域に住む知人。

「んでもな、それもまずいんだわ」
老人の声が少しだけ穏やかになった。
「けど、ここって、長いあいだ畑として使われてなかったんですよ。クワやウルシなんかの木まで何本も生えちゃって草ボーボーだったわけです。ほら、あっちみたいに」
文哉は夏草の生い茂った場所を指さした。
「それは知っとる」
④老人の声が沈んだ。
「で、そこから手を入れて、なんとかここまでにして、有効活用してるだけなんですけど?」
「＊休耕地だったって、ことだべ」
「そうです。それをぼくが自分で……」
「ともかく、⑤まずいんだわ」
老人は言葉を遮り、ツバのある帽子を右手で動かし、額を掻《か》くようにした。「知ったからにゃあ、おれとしても放ってはおけん。農地ってもんはな、農家のもんしか使えんのさ」
きっぱり言われてしまった。
老人はやはり農家であり、＊農業委員という立場でもあるらしかった。
すぐに立ち入りをやめ、せっかく建てた物置小屋も撤去するよう言い渡された。
——マジかよ。
今はここへはだれもやって来ない。閉ざされた土地と言ってもいい。
この畑だってしばらくすれば、すぐにもとの草ボーボーの土地にもどるだろう。
——それでいいのだろうか?
老人の曲がった背中が里道の向こうに消えていく。
文哉はぼう然と見送ってから、「くそっ」とつぶやき、手にした三角ホーを乾いた地面に打ち込んだ。

——ようやくこれから、というときに。
家に着くなり、居間の畳に大の字になった。
農家の苦労は、それこそ幸吉の質素な身なりや、汚れの落ちない黒く変色した爪を見ればわかる。わかっているつもりだった。
でも、自然を相手にする仕事に憧れもあり、以前、＊寺島《てらしま》や和海《かずみ》から聞いた田舎での働き方として、兼業で農業ができないか考えていた。
だから文哉としては、自然栽培の野菜づくりについて、今は幸吉に頼りきりだが、将来は自分でも負けないような作物を手がけたいと思っていたわけで、しかし土地がなければその実践経験を積むことがそもそもできない。
——できるわけがない。
別荘地の丘の上にある＊海が見える家の限られた土地では、それこそ、春に目論《もくろ》んでいた養鶏や養蜂に取り組むことはむずかしい。野菜の販売にあたって、＊野菜ソムリエの資格取得を目指そうと思っていた自分を笑いたくもなる。
春にまいたタネから、この夏、たくさんの夏野菜を収穫できた。中玉トマト、ミニトマト、ナス、キュウリ、ピーマン、シシトウ、ゴーヤ。
まだまだ、だとは思っている。
でも、自分ではbまんざらでもないとも思えた。
幸吉の言うとおり、野菜は育てるというより、自分で育ってくれる、と実感した。
手を入れすぎてもダメだし、手を入れなすぎてもうまくいかない。今回だけうまくいけばよいわけではない。またこの秋からも、そして来年の夏も、続けていくつもりだったから——。
できのよかった野菜の味見を幸吉に頼むと、「いいんじゃねえか」と⑥言ってもらったこともある。
いつもcお裾《すそ》分けをもらってばかりの和海や寺島や＊中瀬《なかせ》には、

び上がるようになっている。
ウ　全体を通じて読者に問いかけるような表現で論点を示し、それに応答する形で自分の主張を述べることで、読者の理解を促すような展開になっている。
エ　文学という抽象的なものがテーマとして扱われているが、すべてが抽象的な情報というわけではなく、具体的な事例が主張の根拠として示されている。

問六　二重傍線部a～dのカタカナを適切な漢字に改めなさい。

二

次の文章を読んで、後の問いに答えなさい。

東京から亡父の故郷である千葉県南房総に移り住んだ緒方《おがた》文哉《ふみや》は、別荘地管理や雑貨店経営のかたわら、地元の住人である安原幸吉《やすはらこうきち》から借りた畑で野菜を育てている。

畑に着いて a小一時間過ぎた頃、だれかがこちらに向かって歩いてくるのが見えた。
①このあたりは古くからの里道が残っているものの、狭い道は舗装されておらず、ふだん人がやって来るところではない。目を凝らすと、見知らぬ老人だった。
といっても、②めずらしいことではない。ここ、房総半島の南、安房《あわ》地域では、人口の約四割以上が六十五歳以上であり、多くの地方と同じく、少子高齢化、過疎化が進んでいる。
「――こんちは」
幸吉の知り合いかと思い、文哉は畑仕事の手を休めた。
③五メートルほど手前で立ち止まった老人はなにも言わず、畑に視線を送っている。
聞こえなかったのかと思い、帽子を脱いで挨拶《あいさつ》し直した。
「＊畝《うね》も立てねえってか」
老人は目を合わさずにつぶやいた。
その言葉は以前、文哉が幸吉に投げかけた疑問と同じだった。
「ええ、自然栽培なんで」
すると老人が、「へっ」と口をひしゃげた。
「――なにか？」
問いかけると、「今日はパトロールにお邪魔した」と老人は答えた。
しかしどう見ても警察関係の人には見えない。
話を聞けば、パトロールとは、農地の見まわりのことらしい。
「ここいらは、安原幸吉さんのもんだべ？」
そう言った老人は、幸吉よりは若そうだ。長靴に長袖長ズボンの作業服、朱色の刺繍《ししゅう》の入ったツバのある帽子、しわを刻んだ顔は日に焼け、見るからに農業従事者の風貌《ふうぼう》だ。
「ええ、そうですが」
「ここで、なにしとる？」
「え？　畑ですけど」
文哉は＊三角ホーを構えてみせた。
「だれに断って、鍬《くわ》入れてんだって聞いてんだ？」
老人の声がとがった。
「それは――」
言葉に詰まりながら、正直にこれまでの経緯を話した。
「借りてるってか？　あんた、まさか幸吉さんに金さ払ってんのか？」
「いえ、そういうわけでは」
事実、幸吉は、文哉の支払いの申し出を断っていた。
「そんじゃ、タダ借りってわけか」
老人は帽子のツバを上げ、もう一度畑を見まわした。
「この畑では、自分で食べる野菜をつくってます」
「家庭菜園ってことか？」
「まあ、それにちかいです。人に買ってもらえるようなものは、まだなかなか……」

あり、どれを拠り所にして読めばいいのでしょうか。
まず思い浮かぶのは自筆の原稿です。漱石の場合、明治の他の作家に比べて自筆原稿がたくさん残っています。次には、その原稿を使ってはじめて活字化されたいわゆる初出の本文、新聞や雑誌です。さらには漱石自身もその製本に携わった美しい初版本などの単行本があります。漱石の死後は全集も出版されて、多数の版を数えています。これ以外に今日ではたくさんの文庫本も存在しています。それぞれの版はそれぞれに存在意義を持つわけですが、漱石という「作者」が書いた、「漱石に拠る、漱石の作品」を読みたいということになると、どれでもいいというわけにはいきません。

（山下《やました》 浩《ひろし》「『漱石新聞小説復刻全集第11巻』解題」による。一部改）

［注］

＊判型…書籍のサイズ。「二折判」はその種類の一つ。「フォーリオ」とも呼ばれる。

＊千円札…一九八四年から二〇〇七年までの間、夏目漱石の肖像が印刷されていた。

＊『三四郎』…夏目漱石作の長編小説。一九〇八年発表。

問一　傍線部①「その間、最初の姿・形をどれほど変形させ、そこなっているとしても同じ物である」とあるが、このように「同じ物である」といえるものに何があるか。その具体例として**適切でない**ものを次の中から一つ選び、記号で答えなさい。

ア　有名な画家の書いたメモ用紙の落書きを、額縁に収めて飾ってあるもの。

イ　壊れて一部分が失われた古代の彫像を、そのまま展示しているもの。

ウ　昔の資料を基に、歴史的建造物を創建当時の姿に再建したもの。

エ　古い絵画の汚れを落としたり、傷みを修復したりしたもの。

問二　傍線部②「そういう事態」とあるが、どのような事態のことか。その説明として最も適切なものを次の中から一つ選び、記号で答えなさい。

ア　作品の原稿を保存する手立てがなくなる事態。

イ　作品の展開が勝手に改変されてしまう事態。

ウ　作品の版本が数限りなく複製される事態。

エ　作品の本文を記す媒体が消失する事態。

問三　傍線部③「文学作品のもとをただし、その在処を問い続けることは、将来どのような状況が生じようとも、有効な方法であり続けるでしょう」について、次の⑴・⑵の問いに答えなさい。

⑴　「文学作品のもとをただ」すとは、どうすることをいうのか。**四〇字以内で**説明しなさい。

⑵　「有効な方法」であると筆者が考える理由は何か。その説明として最も適切なものを次の中から一つ選び、記号で答えなさい。

ア　読者にとって作者が遠い存在でも近い存在でも、作品と作者の関係は本来的に密着したものだから。

イ　ずっと先の時代にも、作品が世に出たときに見出された価値や存在感を踏まえた考察ができるから。

ウ　作者と密着させた作品の考察を経ることで、新たな視点による有意義な文学の探究もなし得るから。

エ　作者と切り離して作品を考察すべきという考え方よりも、将来的に作品の社会的価値を高めるから。

問四　傍線部④「作品を『発見』する」とはどのようなことか。わかりやすく説明しなさい。

問五　本文の論じ方や表現の特徴についての説明として**適切でない**ものを次の中から一つ選び、記号で答えなさい。

ア　筆者の意見とは異なる文学理論を主張する者の存在に言及することで、文学作品と作者との関係について筆者がとっている立場が明らかにされている。

イ　ハムレットとモナリザ、手紙と文学作品というように、対立要素のある例を挙げることで、文学というものの独自性が浮かつまり文学作品とは、絵や彫刻がその存在をしかと確認できる「固体」であるのに対して、目で見ることも触れることもできない「無形で抽象的な存在」だということになります。冒頭のハムレットの質問に学生たちが答えにくかった理由もどうやらこの辺にありそうです。となると、作者の自筆原稿であれ、印刷物であれ、目に見えるテクスト・本文《ほんもん》とはいったい何なのでしょう。

さてこの『漱石《そうせき》新聞小説復刻全集』の漱石とは、慶応三年(一八六七)二月九日(陰暦一月五日)に江戸牛込馬場下横町《うしごめばばしたよこちょう》(現新宿区牛《うし》込《ごめ》喜《き》久《く》井町《いちょう》)に生まれ、大正五年(一九一六)十二月九日に死去した、＊千円札の肖像《しょうぞう》でもおなじみの作家、夏目漱石(本名金之助《きんのすけ》)のことです。ここに収録した作品は、その実在の作家夏目漱石が、専属の作家として当時の朝日新聞に掲載した作品ばかりです。

なぜこんなことをわざわざ断るかといえば、それは近年、ある種の文学理論に拠《よ》って、文学作品から作者を切り離せとか、作者の「意図」など考えるなとか、はては生身の作者になど何の興味もない、などとまるで作者の名を口にするのは悪だといわんばかりの勢いで文学を論じる人たちが出現しているからです。ですからせめてもこのように断っておかねば、ハムレットはどこにあるか、漱石の作品はどこにあるか、などと聞いても、b サイゲンのない話になってしまいそうです。

ハムレットの場合はたしかに私たちにとっては遠い存在で、「シェイクスピア作」といってもすぐにはピンとこないかもしれません。しかし、漱石ほどに存在感のある作家の作品であれば、それがいつどのように書かれ、どのような形で読者に提供されたか――それは文学作品の「もとをただし」、「過去とのコミュニケーション」につとめることですが――作者に密着した作品の考察もさほど難儀ではありません。しかもこの考察を深く経れば経るほど、それとは対極にあるといえる、「社会的産物」あるいは「商品」としての文学作品・本文という新たな世界も、いっそう鮮やかに見えてくるものです。作者に密着した深い考察があってはじめて、「誤植の美学」といった新しい c キョウチの探索も可能になります。

その意味で、③文学作品のもとをただし、その在処《ありか》を問い続けることは、将来どのような状況が生じようとも、有効な方法であり続けるでしょう。

そういうわけで漱石について、その＊『三四郎』はどこにあるかと聞かれれば、それは、明治四十一年九月一日から十二月二十九日まで百十七回ほぼ毎日掲載(大阪もほぼ同じ)され、快調なペースで執筆されていたその時点の漱石に、その「頭の中」に、あると答えるのが第一番ではないでしょうか。

「頭の中」などといえば、まさに「無形で抽象的な」ものが存在する典型的な場所ですが、気むずかしい人からは、他人の頭の中などわからない、と一喝《いっかつ》されそうです。しかし別に難しく考える必要もないのです。

誰かからもらった手紙を読む時のことでも考えればわかりやすいのですが、その手紙中に意味のはっきりしない箇所や d ゴキらしき部分に出会っても、私たちは私たちなりに、その人が「頭の中」で考えていたことを推し量り、「発見」しながら読んではいないでしょうか。「書かれたままの形」には特にこだわらないで、自分の「頭の中」でそっと再構成しながら、読んではいないでしょうか。それは私たちが、「書かれたままの形」を「手紙」そのものではなく、「手紙」を発見するための「手段・資料」なのだと、それなりにわかっているからだと思います。

この手紙を読むことと、「無形で抽象的な」文学作品を作者の頭の中から「発見」することとの間にどれほどの違いがあるでしょう。違うのは、手紙なら通常は一点・一種類で、個人宛《あて》である場合が多いのに対し、文学作品の場合は不特定多数に宛てて、いろいろな本文が存在するということです。しかしこれが特別に本質的な違いであるとも思えません。

では漱石の場合、④作品を「発見」するためには、どんな本文が

二〇二三年度　筑波大学附属高等学校

【国語】（五〇分）〈満点：六〇点〉

注意　1．字数制限のある設問は、句読点やその他の記号も一字として数えます。
　　　2．解答用紙の一行の枠には、二行以上書いてはいけません。
　　　3．＊のついている語は、本文の後に［注］があります。

一　次の文章を読んで、後の問いに答えなさい。

ある日の授業の一こまです。
「みなさん、モナリザはどこにあるか知っていますか」
いっせいに手があがりました。
「はい、ルーブルです」
「ルーブルです」
「そうですね。ではハムレットはいかがでしょうか」
　こんどはなかなか手があがりません。しばらくして何人かが顔を見合わせるようにして手をあげました。
「先生、大英博物館ですか」
「本屋ですか」
「ハムレットならうちにもあります」

　レオナルド・ダ・ビンチのモナリザはたしかにパリのルーブルにあります。他には、あっても複製です。しかしだいぶ前に日本で公開された時には、モナリザは一時的にせよ日本にありました。ルーブルにはありませんでした。

　ではハムレットの方はどうでしょうか。戯曲だ、芝居の台本だ、といった話はさておいて、世界中でたくさんの人たちに読まれ親しまれているシェイクスピアの代表作デンマーク王子ハムレットの悲劇物語とお考えください。案の定いろんな答《こたえ》が出てきました。

　大英博物館（正確には大英図書館）には、世界に二部しかないハムレットの初版本が所蔵されています。とすればこの答が正しいのでしょうか。次の「本屋」はどうでしょう。
「ハムレットならうちにもあります」という答はふざけているのでしょうか。

　モナリザのような絵は、彫刻などもそうですが、実際に目で見ることも手で触れることもできます。絵とそれを伝える媒体とが同一物であり、そのもの自体が「芸術作品」といえます。作品自体が、画家・作者の手を経て、今日に伝わっています。①その間、最初の姿・形をどれほど変形させ、そこなっているとしても同じ物であることに変わりありません。しかし他方、絵は、火事で燃えたり壊されてしまえばそれまでという面もあります。どれほど精巧な複製をつくっても本物に代わることはできません。モナリザはこの世から永遠になくなってしまいます。

　これに対してハムレットの場合、シェイクスピアが書いた自筆の原稿はとっくの昔になくなっています。しかし誰もハムレットがなくなったとは言いません。当時の初版本や有名なファースト・フォーリオ（一六二三年にロンドンで出版されたシェイクスピアの最初の全集で、＊判型が二折判《ふたつおりばん》であるところからこの名前がある）が残っているからでしょうか。それならこれらの初期版本がすべてなくなってしまったらどうでしょう。現代の全集や文庫本は「複製」ということになるのでしょうか。さらにはこうした全集や文庫本までがなくなってしまったら、どうでしょう。

　しかし仮に②そういう事態になったとしても、ハムレットは、私たちがその有名な台詞《せりふ》や物語のａスジだけでも憶《おぼ》えていれば、モナリザがなくなるようにはなくなりそうにありません。

　手元にある辞書を見てみると、「文学」とは「情緒・思想を想像の力を借り、言語または文字によって表現した芸術作品」とありました。

英語解答

1 放送文未公表

2 問1 a stranger telling me what to do with my horse

問2 ア　問3 エ　問4 イ

問5 (例)表情から自分の身にどんなことが起こるのかがわかること。(27字)

問6 ウ→エ→イ→ア

問7 put on a happy face

問8 (8-A) hesitate

(8-B) attached

(8-C) wiped

(8-D) followed

問9 イ，オ

3 問1 ア

問2 (例)かごから出たい青い鳥と青い鳥に歌ってほしい女王とのやり取り。(30字)

問3 Is there anything else I can do to make you happy enough

問4 エ

問5 (5-A) looked

(5-B) ignored

問6 freedom　問7 イ

問8 escape　問9 ウ，エ

4 (1) (例) I want〔would like〕 to talk with as many local people as possible〔I can〕.

(2) (例) I wish our gym were bigger〔larger〕 and more comfortable

(3) (例) Do you have any medicine that〔which〕 won't make me feel sleepy ?

(4) (例) I want you to help me with the homework given by Mr. Negishi.

1 〔放送問題〕放送文未公表

2 〔長文読解総合─物語〕

≪全訳≫**1**「どうどう」とエマは自分の前にいる馬，アスターに言った。「昨日お父さんが言ったことを聞いたわよね。もし明日までにこの端綱をあなたにつけられなかったら，レスキュー牧場にあなたを送り返さなければならないのよ。私は送り返したくないの。私と一緒にいてほしいの」**2**「君のどこがいけないのか僕にはわかるよ」という声が馬房のドアから聞こえてきた。**3**エマは振り返って，「あなたは誰？」と尋ねた。**4**「僕はベン」と少年はほほ笑みながら答えた。「僕たちはこの町に引っ越してきたばかりなんだ」**5**「あなたは私のことも私の馬のことも知らないわ」とエマは言った。「どうして私のどこがいけないのかわかるの？」**6**「わかるんだよ」とベンは言った。**7**エマはベンに背を向けて，「かまわないで。私にはしなければならないことがあるの」と言った。**8**「わかった。必要なら僕はこの辺にいるから」とベンは言った。ベンはエマの背中に向かって手を振り，立ち去った。**9**「(1)私の馬をどう扱えばいいのか，知らない人にとやかく言われる必要はないわ」とエマは言った。「私は生まれたときからずっと12年間馬に乗ってるんだから」　エマは袋からビスケットを取り出すと，アスターに差し出した。アスターはビスケットのにおいをかいだが，食べはしなかった。エマはアスターに自分から近づいてきてほしいと思い，辛抱強く待った。アスターが一歩前に出ることはなかった。手がぐらぐらし始めると，エマはため息をついて「たぶん明日よね，アスター」と言った。アスターは鼻を鳴らした。10翌朝エマは楽しそうにアスターに挨拶した。アスターも楽しそうに返事をした。エマはうれしくなった。「今日こそできるわ！」　エマはそう感じることができた。エマはアスターにエサをやり，アスターが食べている間に馬房の掃除をした。11 1時間後，馬房は穏やかに輝いていた。エマはアスターの方を向くと，「ねえ，食べ終わった？」と言った。エマはアスターの方に手を差し出して待った。アスターが鼻をエマの手の方に伸ばしたので，エマはアスターの鼻息の熱を感じ取ることができた。エマは興奮し，一歩踏み出した。突然アスターの鼻息が荒くなり，アスターは後ずさりした。エマが両手を差し出すと，アスターは後ろに下がり，エマの心は折れた。「(3)私には助けが必要だわ」とエマは思った。12エマは建物の反対側にある馬房にベンの姿を見つけた。ベンは自分の馬であるコルトの世話をしていた。13「こんにちは」とエマは言った。14「こんにちは！」とベンはほほ笑み，エマを招き入れ，「(4)君の馬とはどう？」と尋ねた。15「うーん…」　言葉が喉につかえたが，エマはアスターのかわいい顔を思い浮かべ，「あなたの助けが必要なの。私のどこがいけないの？」と言った。16「顔だよ」とベンは言った。17「何ですって？」　エマはとても腹を立てた。18「違う，違う。悪気はないよ。君の表情のことを言ったんだ」とベンは言った。エマは顔をしかめた。「そう，そんなふうなね」とベンは言った。「おそらく君は気づいてさえいないだろうね。アスターに近づこうとしているとき，君はアスターに向かって顔をしかめているんだよ」19「どうしてそれが問題なの？」とエマは尋ねた。20「馬は人間の顔の特徴を読み取れるんだ。そして表情からどんなことが起こるのかを推測するんだよ」とベンは説明した。21「そんなのばかげているわ」とエマは言った。「私には信じられない」22「本当だと示せるよ」とベンは言った。23エマはしばらくの間考えて，ようやく「わかったわ」と言った。24ベンは「実験をしよう。2枚の大きな写真を使うよ」と言った。ベンはコルトが知らない男性の写真を取り出した。写真はベンの顔と同じ大きさだった。そのうちの1枚では，男性は笑っていて，もう1枚では怒っていた。「さあ」とベンは言った。「君はコルトの引き綱を持って，ここで待っていて」　ベンは馬房を出ていった。エマは待った。25ベンが入ってきた。ベンは顔に「笑った」顔の写真をつけていた。／→ウ．コルトは顔を上げて，耳を前方に向けた。／→エ．コルトは後ずさりすることも，怖がることもなかった。／→イ．するとベンは顔を背けて写真を交換した。／→ア．ベンが「怒った」顔の写真をつけて振り返ると，コルトの鼻息が荒くなった。／首をねじって，コルトは引き綱を引っ張り，隅に戻った。「どうどう」とエマは言って，コルトを落ち着かせようとした。26ベンが写真を外すと，コルトはすぐに静かになった。27「わかったわ」とエマは言った。「びっくりね。じゃあ，馬が周りにいるときには笑った顔をするのが一番なのね」28ベンは「そのとおり。君はきっとできるよ。アスターに端綱をつける準備はできてる？」と言った。29「これが最後のチャンスだわ」とエマは思った。彼女は深呼吸をすると，ベンにうなずいた。2人は静かにアスターの馬房に戻った。30アスターの馬房に入るとき，「さあ，いい子ね」とエマは言った。エマは手に端綱と引き綱を持った。とても緊張していたが，エマは笑った顔をすることができた。「私たちにはできるわ，アスター」とエマは優しく言った。アスターはエマの方に耳を動かした。エマはアスターの顔の方へ端綱を持ち上げた。アスターはためらうことなく端綱に頭を入れた。端綱をアスターの耳の後ろに取りつけているとき，エマの目は涙であふれていた。31「君ならできるってわかってたよ」と外側からベンが言った。32エマはアスターにほほ笑み続け，アスターの顔を優しくなでた。「できたのよ」とエマは美しい馬にささやいた。すばやく涙をぬぐい，エマはベンの方を向いて，「ありがとう」と言った。33「どういたしまして」とベンは言った。「アスターを外に出して，どんなふうに走るのかを見よう」34「うん」とエマは言った。35ベンがドアを開けると，アスターはエマの後をついて外に出た。

問１＜整序結合＞見知らぬベンからの手助けの申し出を断った直後のエマの言葉であることから，まず need の目的語に a stranger を置く。この後は telling を形容詞的用法の現在分詞として使って a stranger を修飾する語句をつくる。‘tell＋人＋物事’の形を考え，‘物事’の部分を‘what＋to不定詞’の形で what to do with my horse とまとめる。what to do with ～ で「～をどう扱うべきか」という意味になる。

問２＜英文解釈＞下線部(2)にある it は，直前の Today is the day!「今日こそがその日だ」という文の内容を受けており，この文は，エマが今日こそアスターに端綱をつけられると思っていることを示している。アスターに端綱をつけることは，エマの目標であると言い換えられる。

問３＜適文選択＞自分１人ではアスターを思うように動かせない場面でエマが思ったことである。この後エマは，ベンに助けを求めている。

問４＜適文選択＞エマに声をかけられたベンの言葉。前の日，アスターにうまく端綱をつけることができないエマを見ていたベンは，その後の様子を尋ねたのである。

問５＜指示語＞silly は「ばかげた，ばかばかしい」という意味。直前のベンの発言を受けての言葉なので，その内容をまとめればよい。　facial「顔の」　guess「～を推測する」

問６＜文整序＞ベンが２枚の写真を使って，馬が人間の表情を読み取れることをエマに証明しようとしている場面である。まず，ベンは笑った顔の写真をつけたので，馬(コルト)の落ち着いた様子を描写しているウとエが続く。エの He がウの Colt を受けるので，ウ→エと並べる。次に，写真を交換したというイを置き，最後に，鼻息が荒くなったというアを置く。後ろで描写されている，馬(コルト)の落ち着かない様子もアを最後に置く根拠となる。

問７＜適語補充＞エマが綱を持ってアスターの馬房に入っていく場面で，「エマはとても緊張していたが(　　)できた」に入る言葉である。この後の内容から，アスターに端綱をつけられたことがわかるので，エマはアスターの気分を悪くさせることなく接することができたのである。馬の気分を害さないために重要なことはベンの実験で証明されており，それは第27段落のエマの言葉で端的に表されている。

問８＜適語選択・語形変化＞(8-A)後ろにある it は the halter「端綱」を指す。エマが笑顔だったので，アスターは「ためらう」ことなく端綱に頭を入れた。　‘hesitate to＋動詞の原形’「～するのをためらう」　(8-B)直後の it も the halter「端綱」のこと。端綱を耳の後ろに「取りつけた」のである。　attach「～を取りつける」　(8-C)第30段落で浮かべた涙を「ぬぐった」のである。　wipe ～'s eyes「目(の涙)をぬぐう」　(8-D)エマの後についてアスターは出てきた。follow「～の後をついていく」

問９＜内容真偽＞ア．「出会うとすぐに，エマとベンは友達になった」…×　第２～９段落参照。初めて出会ったとき，エマはベンを好意的に見ていない。　イ．「初めてエマと馬に会ったとき，エマと馬のどこがいけないのかがベンにはわかった」…○　第２段落に一致する。　ウ．「アスターがニンジンを食べようとしなかったとき，エマは代わりにクッキーを与えた」…×　ニンジンについての記述はない。　エ．「エマを怒らせるために，ベンはエマの顔について話し始めた」…×　第16～18段落参照。ベンが言いたかったのは「顔」ではなく「表情」である。　オ．「ベンは馬の行動をエマに実際に示してみせた」…○　第25，26段落に一致する。　カ．「エマがベンの忠告を聞いたとき，事態は悪化した」…×　第30段落参照。ベンの忠告を聞き，エマはアスターに端綱をつけることができた。　キ．「エマは顔立ちを読み取ることの重要性について友人たちに伝えた」…×　エマの友人たちについての記述はない。

3〔長文読解総合―物語〕

≪全訳≫❶ある朝早く，女王は馬に乗って森の中を進んでいた。太陽が昇ると，鳥の歌が辺り一面を満たした。女王は，歌のうちの1つが特にすばらしいことに気づいた。女王は，信頼している騎士に「あのようなメロディーは聞いたことがない。あの鳥を私のものにする」とささやいた。❷女王は，すばらしい歌声を持つ鳥を，森の一番高い木で見つけた。鳥の羽は濃い青で，首は鮮やかな紫だった。女王は騎士に鳥を捕まえるように命じ，騎士はうまく捕らえた。2人は鳥を城に連れて帰った。❸城では，金の鳥かごが女王の席の隣に置かれた。「私の宝物よ，お前に最高の家を与えましょう」と女王は鳥に言い，鳥をかごの中に入れると戸を閉めた。❹突然自由を失い，鳥かごの中で青い鳥は震え続け，静かになった。女王は鳥においしいベリーを与えた。これで鳥は少し気分が良くなった。もっとも足は止まり木にしっかりとくっついたままではあったが。❺まもなく，青い鳥が歌ってくれたときだけ女王はエサを与えるようになった。鳥はすぐに応じるようになり，女王は喜んだ。鳥が女王に話しかけるようになると，女王のこの新しい宝物に対する喜びはますます大きくなった。❻しかし，青い鳥が口を開くのは，自分を自由にするように女王に頼むためだけだった。「僕は自然の中で育ったんだ。ペットではないんだ」❼「そう，お前はペットではない。それどころか，私の最も大切な宝物の1つだ。お前のかわいい歌声で私の城をさらに魅力的にするのだよ。さあ，もう一度歌っておくれ」と女王は言った。❽これが数週間続いた。鳥の声は以前ほどにはすばらしくないと女王はわかっていたが，命じると鳥は歌ってくれたので，これは女王にとっては大きな問題ではなかった。❾ある朝，青い鳥は目を覚ますと，「不公平だ！　不公平だ！　どうして人間は飛べるんだ，僕は城のここに閉じ込められているというのに」❿「飛ぶですって？」と女王は尋ねた。「どういう意味なの？」⓫「夢の中で女王様は，空飛ぶじゅうたんを持っていたんだ。女王様はかつての僕のように空を飛んでいたんだ」と鳥は答えた。⓬女王は笑って，「夢の中ではありえないことがよく起こるものよ。私の宝物よ，歌っておくれ。そして，そんなことは忘れてしまいなさい」⓭しかし，その日の鳥の歌はどこかおかしかった。次の2日間，鳥は以前ほどには歌わなくなった。あまり食べず，痩せてしまった。⓮女王は大切な鳥のことを心配した。女王は「私はお前を自由にはしない。もう一度歌ってくれる(3)<u>くらいお前を気分良くさせるために，他に私にできることはある？</u>」と言った。⓯しばらく考えた後，鳥は答えた。「森にいる友達と家族に伝言を送りたい。みんなは僕にどんなことが起こったのかを知らない。ひょっとすると，僕がもう死んでしまっていると思っているかもしれない。あるいは，僕が戻ることを望んでいるかもしれない。僕が城にいて，女王様によって金の鳥かごに閉じ込められているということを，少なくとも伝えたい。みんなが本当のことを知ってくれれば，たぶん僕はここからから出ることを考えなくなるから」⓰女王はすぐに騎士を呼んで，こう言った。「森に行って，鳥の伝言を告げなさい。そうすれば，私の大切な鳥の友達と家族の耳に入るでしょう。戻ってきたら，この鳥への知らせがあるかどうかを知らせなさい」⓱数時間後，騎士は森に到着した。騎士は森で一番高い木を見つけた。そこは鳥でいっぱいだった。その中に，女王の鳥とよく似た鳥が何羽かいた。その鳥たちは枝から枝へと飛んでいた。騎士は「きっと彼らは女王様の青い鳥の家族だ」と言った。⓲騎士は深呼吸して，こう言った。「聞いてくれ。この前この森を去った鳥は，今この国の女王様に飼われている。その鳥は今では女王様の宝物で，毎日女王様のために歌っている」　騎士の耳には青い鳥たちからの反応は何も聞こえなかった。鳥たちに無視されて，騎士はいらいらした。そして騎士は「鳥は金の鳥かごから歌うんだ！」とつけ加えた。**19**それを聞いて，一羽の鳥が林床に落ちてきた。鳥は頭と翼を目まぐるしく動かした。騎士は怖くなり，後ずさった。突然鳥の動きが止まった。**20**騎士はひざまずいて，手で鳥を抱えて，こう言った。「本当に申し訳ない，小鳥よ。空を飛ぶ生き物であるあなたたちにとって，自由がどれほど大切であるのかを私はわかっていなかった。女王様の鳥は自分の置かれた状況をすでに嘆いている。私はあの鳥に何を伝えよう？」　騎士は大変悪いことをしたと思った。騎士は林床に鳥を置き，鳥の体を数枚の葉で覆った。**21**騎士は気が重く，戻りたくなかったが，責任感から城に戻った。**22**「どんな知らせがあるのだ？」と女王は尋ねた。**23**騎士は首を横に振った。騎士は女王の目も青い鳥の目も見ることができなかった。**24**「何もないの？」と鳥がささやいた。「(7)<u>みんなは僕のことをすぐに忘れていた？</u>」**25**「そんなことはない！」と騎士は大声を出した。「君が今では女王様のものだと伝えたとき，鳥たちは耳を傾けなかった。しかし，君が鳥かごに閉じ込められていると言うと，一羽の鳥が私の足元に落ちたんだ。鳥は頭と翼を目まぐるしく動かし，動かなくなって…そして死んでしまった。私には鳥の体を葉で覆うことしかできなかった」**26**「うそだ！」と女王の鳥は金切り声を上げた。鳥は鳥かごの底に落ち，頭と翼を目まぐるしく動かした。そして，鳥は動かなくなった。**27**女王と騎士はショックを受けた。女王は鳥かごを開け，青い鳥を窓のところまで運んだ。「空気だ，鳥には新鮮な空気が必要だ！」と騎士は言い，窓を開けた。涼しいそよ風が部屋に入ってきた。**28**突然青い鳥は外へ飛んでいき，桜の木の枝高くに止まった。「ありがとう，伝令さん！」と鳥は言った。「あなたのおかげで，家族は僕に逃げる方法を教えることができたんだよ」**29**すぐに，青と紫の羽をきらめかせて女王のもとの宝物は姿を消した。

問1＜適語選択＞文の前半にHe(＝the blue bird) quickly cooperated「鳥はすぐ応じるようになり」とあるので，女王は喜んだのである。

問2＜指示語＞go onは「続く」。thisは原則として直前部分を指すため，第6，7段落で述べられている，自分はペットではないと言って鳥かごから出すよう求める青い鳥と，青い鳥に歌うように求める女王のやり取りがしばらく続いたと考えられる。この内容を30字以内にまとめる。下線部は代名詞であるため，解答は体言止めにすること。

問3＜整序結合＞前の内容から，青い鳥を心配した女王は，逃がすつもりはないが「何か他にできることはないか」と尋ねたと考えらえる。これは，Is there anything else I can doで表せる(elseとIの間に目的格の関係代名詞が省略されている)。残りは‘make＋目的語＋形容詞’「～を…(の状態)にする」と‘形容詞〔副詞〕＋enough to＋動詞の原形’「～できるほど十分…」の形を組み合わせ，to make you happy enough (to sing …)とまとめる。makeの前のtoは‘目的’を表すto不定詞の副詞的用法。

問4＜語句解釈＞第15段落終わりから2文目参照。この文のthat以下に，青い鳥が友達と家族に伝えたい内容が書かれている。… that I live in … とthat I am locked in … という2つのthat節が接続詞andで結ばれている。　‘let＋人＋動詞の原形’「〈人〉に～させる」

問5＜適語選択・語形変化＞(5-A)similarは「似ている」という意味の形容詞。‘look＋形容詞’「～に見える」の形。　similar to ～「～に似ている」　**(5-B)**前にあるannoyedは「いらいらした」という意味。騎士は，鳥たちから何の返事もないので無視されたと思っていらいらしたのである。　ignore「～を無視する」

問６＜適語補充＞precious は「大切な，貴重な」。文末にある creatures of the air が手がかりとなる。この the air は「空中，空」という意味。青い鳥が金の鳥かごに捕らわれている状況の中，空を舞う鳥にとって大切なのは「自由」であると考えられる。第４段落第１文に freedom「自由」がある。

問７＜適文選択＞この問いに対する返答の Never！「(そんなことは)決してない」を導く疑問文を選ぶ。青い鳥が鳥かごに閉じ込められていると聞くと木から落ちてしまった鳥もいたのだから，決して忘れてなどいなかったのである。

問８＜適語補充＞かごから脱出することができた青い鳥が伝言を届けてくれた騎士にお礼を言っている場面。騎士からの話を聞いて，青い鳥は「逃げる」方法がわかったのである。 escape「逃げる，脱出する」

問９＜内容真偽＞ア.「森の中で女王は青い鳥を見つけ，自分で捕まえた」…× 第２段落第３文参照。青い鳥を捕まえたのは騎士。 by ～self「自分で，独力で」 イ.「金の鳥かごに入れられたとき，青い鳥はうろたえて何度も叫んだ」…× そのような記述はない。 ウ.「悪い夢を見た後，青い鳥は以前ほど食べなくなり，歌わなくなった」…○ 第11～13段落の内容に一致する。 エ.「伝言を送ることができれば，現状を受け入れるかもしれないと青い鳥は言った」…○ 第15段落の内容に一致する。 オ.「騎士が青い鳥たちに伝言を届けたとき，鳥たちは驚いて飛び去った」…× そのような記述はない。 カ.「青い鳥を見たくなかったので，騎士は城に戻らなかった」…× 第21段落参照。騎士は城に戻った。 キ.「青い鳥のことをかわいそうに思ったので，騎士は鳥かごを開けて鳥を逃がした」…× 第27段落参照。鳥かごを開けたのは女王である。

４〔和文英訳―完全記述〕

(1)「現地の人たち」は local people,「できる限り多くの現地の人たち」は「できる限り～」の意味を表す‘as ～ as possible’または‘as ～ as＋主語＋can’を用いる。‘as ～ as …’の表現で‘数’に関して述べる場合は‘as many＋複数名詞＋as ～’という形になることに注意する。

(2)「～ならなあ」という‘現在の事実に反する願望’は，‘I wish＋主語＋動詞の過去形～’の形(仮定法過去)で表せる。仮定法過去で be動詞を用いる場合，主語の人称にかかわらず were を用いるのが原則。「もっと」,「より」には比較級を用いる。

(3)「眠くならない薬」は「私を眠く感じさせない薬」と言い換えられるので，medicine を先行詞とする関係代名詞節を用いる。「～させる」は‘make＋目的語＋動詞の原形’,「眠く感じる」は feel sleepy で表せる。

(4)「〈人〉に～してほしい」は‘want＋人＋to＋動詞の原形’,「〈人〉の〈仕事など〉を手伝う」は‘help＋人＋with＋(仕事など)’で表せる。「根岸先生から出された宿題」は，解答例のように形容詞的用法の過去分詞で表すことも，関係代名詞を用いて，the homework which〔that〕 was given by Mr. Negishi または the homework which Mr. Negishi gave me とすることもできる。

数学解答

1 (1) ①…3　②…$-\frac{1}{4}$　(2) $\frac{1}{8}a$

(3) (ウ)

理由…(例)$\mathrm{MK}=\frac{1}{16}a$，$\mathrm{NL}=\frac{1}{8}a$で，

$a>0$より，$\frac{1}{16}a<\frac{1}{8}a$だから。

2 (1) 2　(2) 6

(3) ⑦-ア…6　⑦-イ…1

3 (1) 160　(2) 20

(3) ⑩-ア…3　⑩-イ…25

4 (1) 右図　(2) $2\sqrt{2}$　(3) $4\sqrt{2}$

5 (1) (例)100人に00～99まで番号をつけ，乱数さいを2回投げる。1回目に出た数字を十の位，2回目に出た数字を一の位とし，できる2けたの数に対応した番号の人を標本として選ぶ。これを異なる3人が選ばれるまで行う。

(2) (例)標本の大きさを大きくすると，標本平均が母集団の平均に近づく。

(3) (例)Aさん，Bさんの調査の標本は，T中学校3年生全員を母集団とする標本で，日本全国の中学3年生全員を母集団とする標本とはいえないから。

(例)

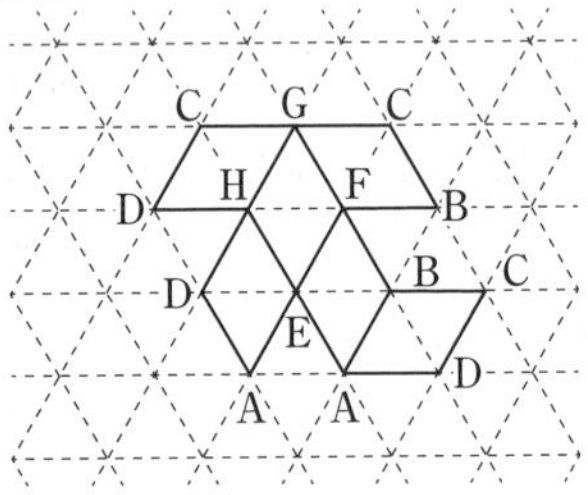

1〔関数—関数 $y=ax^2$ と反比例のグラフ〕

(1)＜比例定数，長さの差＞右図で，$a=4$のとき，2点A，Bは放物線$y=4x^2$上の点である。x座標はそれぞれ$\frac{1}{2}$，1なので，$y=4\times\left(\frac{1}{2}\right)^2=1$，$y=4\times1^2=4$より，$\mathrm{A}\left(\frac{1}{2},\ 1\right)$，B(1, 4)である。また，2点C，Dは双曲線$y=-\frac{b}{x}$上の点で，$x$座標はそれぞれ$-\frac{1}{2}$，$-1$だから，$y=-b\div x=-b\div\left(-\frac{1}{2}\right)=2b$，$y=-\frac{b}{-1}=b$より，$\mathrm{C}\left(-\frac{1}{2},\ 2b\right)$，D$(-1,\ b)$である。四角形ABCDが平行四辺形より，AB＝DC，AB∥DCだから，点Aを通りx軸に平行な直線と点Bを通りy軸に平行な直線の交点をE，点Dを通りx軸に平行な直線と点Cを通りy軸に平行な直線の交点をFとすると，△ABE≡△DCFとなる。よって，BE＝CFとなるから，$4-1=2b-b$が成り立ち，$b=3$となる。次に，辺ABの中点Mは，x座標が$\left(\frac{1}{2}+1\right)\div2=\frac{3}{4}$，$y$座標が$\frac{1+4}{2}=\frac{5}{2}$より，

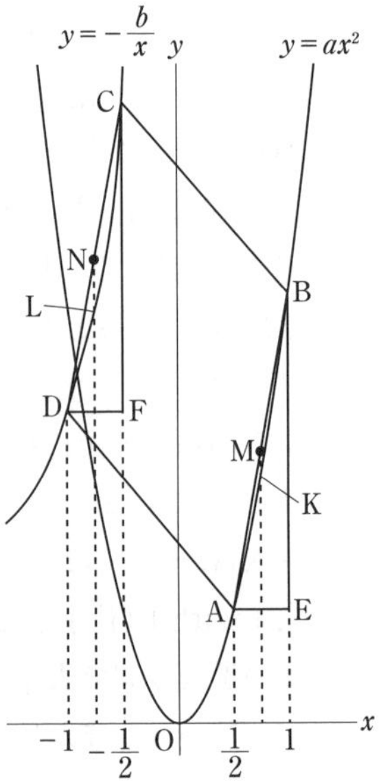

$\mathrm{M}\left(\frac{3}{4},\ \frac{5}{2}\right)$である。点Mの$x$座標が$\frac{3}{4}$より，点Kの$x$座標も$\frac{3}{4}$であり，点Kは放物線$y=4x^2$上にあるから，$y=4\times\left(\frac{3}{4}\right)^2=\frac{9}{4}$より，$\mathrm{K}\left(\frac{3}{4},\ \frac{9}{4}\right)$である。よって，$\mathrm{MK}=\frac{5}{2}-\frac{9}{4}=\frac{1}{4}$となる。また，$b=3$より，$2b=2\times3=6$であり，双曲線の式は$y=-\frac{3}{x}$，$\mathrm{C}\left(-\frac{1}{2},\ 6\right)$，D$(-1,\ 3)$となる。辺CDの中点Nは，$x$座標が$\left\{\left(-\frac{1}{2}\right)+(-1)\right\}\div2=-\frac{3}{4}$，$y$座標が$\frac{6+3}{2}=\frac{9}{2}$より，$\mathrm{N}\left(-\frac{3}{4},\ \frac{9}{2}\right)$である。

点Nの x 座標が $-\dfrac{3}{4}$ より，点Lの x 座標も $-\dfrac{3}{4}$ であり，点Lは双曲線 $y=-\dfrac{3}{x}$ 上にあるから，$y=-3\div x=-3\div\left(-\dfrac{3}{4}\right)=4$ より，$L\left(-\dfrac{3}{4},\ 4\right)$ である。よって，$NL=\dfrac{9}{2}-4=\dfrac{1}{2}$ となる。したがって，$MK-NL=\dfrac{1}{4}-\dfrac{1}{2}=-\dfrac{1}{4}$ である。

(2)**＜長さ＞**前ページの図で，2点A，Bは放物線 $y=ax^2$ 上の点だから，$y=a\times\left(\dfrac{1}{2}\right)^2=\dfrac{1}{4}a$，$y=a\times 1^2=a$ より，$A\left(\dfrac{1}{2},\ \dfrac{1}{4}a\right)$，$B(1,\ a)$ となり，(1)より，$C\left(-\dfrac{1}{2},\ 2b\right)$，$D(-1,\ b)$ である。BE＝CF だから，$a-\dfrac{1}{4}a=2b-b$ が成り立ち，$b=\dfrac{3}{4}a$ となる。よって，$2b=2\times\dfrac{3}{4}a=\dfrac{3}{2}a$ となり，双曲線の式は $y=-\dfrac{3a}{4x}$，$C\left(-\dfrac{1}{2},\ \dfrac{3}{2}a\right)$，$D\left(-1,\ \dfrac{3}{4}a\right)$ となる。点Nの x 座標は $-\dfrac{3}{4}$，y 座標は $\left(\dfrac{3}{2}a+\dfrac{3}{4}a\right)\div 2=\dfrac{9}{8}a$ であり，$N\left(-\dfrac{3}{4},\ \dfrac{9}{8}a\right)$ となる。また，点Lは双曲線 $y=-\dfrac{3a}{4x}$ 上の点で，x 座標が $-\dfrac{3}{4}$ だから，$y=-\dfrac{3a}{4}\div x=-\dfrac{3a}{4}\div\left(-\dfrac{3}{4}\right)=a$ であり，$L\left(-\dfrac{3}{4},\ a\right)$ となる。したがって，$NL=\dfrac{9}{8}a-a=\dfrac{1}{8}a$ である。

(3)**＜長さの大小関係＞**前ページの図で，(2)より，$A\left(\dfrac{1}{2},\ \dfrac{1}{4}a\right)$，$B(1,\ a)$ であり，点Mの x 座標は $\dfrac{3}{4}$，y 座標は $\left(\dfrac{1}{4}a+a\right)\div 2=\dfrac{5}{8}a$ より，$M\left(\dfrac{3}{4},\ \dfrac{5}{8}a\right)$ である。点Kは放物線 $y=ax^2$ 上の点で，x 座標は $\dfrac{3}{4}$ だから，$y=a\times\left(\dfrac{3}{4}\right)^2=\dfrac{9}{16}a$ より，$K\left(\dfrac{3}{4},\ \dfrac{9}{16}a\right)$ である。よって，$MK=\dfrac{5}{8}a-\dfrac{9}{16}a=\dfrac{1}{16}a$ となる。また，$NL=\dfrac{1}{8}a$ である。したがって，$a>0$ のとき，$\dfrac{1}{16}a<\dfrac{1}{8}a$ だから，MK＜NL である。理由は解答参照。

2 **〔平面図形―円と三角形〕**

(1)**＜長さの比＞**右図で，AB：EB＝14：7＝2：1，BC：BD＝10：5＝2：1 より，AB：EB＝BC：BD である。∠ABC＝∠EBD だから，△ABC∽△EBD であり，相似比は AB：EB＝2：1 である。よって，AC：ED＝2：1 となるから，線分 AC の長さは線分 DE の長さの2倍となる。

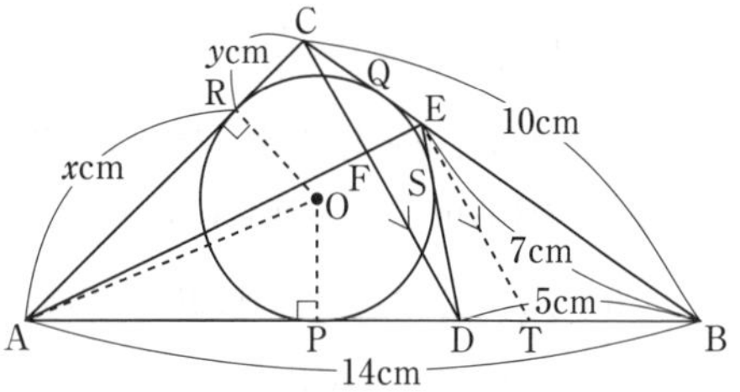

(2)**＜長さ＞**右上図で，円Oと線分DEの接点をSとし，点Oと3点A，P，Rを結び，AR＝x(cm)，CR＝y(cm)とする。∠OPA＝∠ORA＝90°，OA＝OA，OP＝OR より，△OAP≡△OAR となるから，AP＝AR＝x となり，同様に考えて，CQ＝CR＝y，BP＝BQ となる。BP＝AB－AP＝14－x，BQ＝BC－CQ＝10－y だから，14－x＝10－y が成り立ち，$x-y=4$……①となる。また，DP＝DS，EQ＝ES である。DP＝AB－BD－AP＝14－5－x＝9－x，EQ＝BC－BE－CQ＝10－7－y＝3－y となるから，DS＝DP＝9－x，ES＝EQ＝3－y となり，DE＝DS＋ES＝$(9-x)+(3-y)=12-x-y$ である。AC＝AR＋CR＝$x+y$ であり，(1)より，AC＝2DE だから，$x+y=2(12-x-y)$ が成り立ち，$x+y=8$……②となる。①＋②より，$x+x=4+8$，$2x=12$，$x=6$ となるので，AR＝6(cm)である。

(3)**＜長さの比＞**右上図で，点Eを通りCDに平行な直線と辺ABとの交点をTとすると，CD∥ET より，AF：FE＝AD：DT である。CE＝BC－BE＝10－7＝3 より，DT：DB＝CE：CB＝3：10 となるから，$\mathrm{DT}=\frac{3}{10}\mathrm{DB}=\frac{3}{10}\times 5=\frac{3}{2}$となる。$\mathrm{AD}=\mathrm{AB}-\mathrm{BD}=14-5=9$だから，$\mathrm{AD}:\mathrm{DT}=9:\frac{3}{2}=6:1$となり，$\mathrm{AF}:\mathrm{FE}=6:1$である。

3 〔数と式―方程式の応用〕

≪基本方針の決定≫(3)　渋滞がない場合と渋滞があった日で，地点Aを出発してから復路で地点Pに到達するまでの走行時間は同じである。

(1)＜**距離**＞2地点A，T間の距離を$x$km，2地点T，B間の距離を$y$kmとする。標準速度で運行する場合，往路は，地点Aから停留所Tまでが時速40kmだから，$\frac{x}{40}$時間かかり，停留所Tから地点Bまでが時速50kmだから，$\frac{y}{50}$時間かかる。地点Aから停留所Tまでの走行時間が停留所Tから地点Bまでの走行時間より30分短いので，$\frac{x}{40}=\frac{y}{50}-\frac{30}{60}$が成り立ち，$5x=4y-100$，$5x-4y=-100$……①となる。また，停留所Tで10分間停車するので，往路全体の走行時間は，$\frac{x}{40}+\frac{10}{60}+\frac{y}{50}=\frac{x}{40}+\frac{y}{50}+\frac{1}{6}$(時間)となる。復路は，地点Bから停留所Tまでが時速40km，停留所Tから地点Aまでが時速30kmで，停留所Tで10分間停車するので，復路全体の走行時間は，$\frac{y}{40}+\frac{10}{60}+\frac{x}{30}=\frac{x}{30}+\frac{y}{40}+\frac{1}{6}$(時間)となる。往路全体の走行時間は復路全体の走行時間よりも1時間短いので，$\frac{x}{40}+\frac{y}{50}+\frac{1}{6}=\frac{x}{30}+\frac{y}{40}+\frac{1}{6}-1$が成り立ち，$15x+12y+100=20x+15y+100-600$，$5x+3y=600$……②となる。①－②より，$-4y-3y=-100-600$，$-7y=-700$，$y=100$となり，これを①に代入して，$5x-400=-100$，$5x=300$，$x=60$となるから，2地点A，B間の距離は$x+y=60+100=160$(km)である。

(2)＜**距離**＞標準速度で運行するとき，(1)より，地点Aから停留所Tまでは，$60\div 40=\frac{3}{2}$(時間)かかる。$\frac{3}{2}$時間は，$\frac{3}{2}=1+\frac{1}{2}=1+\frac{30}{60}$より，1時間30分である。地点Aを午前9時に出発するので，停留所Tの到着予定時刻は，その1時間30分後の午前10時30分である。この日は，午前10時30分に停留所Tの16km手前の地点にいて，30分後の午前11時に停留所Tに到着したので，この間の速度は，$16\div\frac{30}{60}=32$より，時速32kmである。よって，地点Pから停留所Tまでの速度は時速32kmである。2地点A，P間の距離を$p$kmとすると，地点Aから地点Pまでの渋滞がないときの走行時間は$\frac{p}{40}$時間となる。この日は，渋滞がないときよりも15分遅れていたので，走行時間は$\frac{p}{40}+\frac{15}{60}=\frac{p}{40}+\frac{1}{4}$(時間)である。2地点P，T間の距離は$60-p$kmだから，地点Pから停留所Tまでの走行時間は$\frac{60-p}{32}$時間となる。地点Aから停留所Tまでは2時間かかっているから，$\frac{p}{40}+\frac{1}{4}+\frac{60-p}{32}=2$が成り立つ。これを解くと，$4p+40+5(60-p)=320$より，$4p+40+300-5p=320$，$-p=-20$，$p=20$(km)となる。

(3)＜**到着時刻**＞渋滞がない場合，往路全体の走行時間は$\frac{60}{40}+\frac{1}{6}+\frac{100}{50}=\frac{11}{3}$(時間)である。地点Bで10分間停車し，復路の地点Bから停留所Tまでの走行時間は$\frac{100}{40}=\frac{5}{2}$(時間)で，停留所Tで10

分停車する。停留所Tから地点Pまでの距離は $60-20=40$(km)だから，復路の停留所Tから地点Pまでの走行時間は $\frac{40}{30}=\frac{4}{3}$(時間)となる。よって，渋滞がない場合，地点Aを出発してから復路で地点Pに到達するまでの走行時間は，$\frac{11}{3}+\frac{1}{6}+\frac{5}{2}+\frac{1}{6}+\frac{4}{3}=\frac{47}{6}$(時間)となる。また，渋滞があった日，往路の地点Aから停留所Tまでの走行時間は2時間，停留所Tでの停車時間は10分，停留所Tから地点Bまでの走行時間は2時間であり，地点Bでの停車時間は10分である。復路の地点Bから停留所Tまでの速度を時速 a km とすると，地点Bから停留所Tまでの走行時間は $\frac{100}{a}$ 時間となる。停留所Tでの停車時間は10分で，停留所Tから地点Pまでの速度は時速 $\frac{2}{3}a$km だから，その走行時間は $40\div\frac{2}{3}a=\frac{60}{a}$(時間)である。したがって，この日，地点Aを出発してから復路で地点Pに到達するまでの走行時間は $2+\frac{1}{6}+2+\frac{1}{6}+\frac{100}{a}+\frac{1}{6}+\frac{60}{a}=\frac{160}{a}+\frac{9}{2}$(時間)となる。復路で地点Pに到達した時点で遅れを取り戻しているので，$\frac{160}{a}+\frac{9}{2}=\frac{47}{6}$ が成り立つ。両辺に $6a$ をかけて解くと，$960+27a=47a$，$-20a=-960$，$a=48$ となる。これより，この日，地点Aを出発してから復路で停留所Tに到達するまでの走行時間は $2+\frac{1}{6}+2+\frac{1}{6}+\frac{100}{48}=\frac{77}{12}$(時間)となる。$\frac{77}{12}$ 時間は，$\frac{77}{12}=6+\frac{5}{12}=6+\frac{25}{60}$ より，6時間25分だから，求める時刻は午前9時から6時間25分後で，午後3時25分である。

4 〔空間図形—六面体〕

(1)＜**展開図**＞右図1で，ひし形EFGHと辺EFを共有するのはひし形EFBA，辺FGを共有するのはひし形FGCB，辺GHを共有するのはひし形GHDC，辺EHを共有するのはひし形EHDAだから，展開図で，ひし形EFGHの周りにある4つのひし形は右下図2のようになる。図2でかかれていないのはひし形ABCDだから，辺AB，辺BC，辺CD，辺ADのいずれかを共有するひし形ABCDをかき加えればよい。ひし形ABCDは，$\angle BAD=\angle BCD=60^\circ$ である。解答参照。

図1

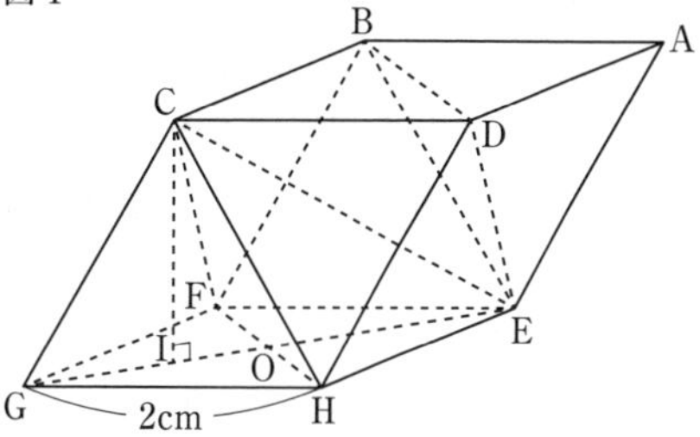

図2

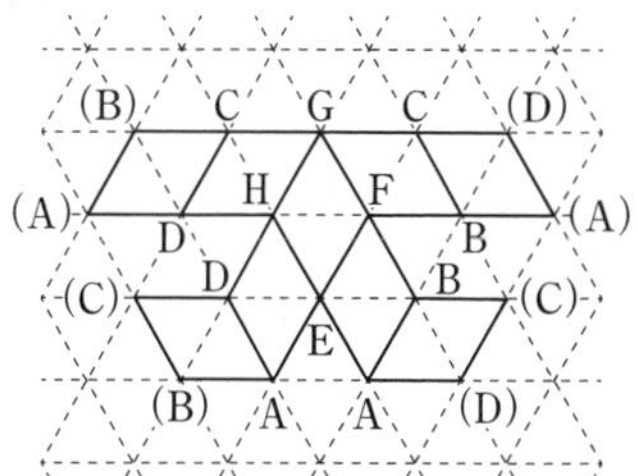

(2)＜**長さ**＞右上図1で，$FG=GH$，$\angle FGH=60^\circ$ より，△FGHは正三角形であり，線分FHと線分GEの交点をOとすると，△GOHは3辺の比が $1:2:\sqrt{3}$ の直角三角形となるから，$GO=\frac{\sqrt{3}}{2}GH=\frac{\sqrt{3}}{2}\times 2=\sqrt{3}$，$GE=2GO=2\sqrt{3}$ である。$FH=GH=2$ であり，同様にして，△CGF，△CGHも正三角形だから，$CF=CH=2$ となり，△CFHも正三角形である。よって，四面体CFGHは正四面体であるから，点Cから線分GEに垂線CIを引くと，正四面体CFGHにおいて，$CI\perp$〔面FGH〕となり，右図3のように，点Iは線分GO上にあり，$FI=GI=HI$ となる。$\angle OHI=\frac{1}{2}\angle FHG=\frac{1}{2}\times 60^\circ=30^\circ$ より，△IOHは3辺の

図3

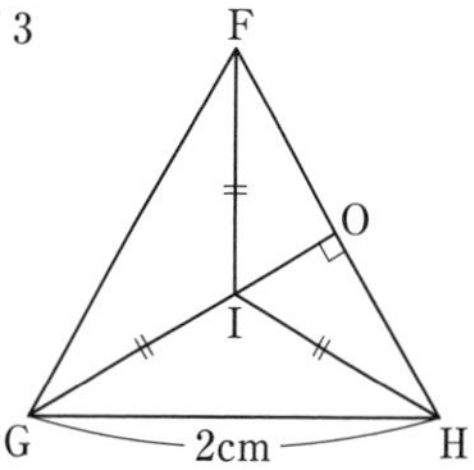

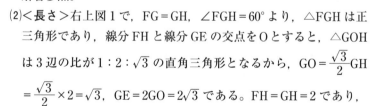

比が1：2：$\sqrt{3}$の直角三角形だから，$OH=\frac{1}{2}FH=\frac{1}{2}\times 2=1$より，$HI=\frac{2}{\sqrt{3}}OH=\frac{2}{\sqrt{3}}\times 1=\frac{2\sqrt{3}}{3}$となり，$GI=HI=\frac{2\sqrt{3}}{3}$となる。したがって，図1の△CGIで三平方の定理より，$CI^2=CG^2-GI^2=2^2-\left(\frac{2\sqrt{3}}{3}\right)^2=\frac{8}{3}$となる。$IE=GE-GI=2\sqrt{3}-\frac{2\sqrt{3}}{3}=\frac{4\sqrt{3}}{3}$だから，△CIEで三平方の定理より，$CE=\sqrt{CI^2+IE^2}=\sqrt{\frac{8}{3}+\left(\frac{4\sqrt{3}}{3}\right)^2}=\sqrt{8}=2\sqrt{2}$(cm)となる。

≪別解≫図1で，四面体CFGHが正四面体であるのと同様に，四面体ABDEも正四面体である。よって，△BDEは正三角形である。△BCD，△CDH，△DHEも合同な正三角形だから，立体D-BCHEは正四角錐となり，四角形BCHEは正方形である。したがって，△BCEは直角二等辺三角形だから，$CE=\sqrt{2}BC=\sqrt{2}\times 2=2\sqrt{2}$(cm)となる。

(3)＜**面積**＞右図4で，AB∥DC，DC∥HGより，AB∥HGだから，3点A，B，Hを通る平面は点Gも通り，この平面で切断したときの切断面は四角形ABGHとなる。また，AB＝HGだから，四角形ABGHは平行四辺形である。(2)より，CH：HE：CE＝2：2：$2\sqrt{2}$＝1：1：$\sqrt{2}$だから，△CHEは直角二等辺三角形であり，図形の対称性から，四角形BCHEは正方形である。よって，$BH=CE=2\sqrt{2}$となる。

図4

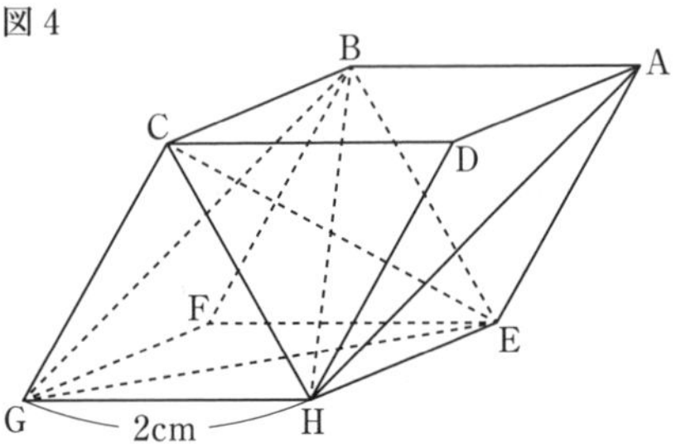

$AH=GE=2\sqrt{3}$より，$AH^2=(2\sqrt{3})^2=12$であり，$AB^2+BH^2=2^2+(2\sqrt{2})^2=12$だから，$AH^2=AB^2+BH^2$が成り立つ。これより，∠ABH＝90°だから，▱$ABGH=AB\times BH=2\times 2\sqrt{2}=4\sqrt{2}$(cm²)となる。

5〔**データの活用―標本調査**〕

(1)＜**標本を取り出す方法**＞乱数さいには0～9の10個の数字が2個ずつ書かれているので，どの数字が出ることも同様に確からしい。よって，乱数さいを2回投げて得られるどの2つの数字の組も同様に確からしい。このとき得られる数字の組は10×10＝100(通り)ある。T中学校3年生の人数は100人だから，100通りの2つの数字の組それぞれが100人の生徒に割り当てられるようにする。解答参照。

(2)＜**利点**＞標本の大きさを大きくすると，標本の傾向が母集団の傾向に近づくことが多い。解答参照。

(3)＜**理由**＞Aさん，Bさんが行った調査は，T中学校3年生全員を母集団としているので，その標本は，日本全国の中学3年生全員の中から無作為に抽出したとはいえない。解答参照。

＝読者へのメッセージ＝

4のひし形六面体はイメージできましたか。実は，正八面体と，2つの正四面体を組み合わせた図形なのです。6点B，C，D，E，F，Hを頂点とする立体は，正八面体です。

社会解答

1 問1 (1)…イ，ウ　(2)…ウ　問2 イ

問3 地図…B

理由 (例)Bの方が200mのスケールバーが長く，より拡大されているため。

2 問1 カ　問2 サ　問3 シ

問4 (例)温暖で年に複数回収穫でき，また機械化が行いやすい平坦な茶園が多いため。

3 問1 (1) A (例)貴族や有力者の子弟が優遇される

B (例)試験による実力に基づいて選抜する

(2)…エ　(3)…イ，ウ　(4)…ア

(5)…イ

問2 (1)…イ，オ　(2)…ウ

4 問1 イ　問2 ウ

問3 (1)…ウ

(2) (例)ポーツマス条約への反発から起こった日比谷焼き打ち事件。

問4 ウ　問5 ウ

5 問1 (1)…ア　(2)…ア　(3)…エ

問2 (1)…擁護　(2)…ウ

6 問1 600

問2 (1) 経子さん…54000

済くん…20000

(2) (例)利益を最大化できるのはプランBであり，利益を最小化してしまう可能性があるのはプランAだから。(46字)

問3 ア…カルテル　イ…公正取引

問4 ウ

1〔世界地理―総合〕

問1＜アフリカ州＞(1)アフリカ州には亜寒帯〔冷帯〕の地域はない。さらに，赤道から北へは高緯度に向けて順に，熱帯，乾燥帯，温帯の地域が広がっているが，南へは熱帯の次に温帯の地域が広がっている。また，サハラ砂漠以南では，イギリスやフランスによる植民地支配を受けた地域が多く，現在でも英語やフランス語を使用している国が多い。　(2)図Ⅰ中のXはコートジボワール，Yはケニア，Zは南アフリカである。図Ⅱの雨温図のうち，年間を通して気温が変化し，冬の降水量が多いBは地中海性気候に属する南アフリカである。赤道付近にあるケニアとコートジボワールのうち，首都ナイロビは標高が高いために比較的気温が低いAがケニアとわかる。残ったCがコートジボワールである。また，コートジボワールでは植民地時代からカカオ豆が，ケニアでは内陸の標高が高い地域でその地形を生かして茶が，南アフリカでは南部の海岸に沿った地域の温暖な気候を生かしてグレープフルーツが生産されている。

問2＜世界の貿易＞図Ⅲより，2001年・2020年ともにさまざまな国の輸出額第1位となっているAはアメリカ合衆国である。図Ⅳより，2020年にさまざまな国の輸入額第1位となっているCは中華人民共和国である。図Ⅲ・Ⅳより，距離の近いオランダやフランスが貿易相手となっているDはドイツである。残ったBが日本である。

問3＜メルカトル図法＞メルカトル図法は角度を正しく示す図法で，高緯度になるほど実際よりも距離が大きく表される。同じズームレベルで表示されている図ⅤのAとBのそれぞれ右下に示されている200mのスケールバーを比べるとBの方が長くなっている。このことからAよりもBの方が高

緯度を示した地図であるとわかる。

2　**〔日本地理―総合〕**

問１＜日本の気候＞瀬戸内海に面しているＺは高松(香川県)で，夏の南東季節風が四国山地に，冬の北西季節風が中国山地に遮られるため，年間の降水量が少なく，温暖な瀬戸内の気候に属する。なお，冬に雪の多い日本海側に位置するＸの富山にはＡとＰが，長野県南部に位置するＹにはＣとＱが当てはまる。

問２＜都県別二酸化炭素排出量＞５都県の中では最も人口が少ない岐阜県には全ての項目でCO_2排出量が最も少ないＤが，最も人口が多い東京都には家庭部門やその他のCO_2排出量が最も多いＢが当てはまる。

問３＜コロナ禍の影響＞2019年に見つかった新型コロナウイルス感染症の拡大を受けて，2019年から2021年にかけて日本と外国の行き来が減少したため，図Ⅲ中のＢとＤには訪日外国人旅行者数か出国日本人数が当てはまる。ＢとＤのうち，2012年から2019年にかけて大きく増加しているＤが訪日外国人旅行者数である。また，2019年から2020年にかけて，それまでよりも大きく増加したＣが通信販売市場の売上高を，2012年以降，高止まりしているＡは東京都総人口を表している。

問４＜資料の読み取り＞資料Ⅰから，栽培に適した比較的温暖で降水量の多い気候では１年に複数回茶葉を収穫することができることがわかる。また，資料Ⅱから，傾斜度が15度以上の茶園が半数である静岡県に対し，鹿児島県の茶園の99.6％が平坦であることが読み取れる。このことから，温暖で降水量の多い鹿児島県では，平坦な地形を利用して大型の乗用機械を導入するなどして，１年に複数回茶葉を収穫することで，茶園面積が小さくても荒茶生産量を増やしていると考えられる。

3　**〔歴史―古代～近世の日本と世界〕**

問１⑴**＜中国の科挙＞**レポートより，宋以前の中国の「選挙」の仕組みが有力者などの推薦であったことに対して，宋の時代の「選挙」が受験者の家柄や出自などに左右されない官僚としての能力があるかどうかだけを測る試験によるものだったことが読み取れる。

⑵**＜冠位十二階＞**603年，聖徳太子〔厩戸皇子〕は，家柄にとらわれず，才能や功績のある人物を役人に取り立てることを目的として冠位十二階の制度を定めた。

⑶**＜隋＞**隋(中国)は，581年に建国され，589年に中国を統一した。ハンムラビ法典の制定は紀元前18世紀頃のこと，ローマ帝国が共和制から帝政に移ったのは，紀元前１世紀のことである。なお，ムガル帝国の誕生は16世紀，コシャマインの乱は15世紀，渤海の成立は７世紀末のことである。

⑷**＜朱子学＞**江戸幕府第５代将軍の徳川綱吉は，それまでの武力によって支配する政治を改めて，学問や礼節による政治である文治政治を進め，湯島聖堂を建てるなど朱子学を奨励した。なお，本居宣長が大成した学問は国学，寛政の改革で幕府の学問所で朱子学以外の学問を禁止したのは松平定信である。また，上下関係を重んじる朱子学は武士に限らず，日本の社会に広く浸透した。

⑸**＜寺子屋＞**資料の左上には女性の指導者がおり，生徒たちの中にも髪飾りをつけた女性の姿が見えるとともに，一人ひとりが思うままに机を並べて学ぶ様子が描かれている。また，寺子屋では和算と呼ばれる独自の数学が教えられていた。なお，藩校は各藩が藩士の子弟を教育する機関として設けられたものである。

問２⑴**＜平安時代以降の仏教＞**法華経を重視し，「南無妙法蓮華経」という題目を唱えることで国家や人々が救われると説いたのは，鎌倉時代に日蓮宗を開いた日蓮である。浄土宗を開いた法然の弟子で，悪人こそが救いの対象であるとする悪人正機説を唱え，鎌倉時代に浄土真宗を開いたのは親鸞である。遣唐使とともに唐(中国)に渡った空海は，帰国後に真言宗を開き，高野山に金剛峯寺を建てた。

(2)＜**摂関政治**＞新聞記事に「『人形代』（平安前期）は木製の男女の人形で，井戸の中から出土した」とあるので，日記の内容も平安時代前期のことだと考えられる。平安時代前期には藤原氏が娘を天皇のきさきにして，その子を次の天皇とし，自らは天皇の摂政や関白となることで政治の実権を握る摂関政治が行われた。なお，上皇が政治を行う院政が始まったのは平安時代の後期の1086年，平清盛が武士として初めて太政大臣となったのは平安時代末期の1167年，鎌倉幕府初代将軍であった源頼朝の妻である北条政子の一族が後鳥羽上皇を中心とした朝廷と戦った承久の乱は鎌倉時代の1221年のことである。

4〔**歴史─近代～現代の日本**〕

問1＜**版籍奉還と廃藩置県**＞明治政府は，中央集権的な支配体制を確立するために，1869年に藩主である大名に土地と人民を返させる版籍奉還を，1871年に藩を廃止して代わりに県を置く廃藩置県を実施した。版籍奉還では藩主が知藩事となったが，廃藩置県では中央から県令が派遣された。

問2＜**明治維新**＞明治政府は，江戸時代の身分制度を改め，公家や大名を華族に，武士を士族に，農工商を平民とし，異なる身分間の結婚を認めた。なお，明治政府は五榜の掲示でキリスト教を禁止しようとしたが，欧米諸国の非難によって1873年に五榜の掲示のキリスト教禁止は廃止された。義務教育を定めたのは，1872年に公布された学制である。1873年の徴兵令では，満20歳以上の男子に兵役の義務を課したが，免除規定も設けられていた。

問3(1)＜**吉野作造**＞資料Ⅰで吉野作造は，民本主義を「君主制たると共和制たるとを問わず，あまねく通用するところの主義」であると主張しているので，天皇主権を打破するべきであるとは述べていない(①…誤)。

(2)＜**日比谷焼き打ち事件**＞1905年，日露戦争(1904～05年)の講和条約であるポーツマス条約が締結されたが，この条約ではロシアから賠償金を得られなかった。このことに不満を持った民衆が，交番や新聞社などを襲撃するという事件が起こった。これを日比谷焼き打ち事件という。

問4＜**サンフランシスコ平和条約**＞1945年の第二次世界大戦敗戦により，日本は連合国による占領を受けていた。日本では第二次世界大戦の講和条約を結ぶことで主権を回復し，独立することが目指されたが，当時の国際情勢は資本主義国であるアメリカを中心とした西側陣営と社会主義国であるソ連を中心とした東側陣営による冷戦〔冷たい戦争〕状態にあった。単独講和とは日本の独立に前向きな西側陣営との間で講和条約を結ぶことを意味しており，ソ連などの東側陣営も含めて第二次世界大戦で交戦した全ての国と講和条約を結ぶことを全面講和という。

問5＜**小さな政府**＞資料は，「小さな政府」を主張するイギリスのサッチャー首相の発言である。「小さな政府」とは，政府による経済活動などへの介入，政府による規制を可能な限り少なくすることによって財政規模を抑える政府をいう。政策としては，民間の自由な競争を促し，経済発展を図り，財政赤字を減らすなどのねらいがある。したがって，中曽根康弘内閣が日本国有鉄道の民営化を推し進めたのは「小さな政府」への方向性と一致する。

5〔**公民─総合**〕

問1(1)＜**表現の自由**＞憲法第21条２項では「検閲は，これをしてはならない」と定められている(イ…×)。憲法第13条では「生命，自由及び幸福追求に対する国民の権利については，公共の福祉に反しない限り」尊重されると定められており，不当な差別的な言動を規制する法律が制定されることがある(ウ…×)。結社や集会の自由は憲法第21条で保障されているが，公共の福祉による制限として，道路を占有するデモ行進などを行う場合などに限って事前に警察署に届け出る必要がある(エ…×)。

(2)<**社会権**>憲法が保障する基本的人権のうち，生存権，教育を受ける権利，労働者の権利を社会権という。イとエは請求権，ウは自由権に分類される。

(3)<**予算**>予算の審議や議決では，衆議院の優越が認められており，予算は衆議院から先に審議されなければならない。また，予算に関して衆議院と参議院の議決が異なった場合，両院協議会を開いても意見が一致しないとき，または参議院が衆議院の可決した予算を受け取った後，国会休会中の期間を除いて30日以内に議決しないときには，衆議院の議決が国会の議決となり，予算が成立する。

問2(1)<**公務員**>憲法第99条では「天皇又は摂政及び国務大臣，国会議員，裁判官その他の公務員は，この憲法を尊重し擁護する義務を負ふ」と定められている。

(2)<**公正**>「手続きの公正さ」とは，集団が何かを決定するときに，構成員が対等な立場で決定のための話し合いに参画することを意味する。

6 〔公民―経済〕

問1<**パックの個数**>タコ焼きをxパック売るとすると，1パック180円で売るので，売上高は$180x$円である。1パックの原材料費が100円なので，原材料費は$100x$円であり，レンタル料は10000円だから，費用は$100x+10000$円である。38000円の利益を出すので，$180x-(100x+10000)=38000$が成り立つ。これを解いて，$80x=48000$，$x=600$(パック)となる。

問2(1)<**利益**>表より，経子さんがプランBを，済くんがプランXを選択した場合，経子さんは1パック180円で800パックを，済くんは1パック200円で300パックを売ることができる。したがって，経子さんは$180\times800-(100\times800+10000)=54000$(円)，済くんは$200\times300-(100\times300+10000)=20000$(円)の利益が出る。

(2)<**選択**>経子さんの利益が最大になるのは，経子さんがプランBを，済くんがプランXを選択した場合で，経子さんの利益は54000円となる。反対に，経子さんの利益が最小になるのは，経子さんがプランAを，済くんがプランYを選択した場合で，経子さんの利益は20000円となる。経子さんがなるべく利益を大きくしたい場合，利益を最大化できる可能性があり，利益の最小化を防ぐことができるプランBを選択すると考えられる。

問3<**独占**>価格や販売地域などで企業どうしが協定を結ぶことをカルテルという。カルテルや入札談合など，公正な競争を妨げるような企業の独占を取り締まるために独占禁止法が制定されていて，この法律に基づいて企業の独占行為を監視しているのが公正取引委員会である。

問4<**寡占**>商品を生産，販売する供給側が少数の企業であるとき，寡占市場になっているという。この場合，競争が生まれにくいため，価格が不当に高くなることによって消費者が不利益を被る可能性が高まる。なお，寡占市場となった場合，価格を操作しやすくなるのは供給側で，買い手の需要側が不利になる。生鮮食料品市場では生産者が多いので寡占市場にはなりにくい。道路や港湾などの社会資本を提供する公共事業は政府や地方公共団体の役割である。政府が財政政策として，公共事業へ支出を増やす場合，寡占市場では，少数の企業に利潤が集まり，その効果は小さくなる。

理科解答

1 (1) ア，カ　(2) 右下図1

(3) ① 右下図2

② a…ウ　b…イ　c…ウ

③ **記号**…ア

理由…(例)小球が持つ力学的エネルギーは一定で，飛び出した後の最高点では運動エネルギーを持つため，位置エネルギーはAより小さく，高さはAより低くなるから。

2 (1) A…塩化水素　B…電離

C…電解質

(2) $HCl \longrightarrow H^{+} + Cl^{-}$

(3) ①…ウ　②…カ　③…ケ

(4) ④ 右下図3　⑤ 右下図4

(5) D…イ　E…1

3 (1) イ，エ，カ

(2) ①…ア　②…ウ　③ 気温

(3) ①…光合成　②…呼吸

(4) ① (例)腐葉土中の微生物が呼吸で放出した二酸化炭素が含まれるから。

② **実験**…(例)腐葉土だけを入れた鉢を黒色の袋でおおい，十分に明るい環境に6時間おいて，二酸化炭素濃度をはじめと比べる。

結果…(例)二酸化炭素濃度が大きくなる。

③ (例)葉で光合成が盛んに行われるため，微生物の呼吸による放出量に関係しないほど二酸化炭素を取り入れる量が増えるから。

4 (1) ①…C　②…A　③…C

(2) 80.6°　(3) 50％　(4) 6515km

(5) ① 90°

② **気温差**…大きくなる。

理由…(例)太陽の南中高度の差が大きくなるため，現在より気温が夏は高く，冬は低くなるから。

図1

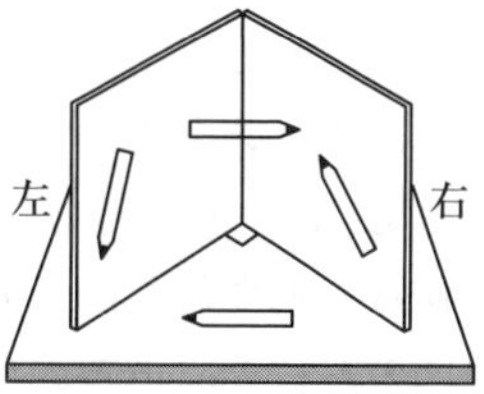

図2

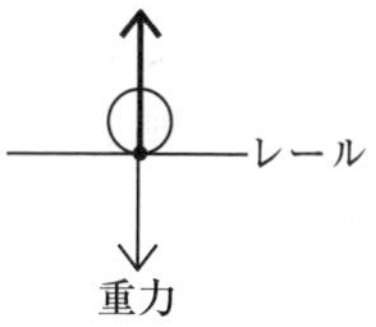

図3

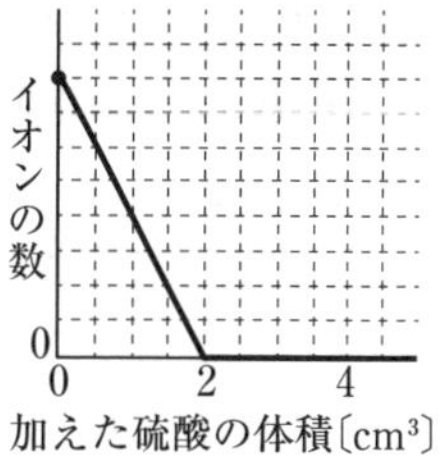

図4

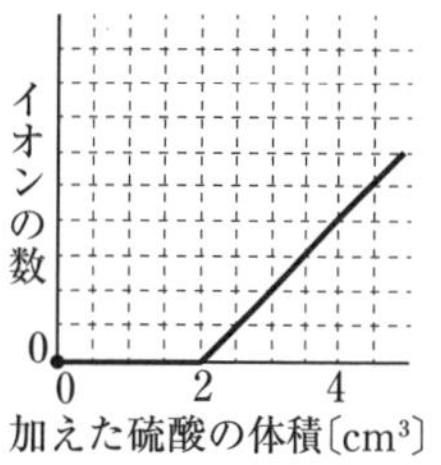

1 〔小問集合〕

(1)<**電流回路**>各抵抗器の抵抗を r Ω，図1，図2の回路の電源の電圧をEVとする。図1で，抵抗器は直列につながれているので，回路全体の抵抗は$2r$Ωであり，図2で，抵抗器2つが並列につながれている部分の抵抗は$\frac{r}{2}$Ωなので，全体の抵抗は$r+\frac{r}{2}=\frac{3r}{2}$(Ω)である。よって，$I_1=\frac{E}{2r}$(A)，$I_2=E\div\frac{3r}{2}=\frac{2E}{3r}$(A)より，$I_1<I_2$である。また，$V_1=rI_1=r\times\frac{E}{2r}=\frac{E}{2}$(V)，$V_2=\frac{r}{2}\times I_2=\frac{r}{2}\times\frac{2E}{3r}=\frac{E}{3}$(V)となるので，$V_1>V_2$である。

(2)<**鏡の像**>鏡に映る像は，鏡の面に対して物体と対称の位置にあるように見える。よって，問題の図3の机を真上から見ると，鏡に映る鉛筆の像は，右図のようになり，2枚の鏡が接している所には，実物の鉛筆とは逆向きになった像が映って見える。

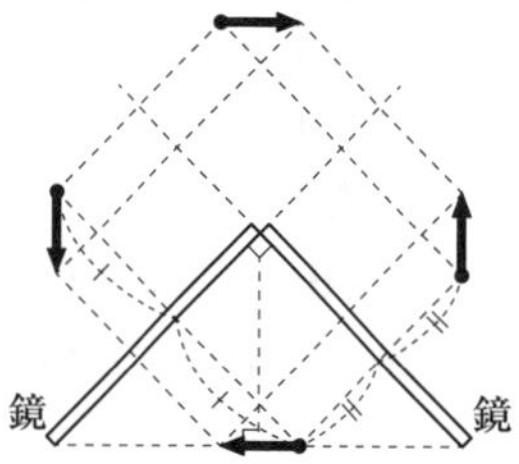

(3)＜**運動とエネルギー**＞①図4の水平なBC間を運動する小球には，運動方向に力ははたらかず，鉛直方向(水平方向に垂直な方向)下向きに重力，重力によって小球がレールを押す力の反作用として鉛直方向上向きに抗力(垂直抗力)がはたらく。抗力の大きさは重力と等しいので，矢印の長さは重力と同じ長さになる。また，重力の作用点は小球の中心であり，抗力の作用点はレールと小球の接点である。解答参照。　②a…小球の位置エネルギーの大きさは，小球の質量に比例し，基準点からの高さに比例する。よって，図4のXとZの水平面からの高さは等しいので，それぞれの点を通過する小球が持つ位置エネルギーは等しい。　b…斜面上の小球は，重力と斜面からの抗力を受け，その合力の向きである斜面に沿った向きに運動する。合力の大きさは，斜面の傾きが大きいほど大きくなる。　c…力学的エネルギーの保存より，XとZで小球が持つ力学的エネルギーは等しく，aより，位置エネルギーも等しいので，それぞれの点を通過する小球が持つ運動エネルギーは等しい。　③力学的エネルギーの保存より，小球が持つ位置エネルギーと運動エネルギーの和は常に一定である。小球がレールの右端から飛び出した後，最高点に達した小球は運動エネルギーを持っているので，最高点で小球が持つ位置エネルギーは，Aで小球が持っていた位置エネルギーより小さくなる。よって，小球が達する最高点の高さはAの高さよりも低くなる。

2〔**化学変化とイオン**〕

(1)＜**水溶液とイオン**＞塩酸は気体の塩化水素が水に溶けた，強い酸性の水溶液である。塩化水素は水に溶けて電離し，陽イオンと陰イオンを生じるため，塩酸には電流が流れる。このように，水に溶けて電離し水溶液中にイオンを生じて電流を流す物質を電解質という。

(2)＜**電離**＞塩化水素(HCl)は，水に溶けて水素イオン(H^+)と塩化物イオン(Cl^-)に電離する。電離の様子を，化学式を使って表すときは，矢印の左側に電離する物質の化学式，右側に生じるイオンの化学式を書き，矢印の左右で原子の数が等しくなるようにイオンの化学式の前に係数をつける。また，矢印の右側の＋と－の数が等しいことを確認する。

(3)＜**中和**＞水酸化ナトリウム($NaOH$)が電離すると，水溶液中にはナトリウムイオン(Na^+)と水酸化物イオン(OH^-)が1：1の数の割合で生じる。一方，塩化水素(HCl)が電離すると，水溶液中にはH^+とCl^-が1：1の数の割合で生じる。また，中和では，H^+とOH^-が1：1の数の割合で結びついて水(H_2O)を生じる。よって，結果より，水酸化ナトリウム水溶液2 cm^3に塩酸2 cm^3を加えると完全に中和して中性になったことから，水酸化ナトリウム水溶液2 cm^3中に存在するNa^+とOH^-の数，塩酸2 cm^3中に存在するH^+とCl^-の数は全て等しい。これより，操作1において，水酸化ナトリウム水溶液中のNa^+は，塩酸中のCl^-と結びついて，塩《えん》として塩化ナトリウム($NaCl$)を生じるが，塩化ナトリウムは水溶液中では電離している。したがって，Na^+の数は変化せず一定で，塩酸を加える前のOH^-の数と同じなので，グラフはウのようになる。Cl^-の数は，塩酸を加える前は0で，塩酸を加えるにしたがって増加し，塩酸を2 cm^3加えたとき，塩酸を加える前のOH^-の数と同じになり，その後も同じ割合で増加するので，グラフはケのようになる。さらに，H^+は完全に中和するまではOH^-と結合して水になるので，その数は，加えた塩酸の体積が2 cm^3までは0である。その後は一定の割合で増え，塩酸を4 cm^3加えたとき，完全に中和した後に加えた塩酸は2 cm^3になり，H^+の数は塩酸を加える前のOH^-の数と同じになるため，グラフはカのようになる。

(4)＜**中和**＞結果より，水酸化バリウム水溶液1 cm^3は塩酸2 cm^3と完全に中和するので，水酸化バリウム水溶液1 cm^3中に存在するOH^-の数は，塩酸2 cm^3中に存在するH^+の数に等しい。これより，水酸化バリウム水溶液1 cm^3中に存在するOH^-の数は，水酸化ナトリウム水溶液2 cm^3中に存在するOH^-の数に等しい。同様に考えると，結果より，水酸化ナトリウム水溶液2 cm^3は硫酸1 cm^3と完全に中和するので，硫酸1 cm^3中に存在するH^+の数は，水酸化ナトリウム水溶液2 cm^3中に存在するOH^-の数に等しく，塩酸2 cm^3中に存在するH^+の数に等しい。よって，水酸化バリウム水溶液1 cm^3は硫酸1 cm^3と完全に中和する。操作2の水酸化バリウム水溶液2 cm^3中に存在するOH^-の数は，水酸化ナトリウム水溶液2 cm^3中に存在するOH^-の数の2倍であり，これと完全に中和するのに必要な硫酸は2 cm^3である。したがって，操作2において，硫酸を加える前のOH^-の数は，(3)のグラフより，塩酸を加える前の水酸化ナトリウム水溶液2 cm^3中に存在するOH^-の2倍の8目盛り分で，硫酸を2 cm^3加えたとき，完全に中和して0になり，以降は0のままである。さらに，水酸化バリウム($Ba(OH)_2$)はバリウムイオン(Ba^{2+})とOH^-に電離し，Ba^{2+}：OH^-＝1：2の数の割合で生じ，硫酸(H_2SO_4)はH^+と硫酸イオン($SO_4{}^{2-}$)に電離し，H^+：$SO_4{}^{2-}$＝2：1の数の割合で生じる。水酸化バリウム水溶液と硫酸の中和では，Ba^{2+}と$SO_4{}^{2-}$が結びついて，塩として硫酸バリウム($BaSO_4$)が生じ，この塩は水に溶けにくいため，沈殿する。これより，$SO_4{}^{2-}$は完全に中和するまではBa^{2+}と結びついて沈殿するので，加えた硫酸の体積が2 cm^3になるまで，$SO_4{}^{2-}$の数は0である。そして，完全に中和した後は増加し，硫酸を4 cm^3加えたとき，完全に中和した後に加えた硫酸は2 cm^3になり，H^+の数は硫酸を加える前のOH^-の数と同じ8目盛り分となる。このとき，$SO_4{}^{2-}$の数はH^+の数の$\frac{1}{2}$だから，4目盛り分である。解答参照。

(5)＜**中和**＞操作3において，塩酸1 cm^3と水酸化ナトリウム水溶液2 cm^3を混合すると，水酸化ナトリウム水溶液は1 cm^3が未反応で残り，水酸化バリウム水溶液3 cm^3と硫酸4 cm^3を混合すると，硫酸1 cm^3が未反応で残る。結果より，この硫酸1 cm^3は水酸化ナトリウム水溶液2 cm^3と完全に中和するから，操作3の混合溶液に，さらに水酸化ナトリウム水溶液を，$2-1=1(cm^3)$加えると中性になる。

3〔**生物の体のつくりとはたらき，生命・自然界のつながり**〕

(1)＜**無性生殖**＞ア～クのうち，無性生殖をする生物はヒドラとアメーバ，ベンケイソウである。ヒドラは細長い体に長い触手を持った，淡水にすむ無セキツイ動物のなかまで，親の体から子ができる出芽によってふえ，アメーバは単細胞の原生生物で，分裂によってふえる。ベンケイソウは多年草の植物で，葉から新しい芽を出し，根・茎・葉のある新しい固体になる(栄養生殖)。

(2)＜**等期日線**＞①サクラは春の3月下旬頃になると本州の南の地方から開花し始め，しだいに北上する。よって，サクラの開花日を表しているのはアである。　②イチョウは秋の10月下旬頃になって気温が下がると黄葉し始める。気温の低下は北の地方から南の地方へと移っていくので，イチョウの黄葉日を表しているのはウである。　③3人の会話文中に，あたたかくなるとサクラが咲き，あたたかい地方では落葉樹より常緑樹が多くなると述べられているように，開花や黄葉には気温の変化が大きく影響していると考えられる。サクラの開花日やイチョウの黄葉日を表す図もそれを示している。

(3)＜**光合成と呼吸**＞植物は太陽の光を利用して二酸化炭素と水からデンプンなどの有機物をつくり，酸素を放出する。このはたらきを光合成という。また，つくられた有機物を，酸素を使って分解して生活のためのエネルギーを得て，二酸化炭素を放出する。このはたらきを呼吸という。日光が当たる昼間は呼吸より光合成の方が盛んなので，呼吸で放出する二酸化炭素の量よりも光合成で取り入れる二酸化炭素の量の方が多いが，夜になって光が当たらなくなると光合成は行われず，呼吸だけが行われるので，二酸化炭素のみ放出される。

(4)＜**光合成と呼吸**＞①腐葉土中には微生物が含まれているので，Bでは，その微生物が行った呼吸によって放出された二酸化炭素も袋の中にたまる。そのため，Bの値の方がAの値より大きくなる。
②植物を入れず腐葉土だけを入れた鉢を用意し，全体を黒色の袋でおおい，袋の中の二酸化炭素濃度を調べる。その後，十分に明るい環境に6時間おき，再度，袋の中の二酸化炭素濃度を測定し，

はじめの値と比べるという実験を行えばよい。腐葉土中の微生物が行う呼吸によって二酸化炭素が放出され，袋の中の二酸化炭素濃度が大きくなると期待される。　③植物は主に葉の部分で光合成を行い，二酸化炭素を取り入れる。植物を十分に明るい環境に6時間おくと，光合成が盛んに行われ，袋の中の二酸化炭素も腐葉土中の微生物が呼吸によって放出した二酸化炭素もほとんどが取り入れられてしまう。そのため，Cの値もDの値も検知できないほど小さくなる。

4〔地球と宇宙〕

(1)**<太陽の南中高度>**冬至の日の太陽の南中濃度は，〔南中高度〕=90°−〔観測地点の緯度〕−23.4°で求められる。これより，〔観測地点の緯度〕=90°−〔南中高度〕−23.4°となるので，南中高度が低いほど観測地点の緯度は高くなる，つまり北に位置する。よって，表より，最も北に位置するのはC地点である。太陽の南中時刻は，西の地点ほど遅くなるので，最も西に位置するのはA地点である。また，夏至の日には，地球の北極側が太陽の方に傾くので，右図1のように，緯度が高い地点，つまり北の地点ほど日の出から日の入りまでの時間(昼の時間)が長くなる。したがって，夏至の日に，日の出から日の入りまでの時間が最も長いのはC地点である。

図1

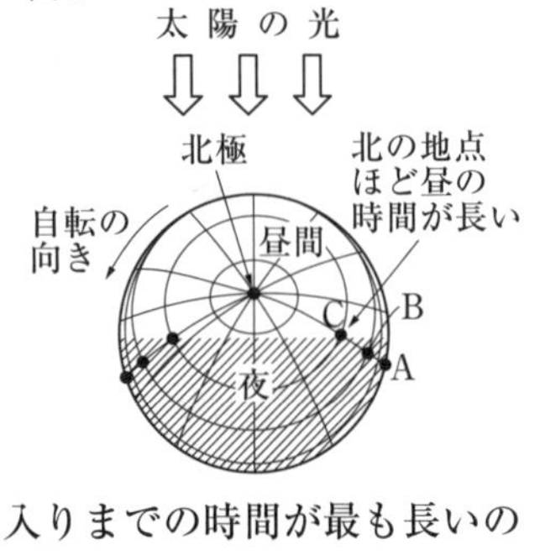

(2)**<太陽の南中高度>**夏至の日の太陽の南中高度は，〔南中高度〕=90°−〔観測地点の緯度〕+23.4°で求められる。(1)より，D地点の緯度は，90°−33.8°−23.4°=32.8°であるから，夏至の日の太陽の南中高度は，90°−32.8°+23.4°=80.6°である。

(3)**<太陽光の当たり方>**表より，冬至の日のB地点での太陽の南中高度は30°である。このとき，右図2のように，1 m²の面に垂直に当たる太陽の光は，水平な地面に届くと，2 m²の面積に当たることになる。よって，地面1 m²に当たる光の量は，真上から1 m²の面積に当たる光の量の$\frac{1}{2}$になるから，50%である。

図2

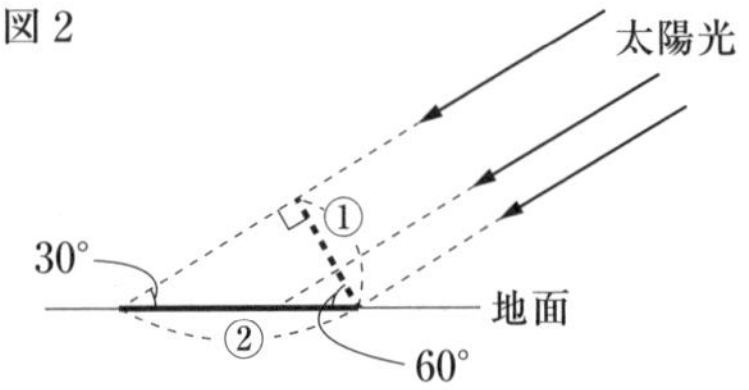

(4)**<地球の半径>**表より，C地点とE地点は，太陽の南中時刻が同じなので，同じ経線上にある。(1)より，緯度の差は太陽の南中高度の差に等しいので，C地点とE地点の緯度の差は，31.0°−26.9°=4.1°である。これより，地球の中心とC地点，E地点を通る断面の円を考えると，中心角を4.1°とするおうぎ形の弧の長さが，C地点とE地点の距離の460kmとなる。よって，地球の半径をx kmとすると，地球の円周について，$2\times3.1\times x=460\div(4.1\div360)$が成り立つ。これを解くと，$x=460\div(4.1\div360)\div6.2=6514.5\cdots$より，求める地球の半径は6515kmである。

(5)**<地軸の傾き>**①地軸の傾きが45°になった場合，右図3のように，夏至の日の太陽光は北緯45°のF地点の地平面に対して垂直に当たるので，太陽が南中したとき，太陽は頭の真上方向にある。つまり，南中高度は90°になる。　②地軸の傾きが45°の場合，夏至の日の太陽の南中高度は，現在と比べて高くなるので，夏の気温は現在より高くなる。また，冬至の日には，太陽の光がF地点の地平面に対して平行に当たり，現在と比べて地面が受ける光の量が非常に少なくなるので，冬の気温は現在より低くなる。よって，夏と冬の気温差は，現在よりも大きくなる。

図3

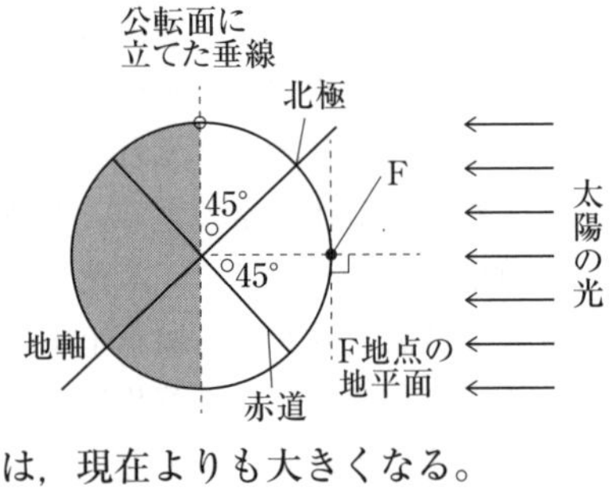

国語解答

一　問一　ウ　　問二　エ

問三　⑴　文学作品がいつどのように書かれ，どのような形で読者に提供されたかを探究すること。（40字）

⑵…ウ

問四　作品の作者が「頭の中」で考えていたことを推し量り，それを自分の「頭の中」で再構成すること。

問五　イ

問六　a　筋　b　際限　c　境地　d　誤記

二　問一　閉ざされた土地

問二　ウ　　問三　ア　　問四　エ

問五　農地を所有していない者が耕作すること。

問六　素人のつくった物ではあるが，自然栽培で野菜をつくり始めた自分を，好意的に受けとめ，応援してくれている，と思っている。

問七　エ

問八　a…ウ　b…イ　c…エ

一〔**論説文の読解―芸術・文学・言語学的分野―文学**〕出典；山下浩『漱石新聞小説復刻全集第11巻』「解題」。

≪本文の概要≫絵や彫刻は，その存在を確認できる「固体」であるが，文学作品は，目で見ることも触れることもできない「無形で抽象的な存在」である。となると，作者の自筆原稿であれ，印刷物であれ，目に見えるテクスト・本文とは何なのか。漱石の作品なら，それがいつどのように書かれ，どのような形で読者に提供されたか，作者に密着した作品の考察は，さほど難儀ではない。しかも，この考察を深く経れば経るほど，「商品」としての文学作品といった，別の視点からの探索も可能になる。その意味で，文学作品のもとをただし，そのありかを問い続けることは，有効な方法であり続けるだろう。例えば『三四郎』のありかは，執筆時点の漱石の「頭の中」である。私たちは，作家が「頭の中」で考えていたことを推し量り，「発見」しながら読む。漱石の場合，作品を「発見」するための本文は，自筆原稿から今日の文庫本までさまざまあり，それぞれの版はそれぞれの存在意義を持つが，漱石という作者が書いた「漱石に拠る，漱石の作品」を読みたいとなると，どれでもいいというわけにはいかない。

問一＜**文章内容**＞絵や彫刻などは，作品と「それを伝える媒体」とが「同一物」であり，「そのもの自体が『芸術作品』」といえる。つくられた当時から今日までの間に損傷したり変形したりしたとしても，作者がつくったものが今日に伝わっているのである。「再建」された建造物は，最初につくられたままのものではなく，作品と「それを伝える媒体」が別である（ウ…×）。

問二＜**指示語**＞自筆の原稿，初版本，現代の全集や文庫本など，その作品の本文を記した物が全て「なくなって」しまうという事態になったとしても，ハムレットは，「私たちがその有名な台詞や物語の筋だけでも憶えて」いるかぎり「モナリザがなくなるようには」なくなりそうもない。

問三＜**文章内容**＞⑴文学作品が「いつどのように書かれ，どのような形で読者に提供されたか」というように，「作者に密着した作品の考察」をすることが，文学作品の「もとをただ」すことである。⑵「作者に密着した作品の考察」は，深く経れば経るほど，それとは対極にあるといえる「『社会的産物』あるいは『商品』としての文学作品・本文」といった考察や，「『誤植の美学』といった新しい境地の探索も可能」になる。つまり，文学作品の「もとをただし」て作者に密着した深い考察をすることで，別の視点からの探究も可能になるのである。

問四＜**文章内容**＞手紙を読むとき，私たちは「その手紙中に意味のはっきりしない箇所や誤記らしき部分に出会って」も，書き手が「『頭の中』で考えていたことを推し量り，『発見』しながら読んで」いる。これと「『無形で抽象的な』文学作品を作者の頭の中から『発見』すること」との間には，さほど違いはない。文学作品を読むとき，私たちは，その作品を書いた作者が「頭の中」で考えていたことを推し量り，それを自分の「頭の中」で再構成して作品世界をとらえていくのである。

問五＜表現＞筆者は「作者に密着した作品の考察」は有効だという主張をする際に，「文学作品から作者を切り離せとか〜まるで作者の名を口にするのは悪だといわんばかりの勢いで文学を論じる人たち」がいることに言及している(ア…○)。筆者は，ハムレットとモナリザの比較を通して，文学作品が「無形で抽象的な存在」であることを示す一方，手紙と文学作品については，文学作品も手紙も，書き手が「頭の中」で考えていたことを推し量りながら読むものであるという点で共通することを述べている(イ…×)。全体は，「ハムレットの方はどうでしょうか」「目に見えるテクスト・本文とはいったい何なのでしょう」などのように読者に問いかけ，それに対する答えを示しながら少しずつ論を進めることによって，読者の理解を促すような書き方になっている(ウ…○)。文学作品のテクストとは何かというテーマ自体は抽象的なものであるが，それについて述べていく際，筆者は「モナリザ」や「ハムレット」などの具体的な作品を，考えるための手がかりとして挙げたり，ある作品が「どこにあるか」を考えるために『三四郎』を取りあげたりしている(エ…○)。

問六＜漢字＞a．音読みは「筋肉」などの「キン」。　b．「際限」は，果て，限りのこと。　c．「境地」は，分野や立場のこと。　d．「誤記」は，書きあやまりのこと。

二〔**小説の読解**〕出典；はらだみずき『海が見える家　逆風』。

問一＜表現＞「このあたり」は「草ボーボーの土地」だった所で，「ここへはだれもやって来ない」のである。「ここ」は，「閉ざされた土地と言ってもいい」所なのであった。

問二＜文章内容＞こちらに向かって歩いてきた人は，「見知らぬ老人」だった。「ここ，房総半島の南，安房地域では，人口の約四割以上が六十五歳以上」であるため，「ここ」で「見知らぬ老人」と会うのは，よくあることであった。

問三＜心情＞老人は，この場所が「休耕地」だったことは知っていた。それを知っているからこそ，老人は，文哉が野菜をつくっているのを見て，「まずい」と思った。

問四＜心情＞老人は，「長いあいだ畑として使われてなかった」この場所が「草ボーボー」だったことはわかっていた。そして，それと同じことが「あっち」でも起こっているのを望ましくないことだと思っていたので，老人は，暗い気持ちになり，話す声も「沈んだ」のである。

問五＜文章内容＞農地法は「耕作者自らによる農地の所有」を前提としている。したがって，この土地を所有しているわけではない文哉が耕作していることは，「まずい」のである。

問六＜文章内容＞文哉の野菜の出来ばえについて，幸吉や和海たちが「いいんじゃねえか」「たいしたもんだ」と言ったことを，文哉は，本心からではないかもしれないと思いつつも，彼らが自分を好意的に受けとめ，受け入れ，応援してくれていると感じていたのである。

問七＜心情＞老人は「農業委員」であり，文哉がここで野菜をつくっていることを「農業委員」として農地法に基づいて制止した。しかし，野菜づくりを続けたいと思っている文哉は，そのようなことを老人から言われるのは，自分が「よそ者」だからだと感じた。

問八．a**＜語句＞**「小一時間」は，ほぼ一時間だが，一時間よりは短い時間のこと。　b**＜慣用句＞**「まんざらでもない」は，必ずしも悪くない，という意味。実際にはかなり気に入っている，という意味で用いられる。　c**＜語句＞**「お裾分け」は，もらったものの一部を人に分け与えること。

Memo

Memo

2022年度 筑波大学附属高等学校

【英　語】（50分）〈満点：60点〉

1　放送の指示にしたがって答えなさい。〈編集部注：放送文は未公表につき掲載してありません。〉

例題　ア　A CD.　イ　A pen.　ウ　A cake.　エ　A book.

(1)　ア　To the car.　イ　To her room.
　ウ　To the bathroom.　エ　To the kitchen.

(2)　ア　At 8:00.　イ　At 8:30.　ウ　At 9:00.　エ　At 9:30.

(3)　ア　The first floor.　イ　The second floor.
　ウ　The third floor.　エ　The fourth floor.

(4)　ア　Two.　イ　Three.　ウ　Four.　エ　Five.

(5)　ア　Mary's sister.　イ　Mary's parents.
　ウ　Bob's uncle.　エ　Bob's brother.

(6)　ア　1,020 yen.　イ　1,080 yen.　ウ　1,140 yen.　エ　1,200 yen.

2　次の英文を読んで，問１～問９に答えなさい。

"Sara, you're after Meg." My homeroom teacher, Ms. Wood, tells me to do my presentation next. Now Meg is standing at the front of the classroom. She looks excited. I know how much Meg likes to talk.

I've been nervous since Ms. Wood said we should share something that nobody else in the sixth grade knew about us. I've never given a presentation in front of a class before. Until this summer, I was homeschooled by my parents.

"You can begin, Meg," Ms. Wood says.

Meg has a big smile on her face. "I have a black cat, Darsha — she never mews! The vet said some cats are that way. And someday, if she wants to mew, she will. Darsha is a small adult cat. She has a white line on her front left paw. Darsha is the best cat."

Meg shows a surprising photo of herself and . . . Shade, my black cat. 'My cat! Mine! Why is Meg doing a presentation on Shade?' I say to myself.

Meg returns to her seat. I stand up slowly. This is going to be terrible.

I go to the front of the room and hold up my poster of my cat. "I have a pet named Shade. She's a black cat with a white line on her front left paw." My voice becomes weaker. "She's been my cat since I was seven years old. One interesting thing about Shade is . . . that she never mews."

(1)The whole class is looking at me with surprise. I can't continue. I run back to my seat without looking at my classmates.

"Sara and Meg, see me after class," Ms. Wood says.

Meg and I go to her office. Ms. Wood says, "One of you must give a new presentation on Monday."

In the hallway, Meg says with confidence, "(2)＿＿＿＿＿＿. I am one hundred percent sure."

"I don't know who Darsha is," I say quietly. "But Shade is mine."

She looks angry and says, "Come to my house today after school, and you can see for yourself."

Meg's house is close to mine. Inside, there isn't much furniture, but there are lots of tall bookshelves. The rooms are very quiet. There is something about her house that makes me relaxed.

In her bedroom, a black cat is sleeping on the bed.

"That's Darsha!" Meg shouts. "I told you!"

Darsha is just like Shade. (3)[I / I'm / don't / say / know / surprised / what / so / to / that]. Finally, I just ask, "Why is her name Darsha?"

"Darsha was one of the most famous silent film actresses in India! (4)She said everything through her eyes. It's a good name for a cat that never mews. And, I'm going to be an actress when I grow up," Meg answers.

It is a great name, but I am too shy to tell Meg that. "I really have a cat named Shade," I say.

"Let's go to your house and see her right now," Meg suggests.

"The problem is . . . that she won't be home. Shade likes to go out in the afternoon," I say.

Meg's face turns red. "Are you (5)______ about having a cat?" Meg asks loudly.

I take a deep breath and say, "Come to my house tomorrow morning. Shade will be there."

On Saturday morning, Meg stands at my front door with a funny look on her face. She steps inside and her eyes grow wide as my four younger brothers are laughing and running up and down the stairs. My mom comes to us and says loudly, "Hi, there!"

We are standing by the schoolroom. The room is a mess with books, papers, and art supplies. The little stage in the corner of the schoolroom is also a mess.

Meg jumps on the stage, and says with a cold smile, "Sara and Meg, see me after class."

It is just like Ms. Wood, and I laugh.

"I love this stage!" Meg cries. "Why do you have it?"

"We sometimes use it for homeschooling. Here, my brothers and I practice plays we've written. My parents teach us at home. (6)Well, not me anymore," I answer.

"I didn't know you were homeschooled," Meg says. "That's so cool."

I'm embarrassed. I haven't told anyone at school yet.

Then Shade appears and runs to Meg's legs and then comes to me.

We both laugh. "That's Shade," I say. I've shown Meg that I wasn't lying.

"It's a good name," Meg says. "I have to tell you something. This morning, I followed Darsha when she left my house. She always leaves when the sun rises. I discovered that she went straight into your backyard."

I'm surprised and say, "The cat door is in the back. Shade comes inside in the morning, and disappears again in the afternoon."

We look at the black cat carefully.

"She's been living two lives," Meg says with wonder. "Darsha! How clever you are!"

"What do you mean?" I ask. Shade has another family. It hurts my feelings.

"When she wants to be (7-A)______, she comes here! There are lots of kids, and so much noise!" Meg says.

"And when she wants a (7-B)______ time, she goes to your house!" I cry out.

Suddenly, Meg hugs me. I'm surprised, but I hug back. I understand that we are going to share our cat. She is Darsha with Meg, and Shade with me.

"I can do a different (8)______," Meg says. "The cat was yours first. I was nine years old when she came to my house first."

"No," I say and shake my head strongly, and continue. "I should tell everyone about how I was homeschooled. It's something nobody knows because I've been too embarrassed to tell people."

Meg smiles a big smile and suggests, "Can I help you with the poster?"

"Sure!" I say. "We have lots of school supplies around."

（注） homeschool 子どもを学校ではなく自宅で教育する　mew ニャーと鳴く
furniture 家具　silent film 無声映画　breath 呼吸　schoolroom 学習室

問１　下線部(1)の理由を，句読点を含む20字以内の日本語で答えなさい。

問２　下線部(2)の空所に入る最も適切なものを，次のア～エから１つ選び，記号で答えなさい。

ア　You like Darsha　　イ　Darsha is my cat
ウ　Your cat is Darsha　　エ　I hate Darsha

問３　下線部(3)の[　]内の語を，意味が通るように並べかえなさい。

問４　下線部(4)が表す意味として最も適切なものを，次のア～エから１つ選び，記号で答えなさい。

ア　次に起きることを予測できた。
イ　遠くのものでも見ることができた。
ウ　見たものを何でも上手に説明した。
エ　言葉がなくても気持ちを伝えられた。

問５　下線部(5)の空所に入る最も適切な動詞を次から１つ選び，必要があれば適切な形に変えて答えなさい。

lie　talk　think　worry

問６　下線部(6)で省略されている語を補うとき，次の空所に入る最も適切な語を１語ずつ答えなさい。

Well, (　　) (　　) not (　　) me anymore

問７　下線部(7-A)，(7-B)の空所に入る語の組み合わせとして最も適切なものを，次のア～エから１つ選び，記号で答えなさい。

ア　(7-A) active　(7-B) quiet　　イ　(7-A) alone　(7-B) peaceful
ウ　(7-A) cheerful　(7-B) busy　　エ　(7-A) relaxed　(7-B) hard

問８　下線部(8)の空所に入る最も適切な１語を，本文中から抜き出して答えなさい。

問９　本文の内容に合うものを，次のア～キから２つ選び，記号で答えなさい。

ア　Sara is too nervous to talk about her pet in front of the class.
イ　The cat cannot mew because she is sick.
ウ　When Meg was seven years old, the cat started to stay with her.
エ　Sara has a stage at home because she wants to become an actress.
オ　Meg is the first person who finds that the cat has two different families.
カ　The cat usually spends the mornings at Meg's house.
キ　On Monday, Sara will tell her classmates about how she was taught at home.

3 次の英文を読んで，問１～問10に答えなさい。

Once upon a time, a young king named Filip lived in a land in the north. During the dark time of one winter, the king felt that the whole world was frozen. He thought that everyone stayed indoors.

On a stormy, cold day, King Filip was walking through room after room of his castle. He was looking for something interesting. He walked into the kitchen. The cooks were cutting vegetables. He looked into the pots and sighed, "Vegetable soup again." The king walked to the castle library. There, he sat on a chair. He pulled a huge book off the nearest shelf and opened it.

It was an atlas. The paper was old, but the maps were in beautiful colors. Mountains were in blue. Deserts were in sand gold. Each page has several names such as Kuantan, Manzola, and Babonski. The king found a map of Norland, his own kingdom. Even the images on the page looked cold to him. (1)__________. Roads like silver ribbons went through fields, villages lay on green hills, and lakes shone beautifully. He was attracted by the maps.

Deep in the castle, the dinner bell rang. "Vegetable soup again," King Filip said. He put the book back on the shelf.

The next morning, when he pulled the atlas off the shelf, he found a small box deep in the shelf. Inside the box was a tiny telescope which was as small as a pen. The king looked around the library through the telescope, but he couldn't see anything clearly. Then he opened the atlas and looked through the telescope. He pointed it toward a country named Babonski. He saw small, white houses with red roofs on the slopes. Brick (2-A)______ ran between the houses. Gardens were filled with (2-B)______ of yellow, purple, and pink. The telescope gave life to the map.

The king was surprised. Tiny people moved around the page! Children were holding hands and dancing in a ring. An old man was smiling on a chair. Farmers in large hats were picking purple fruits. The telescope was a very small window into those worlds far away from his kingdom. When he placed the telescope back in its box at the end of the day, the king thought, 'It's like (3)__________ this frozen land of mine!'

The king spent his days on the atlas. Each land was filled with many interesting features, but the map he often returned to was Babonski. There he saw the same people: men talking in groups, children playing together, and the old man smiling on his chair. Although he could not hear them, the king felt he (4)______ them.

One morning as he watched, a group of about one hundred men in blue jackets rode out of Babonski on black horses. They moved up a mountain to the north of Babonski. Then, from the other side of the mountain, an army of men in red coats appeared. A fight between the two armies began. "Stop it!" the king shouted at them, but his words did not reach them through the paper. There was nothing he could do. (5)<u>He shut the book.</u>

'And my own kingdom? Perhaps I know nothing about it, either. Is it in danger, too?' the king thought. He opened the atlas to the map of Norland and put the telescope to his eye.

It was evening in Norland. Villagers were skating on the lake. Near the woods, many people around a bonfire were roasting apples. 'People are out in the winter, and I didn't know anything about it,' the king thought.

Then, near a forest, he saw a small house. Outside the door, a boy sat on the snow. His head was on his knees and his shoulders were (6-A)______.

'The child is crying,' the king thought, and he ran out of the library.

He told his coachman to take him there on his sleigh. When they reached the house, the boy was still sitting outside. As the king got off the sleigh, the boy (6-B)______ his face. It was wet with tears and red with cold.

"Child, why are you crying ?" King Filip asked.

"My mother and father and baby sister are sick. I'm the only one who can care for them," the boy said.

"But why are you outside ?" the king asked.

"(7)[that / I / I'm / them / don't / want / to / scared / see]," the boy answered.

"Come," the king said and took the boy's hand. "Let's go inside."

Near a fire, a man, a woman, and a baby were in bed. They looked very sick. "I only have water to give them," the boy said.

The king was surprised at (8)his story. He told the coachman to go back to the castle for the doctor, blankets, and pots of (9)________. After the doctor's treatment, the king sat for a long time until the parents were well enough to smile.

For weeks the atlas sat on the library shelf while the king rode through his kingdom. He filled his sleigh with potatoes to roast in the bonfires, carried his skates with him to join the people on the frozen ponds, and brought pots of (9)________ for the boy and his family. But one day, after dancing with a group of children, King Filip remembered the people of Babonski.

He sat once again on the chair in his library and looked at the map of Babonski. The old man was still smiling on a chair, the children were playing, and men in blue jackets were walking through the streets. 'What happened ?' he wanted to ask them.

He shut the book and walked to his desk. With colorful ink, King Filip wrote a letter. As soon as the spring came, the king sent his letter to the people of Babonski.

(注) atlas 地図帳　bonfire 焚《た》き火　roast ～を焼く　coachman (そりの)運転手

問1　下線部(1)の空所に入る最も適切なものを，次のア～エから１つ選び，記号で答えなさい。

ア　He closed his eyes and fell asleep　イ　He went outside of the castle

ウ　He threw the book away　エ　He moved on to other pages

問2　下線部(2-A)，(2-B)の空所に入る語の組み合わせとして最も適切なものを，次のア～エから１つ選び，記号で答えなさい。

ア　(2-A)　dogs　(2-B)　birds　イ　(2-A)　streets　(2-B)　flowers

ウ　(2-A)　walls　(2-B)　people　エ　(2-A)　children　(2-B)　fruits

問3　下線部(3)の空所に入る最も適切なものを，次のア～エから１つ選び，記号で答えなさい。

ア　traveling from　イ　looking into　ウ　walking through　エ　flying above

問4　下線部(4)の空所に入る最も適切なものを，次のア～エから１つ選び，記号で答えなさい。

ア　found　イ　knew　ウ　saw　エ　surprised

問5　下線部(5)の理由として最も適切なものを，次のア～エから１つ選び，記号で答えなさい。

ア　争いが収まって安心したから

イ　争いが決着せずに飽きたから

ウ　争いを止められないことに落胆したから

エ　争いに自分の国も参加すると決めたから

問6　下線部(6-A)，(6-B)のそれぞれの空所に入る最も適切な動詞を次から選び，必要があれば適切な形に変えて答えなさい。

lift　　rise　　roll　　see　　shake

問7　下線部(7)の[　]内の語を，意味が通るように並べかえなさい。

問8　下線部(8)の内容を，句読点を含む40字以内の日本語で答えなさい。

問9　下線部(9)の空所に共通して入る最も適切な連続する2語を，本文中から抜き出して答えなさい。

問10　King Filipは後の世の王に向けて，この地図帳に以下のような注意書きをつけた。空所に共通して入る最も適切な1語を，本文中から抜き出して答えなさい。

This atlas is special.　You can enjoy this as a book of maps of many different places.　But with the special telescope inside the little box, you can see the real (　　) of the people living all around the world.　Some are working hard, some are playing together, and some are suffering.　They are all different and special.　It's very interesting and meaningful to see how (　　) is lived in many other countries, but you must know your country most.　With this book, have a wider view.

4　次の(1)〜(4)の対話を読んで，それぞれの空所に，[　]内に示した日本語の意味を表す英語を書きなさい。

(1)　A：Where's Yoko?

　　B：She's in the library. ________________

　　[君が先週勧めた本を読んでいるよ。]

(2)　A：Is Hiroshi in his room?

　　B：Yes. ________________

　　[朝から飲まず食わずで勉強しているのよ。]

(3)　A：How many days a week do you practice tennis at school?

　　B：Only two days.　That's our school rule, and we can't change it.

　　________________

　　[もっと練習時間があればうまくなれるんだけど。]

(4)　A：You look very busy with your studies this week.

　　B：Yes, but ________________

　　[先週ほど宿題は多くないよ。]

【数　学】（50分）〈満点：60点〉

（注意）　円周率を必要とする計算では，円周率はπで表しなさい。

1　自然数nについて，n，n^2，n^3，n^4，n^5，…の一の位の数だけを取り出して並べたとき，一の位の数が循環する個数を$\langle n \rangle$で表す。

例えば$n=2$の場合，

$2^1=2$，$2^2=4$，$2^3=8$，$2^4=16$，$2^5=32$，…

のように，一の位の数が2，4，8，6，2，…という並びになり，2，4，8，6の4個の数が循環するので，$\langle 2 \rangle=4$である。

また，$n=1$の場合，

$1^1=1$，$1^2=1$，…

となるので，$\langle 1 \rangle=1$である。

このとき，次の①～④の［　］にあてはまる数を求めなさい。

(1)　$\langle 18 \rangle=$［　①　］である。

(2)　$\langle n \rangle=1$となる自然数nを5つ示すと，$n=$［　②　］である。

(3)　$\langle n \rangle=\langle n^2 \rangle$を満たす133以下の自然数は，全部で［　③　］個ある。

(4)　$n^2-10\langle n^2 \rangle n+24\langle n \rangle=0$を満たす自然数$n$をすべて求めると，$n=$［　④　］である。

2　下の図のように，線分ABを直径とする半円Oの$\overset{\frown}{AB}$上に，$\overset{\frown}{AC}=2\overset{\frown}{BD}$となるような2点C，Dをとり，直線AB，CDの交点をEとする。

AB＝10cm，BE＝8cmであるとき，後の⑤～⑦の［　］にあてはまる数を求めなさい。

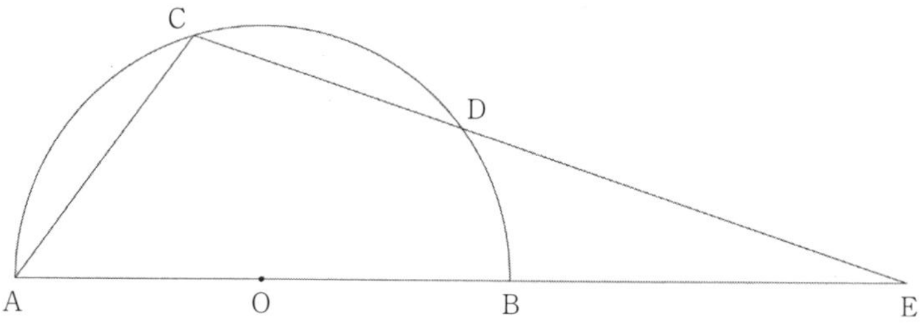

(1)　線分BCの長さは，BC＝［　⑤　］cmである。

(2)　線分BDの長さは，BD＝［　⑥　］cmである。

(3)　△OCDの面積は，［　⑦　］cm^2である。

3　次のページの図のように，AB＝DC＝6m，AD＝BC＝12mの横断歩道が設置されている交差点がある。歩行者用信号機は，

(i)　AB間，DC間を渡る歩行者用：青60秒，青の点滅5秒，赤55秒

(ii)　AD間，BC間を渡る歩行者用：青25秒，青の点滅10秒，赤85秒

をそれぞれ繰り返す。(i)(ii)のいずれか一方が青または青の点滅のときは，もう一方は赤であり，(i)(ii)のいずれもが赤である時間は毎回10秒である。

それぞれ一定の速さで移動するPさん，Qさんは，ある地点XからAを経由し，横断歩道を2回渡ってCに行く。経由地Aにおいて信号待ちとなることもあり得る。A，B，Dの各地点において，信号機が青のときには直ちに横断歩道を渡り始めるが，青の点滅や赤のときには渡り始めないものとする。

このとき，後の⑧～⑩の［　］にあてはまる数を求めなさい。

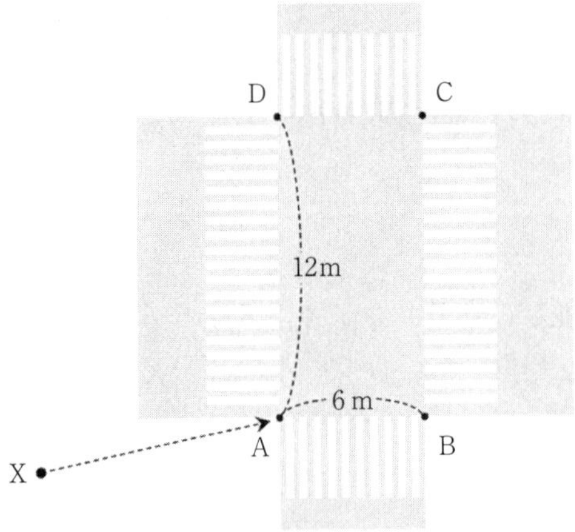

(1)　Pさんは，横断歩道を渡り始めると同時に青の点滅が始まった場合，青の点滅が終わると同時にその横断歩道を渡り終えることができる。

　Pさんの速さは，時速［　⑧　］kmである。

(2)　Pさんが経由地Aに着いてからCに到着するまでにかかる時間は，最も短くて［⑨-ア］秒，最も長くても［⑨-イ］秒未満である。

(3)　時速7.2kmの速さで移動するQさんは，AB間の信号が青に変わってから［　⑩　］秒後に経由地Aに着き，その60秒後にCに到着した。

　⑩の空欄にあてはまる0以上120未満の値をすべて求めなさい。

4　右の図のように，底面の円の半径が3cmの円柱がある。線分ABは底面に垂直で，AB＝4cmである。

　点PはAを出発して，Aを含む円周上を時計回りに一定の速さで動いて1周し，点QはPと同時にBを出発して，Bを含む円周上を反時計回りに一定の速さで動いて1周する。P，Qはいずれも，円周上を1周した時点で停止する。

　Pが出発してx秒後($x>0$)，線分PQは底面と垂直になり，垂直になった16秒後にPはAに到着した。さらに，PがAに到着した20秒後に，QはBに到着した。

　このとき，次の⑪～⑬の［　］にあてはまる数を求めなさい。

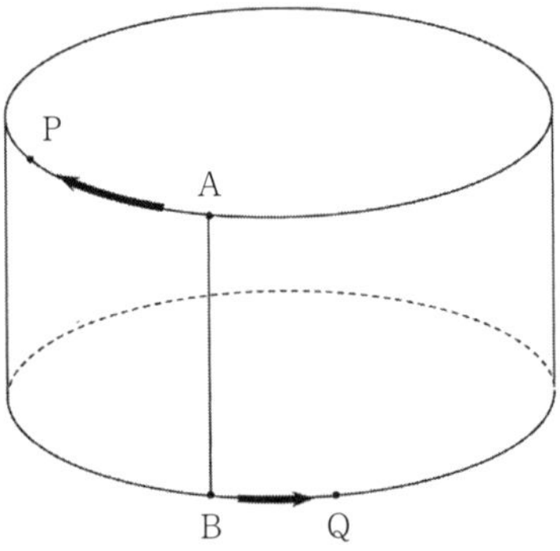

(1)　x＝［　⑪　］である。

(2)　Pが出発して20秒後，△PBQの面積は，［　⑫　］cm^2である。

(3)　Pが出発して15秒後，4点A，B，P，Qを頂点とする四面体の体積は，［　⑬　］cm^3である。

5　正誤問題20問，100点満点のテストを実施した。各問を，正答は5点，正答以外は0点で採点して合計し，その結果を箱ひげ図にまとめたものが下の図である。

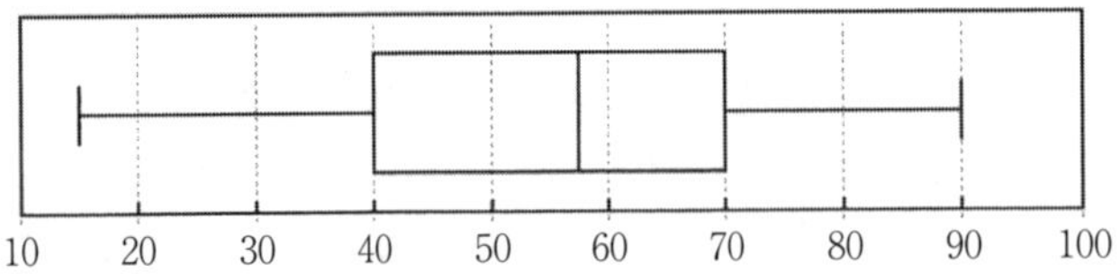

　このとき，次の⑭，⑮，⑰の［　］にあてはまる数を求め，⑯の解答欄では適する方に○をつけ，その理由を述べなさい。

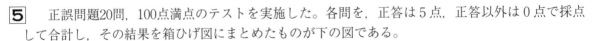

(1)　このデータの四分位範囲は，［ ⑭ ］点である。
(2)　データの個数が8のとき，平均値は［ ⑮ ］点である。
(3)　データの個数が12のとき，平均値が中央値より大きくなることはあり得るか，それともあり得ないか。⑯の解答欄で「あり得る」,「あり得ない」の適する方に○をつけ，その理由を述べなさい。
(4)　データの個数が4の倍数であるとき，データの個数がどれだけ大きくても平均値がa点以上となることはない。
　aにあてはまる最小の自然数は，［ ⑰ ］である。

【社　会】（50分）〈満点：60点〉

1　問１　図ⅠのＡ～Ｄは，1997年と2017年における日本，アメリカ合衆国，中華人民共和国，ドイツにおける発電割合をそれぞれ示したものである。日本とドイツの正しい組合せを，下のア～シの中から１つ選び，記号で答えなさい。

図Ⅰ

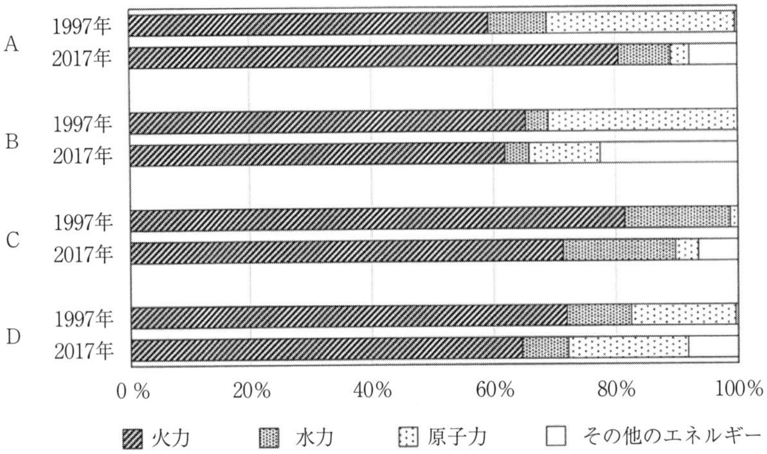

（Energy Statistics Yearbook により作成）

	ア	イ	ウ	エ	オ	カ	キ	ク	ケ	コ	サ	シ
日本	A	A	A	B	B	B	C	C	C	D	D	D
ドイツ	B	C	D	A	C	D	A	B	D	A	B	C

問２　地球温暖化のおもな要因として，大気中の二酸化炭素濃度の上昇があげられる。図Ⅱ，図Ⅲと次ページの先生と生徒の会話を読み，［Ａ］にあてはまる語と，［Ｂ］にあてはまる記号をそれぞれ答えなさい。

図Ⅱ　地点Ｘにおける月別の二酸化炭素濃度の推移（2013年１月～2020年12月）

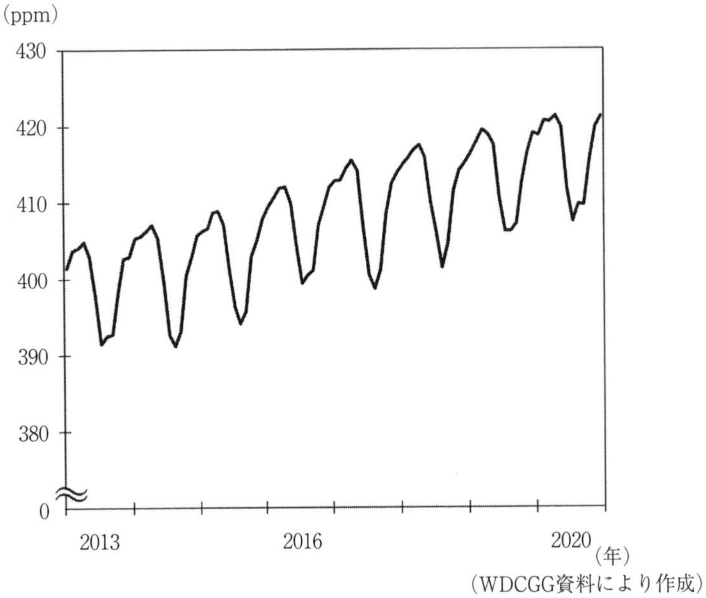

（WDCGG資料により作成）

図Ⅲ

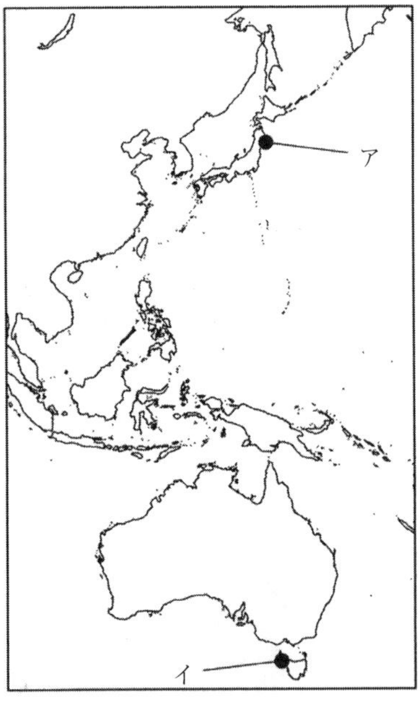

生徒：図Ⅱをみると，二酸化炭素濃度は，上昇や下降を繰り返しながら，年を追うごとに高くなっていることがわかります。
先生：そうですね。濃度の高い時期と低い時期はそれぞれいつころでしょうか。
生徒：毎年，高いのは2～3月ころで，低いのは8～9月ころでしょうか。なぜこのような周期があるのでしょうか。
先生：良いところに気が付きましたね。この周期には，実は植物が二酸化炭素を吸収する働きが大きく関係しているのですよ。
生徒：その働きとは，［ A ］のことでしょうか。
先生：その通りです。では，図Ⅱが観測された地点Xは，図Ⅲのア，イのどちらと考えられるでしょうか。
生徒：二酸化炭素濃度の上昇と下降の時期から考えると，［ B ］でしょうか。
先生：正解です。ちなみに，全体的に二酸化炭素の濃度が上昇し続けているのは，植物が吸収する量よりも人間の活動による排出量の方が多く，収支が合わないためなのです。地球温暖化防止に向けて一人ひとりが出来ることを考えていきましょう。

問3　一般的に，貿易額は地理的な距離や経済規模に影響を受けることが多いが，歴史的な要因により影響を受けることもある。表Ⅰは，アジア，アフリカ，北アメリカ，中南アメリカ，ヨーロッパにおける地域内・地域間商品貿易額を示したものである(2014年)。A～Cにはアジア，アフリカ，北アメリカのいずれかがあてはまる。正しい組合せを，下のア～カの中から1つ選び，記号で答えなさい。

表Ⅰ　単位：10億ドル

輸出元＼輸出先	A	B	C	中南アメリカ	ヨーロッパ
A	3,093	207	1,065	185	900
B	152	98	39	29	201
C	504	43	1,251	214	379
中南アメリカ	170	18	173	179	114
ヨーロッパ	738	221	540	119	4,665

(『経済は統計から学べ！』により作成)

	ア	イ	ウ	エ	オ	カ
アジア	A	A	B	B	C	C
アフリカ	B	C	A	C	A	B
北アメリカ	C	B	C	A	B	A

問4　図Ⅳのマンガは，登場人物である地球環境調査隊の子どもたちと博士が，地球上の水について会話をしている様子を描いたものである。下のセリフは，空白となっている3コマ目での地球環境調査隊の発言である。[C]，[D] にあてはまる語句を答えなさい。

図Ⅳ

（「世界の水問題」により作成）

セリフ

> 海外で肉や作物を生産するために，[C]。つまり，食べものを大量に輸入するということは，[D] ということになるわけだね。

2 問1 図IのA～Cは，2015年における日本の3つの自治体の人口ピラミッドである。下のX～ZはA～Cのいずれかの自治体の特徴を簡潔に説明したものである。A～Cの正しい組合せを，下のア～カの中から1つ選び，記号で答えなさい。

図I

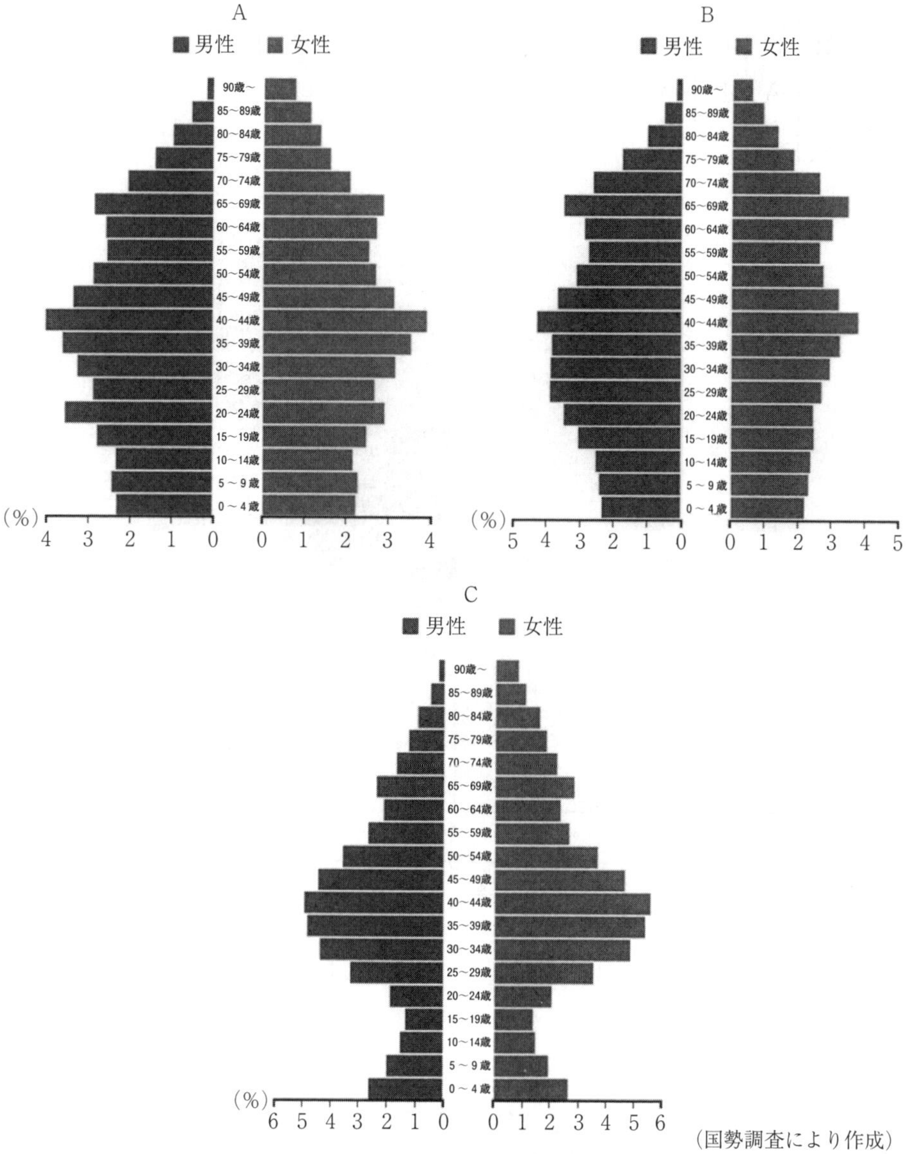

（国勢調査により作成）

X．再開発によるタワーマンションの建設ラッシュがある，大都市中心部の都市。

Y．機械工業の工場が多数立地する，企業城下町の都市。

Z．複数の大学や研究機関などが立地する，研究学園都市。

	ア	イ	ウ	エ	オ	カ
A	X	X	Y	Y	Z	Z
B	Y	Z	X	Z	X	Y
C	Z	Y	Z	X	Y	X

問２　＊図Ⅱは，３都県の産業別の売上高（2016年）の割合を，四角形の面積の大きさで示したもので，Ａ～Ｃは，愛知県，沖縄県，東京都のいずれかである。Ａ～Ｃの正しい組合せを，次のア～カの中から１つ選び，記号で答えなさい。

	ア	イ	ウ	エ	オ	カ
愛知県	A	A	B	B	C	C
沖縄県	B	C	A	C	A	B
東京都	C	B	C	A	B	A

図Ⅱ

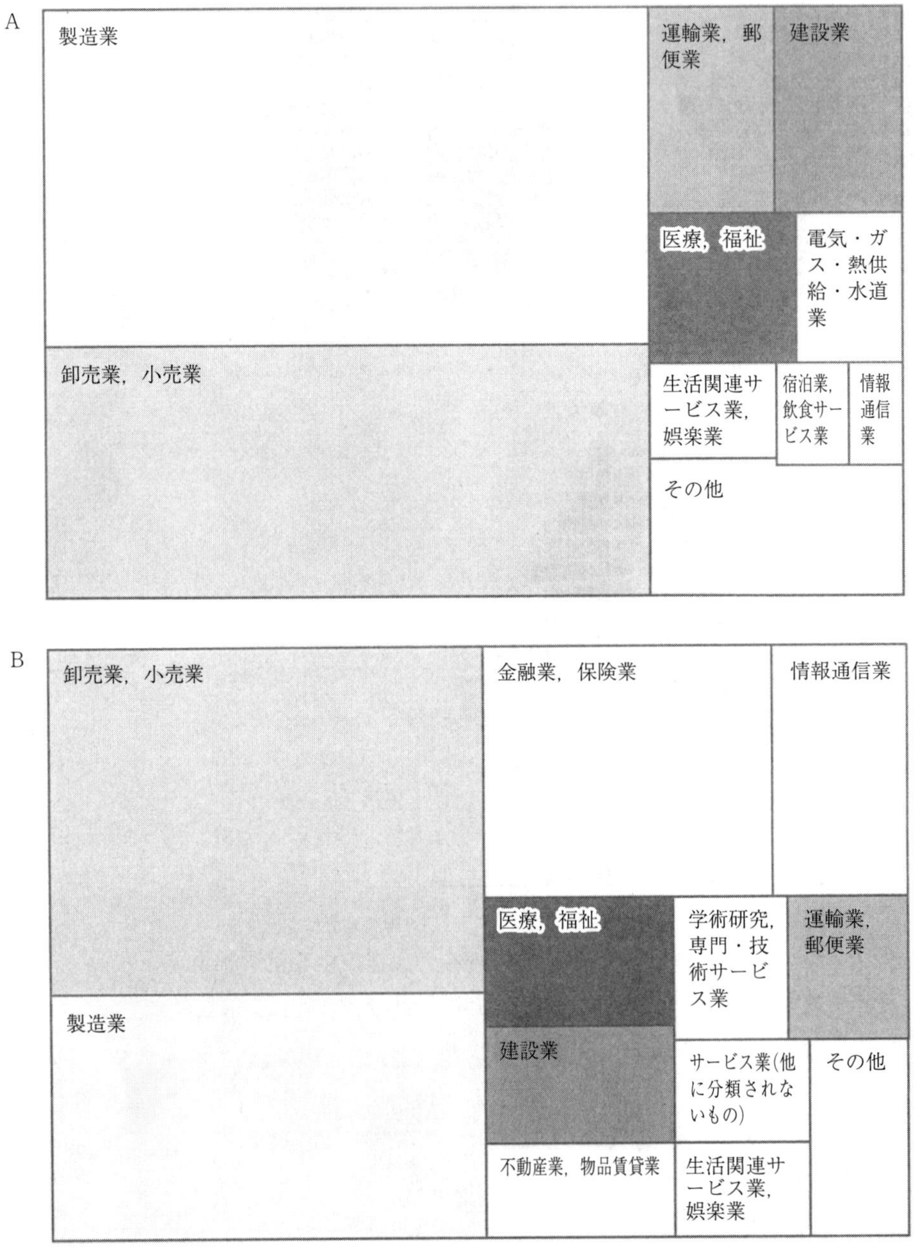

C

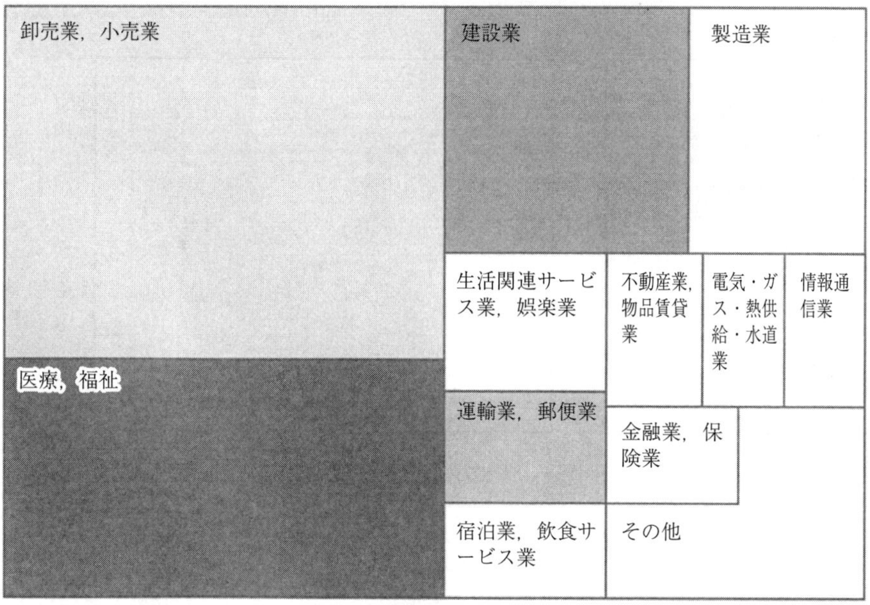

＊読み取りやすくするために，Aの上位5つの産業と，B，Cのこれらと同じ産業は同じ濃さで着色した。

（「経済センサス―活動調査」により作成）

問3　次ページの図ⅣのA～Cは，図Ⅲ中の範囲Xにおける，洪水，高潮，津波のいずれかの自然災害伝承碑の位置とその分布を示したものである。自然災害伝承碑とは，自然災害の被害を受けた際に，被害の様子や教訓を先人たちが石碑やモニュメントに刻み，残したものをいう。A～Cの正しい組合せを，次ページのア～カの中から1つ選び，記号で答えなさい。

図Ⅲ

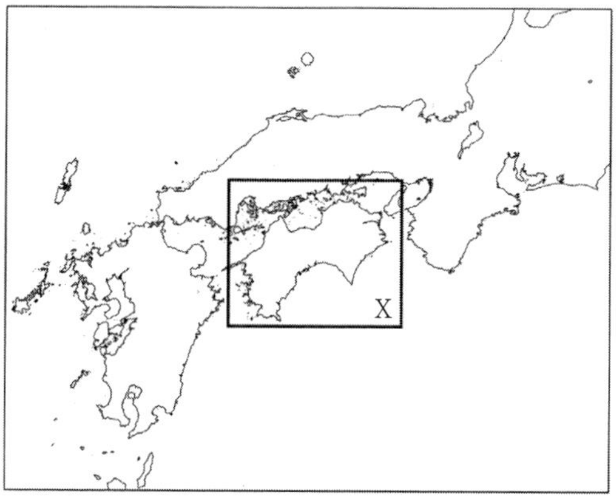

図Ⅳ

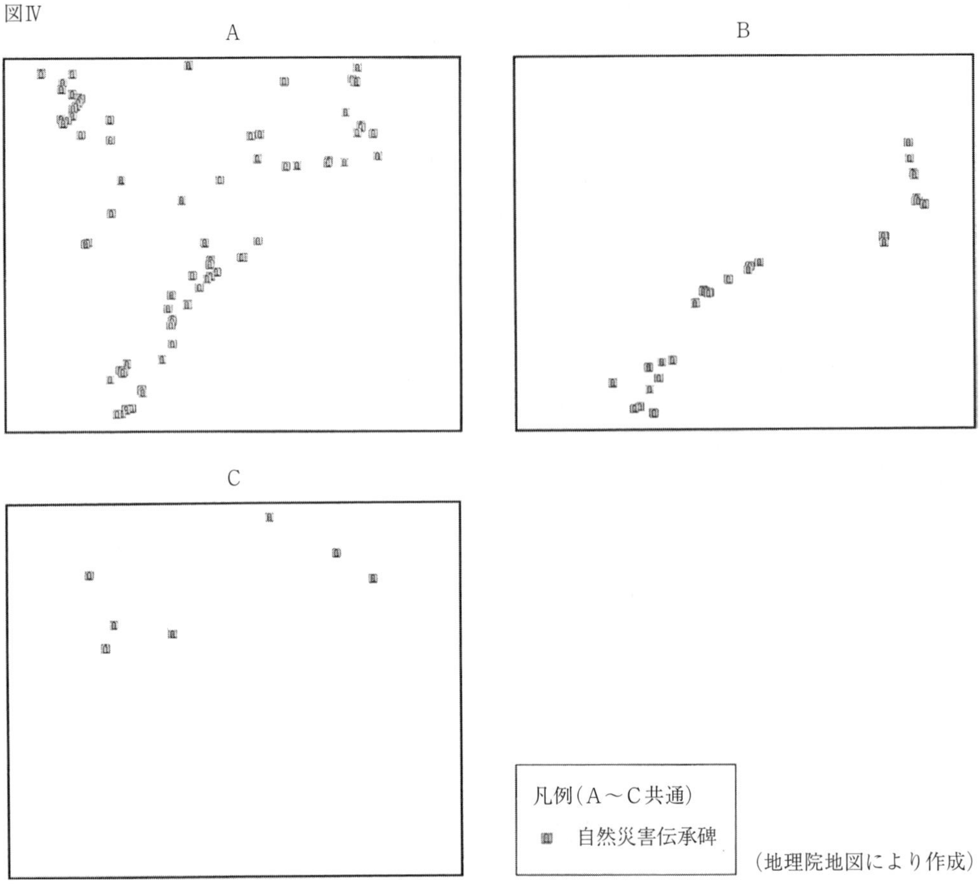

（地理院地図により作成）

	ア	イ	ウ	エ	オ	カ
洪水	A	A	B	B	C	C
高潮	B	C	A	C	A	B
津波	C	B	C	A	B	A

問4　図Ⅴをみて，以下の問いに答えなさい。

図Ⅴ

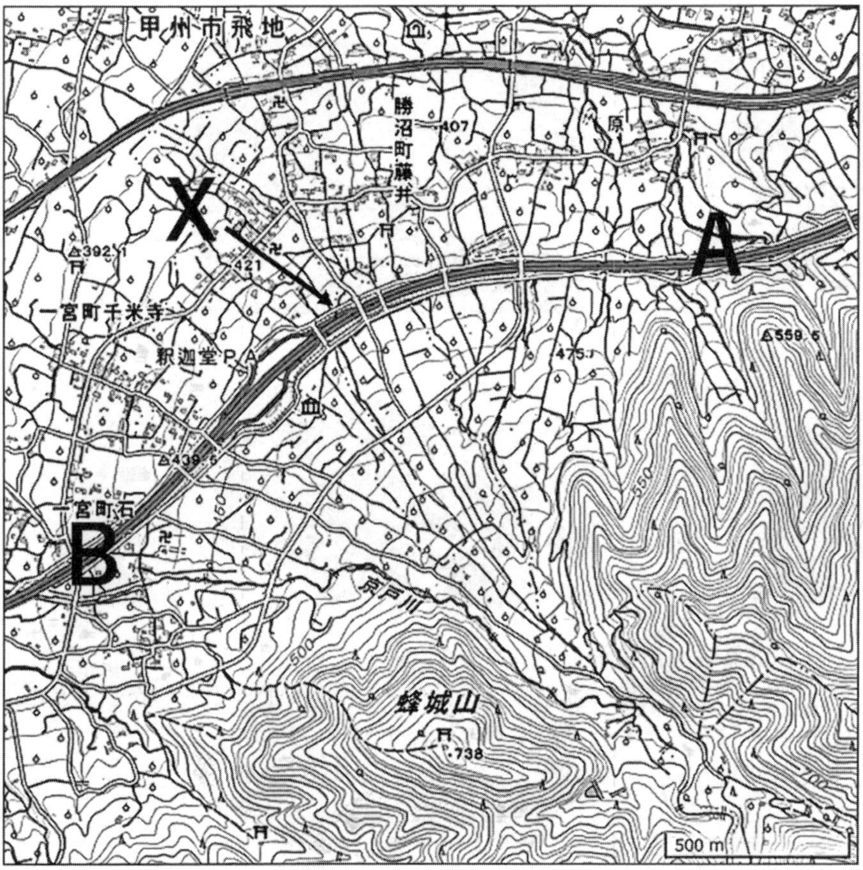

（地理院地図により作成）

(1)　図Ⅴの範囲内の土地利用としてみられる果樹園（地図記号：♁）で，おもに栽培されている果物は何か。１つ答えなさい。

(2)　図Ⅴを横断する道路**X**は，高速道路である。なぜ，**A**・**B**両地点間で道路をまっすぐ通すことなく，このような形に湾曲させて敷設されたのか。その理由を説明しなさい。

3　問1　次の文を読み，問いに答えなさい。

1976年に，朝鮮半島南部の道徳島沖から沈没船が発見された。その後９年間の調査により，船体や多くの積み荷，荷札などが発見され，東アジアの歴史を解明する大きな手掛かりとして注目された。

この沈没船は，「東福寺」という京都の寺院の名が記された荷札や①積み荷などから1323年に中国の寧波を出港し，博多へ向かう途中に東シナ海で遭難したものと推定されている。

遺物の中には積み荷の他，将棋の駒や日本産の火鉢，和式の鏡，中華鍋や朝鮮のさじなど船員たちの日用品と思われる品々も見つかっている。

13～14世紀の日本と中国の間では②一時的に緊張や対立が生じることはあったものの，このような船が日本と中国の間を多く行き来していたものと思われ，東アジア海域における人びとや文物の交流は盛んに行われていたことがうかがえる。

また，当時の中国王朝は広大な領域を支配し，③ヨーロッパ世界ともかかわりをもった。

(1)　下線部①について，この船が中国から日本に向かったことを裏付ける積み荷の例として適切なものを，次のア～エの中から2つ選び，記号で答えなさい。

ア.

イ.

ウ.

エ.

(2)　下線部②の例について，具体的な出来事を１つ答えなさい。

(3)　下線部③に関連して，このころの東西の世界のかかわりを示す次の資料からわかることと，その時期のキリスト教会の動きにもっとも近い出来事の組合せとして適切なものを，下のア～エの中から１つ選び，記号で答えなさい。

資料

> 　もし自身の言葉が遂げられるのであれば，尊大な教皇たるお前がフランク国王たち全てと共に自ら*朕のもとへ来い。朕は今あるあらゆる決まりの命令をその時に聞かせよう。また，お前たちは言った，私を洗礼者にすることはよいことである，と。身の程を知れ。…今，お前たちは，正直な心で「我らは服従者となります。移住します」と言うがよい。…お前たちの服従をその時に認めよう。もしも神の命令を受け取らず，朕の命令に背くならば，お前たちを朕は敵とみなそう。
>
> 　*朕：わたしの意で，当時の中国皇帝を指す。
>
> （ヴァチカン枢機文書館の資料より）

a．キリスト教会は中国に布教をしようとしていたことがわかる。
b．フランク国王に対し，中国皇帝が服従の姿勢を見せていることがわかる。
c．ビザンツ帝国と結びついたギリシャ正教会が誕生した。
d．エルサレムをイスラム勢力から奪還するためたびたび十字軍が派遣された。

ア．a・c　　イ．a・d　　ウ．b・c　　エ．b・d

問２　次の新聞記事を読んで，下の問いに答えなさい。

> 　国連教育科学文化機関(ユネスコ)の世界遺産委員会は27日，①縄文時代を幅広く知る上で貴重な「北海道・北東北の縄文遺跡群」の世界文化遺産への登録を決めた。日本の文化遺産としては20件目で，自然遺産も合わせた世界遺産数は25件となった。

登録が決まったのは②北海道，青森，岩手，秋田の４道県に点在する17遺跡。いずれも１万年以上に及んだ農耕を伴わない狩猟・採集による縄文人の定住生活の変遷を切れ目なく示しており，ユネスコの諮問機関は５月，「先史時代の農耕を伴わない定住社会と複雑な精神文化，定住社会の発展段階や環境変化への適応を示している」と報告した。

（『日本経済新聞』2021年７月28日付より）

(1) 下線部①に関連して，縄文時代やその遺跡の特徴について述べた文として正しいものを，次のア～オの中からすべて選び，記号で答えなさい。

ア．人物や器材などの形をした埴輪と呼ばれる焼き物が作られた。
イ．現在の長野県で産出した黒曜石が東北地方まで分布し，交易の痕跡が確認できる。
ウ．食べ物の残りかすや道具などが捨てられた貝塚から生活の様子を知ることができる。
エ．遺跡から周囲に溝をめぐらした大規模な集落の形成や，銅剣の使用が確認できる。
オ．政治的なまとまりが広がり，権力者の名前が記された武具が作られるなどした。

(2) 下線部②について，北海道・東北地方に関連する次のア～エの出来事を，古いものから順に並べなさい。

ア．平泉を拠点として繁栄した奥州藤原氏によって，中尊寺や毛越寺が建立された。
イ．高句麗のあった地域におこった渤海の使者が日本海沿岸に度々来着した。
ウ．安藤氏が津軽半島の十三湊を拠点にアイヌの人びととの交易で勢力を伸ばした。
エ．間宮林蔵らによる蝦夷地や樺太の探検が行われた。

問３　授業で「時代を大観する」課題に取り組んだ音羽さんは，江戸時代に関する興味深い資料を発見し，気づいたことをまとめた。次の資料に基づく下の問いに答えなさい。

資料Ⅰ

藩	藩内の村に存在が確認された [A] の数
仙台藩	3,984
松本藩	1,040
紀州藩	8,013

（塚本　学『生類をめぐる政治』より作成）

資料Ⅱ

作物を育てても，鹿・兎・きじ・鳩などの鳥が食べてしまうため，[A] がなければ暮らしてはいけない。

今までの調査で [A] などが没収されようとしたこともあったが，上のような事情を説明したところ「御用捨て」となり，そのまま [A] は百姓に預けられた。

（群馬県立文書館収蔵「飯塚家文書」より，現代語訳の上一部改め）

音羽さんの説明

わたしが疑問をもったのは，教科書で江戸時代が始まる前に [B] による [C] が行われたことを学んだからであり，そもそも江戸時代の村々に [A] が存在したことに驚いたからです。その数は各藩の城に備えておくべき数より多かったとも聞きました。

しかし，さらに資料を集めて調べていくにあたって，[A] の使途がそれまでの時代と江戸時代では違うのではないかと推測しました。つまり，[A] という同じ道具がもつ役割が変化したということです。この変化は，[D] という特徴をもった中世から

E という特徴をもった近世へという時代の転換を象徴しているのではないでしょうか。

(1) A ～ C にあてはまる語を答えなさい。 B には人名があてはまる。
(2) それぞれの時代の特徴について， D ， E にあてはまる語句を答えなさい。

4 資料と年表に関する問題に答えなさい。

資料

30日に施行された A 国家安全維持法により，国家の安全や体制にかかわることは，中国政府の監督・指導のもとで裁かれる仕組みとなった。中国政府の出先機関が新たに A につくられ，反体制的な言動が「重大」と判断されれば無期懲役とも明記された。言論や集会の自由にも影響を及ぼしそうだ。

これまで A では，中国政府を「一党独裁」と批判しても，天安門事件の歴史再評価を求めても，中国当局の手は及ばなかった。しかし A 国家安全維持法は A の法律よりも優先されると明記され，「一国二制度」のもとで保障された言論や集会の自由，高度な自治が形骸化するのは避けられない状況だ。

A 国家安全維持法は， A 独立，国家政権転覆，テロ行為，外国勢力との結託を処罰の対象にした。中国政府は「違法となるのは極端な例だけ。自由は保障される」と主張する。しかし，中国では政府を批判することが政府転覆に問われ，昨年の A での暴力を伴うデモはテロと非難。米国に民主化や人権問題で支援を求めただけで「外国勢力との結託」とみなされる恐れがある。中国政府の胸三寸でいかようにも処分できる余地がある。

（『朝日新聞』2020年7月1日付より，一部改め）

年表

1842	①アヘン戦争後の南京条約で A が B 領になる
1941	②日本が A を占領する
1945	A が B 領に復帰する
1997	A が B から中国に返還され，一国二制度が始まる
2014	③政府に民主化を求める大規模なデモ(雨傘運動)が起こる
2020	A 国家安全維持法が施行される

問1　次の地図のア～オの中から，A の位置を選び，記号で答えなさい。

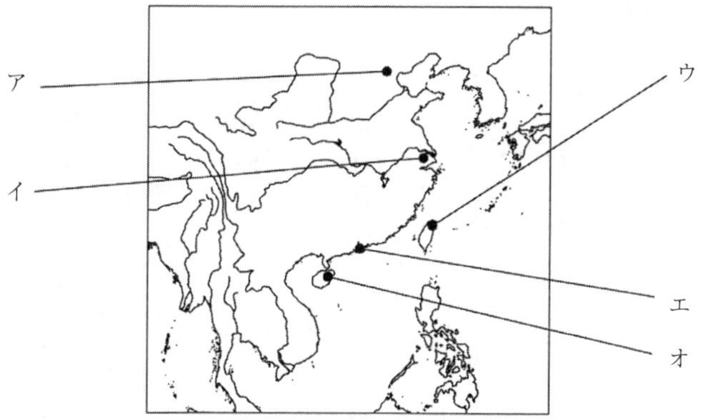

問2　次の各文は19世紀の欧米諸国について説明している。B について説明しているものを，次のア～クの中からすべて選び，記号で答えなさい。

ア．東インド艦隊司令長官ペリーを派遣し，日本に開国を求めた。
イ．機械で生産された綿織物などを各地へ輸出し，「世界の工場」と呼ばれた。
ウ．戦争で活躍した軍人が人気を得て権力を握り，皇帝の位についた。
エ．不凍港などを求めて，南へ向けて積極的に領土を拡張しようとした。
オ．首相がいくつもの条約や同盟を成立させ，ヨーロッパの外交を主導した。
カ．オーストリアとの戦争を通して，統一と独立を達成した。
キ．他の二国とともに，日本が獲得した遼東半島を返還するよう勧告した。
ク．前年の生麦事件の報復として，海軍を派遣して薩摩を攻撃した。

問3　年表中の下線部①について，この戦争の背景には貿易の構造があった。それを示した右の図に関する問題に答えなさい。

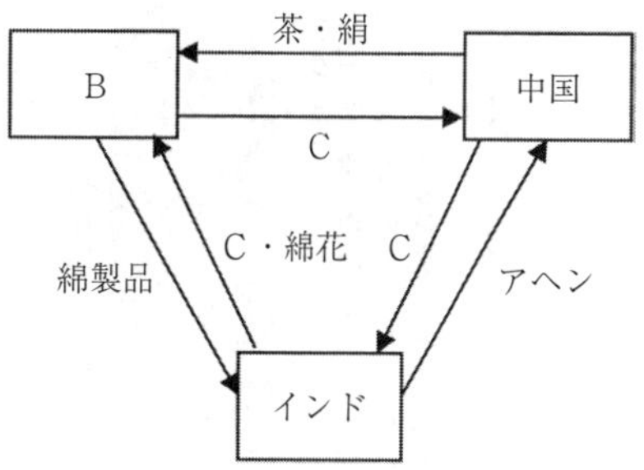

(1)　図のCにあてはまる語を答えなさい。

(2)　下線部①のころにCをもっとも多く産出していた地域を，次のア～オの中から1つ選び，記号で答えなさい。

ア．アジア　　イ．アフリカ　　ウ．オセアニア
エ．南北アメリカ　　オ．ヨーロッパ

問４　次の４つの資料は日本の政治的な動きを報じた新聞記事である。年表中の下線部②と時期がもっとも近いものを，次のア～エの中から１つ選び，記号で答えなさい。

ア．

日獨伊三國同盟成立
大詔を渙發あらせらる
昨日、ベルリンで條約調印

イ．

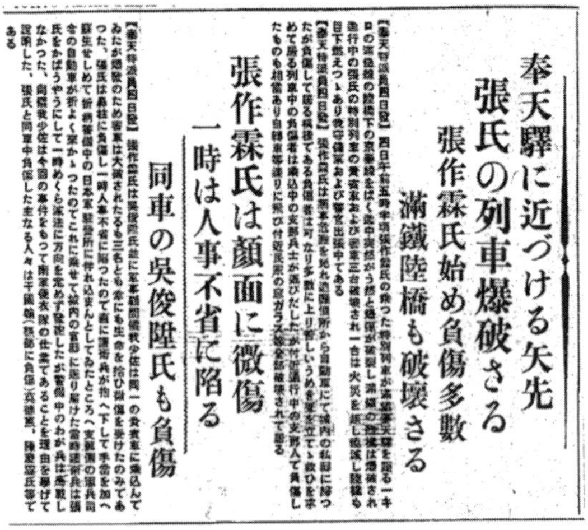
奉天驛に近づける矢先
張氏の列車爆破さる
張作霖氏始め負傷多數
滿鐵陸橋も破壞さる
張作霖氏は顔面に微傷
一時は人事不省に陥る
同車の呉俊陞氏も負傷

ウ．

昨早曉一部青年將校等
各所に重臣を襲撃
内府、首相、教育總監は即死
藏相と侍從長は重傷
【二月二十六日午後八時十五分陸軍省發表】本日午前五時頃一部青年將校等は左記箇所を襲撃せり
△首相官邸（岡田首相即死）△齋藤内大臣私邸（内大臣即死）△渡邊教育總監私邸（教育總監即死）△牧野前内大臣宿舎湯河原伊藤屋旅館（牧野伯爵不明）△鈴木侍從長官邸（侍從長重傷）△高橋大藏大臣私邸（大藏大臣負傷）△東京朝日新聞社

エ．

未曾有の帝都大不穩事件
狙撃されて重傷の
犬養總理大臣遂に逝去
輸血も効なく昨夜十一時過
政界の巨星、兇彈に斃る
十五日午後五時半首相官邸で七名の一團に射撃され重傷を負うた犬養首相は輸血の效もなく午後十一時過ぎ全く危篤に陥り十一時二十六分遂に逝去した。
各閣僚の暇乞ひ
近親者一同の濕やかな通夜
鈴木侍從長
天機を奉伺

問５　年表中の下線部③に関連して，民主化を求める動きはこれまでも世界各地で起こってきた。政府に対し民主化を求めた人びとの動きとして適切な出来事を，次のア～コの中から３つ選び，記号で答えなさい。

ア．フランス革命（18世紀末，フランス）
イ．奴隷解放宣言（19世紀半ば，アメリカ）
ウ．大政奉還（19世紀半ば，日本）
エ．義和団事件（19世紀末，中国）
オ．護憲運動（20世紀初頭，日本）
カ．ニューディール政策（20世紀前半，アメリカ）
キ．国際連合の発足（20世紀半ば）
ク．日本国憲法の発布（20世紀半ば，日本）
ケ．ペレストロイカ（20世紀末，ソ連）
コ．アラブの春（21世紀初頭，チュニジアなど）

5　次の生徒M・生徒N・生徒Oの会話文を読み，下の問いに答えなさい。

M：社会科の課題「①SDGs(持続可能な開発目標)に基づいて社会のあり方を考える」をどうするか決めた？

N：目標16「平和と公正をすべての人に」に興味をもっているんだ。特に②法の支配と平和や公正の実現について考えてみたいと思っている。

O：先月，X市のリコールに伴う市長選挙では，３人の候補者全員がSDGsに基づいたまちづくりを公約に掲げていたね。日本でも取り組むべき課題だということだよね。

N：リコールの仕組みは勉強したね。X市は有権者数36万人だから［ A ］万人以上の人が署名して［ B ］に提出したということだね。直接民主制的な制度についてもSDGsの中に出てきているから興味をもっているんだ。

O：Nは政治問題に関心があるよね。ところで，Mはどうするの？

M：まちづくりに興味があるんだ。③X市でも高齢化が進んでいるから福祉を重点的にするか，町を活性化するために経済成長を重視するかで，意見が分かれているよね。他の地方自治体での色々な取り組みも調べてみたいと思っているんだ。

問１　文中の［ A ］，［ B ］にあてはまる数字や語句を答えなさい。

問２　下線部①の説明として適切なものを，次のア～エの中から１つ選び，記号で答えなさい。

ア．持続可能な開発目標は，開発途上国が主に取り組む問題が掲げられているので，日本はその支援だけで十分である。

イ．持続可能な開発目標とは，国内で取り組むべき課題であるとともに，開発途上国への支援項目として日本の国会で決定したものである。

ウ．持続可能な開発目標は「誰一人取り残さない」ことを理念としており，国だけではなくNGOや企業などの取り組みも重要である。

エ．持続可能な開発目標は「かけがえのない地球」を理念としており，各国は具体的な数値目標を掲げることが求められている。

問３　下線部②の説明としてもっとも適切なものを，次のア～オの中から１つ選び，記号で答えなさい。

ア．法を破った者は，国家による罰を受けなければならないということである。

イ．法をつくる者が，国家を統治する者であるということである。

ウ．国会の制定した法律に基づいて，内閣は行政を進めなければならないということである。

エ．国王や権力者も，法に従わなければならないということである。

オ．たとえ悪法であっても，法は守られるべきであるということである。

問４　次のメモは，生徒Mが社会科の課題の発表のためにまとめたものである。

メモ

　町の80％を山林が占めているY町は，昔から林業が盛んです。ただ，1970年には約２万人いた人口が，今では6,000人に減少して，過疎化が進んでいます。社会的な施設や設備の維持が困難になることが予想される中で，林業を守りつつも，永く住み続けられるまちづくりを目指して，住民や移住者がそれぞれに可能な形で，林業に接点をもち地域経済の活性化に多様な方法で貢献するという取り組みが行われています。林業で働く人たちと町役場が議論しながらY町が掲げた目標は，災害があっても壊れないような持続可能な森林経営です。林業で働く人たちも山に対する人の責任や，生態系の保持，災害に強い山林の育成を考えるようになったそうです。

　これからもY町の取り組みに注目していきたいと思います。

生徒Mが発表の準備をしている時に，生徒OからY町の取り組みはSDGsの目標にもあてはまるのではないかと指摘された。SDGsの目標のうち，Y町の取り組みに関係が深いものはどれか。次のア～カのアイコンの中から2つ選び，記号で答えなさい。

ア.

イ.

ウ.

エ.

オ.

カ.

問5　下線部③について，高齢化が急速に進んでいるX市では，福祉の充実，観光，工場誘致をそれぞれ公約として掲げる立候補者による市長選挙が行われ，福祉の充実を公約とする候補者が当選した。同じ頃，全有権者を対象に行ったアンケートで，福祉の充実，観光，工場誘致のどの政策を重点的に行えばよいか優先順位をつけてもらったところ，結果は表の通りであった。生徒Nがアンケートの結果をみて作成した下のレポート P ～ S に入る数字や語句を答えなさい。なお，数字が入る場合，小数点以下は切り捨てること。

表

1位	福祉	福祉	観光	工場誘致	工場誘致	観光
2位	観光	工場誘致	工場誘致	観光	福祉	福祉
3位	工場誘致	観光	福祉	福祉	観光	工場誘致
合計	7万人	6万人	11万人	9万人	2万人	1万人

レポート

アンケートでもっとも多くの有権者が1位としたのは P でした。しかし，有権者36万人のうち約 Q %の R 万人が， P を3位にしています。このような現象が起きたのは，X市の経済成長を重視する市民の中で S からではないでしょうか。そのため P を公約とした候補者が市長選挙では当選したと考えられます。

6　ある商品が売買される市場を考える。

I　その商品には，①新品(30万円の値打ちがある)，②優良な中古品(20万円の値打ちがある)，③劣悪な中古品(10万円の値打ちがある)の3タイプがある。その商品を売る側は，売ろうとする商品が①～③のいずれかにあたるかを，もちろん知っている。ところが，買い手は，外見だけでは，その商品が①～③のいずれなのかが分からない。この場合にどういうことが起こるか，経子さんは，自分の考えをまとめながら，次ページのように文章にしてみた。

> 買い手は，普通は，①なら30万円，②なら20万円，③なら10万円で買うだろう。
> 　正直な売り手は，自分の商品が①なら30万円で，②なら20万円で，③なら10万円で売ろうとする。けれど，世の中には不正直な人もいるから，②を30万円で売ろうとしたり，③を20万円や30万円で売ろうとする売り手もいるだろう。
> 　買い手は，目の前の商品が①～③のどれか分からないのだから，下手をすると②や③を商品の値打ちより高く買わされてしまう心配がある。
> 　そう考えると，買い手が自分に損にならないように商品につける買値は，どの商品についても［A］万円となる。そして，買い手がどの商品も［A］万円でしか買おうとしないのであれば，売り手は［B］を売ろうとはしないだろう。

問1　［A］にあてはまる数字を答えなさい。

問2　［B］にあてはまるものは何か，次のア～カの中から適切なものを1つ選び，記号で答えなさい。

ア．①　イ．②　ウ．③　エ．①や②　オ．①や③　カ．②や③

問3　上のように，買い手と売り手で知っていることにズレがあることを，経済学では，「［C］の非対称性」と表現する。［C］にあてはまると考えられる語は何か，次のア～オの中からもっとも適切なものを1つ選び，記号で答えなさい。

ア．運命　イ．価格　ウ．情報　エ．正義　オ．能力

問4　上の市場では，商品の値打ちが3種類あると仮定している。もし，その商品に，値打ちの違いが無数にあり，それらの区別が買い手にはつかない場合，市場は最後にはどうなると考えられるか，簡潔に答えなさい。

Ⅱ　Ⅰのような事態を避ける方法を，済くんは，自分の考えをまとめながら，下のように文章にしてみた。

> ひとつは，一度行った売買を買い手の希望によって取り消せるようにする方法がある。消費者問題の授業でやった［D］制度はこれなのだろう。
> 　また，値打ちの低い商品を高く売った人を，犯罪として罰すればいいかもしれない。
> 　欠陥商品の問題も同じような問題だ。そうすると，この問題には［E］も関係がありそうだ。
> 　そのほかはどうだろう。要するに，不正直な売り手を市場から［F］すればいいのだから，例えば，役所や警察で［G］を得た人だけが，市場で物を売れるようにすればいい。古本屋さんを開業するには［G］が必要だと聞いたことがある。
> 　あるいは，ある売り手について，正直か不正直かなどの［H］を買い手に見えるようにしたらどうだろうか。インターネット・オークションでは，取引の終わったあとに，売り手は買い手を，買い手は売り手を［H］できるようになっていて，その積み重ねが☆の数などで示されているから，不正直な売り手は，やがて市場から［F］されるだろう。

問5　［D］にあてはまる語を答えなさい。

問6　［E］には，欠陥商品により消費者が被害を受けた場合，会社の過失を証明できなくても損害を賠償させることができるようにする法律が入る。その法律名を漢字6字で答えなさい。

問7　［F］，［G］，［H］にあてはまる語を，次のア～カの中からそれぞれ1つ選び，記号で答えなさい。

ア．許可　イ．禁止　ウ．導入　エ．人気　オ．排除　カ．評価

【理　科】（50分）〈満点：60点〉

（注意）　1．字数制限のある設問は，句読点やその他の記号も１字として数えます。

2．コンパスと定規は使用してもかまいません。

1　机の上に置かれた質量300ｇのおもりＰと，質量200ｇのおもりＱを結んだ糸を通した滑車を，糸Ａを使って手で上に引いて，図の状態で静止させた。

質量100ｇの物体にはたらく重力の大きさを１Ｎとして，次の(1)～(3)の問いに答えよ。ただし，滑車と糸の質量は無視できる。

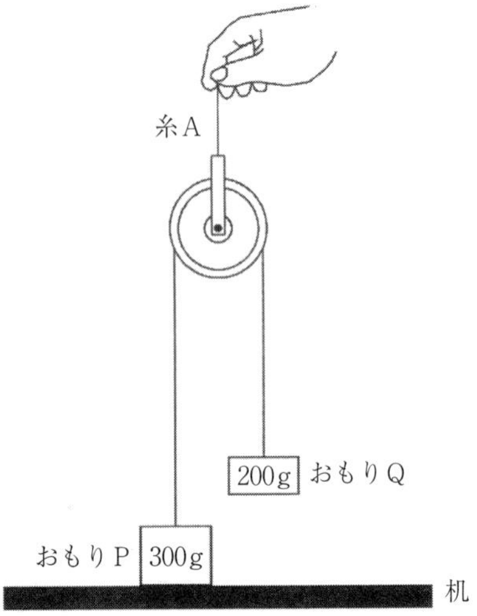

図

(1)　机がおもりＰを押す力の大きさは何Ｎか。

(2)　手が糸Ａを引く力の大きさは何Ｎか。

(3)　このあと，糸Ａを持った手をゆっくりと上に５cm動かすと，おもりＰとＱはそれぞれ何cm動くか。動かないときは0cmと答えよ。

ただし，糸は十分に長く，おもりが滑車に触れることはない。

2　木星と金星について，あとの(1)～(3)の問いに答えよ。

2022年２月12日夕方６時，西の空の地平線近くに木星を観察することができた。また，同じ日，東の空に金星を観察することができた。

(1)　金星について正しく述べたものを，次のア～カからすべて選び，記号で答えよ。

ア　直径は地球よりやや大きい。

イ　望遠鏡で観察すると衛星の位置が日々変化している。

ウ　主に二酸化炭素からなる厚い大気におおわれている。

エ　真夜中に南中することがある。

オ　地表面は400℃を超え，液体の水は存在しない。

カ　地表面はクレーターにおおわれている。

(2)　右の図は，太陽を中心に金星・地球・木星の軌道を示している。この日（２月12日）地球がＥの位置にあり，木星はＪの位置にあった。同じ日の金星の位置と観察できる時刻について，最も適切なものを次のア～エから１つ選び，記号で答えよ。

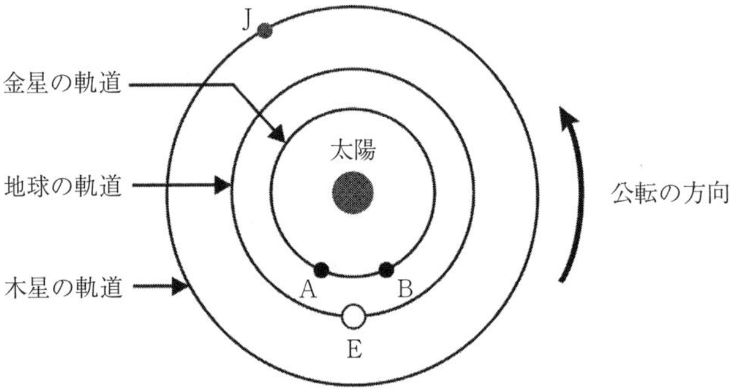

図

ア　金星はＡの位置にあり，明け方６時に見えた。

イ　金星はＡの位置にあり，夕方６時に見えた。

ウ　金星はＢの位置にあり，明け方６時に見えた。

エ　金星はＢの位置にあり，夕方６時に見えた。

(3)　木星が太陽のまわりを一周するのに12年かかるとすると，１年後の同じ時刻，2023年２月12日夕方６時に木星はどのように見えるか。次のア～キから１つ選び，記号で答えよ。

ア　西の空に，今年より高い位置に見える。
イ　西の空に，今年より低い位置に見える。
ウ　北の空に，今年より高い位置に見える。
エ　北の空に，今年より低い位置に見える。
オ　東の空に，今年より高い位置に見える。
カ　東の空に，今年より低い位置に見える。
キ　太陽と同じ方向にあり，観察できない。

3　あとの(1)〜(3)の問いに答えよ。

氷点下20℃の冷凍室の中で，細かく砕いた氷を三角フラスコに入れて，ゴム栓をした。この三角フラスコを15℃の室内に取り出し，机の上に置いた。この時の状態が図アである。そのまま置いておくと，しだいに氷が融けていった。

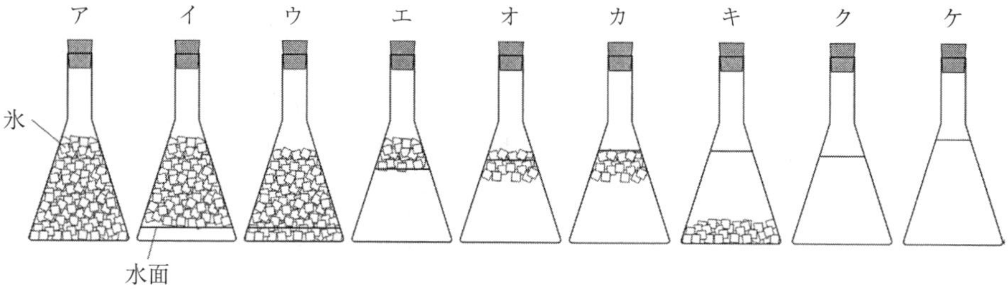

(1)　図アの状態から，少しだけ氷が融けた状態は図イ・ウのどちらか。さらに氷が融けた状態は図エ〜キのどれか。すべての氷が融けた状態は図ク・ケのどちらか。それぞれ正しいものを選び，記号で答えよ。

(2)　15℃の室内で三角フラスコに水を入れ，三角フラスコを冷凍室に置いて水を凍らせようとしたところ，三角フラスコが割れた。その理由を簡潔に説明せよ。

15℃の室内でメタノールとエタノールとを混合すると，混合後の質量は混合前の質量の和(　①　)。また，混合後の体積は混合前の体積の和(　②　)。

15℃の室内で測った銅と亜鉛とを，高温に加熱してから混合して合金を作り，室温になるまで冷ました。混合後の質量は，混合前の質量の和(　③　)。また，混合後の体積は混合前の体積の和(　④　)。

(3)　上の文章中の(①)〜(④)に当てはまる最も適切な句を，次のア〜カから１つずつ選び，記号で答えよ。ただし，同じ記号を選んでもよい。

ア　より必ず小さくなる
イ　より必ず大きくなる
ウ　より小さくなることも大きくなることもある
エ　と必ず同じになる
オ　と同じになることも小さくなることもある
カ　と同じになることも大きくなることもある

4　光の進み方について，次の(1)〜(3)の問いに答えよ。

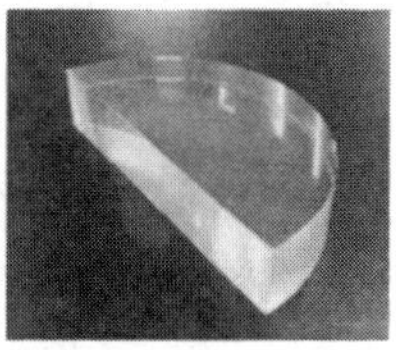

(1)　右の写真のような半円形ガラス(半円形レンズ)を，次のページの図１のように平らな側面ABCDが手前になるように机の上に置いた。次に，この面の中央に，一辺がABの長さと等しい正方形の黒い紙を貼り，図２のように向きを

変え，貼った紙と垂直な方向にガラスの中を見ると，正方形の紙は，横に伸びた長方形に見えた。

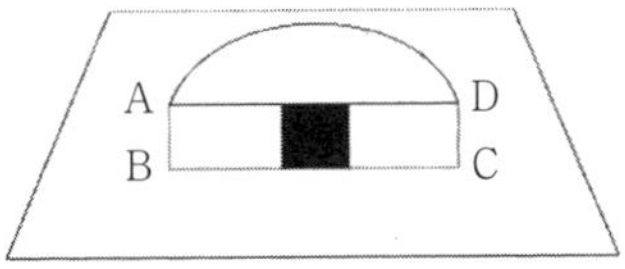

図１

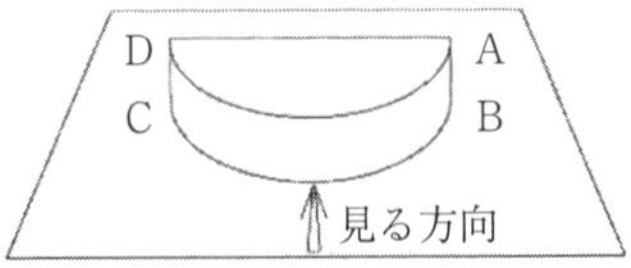

図２

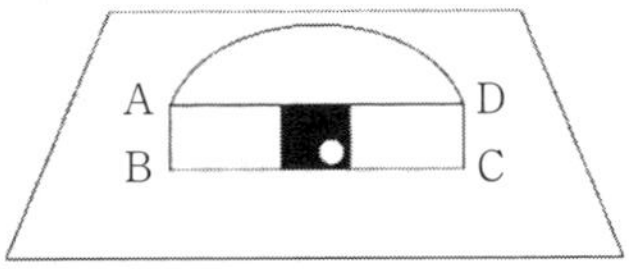

図３

① 図３のように，正方形の黒い紙の右下に円形のあなをあけてから，図２のように観察すると，紙はどのように見えるか。最も適切な図を，次のア～エから１つ選び，記号で答えよ。

ア

イ

ウ

エ

② 右の図４は，図２のように置いた半円形ガラスを真上から見た図で，破線はBCの垂直二等分線である。①で用いた黒い紙をはがしてから，図４の矢印のように光を入射させると，ガラスの中を進んだ光は，平らな側面ABCDを通ってガラスの外に出る。ガラスの中と外での，この光のおよその道筋を，解答欄の図に描き加えよ。ただし，側面で反射する光の道筋は描かなくてよい。

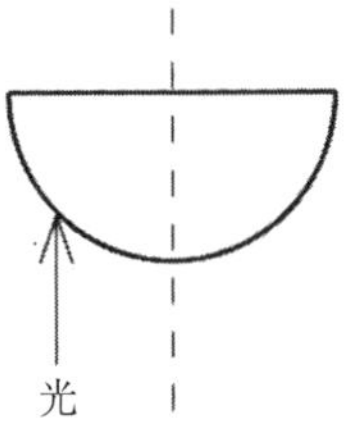

図４

(2) 椀《わん》に入れた水の中に，箸《はし》を斜めに入れたときの見え方を，模式的に示した図として正しいものを，次のA～Cから１つ選べ。また，この現象と最も関係の深い文を，あとのア～エから１つ選び，記号で答えよ。

A

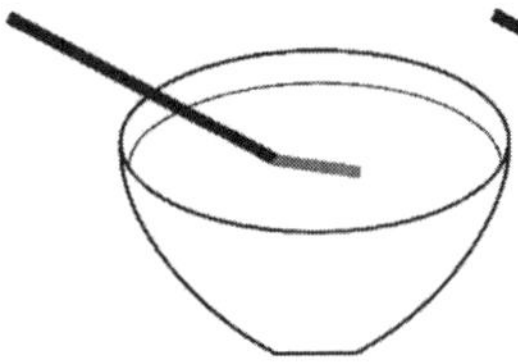

B

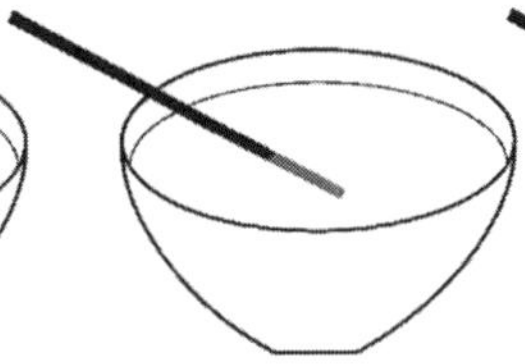

C

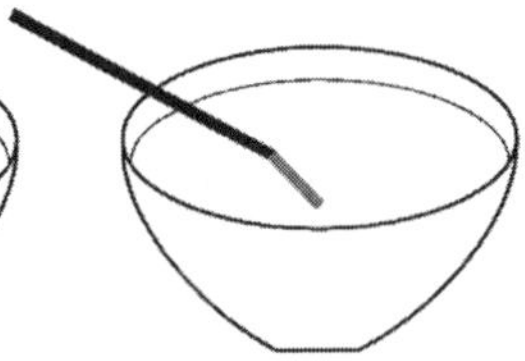

ア 虫眼鏡を使うと，ものを大きく見ることができる。

イ 鏡に自分の全身をうつすとき，必要な鏡の大きさ(高さ)は，身長の $\frac{1}{2}$ である。

ウ 運動している物体は，力を受けていないときにはまっすぐ進み，力を受けると向きや速さが変わる。

エ 太陽が南中するとき，部屋の南側の窓から入る太陽の光は，夏よりも冬の方が部屋の奥まで届く。

(3) 図５のように，水を入れた水槽に，透明な円筒容器を置いた。円筒容器の中は空気で満たされている。円筒容器の底に硬貨を置き，図のように，水面XYを通して硬貨を見ようとしたところ，目の位置をどのように変えても，水面XYを通して硬貨を見ることができなかった。その理由を，「水面XYで」を含む短文で説明せよ。

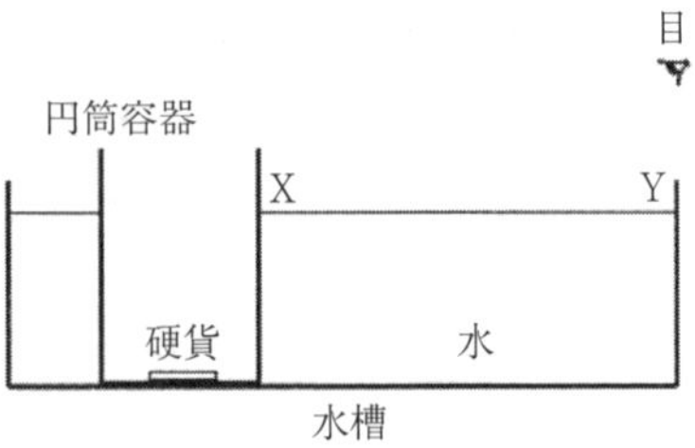

図５

5　植物の花と果実や種子について，次の(1)～(4)の問いに答えよ。

(1)　次の図1は，カキとエンドウとピーマンの果実の断面図を模式的に示したものである。花弁がついていた部分はどこか。図中のア～エ，オ～ク，ケ～シからそれぞれ1つずつ選び，記号で答えよ。

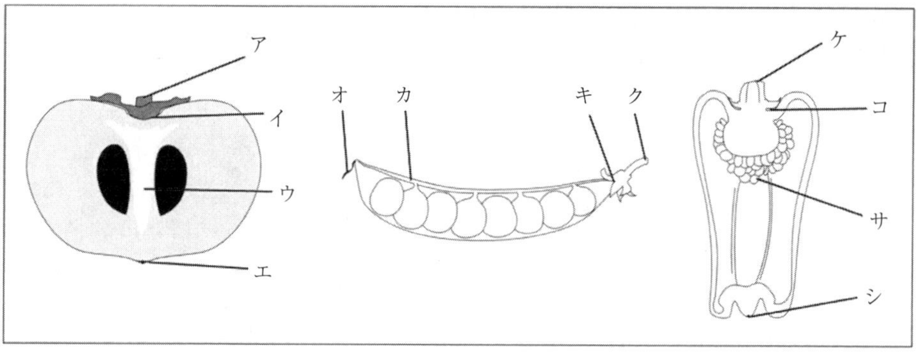

図1

(2)　トウモロコシはイネ科の一年草で，日当たりのよい畑で栽培される。雄《お》花は，茎の先端にススキの穂のような状態でつき，雌《め》花は，雄花より下の茎の中ほどにつき，葉が変形したもので全体が包まれている。端からはひげのようなものが束になって外に伸び，果実ができるための大事な役割をはたしている。

①　下線部「ひげのようなもの」は，花の構造では，どの部分のことか。次のア～エから1つ選び，記号で答えよ。

ア　がく　　イ　花びら　　ウ　おしべ　　エ　めしべ

②　トウモロコシの果実は一斉に大きくなるのではなく，順番に受粉して大きくなっていく。どの部分の果実が最後のほうで受粉したものか。図2のA～Cから1つ選び，記号で答えよ。

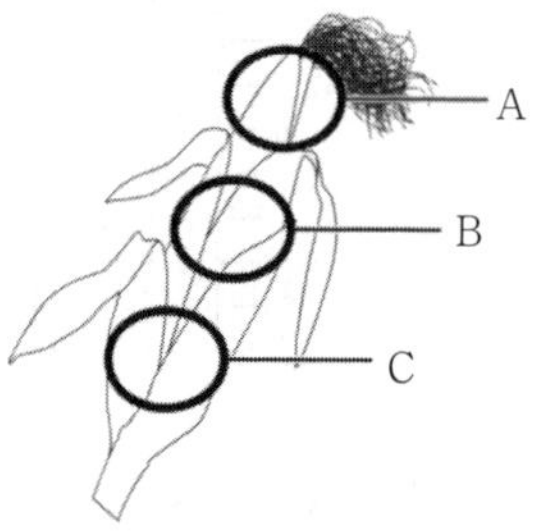

図2

(3)　メンデルの実験について，次の文章の(①)～(③)にあてはまるものを，あとのア～クからそれぞれ1つずつ選び，記号で答えよ。

メンデルは，しわ形の種子をつくる純系のエンドウの花粉を使って，丸形の種子をつくる純系のエンドウの花を受粉させた。こうしてできた種子は，(①)になった。さらにこの種子を育てて自家受粉させてできた種子は，(②)になり，しわ形の種子が1850個，丸形の種子が(③)であった。これらの結果から，丸形が顕性形質で，しわ形が潜性形質であることがわかった。

ア　丸形：しわ形がおよそ3：1　　イ　丸形：しわ形がおよそ1：3
ウ　丸形：しわ形がおよそ1：1　　エ　すべて丸形
オ　すべてしわ形　　カ　608個
キ　1828個　　ク　5474個

(4)　エンドウの種子Xをまいて育てると，その花の自家受粉によりできた種子はすべて同じ形質であった。また，エンドウの種子Yをまいて育てると，その花の自家受粉によりできた種子には，丸形としわ形の両方の形質が現れた。種子Xと種子Yをそれぞれまいて育て，2つをかけ合わせると，丸形の種子としわ形の種子の数は，ほぼ同じであった。顕性形質の遺伝子をA，潜性形質の遺伝子をaとして，種子Xと種子Yがもつ遺伝子をそれぞれアルファベット2文字で答えよ。

6 地層に関する次の文を読み，あとの(1)〜(3)の問いに答えよ。

ある地域で，どのように地層が広がっているかを調べることにした。図1のA〜Dは，ボーリング調査(地面に円筒状の穴をあけて地下の地層を調べる調査)を行なった地点で，標高は同じである。各地点から図2のような柱状図が得られた。地点Dの柱状図は途中の試料を紛失したため，一部空欄になっている。地層は，主に細粒砂岩と泥岩の互層であった。火山灰層Tは，どの地点からもみつかり，場所によって厚さや深さが違っていた。また，火山灰層Tには，セキエイやチョウ石が多く含まれ，クロウンモも見られた。近隣には約50km先の北東と南西に火山Eと火山Fがあることがわかっている。ただし，地層の逆転や，断層・不整合はないものとする。

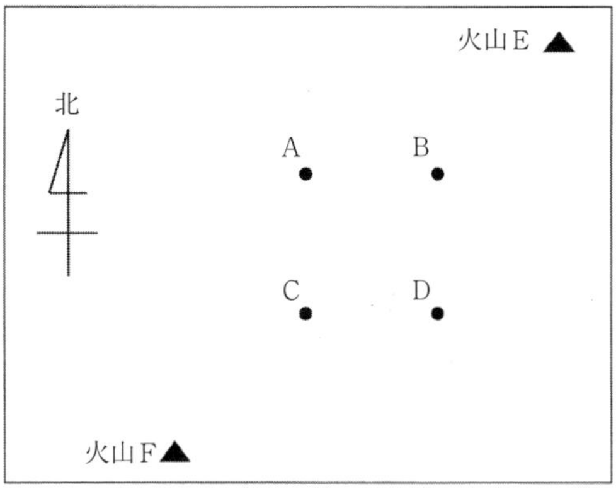

図1

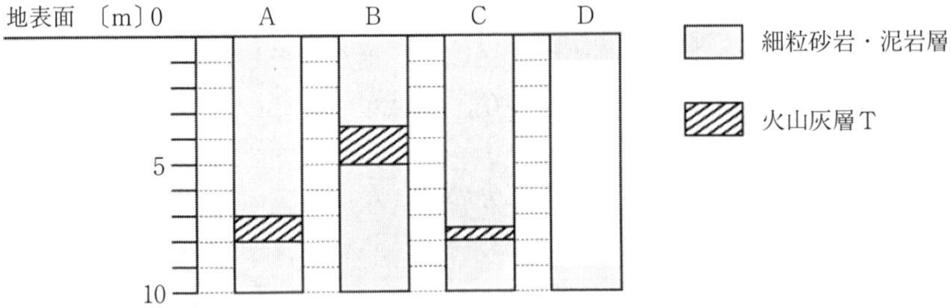

図2

(1) 地点Aの細粒砂岩・泥岩層からビカリアの化石がみつかった。この場所はどの時代のどのような環境だったと考えられるか。最も適切なものを次のア〜カから1つ選び，記号で答えよ。

ア 古生代の河口付近の海底　　イ 古生代の外洋の海底
ウ 中生代の河口付近の海底　　エ 中生代の外洋の海底
オ 新生代の河口付近の海底　　カ 新生代の外洋の海底

(2) 各地点の火山灰層Tから考え，この火山灰を噴出した火山はE，Fのどちらで，どのような性質のマグマだったと推定できるか。最も適切なものを次のア〜エから1つ選び，記号で答えよ。

ア 火山E，玄武岩質マグマ　　イ 火山E，流紋岩質マグマ
ウ 火山F，玄武岩質マグマ　　エ 火山F，流紋岩質マグマ

(3) 調査から，この地域の地層は真西に向かって傾いていると推定することができた。図2の地点Dの柱状図について火山灰層Tを推定せよ。解答欄の柱状図の空欄に火山灰層の枠を描き，斜線を入れよ。

7 　次の文を読み，あとの(1)～(3)の問いに答えよ。

発泡性の入浴剤の成分のうち，炭酸水素ナトリウムとクエン酸は発泡の要因である。これらの量を調節して，発生する気体の体積を調べるため，次の＜実験＞を行った。

＜実験＞　炭酸水素ナトリウムとクエン酸の合計の質量が，1.00 g になるように混ぜ合わせた混合物を，図の三角フラスコの中に入れた。これに水を加えたところ，気体Aが発生した。発生した気体Aを水上置換法でメスシリンダーに捕集した。

＜結果＞　混合物中の炭酸水素ナトリウムの質量と捕集した気体の体積との関係は，次の表のようになった。

表

炭酸水素ナトリウムの質量〔g〕	0.20	0.40	0.60	0.80
捕集した気体の体積〔mL〕	57	114	150	75

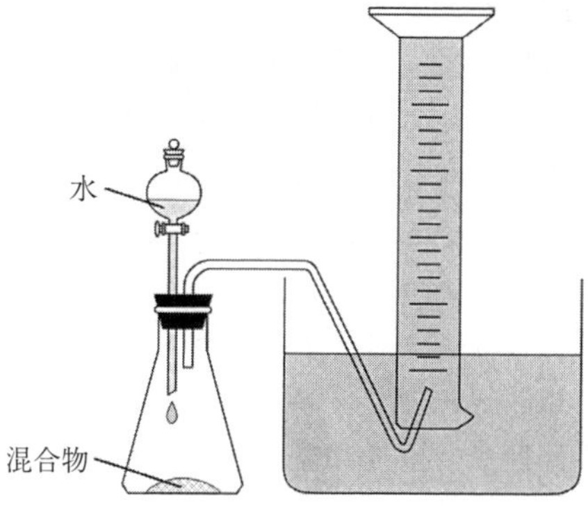

図

(1)　気体Aは何か。次のア～オから１つ選び，記号で答えよ。

ア　水素　　イ　酸素　　ウ　窒素　　エ　二酸化炭素　　オ　塩素

(2)　メスシリンダーに捕集した気体には，何種類かの気体が含まれていた。このうち，気体A以外のものを(1)の選択肢の中から<u>すべて選び</u>，記号で答えよ。

(3)　捕集される気体の量が最も多くなるときの炭酸水素ナトリウムの質量〔g〕を，小数第３位を四捨五入し，小数第２位まで求めよ。

さらに，このときに発生する気体Aの体積〔mL〕を，小数点以下を四捨五入し，整数で答えよ。

8 　自然界における生物どうしのつながりについて，あとの(1)～(4)の問いに答えよ。

図１は，大気中に存在する気体XとYをもとにした，物質の流れを示したものである。ただし，<u>図の矢印①～⑨には余分なものが含まれている。</u>

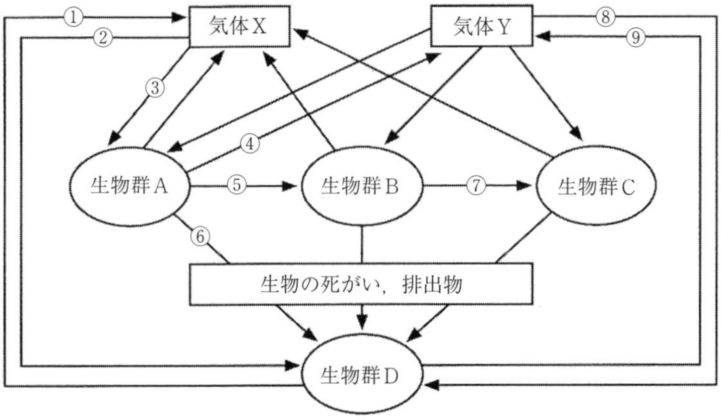

図１

(1)　図中の気体X，Yはそれぞれ何を示しているか。物質名を答えよ。

(2)　図中の①～⑨の矢印のうち，余分な矢印はどれか。<u>すべて選び</u>，番号で答えよ。

(3)　図中の①～⑨の矢印のうち，有機物の流れを示しているのはどれか。<u>すべて選び</u>，番号で答えよ。

雑木林の落ち葉とその下の腐葉土《ふようど》を集め，この中に含まれる生物のはたらきを調べるために，次の実験操作を行った。

＜操作1＞　図2のように，布を敷いて水を入れた大型のビーカーに落ち葉と腐葉土を入れ，ガラス棒でよくかき混ぜたのち布をしぼってこしとり，こした液をビーカーａに100cm^3取った。

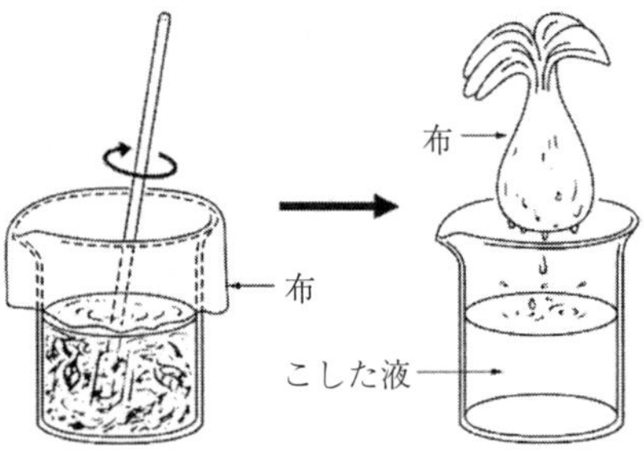

図2

＜操作2＞　＜操作1＞で得られた液のうち，ビーカーａに取った残りの液を加熱し沸騰《ふっとう》させて，液の量が半分になるまで水を蒸発させたのち，室温まで冷ました。この冷ました液をビーカーｂに100cm^3取った。

＜操作3＞　ビーカーｃに，蒸留水を100cm^3取った。

＜操作4＞　ビーカーａ～ｃに，うすめたデンプン水溶液をそれぞれ100cm^3ずつ加えたのち，軽く食品包装用ラップフィルムをかけてから，20℃に保った暗所で2～3日間放置した。

＜操作5＞　ビーカーａ～ｃの液にヨウ素液を加えて，色の変化をみた。

(4)　＜操作4＞で，ヨウ素液の色が濃い青紫色に変化するのは，ａ～ｃのどのビーカーの液か。すべて選び，記号で答えよ。

　また，ビーカーによってヨウ素液の色の変化のようすが異なるのは，図1のＡ～Ｄのうちのどの生物群のはたらきによるものか。最も影響があると思われる生物群をＡ～Ｄから1つ選び，記号で答えよ。

じれったいが、落ち込んだ様子がないのはありがたい。

問七　傍線部⑦「ミントティーを旨いと思ったことなど、一度もない」というところから、政彦はどのような人物だと考えられるか。その説明として最も適切なものを次の中から一つ選び、記号で答えなさい。

ア　無理に体裁を取り繕おうとする人物
イ　我慢強く向上心を持ち続ける人物
ウ　感性より理性を重視する人物
エ　心身の健康に気を遣う人物

問八　二重傍線部a「節」、b「まんざらでもなく」の本文中での意味として最も適切なものを、それぞれ後の中から一つずつ選び、記号で答えなさい。

a「節」
ア　区切りとなる時　　イ　気にかかる部分
ウ　心の小さな変化　　エ　特徴的な話し方

b「まんざらでもなく」
ア　うぬぼれないようにして
イ　当然という気持ちで
ウ　聞き飽きた感じで
エ　悪くない気分で

「そうね……」

あいまいな綾子のうなずき方に、「優香によけいなこと訊《き》いたりするなよ」と念を押したが、今度もはっきりとした反応は返ってこなかった。

「心配性だなあ」と政彦は笑って、お茶を啜《すす》った。俺の考え、間違ってないと思うんだけどな――つぶやきを飲みくだすと、ミントの青くささが鼻に抜けた。

酸っぱいような、苦いような、えぐみがあるような、ないような……⑦ミントティーを旨《うま》いと思ったことなど、一度もない。

（重松《しげまつ》　清《きよし》「かさぶたまぶた」による）

[注]

＊笛吹きケトル…湯が沸騰すると笛が鳴る仕組みになっているやかん。

＊ミント…独特の香りを持つ植物の一種。ハッカ。

＊マリッジ・ブルー…結婚する前に憂鬱な気持ちになること。

＊聾学校…耳の不自由な児童・生徒のための学校。

問一　傍線部①「腕組みをして、テーブルの上のティーバッグの箱をじっと見つめ、少し重い口調をつくる」とあるが、このような政彦の行動を、比喩を用いて簡潔に言い表した部分を、本文中から**一〇字以内で**抜き出しなさい。

問二　傍線部②「綾子は一瞬だけほっとした表情になり」とあるが、なぜほっとした表情になったのか。理由を説明しなさい。

問三　傍線部③「俺はすぐわかったぞ」とあるが、この政彦の言葉の説明として最も適切なものを次の中から一つ選び、記号で答えなさい。

ア　普段は子どもの様子を見ていないのに、親としていつも細かく見ているかのように嘘の説明をした言葉。

イ　妻からの相談をやっかいなことだと感じていたが、頼もしい相談相手に見えるように取り繕った言葉。

ウ　最近子どもの様子が変だとは気づいていなかったが、以前から気づいていたようなふりをした言葉。

エ　突然子どものことについて相談されて動揺したが、それを悟られないように平然と振る舞った言葉。

問四　傍線部④「やっぱり、それ、おまえの考えすぎなのかもしれないぞ」とあるが、政彦は優香の状況をどう捉えているか。それを説明した次の文の空欄［A］、［B］に当てはまる表現を、それぞれ本文中から**二〇字以内で抜き出し、はじめとおわりの五字ずつ**を答えなさい。

今の優香には［　A　］であり、何かあったとしても［　B　］と捉えている。

問五　傍線部⑤「綾子は困ったように笑うだけで、なにも答えなかった」とあるが、この時の綾子の気持ちの説明として最も適切なものを次の中から一つ選び、記号で答えなさい。

ア　政彦の言葉は気休めにしかならないが、自分にはこの問題を解決できないので夫に頼るしかないのだと思う気持ち。

イ　政彦の言葉に感心し、自分に夫ほど子どもたちの心を理解する力がないことを残念に思う気持ち。

ウ　政彦の言葉には賛成できないが、それを政彦に言っても分かってもらえないだろうと思う気持ち。

エ　政彦の言葉の裏に隠された真意が読み取れず、夫は何を考えているのだろうと思う気持ち。

問六　傍線部⑥「そこが親としてもどかしいところでもあり、救いでもある」とあるが、どういうことか。その説明として最も適切なものを次の中から一つ選び、記号で答えなさい。

ア　ここぞという時の一発勝負に弱いところは情けないが、将来を長い目で見ているようなので安心する。

イ　模試では合格確実だった滑り止めにも落ちたので将来が不安だが、人生を悲観していないことに助けられる。

ウ　「一浪なんて『ひとなみ』」とのんびり構えていることにいら立ちを覚えるが、前向きな姿勢には慰められる。

エ　浪人が決まったにもかかわらず、気にするそぶりがないのはあたりまえだったのだ。
　綾子のスリッパの音が近づいてくる。政彦はソファーに座り直した。足を引き、腕組みをして背筋を伸ばし、肩を張って、表情と口調のつっかい棒を立てる。
　ティーポットとカップを載せたお盆を持って戻ってきた綾子に、「いま思ったんだけど」と声をかけた。「④やっぱり、それ、おまえの考えすぎなのかもしれないぞ」
　⑤綾子は困ったように笑うだけで、なにも答えなかった。
　優香は私立中学に合格したばかりだった。「御三家」と呼ばれる名門の女子校に受かった。四年生の夏からがんばってきた受験勉強も終わって、あとは卒業、それから入学を待つだけの、いまはいちばんのんびりした時期だ。ふさぎ込む理由など、どこにもないはずだ。
　ティーバッグの中の＊ミントの葉が、ポットのお湯に蒸らされて広がり、すうっとする香りが湯気とともにたちのぼる。
　ミントティーをリクエストしたのは政彦だった。綾子から「ねえ、ちょっといい?」と相談事を持ちかけられたときは、たいがいそうする。ミントのリラックス作用に実際どれくらいの効果があるかは知らないが、冷静でいるに越したことはない。
　なにごとも感情的になるのは嫌いだ。子供のことを話すときは、なおさら。あわてふためいて、ただ自分が早く安心したいために多感な時期の子供を問い詰めていく、そんな愚かな父親にはなりたくない。
「受験が終わって気が抜けたのかもしれないし、憧れてた学校に入ることが決まって、＊マリッジ・ブルーみたいになってるのかもしれないな。卒業したら友だちとも離ればなれになっちゃうから、それが寂しいのかもしれないし、あと……」
　思いつく理由をいくつか挙げてみたが、綾子はもっと具体的なことを考えていた。
「友だちと、なにかあったのかしらね」
「そんなことないだろ、この前だってみんなといっしょに『風の子学園』に行ってるんだから」
「そうよねえ……」
　『風の子学園』というのは、バスで二十分ほどの距離にある＊聾《ろう》学校だ。将来は福祉の仕事をやりたいという優香は、中学受験が終わると、仲良しの友だちを誘って『風の子学園』に出かけた。
　政彦には、受験のことよりもむしろそっちのほうが嬉しかった。クラス担任の岡本《おかもと》先生も感心して、「『風の子学園』との交流をこどもたちのほうから提案してきたのは初めてなんですよ」とわざわざ家に電話をかけてきた。思いやりのある優しい子になってほしいという親の願いを、優香はちゃんと叶《かな》えてくれている。
　児童会長に、ボランティア委員会の委員長、子供会の班長もつとめ、来月の卒業式では総代で答辞を読むことにもなっている。優香はそういう女の子で、だから、学校でなにかあって落ち込んでいるとは、政彦にはどうしても思えない。
「秀明が落ち込むんだったら、まだわかるけどね」
　綾子はポットを覗《のぞ》き込んでお茶の色を確かめながら言った。
「あいつはそこまで繊細じゃないよ」と政彦は苦笑する。
　つい最近まで、我が家には受験生が二人いた。大学受験に挑んだ秀明は、四月からも受験生のままだ。狙っていた大学はもとより、模試では合格確実だった滑り止めまで、すべて落ちてしまった。一発勝負に弱く、中学や高校も第一志望の学校ではなかった。もっとも、本人は「一浪なんて『ひとなみ』だから」としょげた様子はない。のんびり屋の楽天家で、⑥そこが親としてもどかしいところでもあり、救いでもある。
　政彦はゆっくりとミントの香りを嗅《か》いで、「心配しないでいいよ」と言った。「万が一、学校で困ったことがあったとしても、優香なら自分ですぐに解決できるんだから、へたに俺たちが騒ぐとかえってよくないんだ」

二　次の文章を読んで、後の問いに答えなさい。

思い過ごしかもしれないけど、なんとなくだけど、本人に確かめたわけじゃないんだけど、と前置きが長かったわりには、いざ話しだした綾子《あやこ》の口調にはそれほど迷いはなかった。

政彦《まさひこ》は妻の話に小刻みに相槌《あいづち》を打ち、一段落つくのを待って、「俺もそう思ってたよ」と言った。①腕組みをして、テーブルの上のティーバッグの箱をじっと見つめ、少し重い口調をつくる。「この二、三日、様子が変だったからな。なに落ち込んでるんだろうと思ってたんだ」

「あなたも?」

「それくらいわかるさ」笑った。「親なんだから」

「じゃあ……やっぱりそうなんだ」

②綾子は一瞬だけほっとした表情になり、しかしすぐに、「勘違いだったらよかったんだけど」と、話を切りだす前の沈んだ顔に戻った。

「勘違いなんかじゃないよ。だって、サインが出てただろう? 俺だって感じたぐらいなんだから、おまえはもっとわかってただろ」

「そうでもないんだけど、ほんとうに、なんとなく、だったのよね」

「頼りないこと言うなよ」

「それはそうだけど……」

「③俺はすぐわかったぞ」

ミステリードラマの名刑事が謎解きを披露《ひろう》するように、政彦は言った。

「テレビを観てるときに笑うだろ、それがちょっと不自然だったんだよな。声がいつもより細いし、甲高《かんだか》いし、ああ無理して笑ってるんだな、って」

綾子は、そうだったっけ? というふうに小首をかしげる。

キッチンから*笛吹きケトルの音が聞こえて、話は途切れた。

スリッパをぱたぱた鳴らして綾子がキッチンに入ると、リビングに一人残った政彦は腕組みを解いて、ため息をついた。

肩から力を抜く。ソファーの背に体を預け、足を床にだらんと投げだす。頭の奥なのか胸の奥なのかはわからない、とにかくどこかで表情や口調を内側から支えていたつっかい棒を、そっとはずした。

リビングの真上は子供たちの部屋だ。兄の秀明《ひであき》も妹の優香《ゆうか》も自分の部屋にいるはずだが、三年前に建てたコンクリート建築の我が家は壁も床も厚すぎて、二階の気配はほとんど伝わってこない。

政彦は顎《あご》を上げて、天井をぼんやりと見つめる。

嘘《うそ》をついていた。つまらない見栄《みえ》を張った。笑い声の話は、いま、とっさに考えたものだ。

優香が最近どうも元気がないようだというのも、綾子の「なんとなく」よりももっと淡く、ぼんやりとしていて、綾子の話を聞いて初めて「そういえば」と思い当たったような気がするし、ほんとうは思い当たるa節さえないのを無理に話を合わせただけなのかもしれない、とも思う。

最近――四十代半ばにさしかかってから、こんなことが増えた。

調子が悪い。

もともと、子供たちのちょっとした変化を見抜くことには自信があった。平日は残業つづきで、秀明や優香と顔を合わせないことも多いが、だからこそ、子供たちの発するサインはどんなささいなものでも見逃すまいと心がけていた。

中学時代の秀明が野球部のレギュラーからはずされたときも、小学校に入ったばかりの優香が通学路の途中にある家の飼い犬に吠《ほ》えたてられたせいで、一人だけ遠回りして登校していたときも、綾子が「最近あの子ちょっと変じゃない?」と言いだすのを待ちかねるようにして、「俺もそう思ってたんだ」とうなずくことができた。

綾子はそのたびに「よく見てるわねえ」と感心するが、それくらい親なのだから当然だと思っていた。「お父さんにはなんでも見抜かれてるんだからね」と綾子が子供たちに言うのを、少し照れながら、bまんざらでもなく聞く――ほんの二、三年前までは、それが

（野口悠紀雄《のぐちゆきお》『知の進化論』による。一部改）

［注］

＊「炎のランナー」…一九八一年にイギリスで公開された映画の題名。

＊獅子文六…日本の作家（一八九三～一九六九）。本名岩田豊雄。著書に『海軍』。

＊棒倒し競技…運動会などで行われる競技の名称。

＊ウフィツィ美術館…イタリアのフィレンツェにある、ルネサンス絵画で有名な美術館。

＊マゼラン海峡…南米大陸南端に近い海峡の名称。

＊シュテファン・ツヴァイク…オーストリアの作家（一八八一～一九四二）。著書に『マゼラン』。

問一　空欄［A］、［B］に当てはまる最も適切な語は何か。それぞれ本文中から抜き出して答えなさい。

問二　傍線部①「そのときの私の生活は、真に貧しいものであった」とあるが、どのようなことをいっているのか。その説明として最も適切なものを次の中から一つ選び、記号で答えなさい。

ア　レオナルド・ダ・ヴィンチの名画に関心を寄せられないほど、絵画に対する理解に乏しかったということ。

イ　レオナルド・ダ・ヴィンチの名画に注意を向けられないくらい、気持ちに余裕を持てなかったということ。

ウ　レオナルド・ダ・ヴィンチの名画の価値に気づけないくらい、若い上に人生経験に乏しかったということ。

エ　レオナルド・ダ・ヴィンチの名画の前を素通りしてしまうほど、哲学や宗教に関心がなかったということ。

問三　傍線部②「知識が増えれば増えるほど、体験の意味と価値は増します」とあるが、具体例としてどのようなことが挙げられるか。その説明として最も適切なものを次の中から一つ選び、記号で答えなさい。

ア　友人に何かプレゼントするときに、事前に相手の好みや趣味を調べておくと、何をあげたらよいか決めやすくなる。

イ　一度大きな災害があった地域では、人々がそのときの経験を活かして、災害への備えを充実させることができる。

ウ　食用のキノコと毒キノコとの違いを専門的に学んでおくことで、キノコ狩りをするときに安全に見分けられる。

エ　旅行先の歴史や伝統文化について知っていると、その土地ならではのものを見聞きして味わうことができる。

問四　傍線部③「実用性が或る業績の倫理的価値を決定するようなことは決してない」とあるが、マゼランの航海がどのようなものだったということか。**七〇字以上八〇字以内で**説明しなさい。

問五　傍線部④「そのような世界」とあるが、それはどのような世界を指すか。**二〇字以上二五字以内で**答えなさい。

問六　本文の主旨として最も適切なものを次の中から一つ選び、記号で答えなさい。

ア　未知なるものを解き明かして新しい知識を得たいという思いは、人類が持つ普遍の真理であり、決して現代特有のものではない。

イ　科学研究の世界では、獲得された知識の応用によって新たな技術が進歩し、その結果として絶えず経済的な利益が生み出されている。

ウ　スポーツをすること自体を楽しむためにスポーツをするのと同じように、人類は役立つ知識を獲得すること自体に意義を見出してきた。

エ　人工知能の発達によって、知識を獲得することの意味が問い直され、人間生活が人工知能との共存という視点で捉えられるようになった。

問七　二重傍線部a～dのカタカナを適切な漢字に改めなさい。

接的です。

例えば、火星に生命の痕跡を見つけるために探査機を送るのは、どんな利益を期待してなのでしょうか？　生命のメカニズムが解き明かされて、生命科学が飛躍的に進歩するかもしれません。しかし、新しいｂチケンは得られないかもしれません。では、この目的のために開発されたロボット技術を、原発事故に対処するためのロボットに応用できるという利益はどうでしょうか？　しかし、ロボット開発が目的なら、探査機を火星まで送る必要はないでしょう。

火星生命の探索が行なわれるのは、純粋な知的好奇心による面が大きいと思います。もちろん、現在の地球には、発展途上国の貧困や難民など、もっと緊急度の高い問題があります。したがって、十分な資源を火星探索に充《あ》てることはできません。そうであっても、「貧困の問題があるから、火星探索はできない」ということにはならないのです。

「知識を得ることそれ自体に意味がある」とは、現代世界で初めて認識されたことではありません。ある意味では、人類の歴史の最初からそうだったのです。

マゼランによる＊マゼラン海峡の発見を思い出してください。彼が未知の海峡を発見する航海に出た目的は、西回りでインドに達する航路の発見という実利的、経済的なものでした。そして、彼は見事にその目的を果たしたのです。しかし、彼が見出した航路は、インドへの航路として実際に使われることはありませんでした。あまりに遠回りで、危険なルートだったからです。

では、彼の発見は無意味だったのでしょうか？　そんなことはありません。

なぜなら、彼が行なった世界周航によって、人類は、自分たちが住んでいる世界の真の姿（地球が周航可能であること）を把握できたからです。

＊シュテファン・ツヴァイクは、『マゼラン』の中で、次のように言っています。

「歴史上、③実用性が或《あ》る業績の倫理的価値を決定するようなことは決してない。人類の自分自身に関する知識をふやし、その創造的意識をｃコウヨウする者のみが、人類を永続的に富ませる」

そして、「ちっぽけな、弱々しい孤独な五隻の船のすばらしい冒険は、いつまでも忘れられずに残るであろう」としています。

個々の研究者の立場で考えても、以上と同じことが言えます。

研究活動に、資本財的な側面、つまり、「新しい発見をして地位を獲得するために、研究をする」という面は、もちろんあります。しかし、多くの科学者は、こうした目的だけのために研究をしているわけではありません。「研究すること自体が楽しいから、研究している」という人が多いのです。

ニュートンの研究動機は、「自分の密《ひそ》かな抑えがたい欲求を満足させること」でした。つまり、知識の獲得それ自体が目的化していたことになります。ここでは、知識は最も価値が高い消費財になっています。自らの研究成果を発表しなかった科学者たちは、皆、同じような考えを持っていたのではないでしょうか？

消費財としての知識の価値は、人工知能がいかに発達したところで、少しも減るわけではありません。ですから、人工知能がいかに進歩しても、「人間が知的活動のすべてを人工知能に任せ、自らはハンモックに揺られて一日を寝て過ごす」という世界にはならないと思います。

研究室では、研究者が寝食を忘れて実験に挑んでいるでしょう。歴史学者は古文書を紐解《ひもと》いて、新しい事実を発見することに無限の喜びを感じているはずです。そして、親しい人々が集まって、絵画や音楽についてどれだけ深い知識を持っているかを披露《ひろう》し、競い合っているはずです。あるいは、誰の意見が正しいかについて、ｄコウカク泡を飛ばして議論しているでしょう。

人類にとってのユートピアとは、④そのような世界だと思います。そうした世界が、人工知能の助けを借りて実現できる。その可能性が、地平線上に見えてきたような気がします。

二〇二二年度 筑波大学附属高等学校

【国語】（五〇分）〈満点：六〇点〉

注意 1．字数制限のある設問は、句読点やその他の記号も一字として数えます。
2．解答用紙の一行の枠には、二行以上書いてはいけません。
3．＊のついている語は、本文の後に［注］があります。

一 次の文章を読んで、後の問いに答えなさい。

私たちはこれまで、知識は「何かを実現するために必要な手段」であると考えてきました。本書でも、多くの場合において、知識の役割をそのようなものとして捉えてきました。経済学の言葉を使えば、「知識は資本財（または、生産財）の一つである」と考えてきたのです。

しかし、知識の役割はそれだけではありません。「知識を持つことそれ自体に意味がある」ということもあるのです。これを、「消費財としての知識」と呼ぶことができるでしょう。

資本財と消費財の違いを、スポーツを例にとって説明しましょう。

われわれは、なぜスポーツをするのでしょうか？ 第一の理由は、健康な身体を維持するためには、運動が必要だからです。さらに進んで、軍隊などの組織では、将兵にスポーツを勧め、これによって強い軍隊を作るという目的があるでしょう。肉体的な強さだけではありません。ヨーロッパでは、スポーツはエリートの精神鍛錬《たんれん》の道具と考えられてきました。映画＊「炎のランナー」の中で、「英国人の教育に陸上競技は不可欠。競技は人格を形成し、勇気と誠実さと指導力を培《つちか》う」とケンブリッジ大学の教授が言う場面があります。

＊獅子文六《ししぶんろく》（岩田豊雄《いわたとよお》）が『海軍』で紹介している旧海軍兵学校の＊棒倒し競技も、同じような目的のためのものなのでしょう。また、プロのスポーツ選手の場合には、試合で勝つことが所得を得る手段になります。これらの例において、スポーツは A 財として考えられ、あるいは使われています。

しかし、多くの人は、このような目的がなくとも、スポーツそれ自体が楽しいために、スポーツを行なっています。これは B 財としてのスポーツです。

豊かになるにつれて、「それまでは A 財であったものが、B 財になる」ということがしばしば起こります。何かのための手段ではなく、それ自体が目的になることが多くなるのです。

同じことが、知識についても言えます。というより、知識は、最も価値が高い消費財になりうると思います。

例えば、友達との会話の際に、沢山の知識を持っていれば、賞賛を得られるでしょう。知識を持っているからなんらかの経済的な利益が実現できるというわけではなく、知識を持っていることそれ自体が賞賛されるのです。

人間は、子供のときから謎解きに挑みます。答えを得たところで何の役にも立たないと知っていても、謎解きの過程そのものが楽しいから、それに挑戦するのです。

また、沢山の知識を持つことは、人生を豊かにします。第1章で宗教画について述べたことを思い出してください。私は、ルネサンス絵画についての十分な知識を持っていなかったため、＊ウフィツィ美術館を訪れたにもかかわらず、レオナルド・ダ・ヴィンチの名作の前を通り過ぎてしまいました。①そのときの私の生活は、真に貧しいものであったと言わざるをえません。いまウフィツィ美術館を訪れることができれば、その価値は、かつてに比べて比較にならぬほど高いものになるでしょう。②知識が増えれば増えるほど、体験の意味と価値は増します。それによって、生活は豊かなものになるのです。

科学の場合には、知識が資本財なのか消費財なのか、aハンゼンとしないこともあります。発見された新しい知識によって経済的な利益が得られる場合もあるでしょうが、多くの場合、その関連は間

2022年度／筑波大学附属高等学校

英語解答

1 放送文未公表

2 問1　サラの発表の内容がメグと同じだったから。

問2　イ

問3　I'm so surprised that I don't know what to say

問4　エ　　問5　lying

問6　they do, teach

問7　ア　　問8　presentation

問9　オ，キ

3 問1　エ　　問2　イ　　問3　ア

問4　イ　　問5　ウ

問6　(6-A)　shaking　(6-B)　lifted

問7　I don't want them to see that I'm scared

問8　家族が全員病気で，看病できるのが自分だけだが，水しか与えるものがないということ。(40字)

問9　vegetable soup　　問10　life

4 (1)　(例)She is reading the book you recommended last week.

(2)　(例)He has been studying without eating or drinking since this morning.

(3)　(例)If I had more time to practice, I could be a better player.

(4)　(例)I don't have as much homework as I did last week.

1〔放送問題〕放送文未公表

2〔長文読解総合―物語〕

《全訳》❶「サラ，メグの次はあなたよ」　担任のウッド先生が，私に次に発表をするように言う。メグは今，教室の前に立っている。彼女はわくわくしているように見える。メグがどれだけ話すことが好きかを私は知っている。❷ウッド先生が，自分たちについて6年生の誰も知らないことを話そうと言ってから，私はずっと緊張している。私は今まで一度もクラスの前で発表したことがない。今年の夏まで，自宅で両親から教育を受けていたのだ。❸「メグ，始めていいわよ」とウッド先生が言う。❹メグは満面の笑みだ。「私は，ダーシャという黒猫を飼っています。彼女は決してニャーと鳴かないのです！　獣医さんは，中にはそんな猫もいると言いました。いつかニャーと鳴きたくなったら，鳴くでしょうと。ダーシャは小さな大人の猫です。彼女は左の前足に白い線があります。ダーシャは最高の猫です」❺メグは彼女と…シェイドの一枚の驚くべき写真を見せる。シェイドは私の黒猫だ。「私の猫だ！　私のよ！　なぜメグはシェイドについて発表しているの？」　私は心の中でつぶやく。❻メグが自分の席に戻る。私はゆっくり立ち上がる。これは大変なことになる。❼教室の前に行って，私は自分の猫のポスターを掲げる。「私はシェイドという名前のペットを飼っています。彼女は左の前足に白い線がある黒猫です」　声が弱々しくなる。「彼女は私が7歳の頃から，私の猫です。シェイドについて1つおもしろいのは…彼女が決してニャーと鳴かないことです」❽クラス全体が驚いて私を見ている。私は続けられない。私はクラスメートを見ずに自分の席に走って戻る。❾「サラとメグ，授業の後私の所に来なさい」とウッド先生が言う。❿メグと私は彼女の部屋に行く。ウッド先生が「あなたたちのうちの1人は，月曜日に新たな発表をしなければいけませんよ」と言う。⓫廊下でメグが「(2)ダーシャは私の猫よ。100％間違いないわ」と自信を持って言う。12「ダーシャが誰かは知らない」と私は静かに言う。「でもシェイドは私のよ」13彼女は怒ったようにこう言う。「今日の放課後，私の家に来て。そうすれば，自分で確認できるわ」14メグの家は，私の家の近くだ。中には，家具は多くないが，背の高い本棚がたくさんある。部屋はとても静かだ。彼女の家には私をリラックスさせる何かがある。15彼女の寝室で，１匹の黒猫がベッドで寝ている。16「あれがダーシャよ！」とメグが大声で言う。「言ったでしょ！」17ダーシャはまさにシェイドそっくりだ。(3)私はとても驚いたので何と言えばいいかわからない。やっと「なぜ彼女の名前はダーシャなの？」と尋ねる。18「ダーシャはインドで最も有名な無声映画女優の１人だったの！　彼女は目で全てを語るの。ニャーと鳴かない猫にはいい名前よ。それに，私は大きくなったら女優になるの」とメグは答える。19すばらしい名前だが，私には恥ずかしくてそんなことはメグに言えない。「私，本当にシェイドという名前の猫を飼ってるの」と私が言う。20「あなたの家に行って，今すぐ彼女を見ましょう」とメグが提案する。21「問題は…彼女が家にいないだろうっていうことなの。シェイドは午後に外出するのが好きなのよ」と私は言う。22メグの顔が赤くなる。「猫を飼ってるってうそをついてるの？」とメグは大声できく。23私は深呼吸をして「明日の朝，私の家に来て。そこにシェイドはいるはずだから」と言う。24土曜日の朝，メグが怪訝《けげん》な顔をしてうちの玄関に立っている。彼女は中に入ると，私の４人の弟が笑いながら階段を上がったり下りたりしているので，目を大きくする。母が私たちの所に来て，大声で「あら，こんにちは！」と言う。25私たちは学習室のそばに立っている。部屋は本や紙や画材で散らかっている。学習室の隅にある小さな壇も散らかっている。26メグは壇に飛び乗ると，冷たい笑みを浮かべて「サラとメグ，授業の後私の所に来なさい」と言う。27ウッド先生そっくりで，私は笑う。28「私，この壇が気に入ったわ！」とメグが大きな声で言う。「どうしてこれがあるの？」29「ときどき，自宅学習のために使うの。ここで，弟たちと私が自分たちで書いた劇の練習をするのよ。両親が私たちに家で教えてくれるの。あっ，私にはもう教えていないけどね」と私が答える。30「あなたが自宅学習をしていたなんて知らなかったわ」とメグが言う。「とてもいいわね」31私は恥ずかしい。学校ではまだ誰にも言っていない。32するとシェイドが現れて，メグの足に走り寄ってから，私の所へ戻ってくる。33私たちは２人とも笑う。「あれがシェイドよ」と私が言う。私はメグにうそをついていないことを示したのだ。34「いい名前ね」とメグが言う。「ちょっと話さなきゃいけないことがあるの。今朝ダーシャがうちを出たとき，あとを追いかけたの。彼女はいつも日が昇ると出ていくのよ。ダーシャがあなたの家の裏庭にまっすぐ入って行くのを目撃したわ」35私は驚いて「猫用のドアが裏手にあるの。シェイドは朝，中に入ってきて，午後にはまたいなくなってしまうのよ」と言う。36私たちは黒猫を注意深く見る。37「彼女は２つの生活をしてきたのね」とメグが驚いた様子で言う。「ダーシャ！　あなたはなんて賢いのかしら！」38「どういうこと？」と私はきく。シェイドにもう１つの家族がいる。それは私の気持ちを傷つける。39「彼女は，活動的になりたいときここに来るんだわ！　子どもがたくさんいてとてもにぎやかだから！」とメグが言う。40「そして静かな時間が欲しいときは，あなたの家に行くのね！」と私が大きな声で言う。41突然，メグが私を抱きしめる。驚いたが，私も抱き返す。私たちはこの猫を共有していくのだ，と私は理解する。彼女はメグといるときはダーシャで，私といるときはシェイドなのだ。42「私，違う発表ができるわ」とメグが言う。「あの猫は先にあなたのものだったもの。あの子が初めてうちに来たとき，私は９歳だったわ」43「ううん」と私は言い，強く頭を振ってこう続ける。「私がどんなふうに家で教育を受けていたかをみんなに話した方がいいわ。恥ずかしくてみんなに言えなかったから，誰も知らないことなの」44メグは笑顔いっぱいでこう提案する。「あなたのポスターを手伝ってもいい？」45「もちろん！」と私は言う。「学校用品もたくさんあるしね」

問１＜文脈把握＞サラが発表した内容は，その直前でメグが発表した内容と同じである。だから，クラスのみんなは驚いているのである。

問２＜適文選択＞ウッド先生に，メグとサラのどちらかが発表をやり直さないといけないと言われた後のメグのセリフである。メグは自分がうそをついていないことを証明するように，ダーシャは自分の猫であると主張したのだと考えられる。

問３＜整序結合＞サラがシェイドそっくりのダーシャを目にした場面。直後のようやく言葉を発した様子と，語群に so，that，what，say があることから，「とても驚いて何と言えばいいかわからない」という意味を表す‘so ～ that …’「とても～なので…」の構文になると推測できる。「何を～したらいいか」は‘what＋to不定詞’で表せる。

問４＜英文解釈＞下線部の She は前文で述べている無声映画の女優を指す。無声映画なので言葉は聞こえない。つまり，「目を通じて全てを語った」とは，言葉がなくても目で表現できたということ。

問５＜適語選択・語形変化＞シェイドがサラの家にいるかを確かめに行こうとメグが提案したが，シェイドはいないとサラが答えている場面。メグはサラがうそをついていると思ったのだと考えられる。前に be動詞があるので現在進行形（‘am/is/are＋～ing’）になる。「うそをつく」という意味の動詞 lie の現在分詞は lying である。

問６＜英文解釈＞直前に「両親が私たちに家で教えてくれる」とあるが，サラは今学校に通っているので，「私にはもう家で教えていない」という意味だとわかる。主語の my parents を they で置き換え，一般動詞の否定形で表す。このように英語では，文脈から明らかにわかる場合，繰り返しとなる語句は多くの場合に省略される。

問７＜適語選択＞（７-A）文末の here はサラの家のこと。「子どもがたくさんいてとてもにぎやか」とあるように，そのような家に行くのは活動的になりたいときだと考えられる。　active「活動的な，活発な」　（７-B）文末の your house はメグの家のこと。第14段落からメグの家は静かでリラックスできる場所であることがわかるので，静かに過ごしたいときに行くと考えられる。　quiet「静かな」

問８＜適語補充＞次の段落でサラが「どんなふうに家で教育を受けていたかをみんなに話す」と言っているのは，自分がもう一度月曜日に発表すると申し出ているのである。サラはその前に No とメグの言うことを否定していることから，先にメグが別の発表をすると申し出たのだとわかる。

問９＜内容真偽＞ア．「サラは緊張しすぎて，クラスの前で自分のペットについて話すことができない」…×　第７段落参照。発表はしている。　イ．「その猫は病気なので，ニャーと鳴くことができない」…×　病気という記述はない。　ウ．「メグが７歳のとき，その猫は彼女といるようになった」…×　第42段落参照。メグが９歳のときである。　エ．「サラは女優になりたいので，家に壇がある」…×　第18段落および第28，29段落参照。　オ．「メグはその猫に２つの異なる家族があることを知った最初の人である」…○　第34段落に一致する。　カ．「猫はたいていメグの家で午前中を過ごす」…×　第35段落参照。　キ．「月曜日サラはクラスメートに，自分が家でどのように教えられてきたか話すつもりだ」…○　第43段落に一致する。第10段落から，次の発表は月曜日だとわかる。

3〔長文読解総合―物語〕

≪全訳≫❶昔々，北の土地にフィリップという名の若い王様が住んでいた。ある冬の暗い時期の間，王様は世界全体が凍りついているように感じていた。彼は誰もが家の中に閉じこもっていると思っていた。❷ある嵐の寒い日，フィリップ王は自分の城を部屋から部屋へと歩いて回った。何かおもしろいものを探していたのだ。彼はキッチンに入った。料理人たちが野菜を切っていた。彼は鍋をのぞき込み，ため息をついた。「また野菜スープか」　王様は城の図書室に行った。そこで椅子に座った。彼は一番近い棚から巨大な本を引っぱり出して開いた。❸それは地図帳だった。紙は古かったが，美しい色で地図が描かれていた。山は青色だった。砂漠はサンドゴールド色だった。それぞれのページには，クアンタン，マンゾラ，バボンスキーなど，いくつかの名前があった。王様は自分の王国であるノーランドの地図を見つけた。そのページの図でさえも，彼には寒く見えた。(1)彼は他のページに移った。銀色のリボンのような道路が野原を走り抜け，緑の丘には村々があり，湖が美しく輝いていた。彼はその地図に魅了された。❹城の奥で夕食のベルが鳴った。「また野菜スープか」とフィリップ王は言った。彼は本を棚に戻した。❺翌朝，棚から地図帳を取り出したとき，彼は棚の奥に小さな箱を見つけた。箱の中には，ペンほどの大きさの小さな望遠鏡が入っていた。王様は望遠鏡で図書室を見回したが，何もはっきり見えなかった。それから地図帳を開いて，望遠鏡をのぞいた。彼は，バボンスキーという名の国の方へ望遠鏡を向けた。斜面に建つ，赤い屋根の白い小さな家々が見えた。家々の間にはレンガの道が続いていた。庭は黄色や紫やピンクの花でいっぱいだった。望遠鏡が地図に命を吹き込んだのだった。❻王様は驚いた。小さな人々がページ中を動き回っていたのだ。子どもたちは手をつなぎ，輪になって踊っていた。１人の老人が椅子の上でほほ笑んでいた。大きな帽子をかぶった農夫たちは，紫色の果実を摘んでいた。望遠鏡は，彼の王国から遠く離れたこれらの世界をのぞくとても小さな窓だった。１日の終わりに望遠鏡を箱に戻すと，王様は「まるで，この自分の凍りついた土地から旅をしているみたいだ！」と思った。❼王様は日々，地図帳を見て過ごした。それぞれの土地はたくさんの興味深い特徴であふれていたが，彼がよく戻ってくる地図はバボンスキーだった。そこでは，集団で話している男たち，一緒に遊んでいる子どもたち，椅子に座ってほほ笑んでいる老人など，同じ人々が見えた。声は聞こえなかったが，王様は彼らを知っているように感じた。❽ある朝彼が見ると，バボンスキーから青い上着を着た100人くらいの男の集団が，黒い馬に乗って出てきた。彼らは山を登りバボンスキーの北へ向かっていた。すると山の向こう側から，赤い上着を着た男たちの軍団が現れた。両軍の戦いが始まった。王様は「やめろ！」と彼らに向かって叫んだが，紙を通して彼の言葉は届かなかった。彼にできることは何もなかった。王は本を閉じた。❾「それで自分の王国はどうだろう？　ひょっとしたら私はそれについて何も知らないかもしれない。自分の国も危険なのか？」と王様は考えた。彼は地図帳でノーランドの地図を開き，望遠鏡を目に当てた。❿ノーランドは夕方だった。村人たちは湖でスケートをしていた。森の近くでは，焚き火の周りでたくさんの人がリンゴを焼いていた。「冬に人は外に出るんだな。何も知らなかった」と王様は思った。⓫それから，森の近くに小さな家が見えた。ドアの外で，１人の少年が雪の上に座っていた。膝に頭をのせ，肩は震えていた。⓬「あの子は泣いている」と王様は思い，図書室を飛び出した。⓭彼はそりの運転手に，そりでそこへ連れていくように言った。彼らが家に着いたとき，少年はまだ外に座っていた。王様がそりから降りると，少年は顔を上げた。顔は涙でぬれ，寒さで赤かった。⑭「坊や，なぜ泣いているのだ？」とフィリップ王が尋ねた。⑮「母と父と赤ん坊の妹が病気なのです。彼らを看病できるのは僕だけなんです」と少年は言った。⑯「でもなぜ外にいる？」と王様がきいた。⑰「(7)彼らに僕が怖がっていることをわかってほしくないのです」と少年は答えた。⑱「おいで」と王様は言い，少年の手を取った。「中に入ろう」⑲暖炉の近くで，男と女と赤ん坊が寝ていた。彼らはとても具合が悪そうだった。「彼らにあげるのは水しかないんです」と少年は言った。⑳王様は少年の話に驚いた。彼は運転手に，城に戻って医者を呼び，毛布と野菜スープの鍋を持ってくるよう言った。医者の治療後，王様は両親が笑顔を見せるほどに回復するまで，長い間ずっと座っていた。㉑何週間も地図帳は図書室の棚に置かれ，王様は国中を馬で駆け回った。彼は，焚き火で焼くジャガイモをそりいっぱいに積み，スケート靴を持っていって凍った池にいる人々に加わり，少年とその家族のためには野菜スープの鍋を持っていった。しかしある日，子どもたちの集団とダンスをした後，フィリップ王はバボンスキーの人々のことを思い出した。㉒彼はもう一度，図書室の椅子に座り，バボンスキーの地図を見た。老人はまだ椅子の上でほほ笑み，子どもたちは遊び，青い上着を着た男たちは通りを歩いていた。「何があったんだ？」　王様は彼らにきいてみたくなった。㉓彼は本を閉じて机に向かった。色とりどりのインクで，フィリップ王は手紙を書いた。春になるとすぐに，王様は手紙をバボンスキーの人々に送ったのだった。

問１＜適文選択＞この後に続く内容から，王様はそれまで見ていた自分の王国ではなく，別のページを見ていることが読み取れる。　move on to ～「～に移る」

問２＜適語選択＞(２-A)直前にBrick「レンガ」があるので，イのstreetsかウのwallsになる。runには「(道路などがある方向に)広がる，延びる，続く」という意味がある。　(２-B)庭にある色とりどりのものとして適切なのは「花」。　be filled with ～「～でいっぱいである，満たされている」

問３＜適語句選択＞直前のlikeは「～のような」の意味の前置詞。これまでの内容から，王様は望遠鏡でいろいろな土地の人々の様子を見ていることがわかる。それは，旅をしているような体験といえる。

問４＜適語選択＞文頭に‘逆接’を表すAlthough「～だけれど」があるので，文の後半は，前半と相反する内容になると考えられる。王様は，地図の中の人の声は聞こえなかったが，様子をしょっちゅうのぞいていたので彼らのことを知っているように感じていたのである。

問５＜文脈把握＞直前の２文で，王様は争いをやめるよう叫んだが，声が届かずそれ以上は何もできない様子がうかがえる。王様は落胆し，諦めて本を閉じたのである。

問６＜適語選択・語形変化＞(6-A)直後の文で，少年は泣いていることがわかる。うなだれて肩を震わせながら泣いていたのである。過去進行形(‘was/were＋～ing’)の形にする。　(6-B)直後の文で少年の顔の様子が描かれている。つまりうなだれていた姿勢から，顔を上げたことがわかる。lift ～'s faceで「顔を上げる」という意味。riseは「～が上がる，昇る」という自動詞なので不可。*cf.* raise「～を上げる」

問７＜整序結合＞「なぜ外にいる？」という王様の質問に対する答えである。語群から‘don't want＋人＋to ～’「〈人〉に～してほしくない」の形が考えられる。また，語群のthemは少年の家族のことだと考えれば，彼らに自分が怖がっているとわかってほしくないという内容になると推測できる。

動詞 see は目的語に that節をとるとき，通例「～がわかる」という意味を表す。

問８＜要旨把握＞his story は「少年の話」。第15，19段落で少年が王様に話した，少年が置かれている状況を字数以内にまとめればよい。

問９＜適語句補充＞直前にある pot(s)「深鍋」に着目。これが第２段落で野菜スープの入った鍋として使われている。また，vegetable soup again という言葉が繰り返し出ていることから，城にはいつも野菜スープがあると考えられる。

問10＜内容一致＞≪全訳≫この地図帳は特別だ。これは，いろいろな場所の地図の本として楽しめる。しかし，小さな箱の中にある特別な望遠鏡を使えば，世界中に住む人々の実際の生活を見ることができる。一生懸命働いている人もいれば，一緒に遊んでいる人もいるし，苦しんでいる人もいる。彼らはみんな違っていて，特別だ。他の多くの国でどのように生活が送られているかを見ることは，とても興味深く有意義であるが，自分の国を一番知っておかなければならない。この本で，もっと広い視野を持つように。

＜解説＞王様が望遠鏡で見たのは，人々の real life「実際の生活」であるといえる。また，live a ～ life で「～な生活を送る」という表現があり，how life is lived は「どのように生活が送られるか」という意味になる。本文中では，第５段落最終文に life があるが，ここでは life が「命」の意味で使われている。

４〔和文英訳―完全記述〕

(1)「～を読んでいる」は現在進行形で表す。「君が勧めた本」は関係代名詞節で the book (that〔which〕) you recommended とすればよい。目的格の関係代名詞は省略可能。

(2)「ずっと～している」のように‘過去のある時点から現在まで続いている動作’は，‘have/has been＋～ing’の現在完了進行形で表すとよい。「飲まず食わず」は without ～ing「～せずに」の形で表せる。「朝から」は現在完了形とともに使われる since「～から(ずっと)」を用いて since this morning とすればよい。

(3)「もし～なら，…なのに」のような，‘現在の事実とは反対の仮定’は，‘If＋主語＋動詞の過去形～，主語＋助動詞の過去形＋動詞の原形…’の形で表せる(仮定法過去)。前後の節の順は入れかえ可能。「練習時間」は practice time としても可。「うまくなる」は be〔become, get〕 better at ～ などとすることもできる。

(4)「先週ほど宿題は多くない」は‘not as ～ as …’「…ほど～ない」の形で表すが，homework は‘数えられない名詞’であることに注意。また，この形で‘量’について表すときは as 以下が‘as much ～ as …’の形になる。「先週ほど」は as last week でよいが，「先週宿題があったほど」と考えて代動詞 did を用いて as I did last week とすることもできる。また，less を用いた比較級で，I have less homework than I did last week. と表すこともできる。

数学解答

1 (1) 4　(2) (例)1, 5, 6, 10, 11
(3) 53　(4) 6, 8, 12

2 (1) 8　(2) $\sqrt{10}$　(3) $\frac{117}{10}$

3 (1) 4.32
(2) ⑨-ア…25　⑨-イ…105
(3) 21, 63

4 (1) 24　(2) $\frac{15\sqrt{3}}{2}$　(3) $6\sqrt{2}+6$

5 (1) 30　(2) 55
(3) あり得る
理由…(例)12人の点数の合計が最も大きくなるとき，12人の点数は小さい方から順に，15, 40, 40, 40, 55, 55, 60, 70, 70, 70, 90, 90となり，このときの平均値は57.9…点だから，中央値の57.5点より大きくなる。
(4) 64

1 〔特殊・新傾向問題―規則性〕

(1)<一の位の数が循環する個数>18^1の一の位の数は8である。18^2の一の位の数は，18の一の位の数が8より，8^2の一の位の数と等しい。$8^2=64$だから，18^2の一の位の数は4となる。$18^3=18^2\times18$より，18^3の一の位の数は，18^2の一の位の数と18の一の位の数の積の一の位の数に等しい。18^2の一の位の数が4だから，$4\times8=32$より，18^3の一の位の数は2となる。同様に，$18^4=18^3\times18$であり，18^3の一の位の数は2だから，18^4の一の位の数は，$2\times8=16$より，6となる。$18^5=18^4\times18$だから，18^5の一の位の数は，$6\times8=48$より，8となる。18^1の一の位の数と同じになったので，8, 4, 2, 6の4個の数が循環し，$\langle 18\rangle=4$である。

(2)<$\langle \boldsymbol{n}\rangle=1$となる自然数>$\langle n\rangle=1$となる自然数$n$は，一の位の数の循環する個数が1個の数である。これは，nとn^2の一の位の数が同じになる自然数である。$0^2=0$, $1^2=1$, $2^2=4$, $3^2=9$, $4^2=16$, $5^2=25$, $6^2=36$, $7^2=49$, $8^2=64$, $9^2=81$だから，nとn^2の一の位の数が同じになる自然数nは，一の位の数が，0, 1, 5, 6の数である。よって，$n=1$, 5, 6, 10, 11, 15, 16, ……となるので，このうち5つを答えればよい。

(3)<$\langle \boldsymbol{n}\rangle=\langle \boldsymbol{n}^2\rangle$を満たす自然数の個数>(2)より，$n$の一の位の数が0, 1, 5, 6のとき，$n$と$n^2$の一の位の数は同じなので，$\langle n\rangle=\langle n^2\rangle$となる。また，$n$の一の位の数が2のとき，$2\times2=4$, $4\times2=8$, $8\times2=16$, $6\times2=12$より，一の位の数は，2, 4, 8, 6の4個の数が循環するので，$\langle n\rangle=4$となる。同様にして，nの一の位の数が3のとき，3, 9, 7, 1の4個の数が循環し，$\langle n\rangle=4$となる。nの一の位の数が4のとき，4, 6の2個の数が循環し，$\langle n\rangle=2$となる。nの一の位の数が7のとき，7, 9, 3, 1の4個の数が循環し，$\langle n\rangle=4$となる。nの一の位の数が8のとき，8, 4, 2, 6の4個の数が循環し，$\langle n\rangle=4$となる。nの一の位の数が9のとき，9, 1の2個の数が循環し，$\langle n\rangle=2$となる。nの一の位の数が2のとき，n^2の一の位の数は4であり，$\langle n\rangle=\langle 2\rangle=4$, $\langle n^2\rangle=\langle 4\rangle=2$だから，$\langle n\rangle=\langle n^2\rangle$とはならない。$n$の一の位の数が3のとき，$n^2$の一の位の数は9であり，$\langle n\rangle=4$, $\langle n^2\rangle=2$だから，$\langle n\rangle=\langle n^2\rangle$とはならない。同様にして，$n$の一の位の数が4のとき，$\langle n\rangle=2$, $\langle n^2\rangle=1$となり，nの一の位の数が7のとき，$\langle n\rangle=4$, $\langle n^2\rangle=2$となり，nの一の位の数が8のとき，$\langle n\rangle=4$, $\langle n^2\rangle=2$となり，nの一の位の数が9のとき，$\langle n\rangle=2$, $\langle n^2\rangle=1$となる。いずれも$\langle n\rangle=\langle n^2\rangle$とはならない。以上より，$\langle n\rangle=\langle n^2\rangle$を満たすのは，$n$の一の位の数が0, 1, 5, 6の数となる。そのような自然数nは，1～10の中に1, 5, 6, 10の4個あり，11～20, 21～30, ……, 121～130の中にも4個ずつある。131～133の中には，131の1個だから，$\langle n\rangle=\langle n^2\rangle$を満たす133以下の自然数$n$は，$4\times13+1=53$(個)ある。

(4)＜$\boldsymbol{n}$の値＞(3)より，nの一の位の数が0，1，5，6のとき，$\langle n\rangle=\langle n^2\rangle=1$だから，方程式は，$n^2-10n+24=0$となる。これを解くと，$(n-4)(n-6)=0$より，$n=4$，6となり，$n$の一の位の数は0，1，5，6のいずれかだから，$n=6$が適する。$n$の一の位の数が2，3，7，8のとき，$\langle n\rangle=4$，$\langle n^2\rangle=2$だから，方程式は，$n^2-10\times2\times n+24\times4=0$より，$n^2-20n+96=0$となる。これを解くと，$(n-8)(n-12)=0$より，$n=8$，12となり，$n$の一の位の数は2，3，7，8のいずれかだから，ともに適する。nの一の位の数が4，9のとき，$\langle n\rangle=2$，$\langle n^2\rangle=1$だから，方程式は，$n^2-10n+24\times2=0$より，$n^2-10n+48=0$となる。$n^2-10n+48=n^2-10n+25+23=(n-5)^2+23$であり，$(n-5)^2\geqq0$より，$(n-5)^2+23>0$なので，$n^2-10n+48=0$となることはない。以上より，求める自然数$n$は，$n=6$，8，12となる。

2〔平面図形—半円〕

≪基本方針の決定≫(1)　△CBEに着目する。　　(2)　△DBE∽△ACEに気づきたい。

(1)＜長さ＞右図で，∠ABCは$\overset{\frown}{\mathrm{AC}}$に対する円周角，∠BCDは$\overset{\frown}{\mathrm{BD}}$に対する円周角だから，$\overset{\frown}{\mathrm{AC}}=2\overset{\frown}{\mathrm{BD}}$より，∠ABC=2∠BCDとなる。よって，△CBEで内角と外角の関係より，∠CEB=∠ABC−∠BCD=2∠BCD−∠BCD=∠BCDとなり，∠CEB=∠BCDより，△CBEはBC=BEの二等辺三角形である。したがって，BC=BE=8(cm)である。

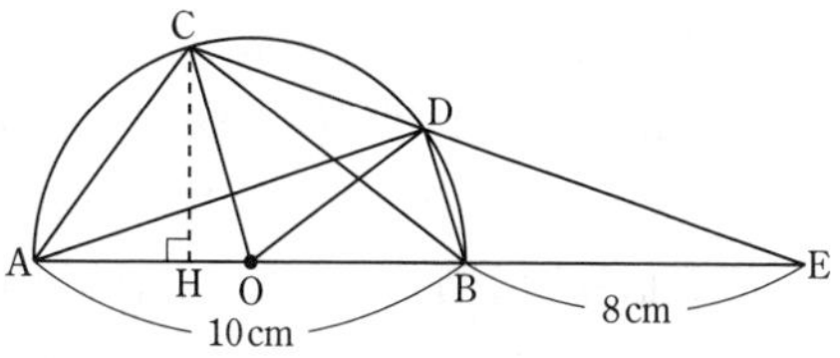

(2)＜長さ—三平方の定理，相似＞右上図で，△BCDで内角と外角の関係より，∠BDE=∠BCD+∠CBDである。また，$\overset{\frown}{\mathrm{BD}}$，$\overset{\frown}{\mathrm{CD}}$に対する円周角より，∠BCD=∠BAD，∠CBD=∠CADだから，∠CAE=∠BAD+∠CAD=∠BCD+∠CBDとなる。よって，∠BDE=∠CAEとなり，∠DEB=∠AECより，△DBE∽△ACEである。これより，BD：CA=BE：CEである。線分ABが半円の直径より，∠ACB=90°なので，△ABCで三平方の定理より，$\mathrm{CA}=\sqrt{\mathrm{AB}^2-\mathrm{BC}^2}=\sqrt{10^2-8^2}=\sqrt{36}=6$となる。点Cから辺ABに垂線CHを引くと，∠AHC=∠ACB=90°，∠CAH=∠BACより，△ACH∽△ABCとなるので，CH：BC=AH：AC=AC：AB=6：10=3：5となり，$\mathrm{CH}=\frac{3}{5}\mathrm{BC}=\frac{3}{5}\times8=\frac{24}{5}$，$\mathrm{AH}=\frac{3}{5}\mathrm{AC}=\frac{3}{5}\times6=\frac{18}{5}$となる。したがって，$\mathrm{HE}=\mathrm{AB}+\mathrm{BE}-\mathrm{AH}=10+8-\frac{18}{5}=\frac{72}{5}$となり，△CHEで三平方の定理より，$\mathrm{CE}=\sqrt{\mathrm{CH}^2+\mathrm{HE}^2}=\sqrt{\left(\frac{24}{5}\right)^2+\left(\frac{72}{5}\right)^2}=\sqrt{\frac{5760}{25}}=\frac{24\sqrt{10}}{5}$となるので，$\mathrm{BD}:6=8:\frac{24\sqrt{10}}{5}$が成り立つ。これを解いて，$\mathrm{BD}\times\frac{24\sqrt{10}}{5}=6\times8$，$\mathrm{BD}=\sqrt{10}$(cm)となる。

≪別解≫右上図で，△DBE∽△ACEより，BD：DE=CA：AE=6：18=1：3である。また，∠BAD=∠BCD=∠BEDより，△ADEはAD=DEの二等辺三角形だから，BD：AD=BD：DE=1：3となる。よって，BD=x(cm)とおくと，AD=$3x$と表せる。線分ABが半円の直径より，∠ADB=90°だから，△ABDで三平方の定理$\mathrm{BD}^2+\mathrm{AD}^2=\mathrm{AB}^2$より，$x^2+(3x)^2=10^2$が成り立つ。これを解くと，$10x^2=100$，$x^2=10$，$x=\pm\sqrt{10}$となり，$x>0$だから，$x=\sqrt{10}$(cm)である。

(3)＜面積＞右上図で，(2)より，△DBE∽△ACEだから，DE：AE=BD：CAであり，$\mathrm{DE}:18=\sqrt{10}:6$が成り立つ。これより，$\mathrm{DE}\times6=18\sqrt{10}$，$\mathrm{DE}=3\sqrt{10}$となる。よって，$\mathrm{CD}=\mathrm{CE}-\mathrm{DE}=\frac{24\sqrt{10}}{5}-3\sqrt{10}=\frac{9\sqrt{10}}{5}$であり，$\triangle\mathrm{OCD}:\triangle\mathrm{OCE}=\mathrm{CD}:\mathrm{CE}=\frac{9\sqrt{10}}{5}:\frac{24\sqrt{10}}{5}=3:8$である。$\mathrm{OB}=\frac{1}{2}\mathrm{AB}=\frac{1}{2}\times10=5$より，OE=OB+BE=5+8=13だから，$\triangle\mathrm{OCE}=\frac{1}{2}\times\mathrm{OE}\times\mathrm{CH}=\frac{1}{2}\times13\times\frac{24}{5}=\frac{156}{5}$である。したがって，$\triangle\mathrm{OCD}=\frac{3}{8}\triangle\mathrm{OCE}=\frac{3}{8}\times\frac{156}{5}=\frac{117}{10}$(cm^2)である。

3〔特殊・新傾向問題〕

(1)＜速さ＞(i)の信号機は青の点滅が5秒である。AB間は6mなので，Pさんは6mの横断歩道を5秒で渡ることになる。また，(ii)の信号機は青の点滅が10秒である。AD間は12mなので，Pさんは12mの横断歩道を10秒で渡ることになる。$6\div5=1.2$，$12\div10=1.2$より，Pさんの速さは，どちらの横断歩道を渡るときも秒速1.2mである。この速さは，1時間で$1.2\times60\times60=4320$(m)，つまり4.32km進む速さなので，時速4.32kmとなる。

(2)＜時間＞(i)，(ii)の信号機がいずれも赤である時間は毎回10秒なので，一方の信号機の青の点滅が終わると，10秒間(i)，(ii)の信号機がいずれも赤となる。その後，もう一方の信号機が青に変わる。経由地Aに着いてからCに到着するまでの時間が最も短くなるときは，Aから渡り始めると同時に信号機の青の点滅が始まる場合を考える。AB間を渡り始めると同時に(i)の信号機の青の点滅が始まる場合，5秒でAB間を渡り，渡り終わると青の点滅が終わり，(i)，(ii)の信号機がともに10秒赤になり，(ii)の信号機が青になって10秒でBC間を渡るので，Aに着いてからCに到着するまで，$5+10+10=25$(秒)かかる。AD間を渡り始めると同時に(ii)の信号機の青の点滅が始まる場合，10秒でAD間を渡り，渡り終わると青の点滅が終わり，(i)，(ii)の信号機がともに10秒赤になり，(i)の信号機が青になって，5秒でDC間を渡るので，Aに着いてからCに到着するまで，$10+10+5=25$(秒)かかる。よって，Aに着いてからCに到着するまでの時間は最も短くて25秒である。次に，最も長くなるときは，信号機の青の点滅が始まるのと同時にAに着く場合を考える。(i)の信号機の青の点滅が始まるのと同時にAに着く場合，(ii)の信号機が青に変わってからAD間を渡り，その後，DC間を渡る。(i)の信号機の青の点滅が5秒，赤が55秒だから，Aに着いてから(i)の信号機が青になるまで$5+55=60$(秒)であり，(i)の信号機が青になって5秒でDC間を渡るので，この場合のかかる時間は$60+5=65$(秒)である。(ii)の信号機の青の点滅が始まるのと同時にAに着く場合，(i)の信号機が青になってからAB間を渡り，その後，BC間を渡る。(ii)の信号機の青の点滅が10秒，赤が85秒だから，Aに着いてから(ii)の信号機が青になるまで$10+85=95$(秒)であり，(ii)の信号機が青になって10秒でBC間を渡るので，この場合のかかる時間は$95+10=105$(秒)である。よって，Aに着いてからCに到着するまでの時間は最も長くても105秒未満である。

(3)＜時間＞時速7.2kmは，$7.2\times1000\div(60\times60)=2$より，秒速2mである。これより，AB間，DC間を渡るのに$6\div2=3$(秒)，AD間，BC間を渡るのに$12\div2=6$(秒)かかる。2つ目の横断歩道は，その信号が青になるのと同時に渡り始めるので，Aに着いてからCに到着するまでに60秒かかることから，AB間を渡る場合，Aに着いてから$60-6=54$(秒)後に(ii)の信号機が青になる。つまり，(ii)の信号機が青になる54秒前にAに着く。(ii)の信号機が青になる直前，(i)の信号機は，赤が10秒，青の点滅が5秒，青が60秒だから，(i)の信号機が青になるのは，(ii)の信号機が青になる$10+5+60=75$(秒)前であり，Aに着くのは，AB間の信号が青に変わってから$75-54=21$(秒)後となる。AD間を渡る場合，Aに着いてから$60-3=57$(秒)後に(i)の信号機が青になる。つまり，(i)の信号機が青になる57秒前にAに着く。(i)の信号機が青になるのは，$55+5+60=120$(秒)前だから，Aに着くのは，AB間の信号が青に変わってから$120-57=63$(秒)後となる。以上より，AB間の信号が青に変わってから21秒後または63秒後に経由地Aに着くときである。

4〔空間図形―円柱〕

(1)＜時間＞点Pの速さを秒速$a$cm，点Qの速さを秒速$b$cmとする。2点P，Qが出発してx秒後に線分PQは底面に垂直になり，その$16+20=36$(秒)後に点QはBに到着したので，点Pがx秒で動いた長さと点Qが36秒で動いた長さは等しい。よって，$ax=36b$……①である。また，線分PQが底面に垂直になってから16秒後に点PはAに到着しているから，点Pが16秒で動いた長さと点Qがx秒で動いた長さは等しい。よって，$16a=bx$……②となる。①より，$b=\dfrac{a}{36}x$とし，これを②に代入して，$16a=\dfrac{a}{36}x\times x$，$16=\dfrac{1}{36}x^2$，$x^2=576$　$\therefore x=\pm 24$　$x>0$だから，$x=24$(秒)後である。

(2)＜面積＞右図1で，円柱の上の底面の中心をO，下の底面の中心をO′とする。(1)より，1周するのに点Pは$24+16=40$(秒)，点Qは$24+36=60$(秒)かかるので，出発して20秒後，点Pは点Oの周の$\dfrac{20}{40}=\dfrac{1}{2}$，点Qは円O′の周の$\dfrac{20}{60}=\dfrac{1}{3}$動いている。よって，線分APは円Oの直径となり，$\angle \mathrm{BO'Q}=\dfrac{1}{3}\times 360^\circ=120^\circ$である。点Pから下の底面に垂線PP′，点Qから上の底面に垂線QQ′を引く。線分BP′は円O′の直径となり，$\angle \mathrm{P'QB}=90^\circ$である。また，$\angle \mathrm{Q'QB}=90^\circ$だから，BQ⊥〔面PP′QQ′〕となり，$\angle \mathrm{PQB}=90^\circ$となる。$\angle \mathrm{P'O'Q}=180^\circ-120^\circ=60^\circ$，$\mathrm{O'P'}=\mathrm{O'Q}$より，△O′P′Qは正三角形だから，$\angle \mathrm{O'P'Q}=60^\circ$となり，△BP′Qは3辺の比が$1:2:\sqrt{3}$の直角三角形である。$\mathrm{P'Q}=\mathrm{O'P'}=3$だから，$\mathrm{BQ}=\sqrt{3}\mathrm{P'Q}=\sqrt{3}\times 3=3\sqrt{3}$となる。さらに，△PP′Qで三平方の定理より，$\mathrm{PQ}=\sqrt{\mathrm{PP'}^2+\mathrm{P'Q}^2}=\sqrt{4^2+3^2}=\sqrt{25}=5$となるから，$\triangle \mathrm{PBQ}=\dfrac{1}{2}\times \mathrm{BQ}\times \mathrm{PQ}=\dfrac{1}{2}\times 3\sqrt{3}\times 5=\dfrac{15\sqrt{3}}{2}$(cm^2)である。

図1

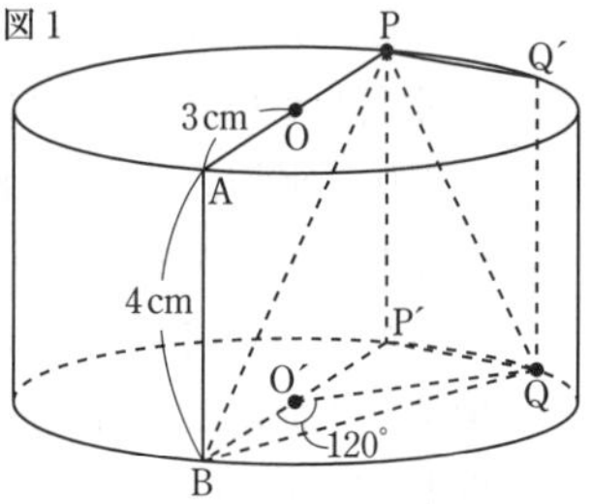

(3)＜体積＞右図2で，出発して15秒後，点Pは円Oの周の$\dfrac{15}{40}=\dfrac{3}{8}$，点Qは円O′の周の$\dfrac{15}{60}=\dfrac{1}{4}$動いているから，$\angle \mathrm{AOP}=\dfrac{3}{8}\times 360^\circ=135^\circ$，$\angle \mathrm{BO'Q}=360^\circ\times\dfrac{1}{4}=90^\circ$である。点Pから下の底面に垂線PP″を引き，点P″から線分BQに垂線P″Iを引くと，P″I⊥〔面ABQ〕となるから，四面体ABPQは，底面を△ABQ，高さをP″Iとする三角錐と見ることができる。$\angle \mathrm{BO'P''}=\angle \mathrm{AOP}=135^\circ$より，右図3において，$\angle \mathrm{QO'P''}=360^\circ-(\angle \mathrm{BO'P''}+\angle \mathrm{BO'Q})=360^\circ-(135^\circ+90^\circ)=135^\circ$となるので，$\angle \mathrm{BO'P''}=\angle \mathrm{QO'P''}$であり，$\mathrm{P''B}=\mathrm{P''Q}$となる。よって，△P″BQは二等辺三角形だから，3点P″，O′，Iは一直線上にある。△BO′Qは直角二等辺三角形なので，△BO′Iも直角二等辺三角形となり，$\mathrm{O'I}=\dfrac{1}{\sqrt{2}}\mathrm{O'B}=\dfrac{1}{\sqrt{2}}\times 3=\dfrac{3\sqrt{2}}{2}$である。これより，$\mathrm{P''I}=\mathrm{O'P''}+\mathrm{O'I}=3+\dfrac{3\sqrt{2}}{2}$である。さらに，$\mathrm{BQ}=\sqrt{2}\mathrm{O'B}=\sqrt{2}\times 3=3\sqrt{2}$だから，図2で，$\triangle \mathrm{ABQ}=\dfrac{1}{2}\times \mathrm{BQ}\times \mathrm{AB}=\dfrac{1}{2}\times 3\sqrt{2}\times 4=6\sqrt{2}$となる。したがって，〔四面体ABPQ〕$=\dfrac{1}{3}\times\triangle \mathrm{ABQ}\times \mathrm{P''I}=\dfrac{1}{3}\times 6\sqrt{2}\times\left(3+\dfrac{3\sqrt{2}}{2}\right)=6\sqrt{2}+6$(cm^3)である。

図2

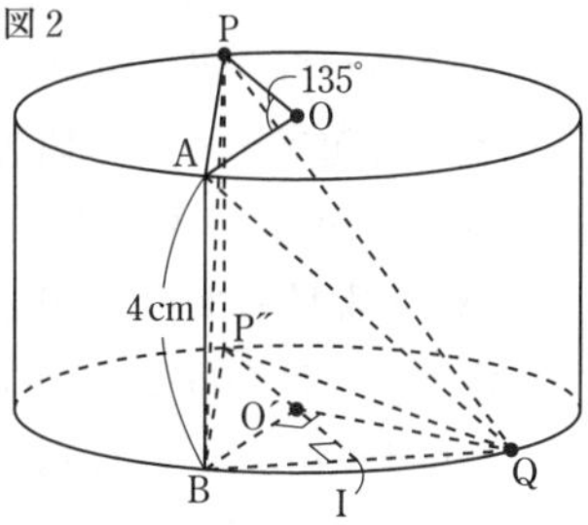

図3

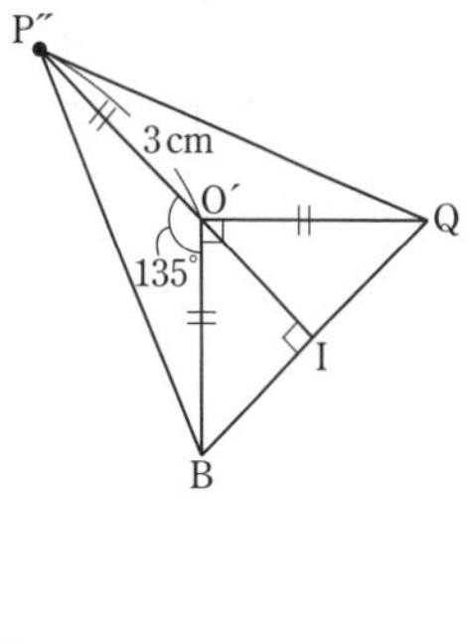

5 〔データの活用―箱ひげ図〕

(1)＜四分位範囲＞箱ひげ図より，第1四分位数は40点，第3四分位数は70点だから，四分位範囲は$70-40=30$(点)となる。

(2)＜平均値＞データの個数が8のとき，中央値は，点数の小さい方から4番目と5番目の平均となる。最小値を含む4つのデータの中央値が第1四分位数，最大値を含む4つのデータの中央値が第3四分位数となるので，第1四分位数は小さい方から2番目と3番目，第3四分位数は大きい方から2番目と3番目の平均である。第1四分位数が40点，第3四分位数が70点なので，小さい方から2番目と3番目の和は$40\times 2=80$(点)，大きい方から2番目と3番目，つまり，小さい方から6番目と7番目の和は$70\times2=140$(点)となる。また，5番目と6番目の和は中央値の2倍である。各問における得点は0点か5点なので，それぞれの人の点数は全て5の倍数となる。このことから，中央値は2つの5の倍数の平均であり，箱ひげ図より，中央値は50点と60点の間で60点に近い点数だから，57.5点である。よって，4番目と5番目の和は$57.5\times2=115$(点)となる。さらに，最小値(1番目)は15点，最大値(8番目)は90点なので，点数の合計は$15+80+115+140+90=440$(点)となり，平均値は$440\div8=55$(点)である。

⑶＜理由＞データの個数が12のとき，中央値が57.5点より，点数の小さい方から6番目と7番目の平均が57.5点であり，第1四分位数が40点，第3四分位数が70点より，3番目と4番目の平均が40点，9番目と10番目の平均が70点となる。1番目は15点，12番目は90点なので，小さい方から1，3，4，6，7，9，10，12番目の点数の合計は，⑵より，440点となる。2，5，8，11番目の点数として最も高いときを考えると，2番目の点数は3番目の点数以下であり，3番目と4番目の点数がともに40点のとき，2番目の点数が最も高くなり，40点となる。また，5番目の点数は6番目の点数以下であり，6番目が55点，7番目が60点のとき，5番目の点数が最も高くなり，55点となる。9番目，10番目の点数がともに70点のとき，8番目の点数が最も高くなり，70点となる。11番目の点数が最も高くなるとき，その点数は90点である。したがって，考えられる最も大きい平均値は，$(440+40+55+70+90)\div12=695\div12=57.9\cdots$(点)となる。これは中央値の57.5点より大きいから，平均値が中央値より大きくなることはあり得る。

⑷＜平均値＞データの個数が4の倍数のとき，データの個数を$4n$(nは自然数)とすると，点数の小さい方から$2n$番目と$2n+1$番目の平均が57.5点，n番目と$n+1$番目の平均が40点，$3n$番目と$3n+1$番目の平均が70点となる。⑶と同様に考えると，平均値が最も大きくなるのは，小さい方から2番目から$n-1$番目までの$n-2$人の点数が全て40点，$n+2$番目から$2n-1$番目までの$n-2$人の点数が全て55点，$2n+2$番目から$3n-1$番目までの$n-2$人の点数が全て70点，$3n+2$番目から$4n-1$番目までの$n-2$人の点数が全て90点の場合である。このときの平均値は，$\{440+40(n-2)+55(n-2)+70(n-2)+90(n-2)\}\div4n=(255n-70)\div4n=\frac{255}{4}-\frac{35}{2n}=63+\frac{3}{4}-\frac{35}{2n}$(点)となる。これより，平均値は63点となることはあるが，64点以上になることはない。よって，求める最小の自然数aは$a=64$である。

社会解答

1 問1　ア　　問2　A…光合成　B…ア
問3　ア
問4　C　大量の水が必要とされている
D　世界の水を大量に使っている

2 問1　カ　　問2　イ　　問3　イ
問4　(1)…(例)ぶどう
(2)　(例)同じ標高の場所を通し，道路の高低差を小さくするため。

3 問1　(1)…ア，エ　(2)…元寇　(3)…イ
問2　(1)…イ，ウ　(2)…イ→ア→ウ→エ
問3　(1)　A…鉄砲　B…豊臣秀吉
C…刀狩
(2)　D…戦乱が続いた時代
E…戦乱のない平和な時代

4 問1　エ　　問2　イ，ク
問3　(1)…銀　(2)…エ　　問4　ア
問5　ア，オ，コ

5 問1　A…12　B…選挙管理委員会
問2　ウ　　問3　エ　　問4　エ，カ
問5　P…福祉の充実　Q…55　R…20
S　(例)観光と工場誘致のどちらを優先すべきか意見が分かれた

6 問1　10　　問2　エ　　問3　ウ
問4　(例)適正な取引ができず衰退する。
問5　クーリング・オフ
問6　製造物責任法
問7　F…オ　G…ア　H…カ

1〔世界地理―総合〕

問1＜発電＞1973年の石油危機以降，日本では発電割合に占める原子力の割合が30％前後まで増加していたが，2011年3月の東日本大震災で起こった福島第一原子力発電所の爆発事故以降，急激にその割合は減少した。また，福島第一原子力発電所の事故をきっかけに脱原発の方針を決定したドイツでは2017年の原子力発電の割合が低く，「その他のエネルギー」に含まれる風力発電などの新エネルギーの割合が増加していて，4か国の中で最も高い。なお，Cには中国が，Dにはアメリカ合衆国が当てはまる。

問2＜地球温暖化＞地球温暖化の主要な原因とされているのは，二酸化炭素などの温室効果ガスの濃度上昇である。二酸化炭素の濃度は，光合成によって二酸化炭素が植物に吸収されると下がる。植物の光合成が活発になるのは葉が生い茂る夏である。8～9月頃に気温が高く植物の光合成が活発になるのは，北半球である。

問3＜地域間貿易＞AとCに比べて貿易額が少ないBはアフリカを表している。また，中国，日本，ASEAN〔東南アジア諸国連合〕を含むアジアの方が，アメリカ，カナダを含む北アメリカより貿易総額が多い。また，アジアと北アメリカとの間の貿易では，アジアの輸出超過になっており，中南アメリカとの貿易額は地理的な距離が近い北アメリカの方がアジアより多い。

問4＜水資源＞食料を生産するには大量の水が必要なので，食料を外国から輸入することは，間接的に世界の大量の水資源を使っていることになる。輸入している食料を自国で生産すると仮定したときに必要と推定される水の量をバーチャル・ウォーター〔仮想水〕という。

2〔日本地理―総合〕

問１＜人口ピラミッド＞Aの人口ピラミッドでは，20～24歳の割合がその前後の年齢層の割合より高くなっている。これは，茨城県つくば市のように大学生や大学院生の多い研究学園都市に当てはまる。Bの人口ピラミッドでは，15～64歳の生産年齢人口の割合，特にその年齢層の男性の割合が高くなっている。これは，愛知県豊田市のような工場の多い企業城下町に当てはまる。Cの人口ピラミッドでは，比較的に30～49歳の生産年齢にあたる世代と０～９歳が多い。これは，子どもを育てている年齢層が再開発された東京都の都心部などのタワーマンションに集まっていることが考えられる。

問２＜都道府県の産業の特色＞日本の工業地帯の中で最も製造品出荷額等の多い中京工業地帯の中心である愛知県は，製造業の割合が高い。観光業の盛んな沖縄県は，小売業やサービス業の割合が愛知県や東京都より高い。東京都は，金融業，保険業，情報通信業，学術研究，専門・技術サービス業などの割合が他の２県より高い。

問３＜自然災害＞洪水は，河川沿いで起こるので，内陸部に自然災害伝承碑があるAが当てはまる。地震によって起こる津波は，範囲Xの中では太平洋沿岸に被害が集中しているので，Bが当てはまる。高潮は，台風が接近し気圧が降下して海面が吸い上げられたり，強風によって海水が吹き寄せられたりして起こる。瀬戸内海沿岸は高潮の被害を受けやすいので，Cが当てはまる。

問４＜地形図の読み取り＞⑴図Ⅴの地形図は，「甲州市」「勝沼町」などの地名から，山梨県の甲府盆地の一部を示している。山梨県の甲府盆地に見られる扇状地では，日当たりと水はけのよさを利用して，ぶどうやももなどの果実が栽培されている。山梨県は，ぶどうとももの生産額が全国第１位である(2019年)。　⑵高速道路Xは，ほぼ等高線に沿って建設されている。これは，道路の高低差をなくすためだと考えられる。

3 〔歴史―古代～近世の日本と世界〕

問１＜13～14世紀の日本と世界＞⑴14世紀の貿易で中国から日本にもたらされたのは，銅銭や陶磁器である。なお，イは江戸時代に葛飾北斎が描いた錦絵である。また，ウは弥生時代の日本でつくられた銅鐸である。　⑵13～14世紀の中国は，元の時代である。中国を支配下に置き，国号を元と改めたモンゴルは，朝鮮半島の高麗を服属させ，日本にも使者を送って服属を求めてきた。鎌倉幕府第８代執権の北条時宗がこれを拒絶したため，元は13世紀後半の1274年(文永の役)と1281年(弘安の役)の２度にわたって北九州に襲来した。これを元寇という。　⑶広大な領域を支配した元の時代，中国とヨーロッパは交流があり，ローマ教皇は中国に使節を派遣してキリスト教の布教を行った。また，この時期は11世紀末から約２世紀にわたってローマ教皇がキリスト教の聖地であるエルサレムをイスラム教徒から奪い返すために十字軍を派遣していた時期にあたる。なお，bは，資料の内容に反する。また，Cのキリスト教の教会がローマカトリック教会とギリシャ正教会に分裂したのは，11世紀頃のことである。

問２＜縄文時代，北海道，東北地方の歴史＞⑴縄文時代の大規模集落跡である青森県の三内丸山遺跡からは，長野県の和田峠などで産出した黒曜石が出土している(イ…○)。また，貝塚から，縄文時代の人々の生活の様子を知ることができる(ウ…○)。なお，埴輪は古墳時代に古墳の表面や周囲に置かれた(ア…×)。環濠集落や銅剣は，弥生時代の遺跡に見られる(エ…×)。政治的なまとまりが形成されたのは，弥生時代以降のことである(オ…×)。　⑵年代の古い順に，イ(８～10世紀の渤海使の来日)，ア(12世紀の中尊寺，毛越寺の建立)，ウ(14世紀頃の安藤氏とアイヌの交易)，エ(19世紀の間宮林蔵の探検)となる。

問３＜鉄砲＞鉄砲は，1543年に漂流していた中国船に乗っていたポルトガル人が種子島に伝えた。その後，織田信長などの戦国大名によって戦いで使用された。天下統一後，豊臣秀吉は刀狩によって農民などから鉄砲を取り上げた。しかし，資料Ⅰ・Ⅱから江戸時代の農民たちが，害獣駆除などのために鉄砲を所持していたことがわかる。鉄砲は，戦国時代には戦乱に勝ち抜くための武器として使用され，江戸時代には，農作物を害獣から守る道具として使用されたことがわかる。

4〔歴史―近代～現代の日本と世界〕

問１＜香港＞Ａには「香港」が当てはまる。香港は，アヘン戦争後の南京条約(1842年)で中国からイギリスに割譲されたが，1997年に中国に返還された。返還後，香港には高度な自治権が与えられてきたが，2020年に中国政府は「香港国家安全維持法」を制定して，香港への支配を強めている。なお，アはペキン(北京)，イはシャンハイ(上海)，ウはタイペイ(台北)，オはハイコウ(海口)である。

問２＜19世紀のイギリス＞Ｂにはイギリスが当てはまる。18世紀に産業革命を達成したイギリスは，「世界の工場」と呼ばれた。生麦事件の報復として，イギリスは1863年に薩摩を攻撃した(薩英戦争)。なお，アはアメリカ，ウはフランス，エとキはロシア，オとカはプロシア(ドイツ)について述べている。

問３＜三角貿易＞⑴19世紀，イギリスは中国から買う茶の代金として支払う銀が不足したため，インド産のアヘンを中国に密輸出して銀を入手した。この貿易を三角貿易という。　⑵南北アメリカがヨーロッパ諸国の植民地となった後，メキシコやペルーなどで銀が大量に採掘された。

問４＜20世紀前半の日本＞アは1940年の日独伊三国同盟締結，イは1928年の張作霖爆殺事件，ウは1936年の二・二六事件，エは1932年の五・一五事件を伝える新聞記事である。

問５＜民主化運動＞「民主化」とは，多くの人々が政治的な権利を獲得していく過程を指す。「政府に対して民主化を求めた人びとの動き」には，1789年のフランス革命，大正時代の日本の護憲運動，21世紀の「アラブの春」が当てはまる。なお，奴隷解放宣言はアメリカ合衆国の大統領が出した宣言(イ…×)，大政奉還は日本の江戸幕府将軍の政権移譲(ウ…×)，エは19世紀末の中国で起こった外国勢力排除の運動(エ…×)，ニューディール政策は，20世紀前半のアメリカの世界恐慌に対する経済政策(カ…×)，1945年の国際連合の発足は世界平和のための各国政府の動き(キ…×)，日本国憲法はGHQ〔連合国軍最高司令官総司令部〕の主導によって1946年に日本政府が公布したもの(ク…×)，ペレストロイカは，20世紀末のソビエト連邦政府が行った改革である(ケ…×)。

5〔公民―総合〕

問１＜直接請求権＞地方自治で認められている直接請求権のうち，首長のリコール〔解職請求〕は議会の解散請求と同じく，有権者の３分の１以上の署名を必要(有権者数が40万人までの場合)とし，請求は選挙管理委員会に提出する。

問２＜SDGs＞SDGsとは，「持続可能な開発目標」を意味する。これは，「誰一人取り残さない」ことを理念として2015年の国際連合総会で採択された，2030年までの達成を目指す17の目標と169のターゲットを指している。この目標達成は，国にかぎらず，企業や個人の取り組みも重要となる。なお，「かけがえのない地球」は，1972年にスウェーデンのストックホルムで開かれた国連人間環境会議で採択された「人間環境宣言」で掲げられたスローガンである。

問３＜法の支配＞「法の支配」とは，「人の支配」に対する考え方で，国王などの権力者が思うままに支配を行うのではなく，国王などの権力者も「法」に従わなければならないことを示している。

問４＜SDGsの取り組み＞メモより，Y町は「林業を守りつつも，永く住み続けられるまちづくりを目指して」いることから，SDGsの目標の11の「住み続けられるまちづくりを」という目標と，「生態系の保持」などに取り組んでいることからSDGsの目標の15の「陸の豊かさも守ろう」という目標と関係が深いと考えられる。

問５＜選挙と公約＞Ｐ．アンケートでは，「福祉」を１位とした有権者は合計13万人，「観光」を１位とした有権者は合計12万人，「工場誘致」を１位とした有権者は合計11万人だった。　Ｑ，Ｒ．「福祉」を３位にした有権者は合計20万人で有権者36万人のうち，55.55…％だった。　Ｓ．「X市の経済成長を重視する市民」とは，アンケートで「観光」や「工場誘致」の優先順位を高くした人を指すと考えられる。「福祉」の優先順位を３位にした20万人の「経済成長を重視する市民」が「観光」と「工場誘致」に分かれたことが「福祉の充実」を公約とした候補が当選した理由だと考えられる。

6 〔公民―経済〕

問１＜買い手＞商品の値打ちが30万円なのか，20万円なのか，10万円なのかがわからない場合，買い手は損をしないために，どの商品も10万円でしか買おうとしなくなると考えられる。

問２＜売り手＞買い手が商品に対して10万円しか支払わない場合，売り手は，売れる見込みのない20万円や30万円の値打ちがある商品を売ろうとはしない。

問３＜情報の非対称性＞買い手と売り手の間で「知っていること」すなわち「情報」に差があることを，「情報の非対称性」という。

問４＜市場＞買い手が商品の値打ちについて区別がつかない場合，買い手は値段の低い商品ばかり買おうとし，売り手は買値に見合った商品だけを売ろうとする。最終的には，適正な取引が行われずに最も値打ちの低い商品だけが市場に出回るようになり，市場が衰退していくと考えられる。

問５＜クーリング・オフ＞訪問販売や電話勧誘など，消費者が冷静に判断することが難しい状況で結ばれた売買契約について，一定期間内であれば無条件に契約を取り消すことができる制度を，クーリング・オフ制度という。

問６＜製造物責任法＞商品の欠陥によって消費者が被害を受けたとき，その商品を製造した企業の過失を証明することができなくても，その企業に損害賠償を請求できることを定めた製造物責任法〔PL法〕が1994年に制定された。

問７＜消費者の保護＞不正直な売り手を市場から排除するためには，許可を受けた者だけが売り手となる方法や，買い手が売り手を評価し，その評価を多くの買い手が知ることができる方法などが考えられる。

理科解答

1 (1) 1N　(2) 4N
(3) P…0cm　Q…10cm

2 (1) ウ，オ　(2) ウ　(3) ア

3 (1) ウ，カ，ク
(2) (例)水が凍ると体積が増えるから。
(3) ①…エ　②…ア　③…エ　④…ア

4 (1) ①…イ　② 右図1
(2) 図…A　文…ア
(3) (例)硬貨から出た光が水面XYで全反射するから。

5 (1) イ，キ，コ　(2) ①…エ　②…A
(3) ①…エ　②…ア　③…ク
(4) X…aa　Y…Aa

6 (1) オ　(2) イ　(3) 下図2

7 (1) エ　(2) イ，ウ
(3) 質量…0.57g　体積…162mL

8 (1) X…二酸化炭素　Y…酸素
(2) ②，⑨　(3) ⑤，⑥，⑦
(4) ビーカー…b，c　生物群…D

図1

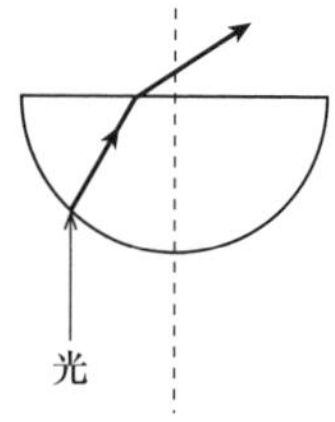

図2

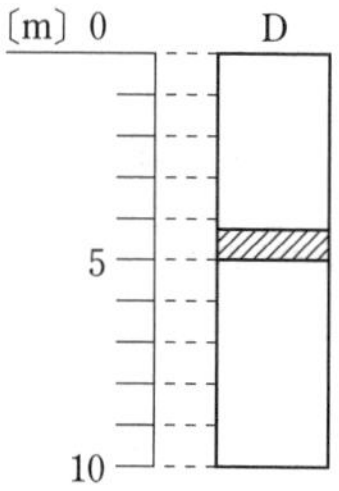

1 〔身近な物理現象〕

(1)＜力のつり合い＞おもりQにはたらく重力の大きさ(重さ)は，200÷100×1＝2(N)で，この重力と，おもりQに結んだ糸が引く力がつり合っているため，おもりQは静止している。これより，糸がおもりQを引く力は2Nであり，おもりPはこの糸によって上向きに2Nの力で引かれている。この糸が引く力と机がおもりPを押す上向きの力(垂直抗力)の合力が，おもりPにはたらく重力300÷100×1＝3(N)とつり合っている。よって，机がおもりPを押す力の大きさは，3－2＝1(N)である。

(2)＜力のつり合い＞滑車は，滑車に通した糸から下向きに，2＋2＝4(N)の力を受けている。この力と糸Aが滑車を引く力がつり合っているので，糸Aを上向きに引いている手の力も4Nである。

(3)＜動滑車＞糸Aを持った手を上に動かし，滑車の位置を上に移動しても，滑車に通した糸が引く力は変わらないから，おもりPにはたらく力の関係も変わらない。よって，おもりPは静止したままである。このとき，糸Aを持った手を上に5cm動かすと，滑車も5cm上がるため，滑車に通した糸が左右でそれぞれ5cm移動することになる。したがって，おもりQは，5×2＝10(cm)上に移動する。

2 〔地球と宇宙〕

(1)＜金星＞金星の地表面は厚い二酸化炭素からなる大気でおおわれている。この二酸化炭素の大気による温室効果で，金星の表面温度は常に約460℃と高温になっているため，水は液体として存在できない。よって，正しいのはウとオである。なお，金星の直径は地球の約0.95倍で地球より小さく，衛星は存在しない。内惑星である金星は，太陽から一定の角度以上は離れないように見えるので，真夜中には見えない。また，金星の表面にクレーターはほとんど見られない。

(2)＜惑星＞東の空に金星を観察できるのは，日の出前の明け方6時頃である。このとき，金星は地球

から見て太陽の西側(左側)にあるので，図のＢの位置にある。

(3)＜惑星の動き＞１年後の木星は，図のＪの位置から，反時計回りに$360° \div 12 \times 1 = 30°$移動している。よって，Ｊの位置で西の空に見えた木星を１年後の同じ時刻に観察すると，少し東寄りの位置にあるから，高い位置に見える。

3〔物質のすがた〕

(1)＜状態変化＞水は，液体から固体の氷になると体積が約1.1倍に増え，質量は変わらないので，密度は水よりも小さくなり，水に浮く。少しだけ氷が融けたとき，融けた氷は水になってフラスコの底にたまる。しかし，水の量は少なく，氷はまだ多く残っているから，氷の重みで氷は底についている(ウ)。さらに氷が融けると，融け残った氷が水面に浮くが，残った氷の重さと水の浮力がつり合うので，氷のかたまりを水に浮かべたときと同様，氷の一部だけが水面上に出た状態になる(カ)。氷が全て融けると体積は小さくなるので，水面の位置は図アの状態より低くなる(ク)。

(2)＜状態変化＞三角フラスコに水を入れて凍らせると，凍った部分の体積が増えることで，内側から押す力がはたらくため，三角フラスコは割れたと考えられる。特に，底の部分に比べて口が狭くなっている三角フラスコは，氷となって増えた体積の逃げ場が少ないため，割れやすい。

(3)＜質量と体積＞物質どうしを混合しても，質量は変化しない。よって，メタノールとエタノールを混合するとき，混合後の質量は，混合前の質量の和と必ず同じになる。また，メタノール分子はエタノール分子より小さいので，混合すると，エタノール分子の間にメタノール分子が入り込み，混合後の体積は混合前の体積の和よりも小さくなる。一方，銅と亜鉛を混合して合金をつくるときも，混合後の質量は，混合前の質量の和と必ず同じになる。また，亜鉛原子は銅原子よりも少し大きく，銅原子と亜鉛原子の間の結合力は銅原子どうしの結合力よりも強い。そのため，銅原子の中に亜鉛原子が混じると，原子間の距離が縮まり，混合後の体積は混合前の体積の和よりも必ず小さくなる。

4〔身近な物理現象〕

(1)＜光の屈折＞①図２の見る方向から見ると，半円形ガラスが凸レンズとしてはたらき，黒い紙の虚像を見ていることになるので，黒い紙の正方形の紙は横に伸びた長方形に見え，円形の穴は横に伸びただ円形に見える。また，虚像の向きは，実物と同じ向きに見えるから，黒い紙にあけた穴の位置は，DC 側の下になる。　②図４のように，光が半円形ガラスの曲面に入射すると，ガラス面で屈折した光はガラス面から遠ざかる向きにガラス中を進み，平らな側面 ABCD から空気中に出るときは，ガラス面に近づく向きに屈折する。解答参照。

(2)＜光の屈折＞水中にある物体は，光の屈折によって実際より浅い所にあるように見える。椀に入れた水の中に箸を斜めに入れたとき，水中にある部分は実際より浮き上がって，Ａのように折れ曲がって見える。この現象は光の屈折によるものだから，ア～エのうち，最も関係が深い文はアである。なお，イは，光の反射の法則により，鏡に映る像が鏡の面に対して物体と対称な位置に見える現象で，エは，光は直進するため，太陽の南中高度が低くなる冬には，太陽からの光が夏よりも部屋の奥まで届く現象である。また，ウは光の性質とは関係ない。

(3)＜全反射＞水中にある物体から届く光は，水面への入射角がある角度以上になると，水面で全て反射して空気中に出ていかなくなる。この現象を全反射という。図５で，硬貨から出た光は，透明な円筒容器の壁で屈折して水中に進み，水面に大きな入射角で入射するから，硬貨から出た光は水面で全反射し，空気中に出ていかない。そのため，硬貨を見ることができない。

5〔生物の世界，生命・自然界のつながり〕

(1)＜花のつくり＞花の一番外側にがくがあり，がくの内側に花弁がつき，その内側におしべやめしべがある。また，果実はめしべのもとの子房が変化したものであり，がくはへたの部分にあたる。よって，図１で，花弁がついていた部分は，カキではイ，エンドウではキ，ピーマンではコである。

(2)＜果実のでき方＞①トウモロコシの雌花の端から束になって外に伸びるひげのようなものは，めしべで，１本１本が雌花につながっている。　②めしべは，雌花の集まりの根元(茎に近い側)から出始め，最後に先端部分から出る。そのため，図２では，Ａの先端部分の果実が最後の方で受粉したものである。

(3)＜遺伝＞顕性形質の純系と潜性形質の純系をかけ合わせたときに生まれる子は，全て顕性形質になる。エンドウの種子の形については，丸形が顕性形質，しわ形が潜性形質だから，丸形の種子をつくる純系のエンドウとしわ形の種子をつくる純系のエンドウをかけ合わせたときにできる種子は，全て丸形である。ここで，種子を丸形にする遺伝子をＡ，しわ形にする遺伝子をａとすると，子の丸形の種子が持つ遺伝子はＡａである。よって，子の種子を育てて自家受粉させるとき，できた種子が持つ遺伝子と個数の比は，右表のように，ＡＡ：Ａａ：ａａ＝１：２：1になる。このうち，ＡＡとＡａは丸形になるから，丸形：しわ形＝(1＋2)：1＝3：1である。さらに，この自家受粉でできたしわ形の種子が1850個のとき，丸形の種子は，1850×3＝5550より，およそ5550個になると予想される。したがって，③に当てはまるのはクである。

	A	a
A	AA	Aa
a	Aa	aa

(4)＜遺伝＞種子Ｘを育てて自家受粉すると，全て同じ形質の種子が得られたので，種子Ｘは純系で，遺伝子はＡＡかａａである。また，種子Ｙを育てて自家受粉させると，丸形としわ形の両方の形質が現れたので，種子Ｙが持つ遺伝子はＡａである。さらに，種子Ｘと種子Ｙを育ててかけ合わせると，丸形の種子としわ形の種子が1：1の個数の比で得られたことから，種子Ｘは潜性形質の純系で，遺伝子はａａであることがわかる。

6〔大地の変化〕

(1)＜示準化石＞ビカリアは巻き貝の一種であり，その化石は新生代の示準化石である。また，ビカリアは，川の河口付近など，淡水と海水が混じっているような場所に生息していたと考えられている。

(2)＜火山灰層＞火山灰は，火山灰を噴出した火山に近いほど厚く積もり，遠いほど薄くなる。図２で，火山灰層Ｔの厚さは，地点Ｂが最も厚く，地点Ａ，地点Ｃの順に薄くなっているので，図１で，この火山灰を噴出した火山は，火山Ｅであると考えられる。また，火山灰層Ｔにはセキエイやチョウ石が多く含まれ，クロウンモも見られることから，火山Ｅのマグマは，花こう岩と同じ成分の流紋岩質マグマと推定できる。

(3)＜地層＞図１の地点Ａ～Ｄの標高は同じで，この地域の地層が真西に向かって傾いていることから，図２の地点Ｂと地点Ｄの火山灰層Ｔの下端の標高は同じになる。また，火山灰層Ｔの厚さは，図２の地点Ｂが1.5ｍであるのに対して，地点Ａが1.0ｍなので，地点Ｄと地点Ｃの厚さも同じ関係であると考えて，地点Ｄの火山灰層Ｔの厚さをxｍとすると，x：0.5＝1.5：1.0が成り立つ。よって，x＝0.75より，地点Ｄの火山灰層Ｔは約0.75ｍと考えられる。解答参照。

7 〔化学変化と原子・分子〕

(1)＜気体の発生＞クエン酸は水に溶けると酸性を示し，炭酸水素ナトリウムに酸性の水溶液を加えると，二酸化炭素が発生する。よって，気体Ａは二酸化炭素である。

(2)＜実験操作＞メスシリンダーに捕集した気体には，三角フラスコ中の空気も混じっている。よって，気体Ａ以外に，空気の主な成分である酸素と窒素が含まれていたと考えられる。

(3)＜反応量＞表より，炭酸水素ナトリウムの質量が0.20g，0.40gのときは，その質量と発生した二酸化炭素の体積とが比例しているので，炭酸水素ナトリウムは全て反応している。これより，炭酸水素ナトリウム0.20gが反応すると，二酸化炭素が57mL発生する。また，炭酸水素ナトリウムが0.80gのとき，捕集される気体の体積は，クエン酸の質量によって決まり，クエン酸が$1.00-0.80=0.20$(g)反応すると二酸化炭素が75mL発生する。このとき反応した炭酸水素ナトリウムは，$0.20\times\frac{75}{57}$gだから，過不足なく反応する炭酸水素ナトリウムとクエン酸の質量比は，$0.20\times\frac{75}{57}:0.20=75:57=25:19$である。よって，合計の質量が1.00gのとき，全て反応して二酸化炭素の発生量が最も多くなるのは，炭酸水素ナトリウムの質量を，$1.00\times\frac{25}{25+19}=0.568\cdots$より，0.57gとしたときである。したがって，発生する二酸化炭素の体積は，$57\times0.57\div0.20=162.45$より，162mLである。

8 〔生命・自然界のつながり〕

(1)＜自然界を循環する物質＞図１で，全ての生物から気体Ｘに矢印が向かっているので，気体Ｘは呼吸により排出される二酸化炭素である。また，気体Ｙから全ての生物に矢印が向かっているので，気体Ｙは呼吸により取り入れられる酸素である。

(2)＜生物のつながり＞図１で，生物群Ａは生物群Ｂに取り入れられ，生物群Ｂは生物群Ｃに取り入れられているので，生物群Ａは植物(生産者)，生物群Ｂは草食動物(消費者)，生物群Ｃは肉食動物(消費者)と考えられる。また，生物群Ｄは生物群Ａ，Ｂ，Ｃの死がいや排出物を取り入れているので，これらの有機物を分解する分解者と考えられる。よって，分解者が大気中の二酸化炭素を取り入れることも，大気中に酸素を放出することもないので，矢印②，⑨は余分である。

(3)＜有機物の流れ＞図１の矢印⑤，⑦は食物連鎖を表しているので，有機物の流れである。また，矢印⑥も分解者への有機物の流れを示す。

(4)＜分解者＞落ち葉や腐葉土に含まれる微生物は，生物群Ｄの分解者にあたり，操作４で加えたデンプンを分解するはたらきをする。よって，ビーカーａではデンプンは分解されたため，ヨウ素液の色は変化しない。一方，ビーカーｂでは加熱により微生物が死滅していて，ビーカーｃにははじめから微生物は含まれていないので，デンプンは分解されず，ヨウ素液によって青紫色を示す。

2022年度／筑波大学附属高等学校

国語解答

一　問一　A　資本〔生産〕　B　消費

問二　ア　　問三　エ

問四　マゼランの航海は，実用の役には立たなかったが，地球が周航可能であることを明らかにして人類の知識の拡大に貢献したという点で，大きな価値を持っていた，ということ。(79字)

問五　知識の獲得それ自体を純粋に楽しんでいる世界。(22字)

問六　ア

問七　a　判然　b　知見　c　高揚　d　口角

二　問一　つっかい棒を立てる

問二　政彦の返答を聞いて，優香の様子が変だと感じたのは思い過ごしではなかったと思えたから。

問三　ウ

問四　A　ふさぎ込む～もないはず　B　優香なら自～解決できる

問五　ウ　　問六　エ　　問七　ア

問八　a…イ　b…エ

一〔論説文の読解―哲学的分野―哲学〕出典；野口悠紀雄『知の進化論』「人工知能の進歩で知識への需要はどう変わるか？」。

≪本文の概要≫私たちはこれまで，知識は何かを実現するために必要な手段，つまり資本財の一つであると考えてきた。しかし，知識の役割として，知識を持つことそれ自体に意味があるということもある。これを，「消費財としての知識」と呼ぶことができるだろう。知識は，最も価値が高い消費財になりうる。また，たくさんの知識を持つことは，人生を豊かにする。知識を得ることそれ自体に意味があることは，現代世界で初めて認識されたことではなく，ある意味では，人類の歴史の最初からそうだった。ツヴァイクは，『マゼラン』の中で，実用性が，ある業績の倫理的価値を決定することはなく，人類の自分自身に関する知識を増やし，その創造的意識を高揚する者のみが，人類を永続的に富ませると述べている。個々の研究者にも，それは当てはまる。人類にとってのユートピアとは，知識の獲得それ自体が目的化し，知識が最も価値が高い消費財になっている世界である。そのような世界の実現を，人工知能が助けるという可能性が，見えてきたように思う。

問一＜文章内容＞A．スポーツを「精神鍛練の道具」と考えたり，「人格を形成し，勇気と誠実さと指導力を培う」ためのものと考えたり，「所得を得る手段」と見なしたりするのは，スポーツを「何かを実現するために必要な手段」ととらえているということである。　　B．スポーツを「スポーツそれ自体が楽しいために」行っているのは，知識の場合の「知識を持つことそれ自体に意味がある」ということに当てはまる。

問二＜文章内容＞「私」が「レオナルド・ダ・ヴィンチの名作の前を通り過ぎて」しまったのは，そのときの「私」が「ルネサンス絵画についての十分な知識を持っていなかったため」である。「ルネサンス絵画についての十分な知識」を持っていれば，ウフィツィ美術館を訪れるということに，意味や価値を認めることができ，それだけ「生活は豊かなものになる」のである。

問三＜文章内容＞「旅行先の歴史や伝統文化」についての知識を持っていると，そこへ行ったときに「その土地ならではのものを見聞きして味わう」というように，その旅行の体験が，より豊かで充実したものになる。この場合の知識は，具体的に何かを実現するための手段ではなく，体験それ自体を豊かにするものである。

問四＜文章内容＞マゼランは航海に出て，「西回りでインドに達する航路」を発見したが，その航路は「あまりに遠回りで，危険なルートだった」ために，「インドへの航路として実際に使われること」はなかった。しかし，彼の業績は，「実用性」が結局なかったことになるといっても，「彼が行なった世界周航によって，人類は，自分たちが住んでいる世界の真の姿(地球が周航可能であること)を把握できた」のであり，彼の航海は「いつまでも忘れられずに残る」ような「すばらしい冒険」としてその価値を認められている。

問五＜文章内容＞ニュートンなど「研究者」が「研究すること自体が楽しいから」研究をしているときは，「知識の獲得それ自体が目的化して」おり，知識は「最も価値が高い消費財になって」いる。「知識の獲得それ自体が目的化」し，人間が高い価値を持つ消費財としての知識を獲得しようとして，知的活動を楽しんで行っている世界が，「人類にとってのユートピア」である。

問六＜要旨＞多くの人が，特に目的がなくても「スポーツそれ自体が楽しいために」スポーツを行っているように，人類は「知識を得ることそれ自体に意味がある」と認識してきた(ウ…×)。「知識を得ることそれ自体に意味がある」ことは，「現代世界で初めて認識されたこと」ではなく，「ある意味では，人類の歴史の最初からそうだった」のである(ア…○)。「科学の場合」には，「発見された新しい知識によって経済的な利益が得られる場合もある」が，「多くの場合，その関連は間接的」である(イ…×)。知識が「最も価値が高い消費財」になり，人々が知的活動それ自体を楽しんで行うような世界は，「人類にとってのユートピア」だといえ，そのような世界が，「人工知能の助けを借りて実現できる」可能性が見えてきた(エ…×)。

問七＜漢字＞a．「判然」は，はっきりしていてよくわかるさまのこと。　b．「知見」は，見て知ることによって得た知識のこと。　c．「高揚」は，意識や気分が高まること。　d．「口角」は，口の左右の端のこと。「口角泡を飛ばす」は，激しく議論をする様子のこと。

二〔小説の読解〕出典；重松清『かさぶたまぶた』。

問一＜表現＞「腕組みをして，テーブルの上のティーバッグの箱をじっと見つめ，少し重い口調をつくる」というのは，政彦が綾子の相談事を聞くときの態度である。この後，綾子がキッチンに入ると，政彦は，「表情や口調を内側から支えていたつっかい棒」を外した。そして，綾子が戻ってきそうになると，再び「表情と口調のつっかい棒」を立てた。

問二＜心情＞綾子は，「思い過ごしかもしれないけど，なんとなくだけど，本人に確かめたわけじゃないんだけど」と長い前置きをして，優香の様子について政彦に話し始めた。そうして話してみたところ，政彦が「俺もそう思ってたよ」と言って自分に同調してくれたので，綾子は，自分の感じていたことは見当違いではなかったと思うことができたのである。

問三＜文章内容＞政彦は，綾子がキッチンに入って自分一人がリビングに残ると，「嘘をついていた。つまらない見栄を張った」と振り返った。「優香が最近どうも元気がないようだ」ということについても，綾子の話を聞いて初めて「思い当たったような」気がした。政彦は，以前は「子供たちのちょっとした変化を見抜くことには自信があった」ため，以前のような自分を見せたくて，「俺はすぐわかった」と，優香の様子の変化に気づいていたようなふりをしたのである。

問四＜文章内容＞今の優香は，「『御三家』と呼ばれる名門の女子校に受かった」ばかりで，「四年生の夏からがんばってきた受験勉強も終わって，あとは卒業，それから入学を待つだけ」の「いちばんのんびりした時期」を過ごしている。このことから，政彦は，優香には「ふさぎ込む理由など，どこにもないはず」だと思っていた。そして，「万が一，学校で困ったことがあったとしても，優香なら自分ですぐに解決できる」と言って，綾子の「考えすぎ」だということにしようとした。

問五＜心情＞綾子は，政彦が「やっぱり，それ，おまえの考えすぎなのかもしれないぞ」と言っても，それをそのまま受けいれることができず，政彦の「へたに俺たちが騒ぐとかえってよくないんだ」という言葉に対しても，「そうね……」と「あいまい」にうなずいていた。政彦が「優香によけいなこと訊いたりするなよ」と言ってもなお，「はっきりとした反応」はしなかった。綾子が政彦の言葉を否定も肯定もせず，政彦とさらに話し合おうともしていないのは，自分の考えは政彦にわかってもらえないだろうと思ったからだと考えられる。

問六＜文章内容＞秀明は，「一発勝負」に弱く，大学受験にもことごとく失敗した。しかし，秀明本人は「しょげた様子」もない。親としては，浪人が決まったのだからもう少し気にしてもよいのではないかとじりじりしてしまうが，一方で，「のんびり屋の楽天家」であるだけに，秀明が優香ほど「繊細」ではなく，落ち込むこともないのは，親としても気楽であった。

問七＜文章内容＞政彦は，綾子から「相談事」を持ちかけられるときは，「たいがい」ミントティーをリクエストしてきた。それは，「冷静でいるに越したことはない」と思うからである。政彦がミントティーをリクエストするのは，ミントティーを「旨い」と思っているからではなく，「なにごとも感情的になるのは嫌い」で，「冷静」な自分を演じるためなのである。

問八＜語句＞a.「節」は，目がとまって気になる点のこと。　b.「まんざらでもない」は，必ずしも悪くなく，むしろ気に入った，という意味。

═読者へのメッセージ═

ウフィツィ美術館は，イタリアのフィレンツェにある古い美術館で，ルネサンス絵画のコレクションで有名です。レオナルド・ダ・ヴィンチのほか，ボッティチェリ，ミケランジェロ，ラファエロなど，巨匠の作品を大量に収蔵しています。

Memo

2021年度 筑波大学附属高等学校

【英　語】（50分）〈満点：60点〉

1　放送の指示にしたがって答えなさい。〈編集部注：放送文は未公表につき掲載してありません。〉

例題　ア　A CD.　　イ　A pen.　　ウ　A cake.　　エ　A book.

(1)　ア　Take the bus.　　イ　Walk to the museum.
　　ウ　Wait for another bus.　　エ　Get a guidebook.

(2)　ア　Ask Bob about the homework.　　イ　Leave a message.
　　ウ　Call Bob back.　　エ　Wait for Bob's call.

(3)　ア　At 10:00.　　イ　At 10:02.　　ウ　At 10:08.　　エ　At 10:10.

(4)　ア　100 yen.　　イ　130 yen.　　ウ　160 yen.　　エ　200 yen.

(5)　ア　On Monday.　　イ　On Tuesday.
　　ウ　On Wednesday.　　エ　On Friday.

(6)　ア　She lost her camera.　　イ　She bought a camera.
　　ウ　She found her watch.　　エ　She went on a trip.

2　次の英文を読んで，問1～問10に答えなさい。

Once upon a time, a wise old man lived on a mountain. He spent his time quietly while he was looking after his garden.

A young man, Allen, lived at the foot of the mountain. He sometimes saw travelers. They usually left for the old man's house with worried faces. However, they always looked happy when they came back. 'What happened on that mountain ?' he thought.

So one morning Allen decided to go to see the wise old man.

"Welcome, young man," the old man said. "Why did you come to my old house ?"

"I would like to learn how you help the visitors who want your advice," Allen said.

The old man said, "If you watch well, you will understand."

So Allen watched. Soon a farmer appeared.

The farmer said, "Well, I have a question about my farm. I have the chance to buy a field from a neighbor, but it will take everything I have. If my other vegetables don't grow well this season, I may lose not only the new field, but my whole farm as well. What should I do ?"

"Mmmm. You may have a good chance there," said the old man.

"Yes. Maybe. I mean — my family wants the land. They think it's my great chance. Actually, I don't want any more land. It's too (1)_______. I can't take care of it," the farmer said.

"Ah. I understand," the wise man said in a peaceful voice. He listened while the farmer shared his problem. Then the old man asked Allen to get a melon from the garden. As the three ate the fruit, the farmer kept talking. He spoke of his little trees with shining leaves.

"I like taking care of them," the farmer said with a smile.

Allen kept wondering when the old man would give the farmer the answer to his problem, but the old man only said, "Perhaps you have a great treasure in your little trees. Your family doesn't understand (2)it."

The man turned red in the face and said, "I am very happy while I am looking at the shining leaves." He sighed. "Why should I want more land that may take the trees away from me ?" While the farmer spoke, the old man said nothing. He just continued to look over the mountain and eat the sweet fruit.

When the farmer finished his melon, he stood up to go. "I think you are right," he said. "I do not need the field and it will be better for me to take care of my little trees. Thank you very much." The farmer left the old man's house.

Several months passed, but Allen didn't discover the old man's (3)________. Each person's visit was almost the same.

Then one morning the old man became ill and had to stay in bed. As Allen brought him soup, a knock came on the door.

"(4)Oh no !" cried Allen. "Someone is here to see you. Shall I tell the person to come back another day ?"

The old man smiled and said, "(5)____________"

Allen was nervous but greeted the visitor, "Hello, ma'am."

"Good morning, young man. I am here to see the wise man," she said as she gave him some fresh bread.

Allen took the gift and said, "I am truly sorry, but he is sick today. Is there anything I can do to help ?"

The woman sat on a chair and said, "What answer can you give me ? You are so young. You don't know how (6)[to / to / a son / go / have / is / wants / who / it] to the town and leave the farm he was going to receive."

"That must be difficult for you," said Allen as he gave her a cup of tea. He was sorry that he had no answers for the lady.

"Yes, it's difficult. I don't know why, but my son has never loved the land. He wants to be a merchant and make money," the woman said.

"Mmmm," said Allen as he cut some slices of the bread and served them. "It's hard to know what to do, isn't it ?"

Together they had tea, ate the bread, and talked of the latest news in the village.

Finally the woman said, "Yes, I think my son will be very happy to be a merchant. I really want him to be happy."

"Perhaps if he becomes a merchant, we can (7-A)________ the farm, and I can go and live with him in the town . . . ," she (7-B)________ in a weak voice.

Allen said nothing.

The lady stood up and said to him, "Young man, thank you very much. You are a great assistant."

She said goodbye and started to go down the mountain.

With another cup of tea and a slice of bread, Allen went to the old man's room. "Would you like some food, sir ?" he asked.

"Thank you, Allen," the old man said. "(8)____________ ? Did you know the answers ?"

"No. I knew no answers. I just (9)______," said Allen. "I gave her no wise words. No great advice." He thought of the woman's last words, then said to the old man, "But listening is sometimes the best answer of all, isn't it ?"

As people continued to go up the mountain, word spread all over the village. People said that the young man was as wise as the old man.

（注） wise 賢い traveler 旅人 merchant 商人 a slice of 一切れの

問１ 下線部(1)の空所に入る最も適切なものを，次のア～エから１つ選び，記号で答えなさい。

ア easy イ clean ウ late エ much

問２ 下線部(2)が指す内容として最も適切なものを，次のア～エから１つ選び，記号で答えなさい。

ア The farmer has a lot of money in the trees.

イ The farmer likes looking after his little trees.

ウ The farmer doesn't talk about his trees with anyone.

エ The farmer doesn't want to listen to his family's advice.

問３ 下線部(3)の空所に入る最も適切なものを，次のア～エから１つ選び，記号で答えなさい。

ア character イ garden ウ secret エ treasure

問４ 下線部(4)と言った理由として最も適切なものを，次のア～エから１つ選び，記号で答えなさい。

ア 老賢者が体調を崩して寝込んでいるところに，誰かが訪ねてきたから。

イ 老賢者が朝食を食べても，体調が回復する様子ではなかったから。

ウ Allenが悩みの解決方法を考えている時に，誰かが訪ねてきたから。

エ Allenが自分の悩みを未だ解決できず，落ち込んでいるから。

問５ 下線部(5)の空所に入る最も適切なものを，次のア～エから１つ選び，記号で答えなさい。

ア Yes. You go. イ Yes. I'll go. ウ No. You go. エ No. I'll go.

問６ 下線部(6)の［ ］内の語句を，意味が通るように並べかえなさい。

問７ 下線部(7-A)，(7-B)のそれぞれの空所に入る最も適切な動詞を，次から１つずつ選び，必要があれば適切な形に変えて答えなさい。

add buy disagree sell take

問８ 下線部(8)の空所に入る最も適切なものを，次のア～エから１つ選び，記号で答えなさい。

ア How much did you receive

イ How did the visit go

ウ What advice did you get

エ What can I do for her

問９ 下線部(9)の空所に入る最も適切な１語を，本文中から抜き出して答えなさい。

問10 本文の内容に合うものを，次のア～エから１つ選び，記号で答えなさい。

ア Allen visited the old man because he was interested in what the old man did.

イ The farmer wanted to sell his land to his neighbor, but his family didn't want to.

ウ The woman wanted Allen to listen to her story, so she came to the house.

エ Allen learned how to serve food to visitors from the old man's lesson.

3 次の英文を読んで，問1～問10に答えなさい。

Mary lived in a small village. At the age of ten, her parents were lost at sea, and she was sent to live with her grandfather.

Every evening, her grandfather showed Mary his amazing tricks that he used to perform around the world. He could turn into an animal.

"Please do the mouse again," Mary often asked. Her grandfather smiled and held his nose. And he became a small mouse. Only his blue eyes showed who the mouse was. Then he ran around her feet, and she was surprised and covered her eyes. When she opened them again, her grandfather was standing with a smile.

Mary liked listening to the story of her parents. She asked her grandfather, "(1)__________ ?"

"Your mother loved to dance," he answered. "When I performed, she came with me and danced. She attracted everyone's attention."

"Then she met my father," Mary said.

Mary's grandfather said, "Yes. Your father was a young artist. He made a statue of your mother as a wedding present, and he showed it at the wedding party. It looked just like your mother. People said it was the most beautiful statue in the world."

He continued, "Then, (2)[who / the statue / lived / a king / sell / your parents / to / far away / asked], and finally they agreed. They traveled to the kingdom with the statue. Sadly, they had terrible weather on their way home, and they never returned."

Mary and her grandfather sat quietly for a moment until he asked, "(3)__________ a rabbit ?" He held his nose and turned into a small rabbit, and her sad feelings melted away.

Mary grew into a beautiful young woman. One day, she was alone in the house. A man visited her. He was not a man from the village. Mary was afraid because she saw something she didn't trust in his eyes.

"Excuse me," the man said, "my ship was caught in a heavy rain. We would like to know where we are now." She told him the name of the nearest town, and he was happy with her answer.

"Thank you. Let me give you a gold plate as a present," he said. "It's on my ship, right over there. Please come with me."

Mary felt it was (4)______, but then she thought of selling the plate and earning money for her grandfather. So she agreed to go to the ship. As soon as she got on the ship, it started to move.

Mary cried, "I want to go back !"

"Listen !" the man shouted. "My name is Bruno. I am the second son of a king, and so the kingdom won't be mine. But my older brother, Adamo, refuses to marry, and my father has promised that he will give one third of the kingdom to anyone who can find a woman to marry Adamo."

"Marry him ?" Mary asked.

"Adamo is in love with a statue he found in the palace," Bruno explained. "He will not marry until he finds a woman who is as beautiful as the statue."

Soon, Mary remembered the story of her parents and their statue. "Does the statue look like me ?" she asked.

"It does," Bruno said. "I know the story of the statue. I have searched for the (5)______ of the artist. I hoped that she would look like her mother, and you do. You will make my brother happy, and that will make me rich."

Mary cried, and her tears fell into the water below.

Suddenly, a fish with blue eyes jumped from the water.

"Grandfather!" she shouted, and when it jumped again, she caught it in her apron and whispered her situation before dropping it back into the water. The fish followed the ship. She felt (6-A)______ because she knew her grandfather was there.

That night, Bruno took Mary to his table and told her to have dinner with him. Just then, a black bird flew through the open window and landed on the table.

"Get out!" Bruno shouted.

Mary recognized the bird's (7)__________, and held it in her arms. Then it spoke in a scary voice, "You are wrong. You treated her in an unfair way. You won't get the prize. If you say that you have brought her to your brother, your body will turn into stone."

Bruno was (6-B)______ and ran away from the room. Mary gently touched the bird's head. Then, it flew out the window.

When the ship arrived at the kingdom, Bruno brought Mary to a room in the castle. One small mouse followed them from the coast.

"You are going to meet Adamo tomorrow," Bruno said. "You have to say that I have sent you to him. (8)__________, so I don't have to worry about the bird's words. Do as I say, or something bad will happen to you."

The next day, Mary was taken to Adamo. When he saw her across the room, he stood up and ran to her. He held her hand.

"My lady!" Adamo said. "There is no beauty like yours! You are here, and now I know happiness. Who brought you to me?"

Mary was surprised because Adamo was very gentle and different from his terrible brother. She looked around and saw Bruno at the door. He was waiting for his prize. But there, at his feet, was a little mouse with blue eyes, and Mary knew what to do.

"My grandfather came with me," Mary said.

"No!" Bruno shouted. He ran into the room. "That's not true! She has no (9)______ here. I have brought her!"

Soon after Bruno spoke the words, his feet turned into gray stone. Through his legs, chest and arms, and head, the color spread.

The little mouse looked up at Mary. And then, it turned into her grandfather.

Later, Adamo and Mary married. Her grandfather received (10)__________. Then he built a house and lived there. He was happy to know that his granddaughter had a peaceful life.

（注） wedding 結婚式

問1 下線部(1)の空所に入る最も適切なものを，次のア～エから１つ選び，記号で答えなさい。

ア What animal did they like

イ Where did they get married

ウ When did they dance together

エ How did they meet

問2 下線部(2)の［ ］内の語句を，意味が通るように並べかえなさい。

問3　下線部(3)の空所に入る最も適切なものを，次のア～エから1つ選び，記号で答えなさい。

ア　Would you like　　イ　Where did you see

ウ　Will you change into　　エ　Why do you need

問4　下線部(4)の空所に入る最も適切なものを，次のア～エから1つ選び，記号で答えなさい。

ア　enough　　イ　dangerous　　ウ　important　　エ　exciting

問5　下線部(5)の空所に入る最も適切なものを，次のア～エから1つ選び，記号で答えなさい。

ア　daughter　　イ　wife　　ウ　brother　　エ　mother

問6　下線部(6-A)，(6-B)の空所に入る語の組み合わせとして最も適切なものを，次のア～エから1つ選び，記号で答えなさい。

ア　(6-A)　angry　(6-B)　surprised　　イ　(6-A)　embarrassed　(6-B)　excited

ウ　(6-A)　safe　(6-B)　afraid　　エ　(6-A)　happy　(6-B)　bored

問7　下線部(7)の空所に入る最も適切な連続する2語を，本文中から抜き出して答えなさい。

問8　下線部(8)の空所に入る最も適切なものを，次のア～エから1つ選び，記号で答えなさい。

ア　He needs to see you　　イ　I won't tell him

ウ　You must tell me　　エ　We cannot see him

問9　下線部(9)の空所に入る最も適切なものを，次のア～エから1つ選び，記号で答えなさい。

ア　friends　　イ　parents　　ウ　family　　エ　statue

問10　下線部(10)の空所に入る最も適切な連続する5語を，本文中から抜き出して答えなさい。

4　次の(1)～(4)の対話を読んで，それぞれの空所に，［　］内に示した日本語の意味を表す英語を書きなさい。

(1)　A：There are many Japanese restaurants around the world.

　　　________________________________

　　　［なぜ日本食がそんなに人気が出たか知っているかい。］

　　B：I'm not sure, but maybe because it is healthy.

　　A：Yes, I think that's one reason.

(2)　A：I like your pen.

　　B：You do？ ____________________

　　　［このペンは使い始めて3年なんだ。］

(3)　A：How was the movie yesterday？

　　B：Great. ____________________

　　　［今までで一番良い映画だよ。］

(4)　A：Many people are using smartphones while they are walking.

　　B：Right. ______________________________

　　　［周りを見ないと誰かをケガさせるかもしれないね。］

【数　学】（50分）〈満点：60点〉

（注意）円周率を必要とする計算では，円周率はπで表しなさい。

1　下の図のような10行10列の表のすべてのマス（全部で100マス）に，次のような手順にしたがって１つずつ自然数を入れる。

・１行１列のマスにa，１行２列のマスにb，２行１列のマスにc，２行２列のマスにdを入れる。
・どの行についても，m列のマスの数と$(m+1)$列のマスの数の和が，$(m+2)$列のマスの数と等しくなるようにする。（ただし，mは８以下の自然数）
・どの列についても，n行のマスの数と$(n+1)$行のマスの数の和が，$(n+2)$行のマスの数と等しくなるようにする。（ただし，nは８以下の自然数）

	1列	2列	3列	4列	5列	6列	7列	8列	9列	10列
1行	a	b	$a+b$							
2行	c	d								
3行	$a+c$									
4行										
5行										
6行										
7行										
8行										
9行										
10行										

このとき，次の①，②の［　］にあてはまる数または式を求めなさい。

(1)　１行10列のマスの数はa，bを用いて［　①　］と表される。

(2)　１行５列のマスの数が29，５行２列のマスの数が16であるとき，$a=$［②-ア］であり，さらに，10行10列のマスの数が11111であるとき，$c=$［②-イ］である。

2　先生と３人の生徒が，方程式に関する以下のような会話をしている。次の③～⑧の［　］にあてはまる数，式，または語句を求めなさい。

T先生「方程式$x^2=3$を解いてみましょう。」
Aさん「T先生，簡単です。$x=\sqrt{3}$ですよね。」
T先生「なるほど。ところで，$\sqrt{3}$という数はどのような数を表しましたか？」
Aさん「はい。$\sqrt{3}$は『［③-ア］すると３となる［③-イ］の数』と教科書に書いてあったので，$x^2=3$を満たすと思います。」
Bさん「私もそう思います。しかし先生，$x=$［　④　］もこの方程式を満たすと思います。」
T先生「なるほど。そうすると，方程式$x^2=3$の解は，$x=\sqrt{3}$，［　④　］ということでよろしいですか？　これで方程式を解くことができたといってもよいのでしょうか？」
Aさん「よいと思います。$\sqrt{3}$も［　④　］も等式$x^2=3$を満たしますよね。」
T先生「……，確かにそうですが，……。『方程式を解く』ということは，どのようなことだったのでしょうか？」
Bさん「あっ，そうか！『方程式を解く』ということは，その等式を満たす数を［　⑤　］見つけるということだから，
『$\sqrt{3}$，［　④　］以外の数では，等式$x^2=3$は［　⑥　］』…★

ということを示さなければ，方程式が解けたとはいえないのですね。」
T先生「その通り。では，どのようにすれば★を示すことができますか？」
Cさん「方程式を

　　([⑦-ア])×([⑦-イ])＝0…☆

という式に変形する方法はどうでしょうか？」
Bさん「なるほど！　そうすれば，$\sqrt{3}$，[④] 以外の数を代入すると，☆の左辺の値は明らかに [⑧] ことがわかるので，★を示せますよね。」
T先生「素晴らしいです。みんなで力を合わせると，方程式を解くことの意味がはっきりとわかってきましたね。」

3　右の図のように，円周上に $2n$ 個の点を等間隔に並べ，その中の2点A，Bを円の直径の両端となるようにとる。ただし，n は2以上の自然数とする。

A，B以外の異なる2点を選んで結んだ線分をLとし，Lと線分ABが交わる場合は，その交点をPとする。

このとき，次の⑨，⑩の [　] にあてはまる数を求めなさい。

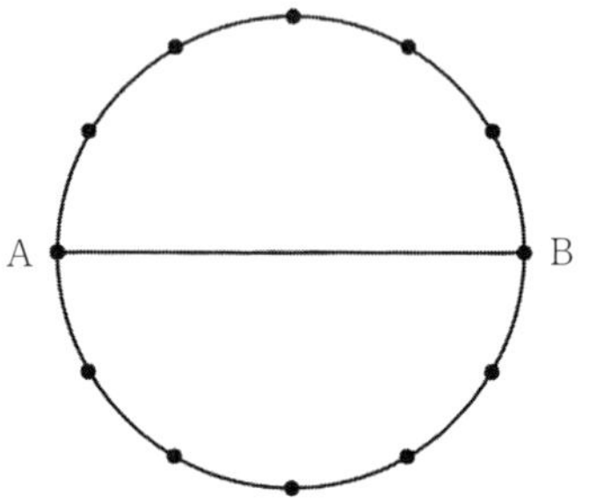

※ $n=6$ の場合

(1)　$n=6$ のとき，交点Pができる確率は [⑨] である。

(2)　$n=$ [⑩-ア] のとき，交点Pができる確率は $\frac{25}{49}$ であり，
線分APの長さがこの円の半径よりも短くなるようなLは全部で [⑩-イ] 本ある。

4　右の図は，4つの正六角形と4つの正三角形でつくられる立体の展開図である。この展開図を組み立てたときにできる立体について，次の⑪～⑭の [　] にあてはまる数または記号を求めなさい。

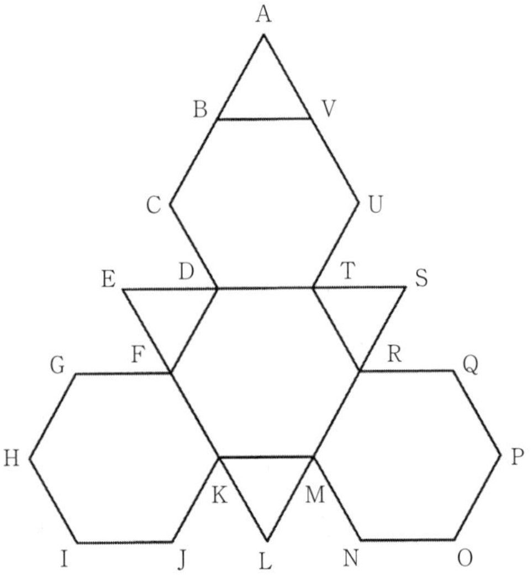

(1)　立体の辺の数は [⑪] 本である。

(2)　立体を組み立てるとき，辺UVと重なる辺を，展開図における線分で求めると，線分 [⑫] である。

(3)　立体を組み立てるとき，点Aと重なる点を，展開図においてすべて求めると，点 [⑬] である。

(4)　立体を組み立てるとき，辺ABと重なる辺および平行となる辺を，展開図における線分ですべて求めると，線分 [⑭] である。

5　下の図のように，面積比が$1:9$である２つの円O_1，O_2があり，３直線AB，AC，BCはいずれも２円O_1，O_2の両方に接している。
また，D，E，F，G，H，Ｉはいずれも円と直線の接点である。

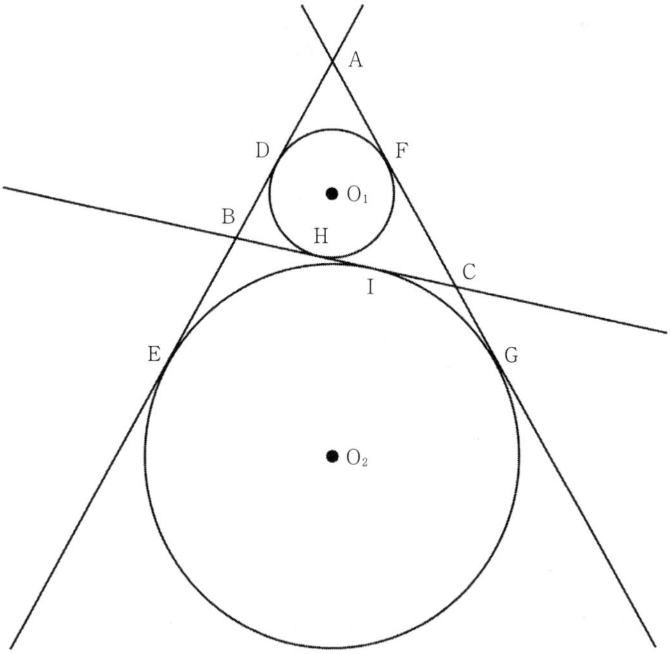

BD＝3cm，HI＝2cmのとき，次の⑮～⑰の□にあてはまる数または説明を記入しなさい。

(1)　CF＝ ⑮ cmである。

(2)　AB＝ ⑯ cmである。

(3)　△ABCの面積をS_1，△O_2BCの面積をS_2とするとき，S_1とS_2はどちらが大きいか，または等しいか。解答欄⑰に，理由も含めて説明を記入しなさい。

【社　会】（50分）〈満点：60点〉

1　問1　図Ⅰはメルカトル図法で描かれた世界地図である。下の各問いに答えなさい。

図Ⅰ

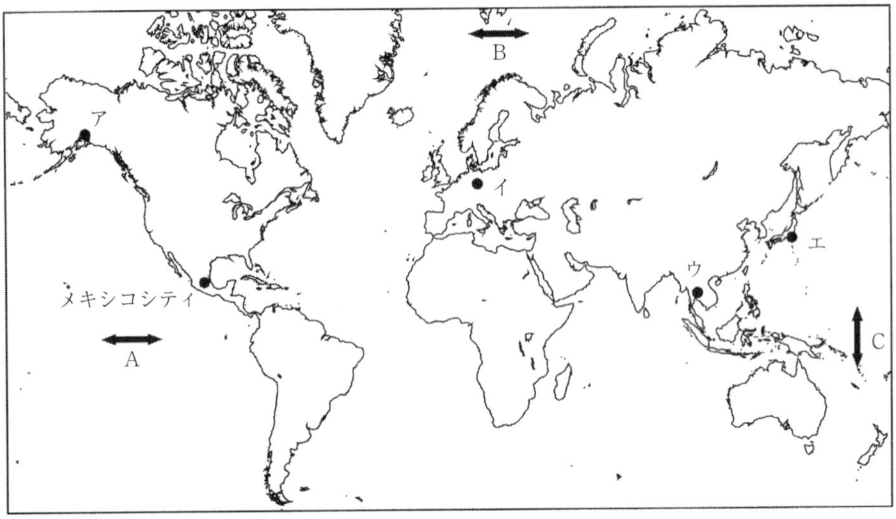

(1)　図Ⅰ中の矢印A～Cは，図内ではすべて同じ長さで描かれている。実際の距離が長いものから短いものへ順に並べなさい。

(2)　メキシコシティを８月13日午前１時に飛び立った飛行機が，目的地Ｘへ同年８月14日午前６時30分に到着した。飛行時間は14時間30分であった。この目的地Ｘは図Ⅰ中のどの都市か。ア～エの中から１つ選び，記号で答えなさい。なお，メキシコシティの時刻は，世界標準時と６時間の時差がある。また，サマータイム(デイライト・セービング・タイム)は考慮しなくてよい。

問2　図Ⅱは，日本，イギリス，オーストラリア，ブラジルにおける，輸出額に占める対アメリカ合衆国，対中華人民共和国，対EUの割合(2018年)を示したものである。A～Cにはアメリカ合衆国，中華人民共和国，EUのいずれかがあてはまる。正しい組合せを，下のア～カの中から１つ選び，記号で答えなさい。

図Ⅱ

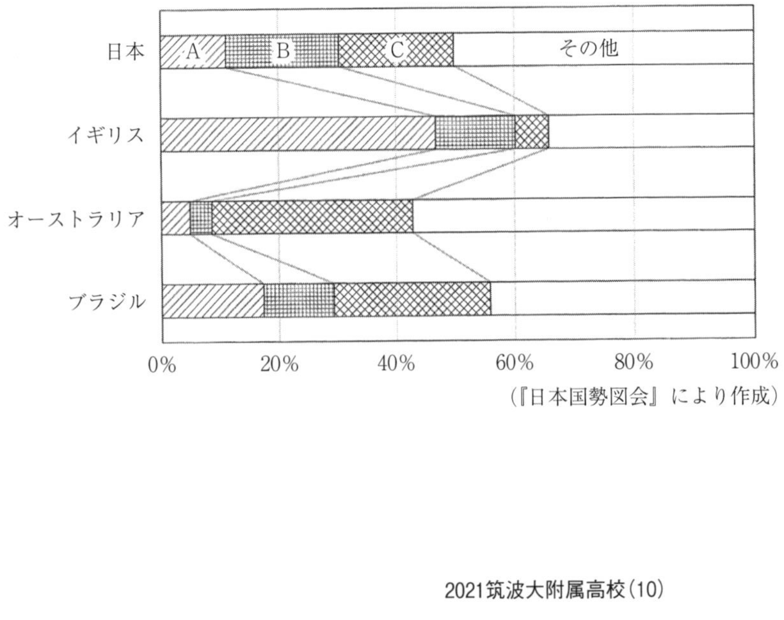

（『日本国勢図会』により作成）

	ア	イ	ウ	エ	オ	カ
アメリカ合衆国	A	A	B	B	C	C
中華人民共和国	B	C	A	C	A	B
EU	C	B	C	A	B	A

問３　南アメリカ州の様子について述べたア～オの文章のうち，正しいものを2つ選んで，記号で答えなさい。

ア．南アメリカ大陸の東部には，南北にアンデス山脈が縦断しており，6000mを超える高い山やまが連なる。

イ．ヨーロッパの人びとによって，かつて開拓の中心地として建設された都市は沿岸部に多く，現在では大都市となっている。

ウ．多くの国で用いられている言語はスペイン語であるが，アルゼンチンではポルトガル語が用いられている。

エ．ブラジルは工業化が進展して輸出品目は多様化したが，現在(2018年)でも輸出額の１位はコーヒー豆である。

オ．19世紀末から20世紀にかけて，日本から集団で入植した人びとの子孫が，現在でも南アメリカ州に暮らしている。

2　問１　夏休みに旅行に行くことが出来なかったフウタさんは，Googleマップの*ストリートビューを用いてインターネット上で国内旅行をした。資料Ａ～Ｄは，ストリートビューで見た場所の写真と，その場所の特徴的な景観について調べて分かったことを記したものである。図Ⅰの①～④は，資料Ａ～Ｄのストリートビューの写真が撮影された，いずれかの位置を示したものである。ＡとＣの位置の正しい組合せを，次ページのア～シの中から１つ選び，記号で答えなさい。

＊道路沿いの様子をパノラマ写真で提供するGoogle社が行っているインターネットサービスのこと。

資料Ａ
防雪柵《さく》である。暴風雪からドライバーの視界を守り，道路への積雪を軽減するために設けられたものらしい。主要な道路の西側のみに設置されているようだ。

資料Ｂ
家屋の屋根の高さほどまであるコンクリート製の壁が道路沿いに続く。これは，台風や強い暴風雨から家屋を守るために設けられたようだ。

資料C
夏と冬の強い季節風から家屋を守るための屋敷林で，地元ではカイニョと呼ばれる。カイニョは，家屋の東側以外に設けられていることが多いみたいだ。

資料D
乾燥した強い季節風から家屋を守るための屋敷林で，樫《かし》ぐねと呼ぶらしい。樫ぐねは，家屋の北側や西側に設けられていることがわかった。

図Ⅰ

	ア	イ	ウ	エ	オ	カ	キ	ク	ケ	コ	サ	シ
A	①	①	①	②	②	②	③	③	③	④	④	④
C	②	③	④	①	③	④	①	②	④	①	②	③

問２　図Ⅱと図Ⅲは，東京都と富山県の1960年から2018年までの，一年ごとの人口の＊社会増減数と＊＊自然増減数をグラフで示したものである。

＊他地域からの転入，あるいは他地域への転出によって生じる増減のこと。

＊＊出生と死亡による人口の増減のこと。

図Ⅱ　東京都(単位：万人)

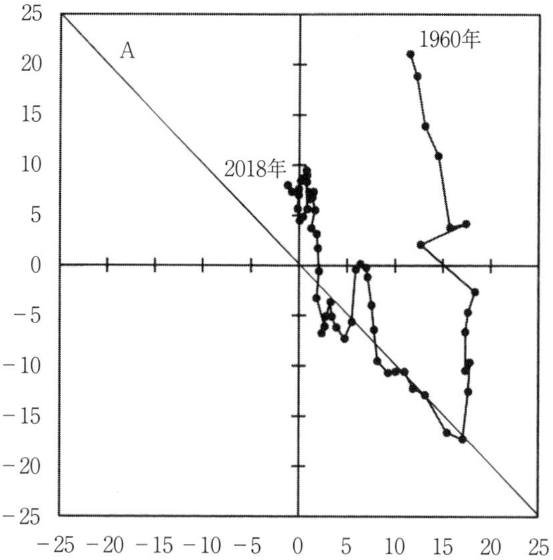

図Ⅲ　富山県(単位：千人)

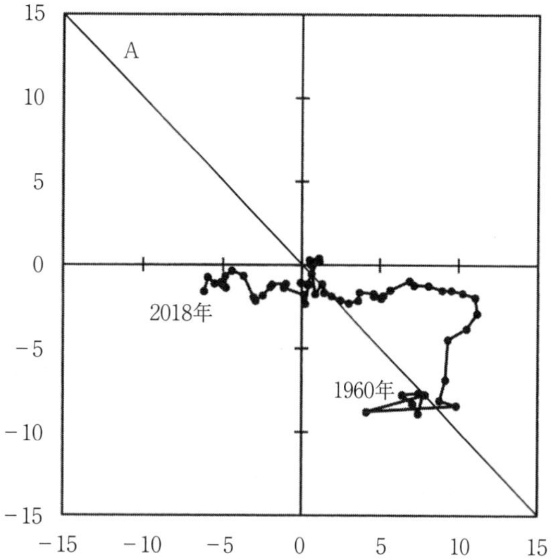

(いずれも『人口動態調査』『住民基本台帳人口移動報告年報』により作成)

(1)　図Ⅱ，Ⅲ中の縦軸と横軸は，社会増減数と自然増減数のいずれかを示している。社会増減数を示しているのは何軸か答えなさい。

(2)　図Ⅱ，Ⅲ中の斜線A上の人口は，どのような状態であるか，説明しなさい。

問３　近年，写真Ⅰのような「貨客混載」の路線バスが，過疎地域を中心に増えてきている。「貨客混載」とは，宅配業者などが輸送する荷物を，旅客用の公共交通機関で輸送することをいう。「貨客混載」の路線バスに関連して説明した下のア～エの中から，下線部が適切でないものを１つ選び，記号で答えなさい。なお，下線部以外の内容はすべて正しい。

写真Ⅰ

(『Traffi-Cation 第47号』より)

ア．乗客数が限られ，公共交通機関の維持が難しい過疎地域では，路線バスに荷物が積載されることによって，バス路線の維持につながる。

イ．トラックで荷物を輸送していた区間の一部を，路線バスに切り換えることによって，二酸化炭素の排出量が削減される。

ウ．近年のネットショッピングの発達などによる，荷物の増加に対応するための手段の一つと考えられる。

エ．このような取り組みが全国に広がることによって，ドーナツ化現象がさらに進むと考えられる。

問４　図Ⅳは，チェーン展開するドラッグストア２社(Ａ社，Ｂ社)の2019年11月～2020年８月の前年同月比売上高を示したものである。表Ⅰは，２社が販売する商品の商品構成割合を示したものである。A社とB社は，店舗立地が，都市型(駅前型)が主力のチェーン店と，郊外型(住宅地隣接型)が主力のチェーン店のいずれかである。

図Ⅳ　(%)

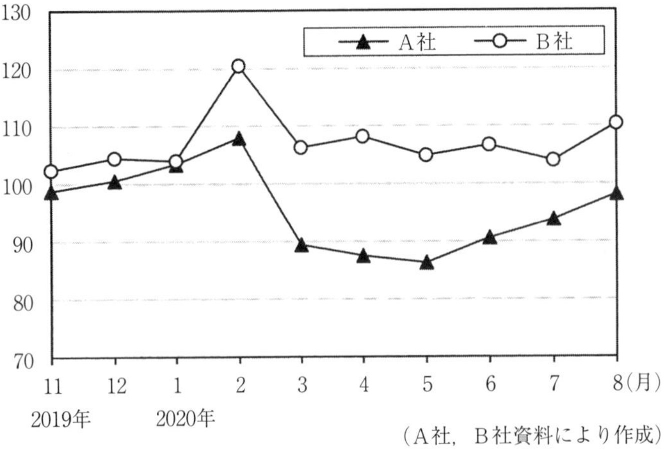

(A社，B社資料により作成)

表Ⅰ　(%)

*A社	医薬品	化粧品	雑貨	食品	その他
	30.7	38.6	18.3	9.1	3.3
*B社	**医薬品など	化粧品	家庭用雑貨	食品	その他
	38.4	17.3	14.7	22.1	7.6

*　A社は2020年3月期決算，B社は2020年2月期決算から割合を算出した。商品構成割合は，各社の資料による名称に従った。

**　医薬品のほかに衛生介護品，ベビー用品，健康食品，調剤が含まれる。

(A社，B社資料により作成)

(1)　A社は，都市型，郊外型のどちらであるか，答えなさい。

(2)　図Ⅳを参照すると，前年同月比売上高は，B社は100%を超えているが，A社は100%を切る月が多い。その理由を，A社の来店客として想定される代表的な2つの客層(客の種類)をあげて説明しなさい。

3　次の対談は，東京新聞電子版に掲載されたもので，Aは記者，Bは人口学の専門家である(2017年3月25日付，一部改)。

A　最近だけでなく，これまでも日本の人口は減った時期があったのですね。

B　今のような勢いで減るわけではありませんが，日本も人口減退の時代を経験しています。日本列島の人口は，①縄文時代前半に増え，後半は減った。次は弥生時代から奈良・平安時代まで増えるのですが，700万人ぐらいをピークとして②鎌倉時代にかけて減っていきました。三度目の波は③室町時代に始まり，④江戸時代の中期，3000万人ほどで頭打ちになります。ところが，幕末からまた人口増加が始まり，1億2000万人を超えるまでになったのです。日本の人口は2008年をピークに減少に転じましたが，今回は，つまり，四回目の人口減退期ということになります。

A　過去の人口減少は，例えば寒冷化などの気候変動，あるいは感染症の流行といった環境の変化がもたらしたものですね。

B　もちろん関係はありますが，それだけでは説明がつきません。例えば，欧州の人口は，⑤ローマ帝国の崩壊で減少した後，増加に転じ，また，14世紀に入って大きく減っています。その人口減少は⑥ペストの大流行で説明されてきましたが，歴史人口学の研究者は別の見方をします。大きな流れを見れば，人口の増加や減退は，むしろ社会の構造，文明システムの転換や成熟に深く関係していることが分かるはずです。

問１　下線部①に関して，縄文時代の遺跡に特徴的に見られる遺物ではないものをア～オの中から２つ選び，記号で答えなさい。

ア．須恵器　　イ．貝塚　　ウ．たて穴住居　　エ．銅鏡　　オ．土偶

問２　下線部②と③に関して，次の図は鎌倉幕府と室町幕府のそれぞれのしくみの概要を示したものである。ａとｂにあてはまる語をそれぞれ漢字で答えなさい。

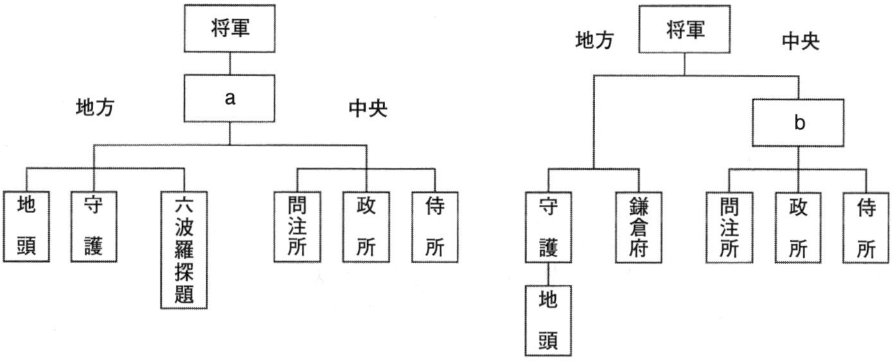

問３　下線部②と③に関して，鎌倉時代と室町時代に共通しているものをア～オの中から１つ選び，記号で答えなさい。

ア．寺院の部屋の様式を住居に取り入れた書院造が流行した。

イ．中国からもたらされた禅宗が幕府の保護のもとで広まった。

ウ．幕府は中国の王朝と朝貢形式にのっとった貿易を行った。

エ．戸籍を整備し全国の土地と人々を幕府が直接的に統治した。

オ．朝廷が鋳造した銅銭が庶民の間にも広く普及した。

問４　下線部④に関して，次のア～エは江戸幕府が出した貿易や交易に関する命令である(一部を抜粋し，口語訳してある)。出された時期が古いものから順に並べなさい。

ア．雑穀，水油，ロウ，呉服，糸，以上の品物に限って，貿易の荷物の分は，すべて江戸から廻送するはずであるから，生産地の村々からは決して直接神奈川へつみだしてはならない。

イ．外国へ日本の船を派遣することを，堅く禁止する。日本人を外国へ派遣してはならない。もしこっそり隠れて渡航する者があった場合は，その者は死罪とし，その船，船主はともに留めて置いて，長崎奉行から幕府に申し上げること。

ウ．今後はどこの海辺の村においても，外国船が乗り寄せてきたのを見て取ったならば，その村のあるだけの人夫でもって，ためらうことなく，ひたすらに撃退し，逃げ去ったならば，追跡船などを出す必要はなく，そのままにしておくが，もし強引に上陸したならば，つかまえてしばり，または戦って打ち殺してもさしつかえない。

エ．外国船を見受けたならば，よくよくようすを取り調べて，食料・薪水などが不足し，帰国が困難な事情であるならば，希望の品を適切に与えて，帰国すべき趣旨を言って納得させ，上陸はさせてはならない。

問５　下線部⑤に関して，ローマ帝国は西暦395年に東西に分裂した。これと時期的にもっとも近いものをア～オの中から１つ選び，記号で答えなさい。

ア．東アジアで鉄製農具が使われはじめた。

イ．日本で武士団が形成されはじめた。

ウ．百済・高句麗・新羅が朝鮮半島で勢力を争った。

エ．日本各地に国分寺と国分尼寺が建てられた。

オ．中国を統一した秦が万里の長城を築いた。

問６　下線部⑥に関して，ペストが大流行したころ，ヨーロッパでは古代文明を学びなおす学問や芸術がさかんになった。このことを「再生」という意味でルネサンスと呼んでいる。このような過去のものを再評価する動きは，歴史上，しばしば見られ，次の３つもそれにあてはまると言える。この３つの出来事から任意に１つ選び，それがどのような過去をなぜ再評価しているのか，例にならって説明しなさい。

建武の新政　　寛政の改革　　王政復古の大号令

【例】

出来事：ルネサンス

説　明：長期にわたり強い力を持っていたキリスト教会の影響力を脱したかったので，古典文化を再評価した。

4　問１　次のグラフは，日本(明治期)の貿易品目の割合の変化を表している。

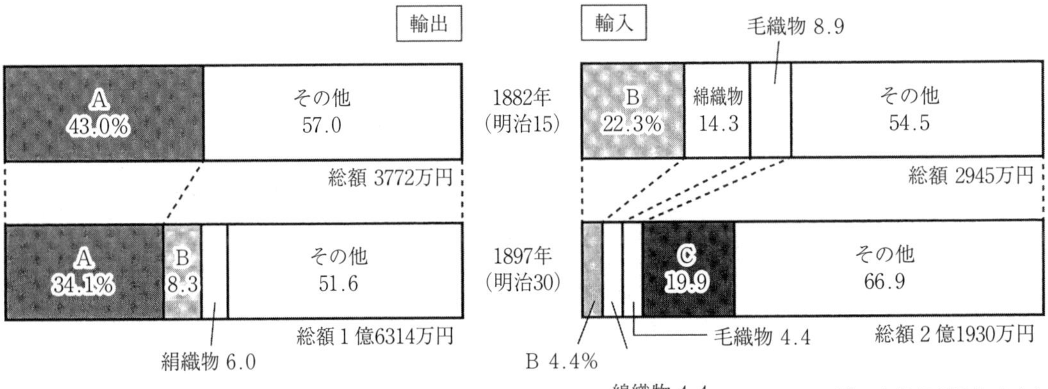

(『日本貿易精覧』より)

(1)　A・B・Cには，それぞれ綿糸，生糸，綿花が当てはまる。正しい組合せになっているものを次のア～カの中から１つ選び，記号で答えなさい。

	ア	イ	ウ	エ	オ	カ
A	綿糸	綿糸	生糸	生糸	綿花	綿花
B	生糸	綿花	綿糸	綿花	綿糸	生糸
C	綿花	生糸	綿花	綿糸	生糸	綿糸

(2)　1882年と1897年の間に起こった出来事として適切でないものを，次のア～エの中から１つ選び，記号で答えなさい。

ア．日清戦争勃発

イ．大阪紡績会社開業

ウ．大日本帝国憲法発布

エ．八幡製鉄所開業

問２　第一次世界大戦中にロシア革命が勃発し，各国がシベリア出兵を行ったが，右の表は，その際の各国の出兵人数を表しており，ａ・ｂは日本とアメリカのいずれかである。また，下のｃ・ｄは，第一次世界大戦の影響による日本とアメリカの景気の様子を説明している。日本に当てはまるものの組合せとして適切なものを，下のア～エの中から１つ選び，記号で答えなさい。

a	73,000人
b	9,000人
イギリス	5,800人
フランス	1,200人

（『シベリア出兵』より）

ｃ．第一次世界大戦によって好景気となり，雑誌，ラジオ，映画，自動車が大量に製作・生産された。

ｄ．第一次世界大戦によって好景気となり，海運業・造船業が大きく成長し，にわか富豪が生まれた。

ア．ａ・ｃ　　イ．ａ・ｄ　　ウ．ｂ・ｃ　　エ．ｂ・ｄ

問３　次の資料は，雑誌『歴史寫眞』(1942年３月号)に掲載されたものである。

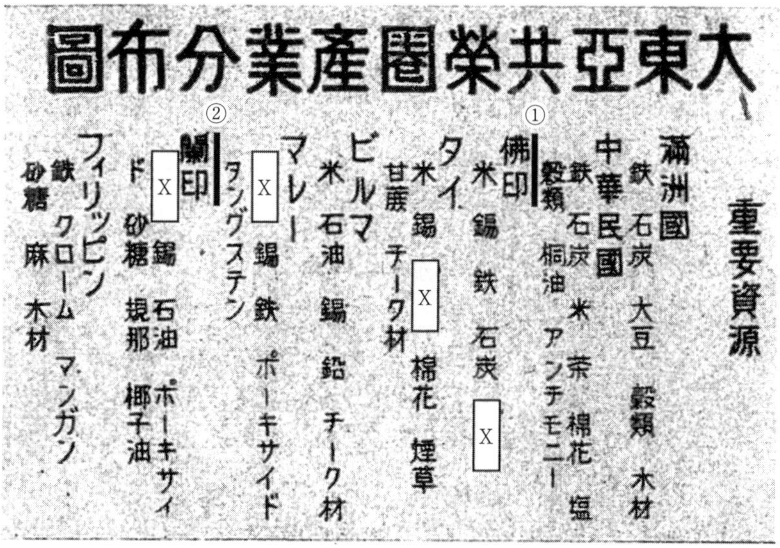

(1)　［X］に当てはまるものを答えなさい。

(2)　傍線部①②について，佛はフランス，蘭はオランダを表しているが，第二次世界大戦後に，佛印，蘭印の地域に成立した国家の組合せとして適切なものを，次のア～カの中から１つ選び，記号で答えなさい。

	佛印	蘭印
ア	インド	インドネシア
イ	インド	ベトナム
ウ	インドネシア	インド
エ	インドネシア	ベトナム
オ	ベトナム	インド
カ	ベトナム	インドネシア

問4　日本の経済成長率の推移を表した次のグラフについて，Aの状況における政策や社会の動向を説明したａ・ｂと，［B］に当てはまる出来事を示したｃ・ｄの組合せとして適切なものを，下のア～エの中から１つ選び，記号で答えなさい。

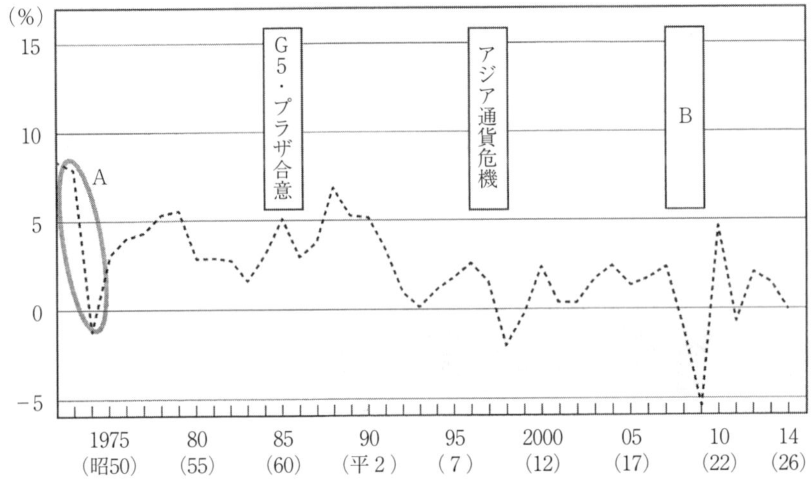

（『国民所得統計年報』『国民経済計算年報』より）

ａ．産業において「重厚長大」から「軽薄短小」への転換が進められた。
ｂ．規制の緩和や国営事業の民営化が進められた。
ｃ．SARSの流行
ｄ．リーマン＝ショック

ア．ａ・ｃ　　イ．ａ・ｄ　　ウ．ｂ・ｃ　　エ．ｂ・ｄ

5　1951～52年におきた殺人事件等の犯人として，ある男性が死刑になった(菊池事件)。この事件の裁判は，被告人の男性が，当時，強制隔離政策の対象だったハンセン病患者とされていたことから，裁判所外の特別の法廷で開かれた。そのため，この裁判は差別ではないのか，裁判は適正に行われたのかをめぐって，2017年に訴訟が起こった。次は，その訴訟に関する記事である。

> 最高裁は2016年の報告書で，ハンセン病を理由にした特別法廷について遅くとも1960年以降は裁判所法に反していたと認め謝罪した。一方で違憲性については認めていなかった。
>
> 菊池事件を裁いた50年代の特別法廷について，熊本地裁判決は「当時の科学的知見に照らし合理性がない」とし，最高裁報告書よりも時期をさかのぼって違法と判断。
>
> 「裁判官と検察官が証拠物を扱う際にゴム手袋をはめ，箸を使った。被告がハンセン病であることを理由として行われた合理性を欠く差別」と断じ，①憲法14条違反とした。人格権侵害による②13条違反も認めた。
>
> 特別法廷はハンセン病療養所の菊池恵楓園(熊本県合志市)で開かれた。判決は強制隔離政策が進められた状況から「一般国民が訪問することが事実上不可能」として，憲法が定める裁判の公開原則にも違反する疑いを指摘。ただ違憲の法廷で裁かれたことが「直ちに③刑事裁判の事実認定に影響を及ぼすとは言えない」として，原告がめざす再審の理由とは認めなかった。
>
> (2020年２月27日『朝日新聞』より　一部改)

問1　下線部①に関連して，次の日本国憲法第14条の[A]，[B]に当てはまる語句を答えなさい。なお，条文は現代仮名づかいに改めてある。

> すべて国民は，[　A　]に平等であって，人種，信条，性別，社会的身分又は門地により，政治的，経済的又は[　B　]的関係において，差別されない。

問2　下線部②に関連して，憲法第13条は，自己決定権の法的根拠とされている。医療上の自己決定権のひとつとして「インフォームド・コンセント」があるが，インフォームド・コンセントとはどのようなことか，説明しなさい。

問3　下線部③に関連して，刑事裁判をめぐる日本の制度や措置について述べたA～Cのうち正しいものはどれか。下のア～キの中から適切なものを1つ選び，記号で答えなさい。

A　すべての刑事裁判において被害者や遺族，その代理人が法廷に入り，被告人に直接質問したり，求刑で意見を述べたりすることができる。

B　有罪判決が確定した後でも不服な場合は，検察審査会に訴えることができる。

C　死刑や無期懲役に相当する重大な犯罪の第一審では，裁判官だけでなく，国民から選ばれた裁判員も参加して裁判が行われる。

ア．A　　イ．B　　ウ．C　　エ．AとB
オ．AとC　　カ．BとC　　キ．AとBとC

問4　ハンセン病やその他の人権をめぐる問題について述べた文として適切なものを，次のア～エの中から1つ選び，記号で答えなさい。

ア．ハンセン病回復者が訴えた裁判では，国の隔離政策の違法性を認める判決が下されて，国もその責任を認めた。

イ．アイヌの人々の文化の振興と伝統を普及することを目的にしたアイヌ文化振興法で，アイヌ民族は先住民と規定された。

ウ．部落差別の問題を解決するために，同和対策審議会の答申が出されたが，差別を解消するための法律は制定されていない。

エ．障害者に対する差別を禁止することは法律に定められているが，障害者が社会生活を送りやすくなるような配慮を求める法律はない。

問5　日本国憲法で保障されている基本的人権についての説明であるア～オについて，正しければ○を，誤っている場合は×を解答欄にそれぞれ書きなさい。

ア．現行犯であっても，令状がなければ逮捕されることはない。

イ．拷問及び残虐な刑罰は禁止されている。

ウ．自己に不利益な供述を強要されない。

エ．法律の定めがなくても，重大な犯罪であれば刑罰を科されることがある。

オ．無罪の判決を受けた人は，国に対して補償を請求することができる。

6　私たちは，日々，何を買うか，休日に何をするかなど，様々なことを選択しながら生きている。そしてそれは，お金や時間が限られているためである。つまり，お小遣いが限られているから，ある物を買えば他は買えなくなる。少ない休日に勉強すれば，友だちと遊ぶことはできない。そして，このような選択にあたって，多くの場合，人は自分の満足度が高まるように選択を行う。

問1　「お金や時間が限られている」ことを何と呼ぶか，漢字3字で答えなさい。

いま，上の「自分の満足度を高める選択」ということを前提にした次のようなゲームを行うとする。

【ゲームの設定】

1　教室で，Ａさんと Ｂさんが，先生から受け取ったキャンディを分配する。

2　このゲームでは

①　Ａさんも Ｂさんも，選択肢が複数ある場合，ゲームが終わった時点で自分の手元にあるキャンディが最も多くなるように選択肢を選ぶ（相手のキャンディの数には関心がない）。

②　相手も①のように考えることをお互いに知っている。

【ゲーム１（例題）】

1　先生が Ａさんにキャンディを10個渡す（Ｂさんはそれを見ている）。

2　Ａさんは Ｂさんに対して，「あなたにキャンディを●個あげます」と，あげる個数を提案する（ただし，1個以上 9個以下の奇数個）。

3　Ｂさんは Ａさんの提案を受け入れてもいいし，拒否してもいい。

Ｂさんが提案を受け入れた場合，Ａさんの提案通りにキャンディが Ｂさんに渡される。

Ｂさんが提案を拒否した場合，キャンディはすべて先生に没収される。

いずれにせよ，この時点でゲームは終了する。

この，【ゲーム１（例題）】はどのような結果を生むか，Ａさんと Ｂさんがゲーム終了後に持っている個数はそれぞれいくつになるか考えた。

【ゲーム１（例題）の考え方と正解】

まず Ｂさんの立場で考える。Ａさんがいくつのキャンディをくれると提案するかに関わらず，Ｂさんは提案を受け入れた方がいい。なぜなら拒否すれば自分のキャンディは０個だが，受け入れれば少なくとも１個は確保できるからである。

Ａさんは，Ｂさんが上のように考えることを予測できるから，自分の手元に残すキャンディを最も多くするには「１個あげます」と提案するのがよい。

以上から「Ａさん９個，Ｂさん１個」が正解となる。

【ゲーム２】

【ゲームの設定】は変えず，ゲームの手順を次のように変更する。

1　先生が Ａさんにキャンディを10個渡す（Ｂさんはそれを見ている）。

2　Ａさんは Ｂさんに対して，「あなたにキャンディを▼個あげます」と，あげる個数を提案する（ただし，1個以上 9個以下の奇数個）。

3　Ｂさんは Ａさんの提案を受け入れてもいいし，拒否してもいい。

Ｂさんが提案を受け入れた場合，Ａさんの提案通りにキャンディが Ｂさんに渡され，この時点でゲームが終了する。

Ｂさんが提案を拒否した場合，キャンディはいったんすべて没収されたうえで，先生は Ｂさんに改めて３個のキャンディを渡し（Ａさんはそれを見ている），ゲームが続けられる。

4　Ｂさんは Ａさんに対して，「あなたにキャンディを■個あげます」と，あげる個数を提案する（ただし，１個以上３個以下）。

5　Ａさんは Ｂさんの提案を受け入れてもいいし，拒否してもいい。

Ａさんが提案を受け入れた場合，Ｂさんの提案通りにキャンディが Ａさんに渡される。

Ａさんが提案を拒否した場合，キャンディはすべて先生に没収される。

いずれにせよ，この時点でゲームは終了する。

問２　【ゲーム２】はどのような結果を生むか，Ａさんと Ｂさんがゲーム終了後に持っている個数をそれぞれ答えなさい。

問３　【ゲームの設定】の２の②がなかったとする。つまり，Ａさんは Ｂさんがどう選択するかを知らないとする。この場合，【ゲーム１(例題)】では，Ａさんはどういう提案をしそうか，理由を含めて簡単に説明しなさい。ただし，あげる個数を具体的に示す必要はない。

問４　このようなゲームは，市場においてごく少数の企業に生産が集中する状態を分析するときの助けになる。この状態を何と呼ぶか，漢字で答えなさい。

問５　このようなゲームは，労働者と使用者(会社)との間で労働条件がどう決まるかを分析するときの助けにもなる。だが，日本では労働条件については法律によって定められていることも多く，ゲームのようには必ずしもならない。下は，労働条件について定めた法律のうちの代表的なものの第１条である。この法律は何か答えなさい。

第１条　労働条件は，労働者が人たるに値する生活を営むための必要を充たすべきものでなければならない。

【理　科】（50分）〈満点：60点〉

（注意）　1．字数制限のある設問は，句読点やその他の記号も１字として数えます。

2．コンパスと定規を使用してはいけません。

1　次の文を読み，あとの(1)～(4)の問いに答えよ。

筑波さんは休校時，台所で洗い物をしている最中に，ガラス製のコップや木製のまな板などについている水滴の形が一様でないことに気がついた。さらに観察し続けたところ，物体の濡れやすさによって，水滴の形がかわることに気がついた。水滴の形状が違うことを不思議に思った筑波さんは，観察結果を先生に報告し，質問した。先生からはヒントとして以下の２つのことを言われた。

①　液体を構成している分子どうしが集まった方が分子にとって「居心地」の良い場合，水滴は球体のような形状になる。このような水滴のときは物体が濡れにくい(水滴が物体に染み込みにくい)。

②　液体を構成している分子が接している物体とくっついている方が「居心地」の良い場合，水滴は液体と物体ができるだけ密着するような形状になる。このような水滴のときは物体が濡れやすい(水滴が物体に染み込みやすい)。

(1)　物体が右の図よりも水に濡れやすい場合と濡れにくい場合の水滴の形状を，それぞれ描け。

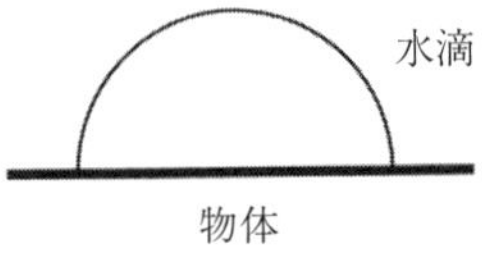

図

(2)　フッ素樹脂加工したフライパンと木製のまな板，ガラス製のコップそれぞれに水を一滴たらした。これらを水に濡れやすいものから順になるように並べた。最も適切なものを次のア～カから１つ選び，記号で答えよ。

濡れやすい ←→ 濡れにくい

ア　フライパン＞まな板　＞コップ

イ　フライパン＞コップ　＞まな板

ウ　まな板　＞フライパン＞コップ

エ　まな板　＞コップ　＞フライパン

オ　コップ　＞フライパン＞まな板

カ　コップ　＞まな板　＞フライパン

筑波さんは，先生からさらなる探究を勧められたので，水の「居心地」を考慮しながら＜実験１＞と＜実験２＞をすることにした。

＜実験１＞　水と油は混ざらないので，お互いに「居心地」が悪いと考えることができる。一方，食器用洗剤を水や油に入れたところ，食器用洗剤は水にも油にも溶けたので，洗剤を構成している分子は水や油に対して「居心地」の良い関係であると言える。このことを利用して，油よごれのついた食器に洗剤を溶かした水溶液を１滴たらし，水滴の形状を観察した。比較のために，洗剤を溶かしていない水を１滴，油よごれのついた食器にたらし，水滴の形状を観察した。

＜実験２＞　水にガラス製のコップを浸け，一晩放置したあと，水気をタオルで拭き取った。このコップに水を１滴たらし，水滴の形状を観察した。比較のために，同一のガラス製のコップを水に浸けずに乾いた状態で水を１滴たらし，水滴の形状を観察した。

(3)　＜実験１＞の結果について最も適切なものを次のア～エから１つ選び，記号で答えよ。

ア　水滴は洗剤を含まない水の方が濡れやすい形状であった。

イ　水滴は洗剤を溶かした水溶液の方が濡れやすい形状であった。

ウ　水滴をたらした瞬間はどちらも同様の形状であったが，その後，洗剤を溶かした水溶液の方は濡れやすい水滴の形状に変化した。

エ　水滴をたらした瞬間はどちらも同様の形状であったが，その後，洗剤を溶かした水溶液の方は濡れにくい水滴の形状に変化した。

(4)　＜実験２＞の結果について最も適切なものを次のア～ウから１つ選び，記号で答えよ。
ア　水滴は水に浸けていないガラス製のコップの方が濡れやすい形状であった。
イ　水滴は水に一晩浸けておいたガラス製のコップの方が濡れやすい形状であった。
ウ　水滴はどちらも同様の形状であった。

2

動物の生殖と成長について述べた次の文を読み，あとの(1)～(3)の問いに答えよ。

受精卵は生殖細胞が受精してできたものである。生殖細胞は，（　ア　）という特別な細胞分裂によってつくられるため，生殖細胞に含まれる染色体の数は，もとの細胞の（　イ　）となる。受精卵は，体細胞分裂を繰り返して細胞の数が増える。

(1)　文中の(ア)，(イ)にあてはまる最も適切な用語や言葉を答えよ。
(2)　図Ａ～Ｆは，カエルの受精卵が細胞分裂を繰り返し，オタマジャクシになるまでの過程のいくつかの段階を表している。

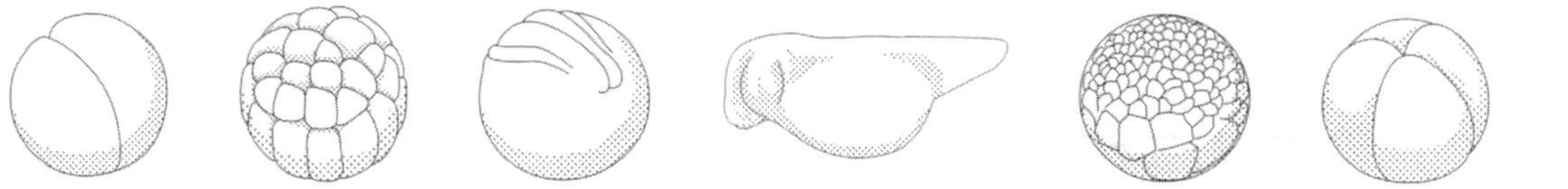
A　B　C　D　E　F

①　Ａ～Ｆを細胞分裂が進む順に，Ａから並べかえよ。
②　受精卵が細胞分裂を始めてから，自分で食物をとることのできる個体となる前までを何というか。漢字１字で答えよ。

(3)　(2)の図Ａ～Ｆの細胞や生殖について，正しく述べている文を次のア～キからすべて選び，記号で答えよ。
ア　Ａの細胞１個の染色体数は，受精卵の染色体数の半分になっている。
イ　Ａの細胞１個の染色体数は，Ｄの尾の細胞１個の染色体数と同じ本数である。
ウ　Ｃは体の形が作られ始めているため，１個１個の細胞の遺伝子が異なる。
エ　Ｃの細胞１個とＦの細胞１個をくらべると，Ｃの細胞１個のほうが大きい。
オ　Ｄは体の形がオタマジャクシに近づいているので，１個１個の細胞の染色体数が異なる。
カ　Ｅの細胞１個の大きさは，Ｅがさらに細胞分裂してできる細胞１個より大きい。
キ　オタマジャクシがカエルになり，やがてそのカエルが卵を産んだ。その受精卵は，親ガエルと同じような形のカエルに成長したので，その親ガエルと子ガエルはクローンである。

3

次の(1)～(4)の問いに答えよ。

(1)　2015年に運行が開始された，北陸新幹線「かがやき」号の最高速度は，時速260kmである。この速度は，秒速何ｍか。小数点以下を四捨五入し，整数で答えよ。
(2)　ドーナツ型の同一の磁石を３つ用意し，机の上で図１のように棒を穴に通すと，磁石どうしは互いに離れて浮かんだ。図１中の，磁石どうしの間隔ＡとＢの関係はどのようになるか。次のア～エから，最も適切なものを１つ選び，記号で答えよ。
ア　Ａの方がＢよりも大きい。
イ　ＡとＢは等しい。
ウ　Ｂの方がＡよりも大きい。
エ　磁石の重さや種類によるので，一概には言えない。

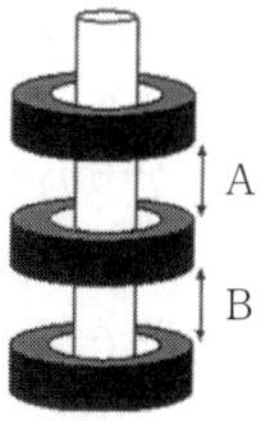

図１

(3)　紙パックに入った牛乳を，一晩冷蔵庫の中で冷やした。翌朝，紙パック自体の温度と，紙パックの中の牛乳の温度の関係はどのようになるか。次のア～オから，最も適切なものを１つ選び，記号で答えよ。なお，この冷蔵庫の中に，温度の偏りはないものとする。

ア　紙パックの方が牛乳よりも温度が高い。

イ　紙パックと牛乳は温度が等しい。

ウ　牛乳の方が紙パックよりも温度が高い。

エ　紙パックの中の牛乳は，上部と下部で温度が異なるので，答えられない。

オ　紙パックの材質によるので，一概には言えない。

(4)　同一の焦点距離を持つ，小さな凸レンズＡと大きな凸レンズＢがある。凸レンズＡ，Ｂを図２のように，物体から同じ距離の地点に置く。そして，観測者Ａが凸レンズＡを，観測者Ｂが凸レンズＢを，互いにレンズから同じ距離だけ離れて覗き込む。このとき，観測者ＡもＢも，物体の像が見えている。観測者Ａが見ている像と，観測者Ｂが見ている像の大小関係はどのようになるか。下のア～エから，最も適切なものを１つ選び，記号で答えよ。

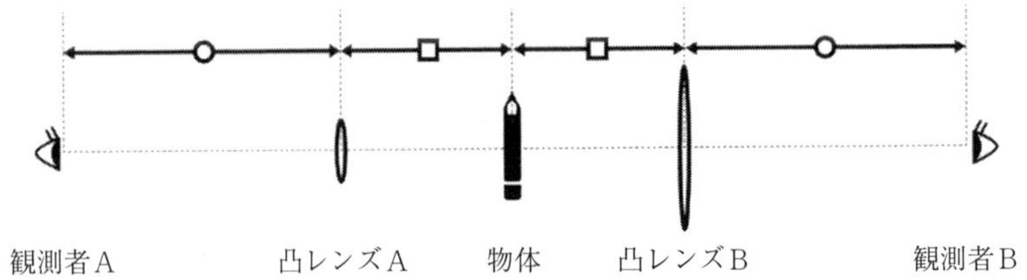

図２

ア　観測者Ａの見ている像の方が，観測者Ｂの見ている像よりも大きい。

イ　観測者Ａ，Ｂの見ている像の大きさは等しい。

ウ　観測者Ｂの見ている像の方が，観測者Ａの見ている像よりも大きい。

エ　レンズと物体の大きさによるので，一概には言えない。

4　地球の表面をおおうプレートについて述べた次の文を読み，あとの(1)～(3)の問いに答えよ。

地球の表面は，プレートと呼ばれる岩盤でおおわれており，その厚さは厚いところで（　a　），うすいところで（　b　）くらいである。プレートには大陸プレートと海洋プレートがあり，c海洋プレートは海《かい》嶺《れい》で生成され，海溝で沈み込むと考えられている。日本列島付近には，大陸プレートが２つ，海洋プレートが２つあって，右図Ａ～Ｄのように接している。それぞれのプレートの境界ではさまざまな現象が起きている。

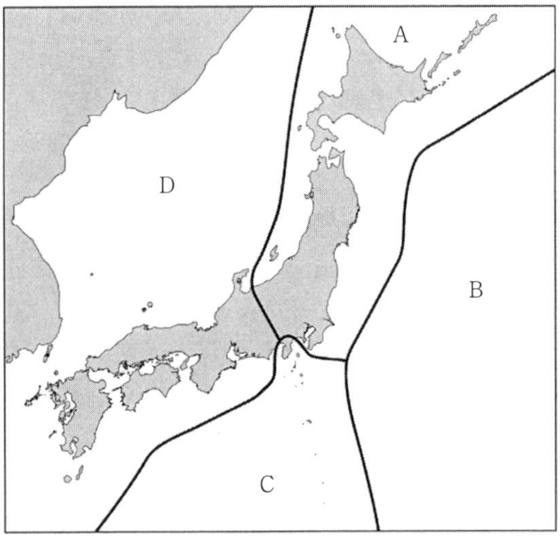

(1)　文中の空欄（ａ）と（ｂ）にあてはまる最も適切なものを，次のア～オからそれぞれ１つずつ選び，記号で答えよ。

ア　100m　　イ　1km　　ウ　10km

エ　100km　　オ　1000km

(2)　図のＡ～Ｄのプレートについて正しく述べている文を次のア～カからすべて選び，記号で答えよ。

ア　東北地方太平洋沖地震(2011年３月11日)は，ＡとＢの境界で発生した逆断層型の地震である。

イ　ＢがＡに沈み込むことにともない発生する地震の震源の深さは，ＡとＢの境界から西にいくにつれ次第に深くなっている。

ウ　ＣとＤのプレートは次第に離れていくために，断層が生じやすい。

エ　ＡとＤの境界では沈み込みがないので地震は発生しない。

オ　日本列島で発生する地震は全てプレートどうしの衝突による巨大地震である。

カ　現在想定されている東海・東南海・南海地震は，ＣがＤに沈み込むことによるひずみが原因となり発生する。

(3)　下線ｃについて，太平洋上の海嶺で生成された海洋プレートが，約２万km離れた日本付近の海溝(ＡとＢの境界)で沈み込むまで，どのくらいの年月がかかるか。最も適切なものを次のア～オから１つ選び，記号で答えよ。

ア　２万年　　イ　20万年　　ウ　200万年　　エ　2000万年　　オ　２億年

5　電圧を加えたときの消費電力が図１のような関係にある電熱線ａと，別の電熱線ｂを用いて実験を行った。電熱線から発生した熱は，すべて水の温度を上げるためだけに使われ，水中では場所による温度の違いが無いものとして，次の(1)～(4)の問いに答えよ。

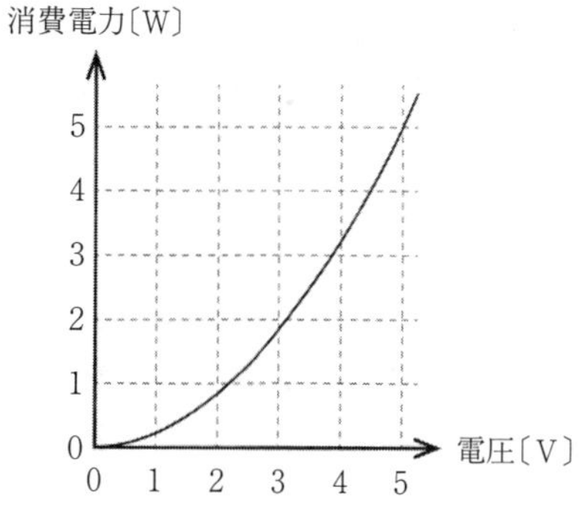

図１

(1)　電熱線ａの電気抵抗は何Ωか。

(2)　図２の装置で，水中に入れた電熱線に電流を流して，３分後の水温を測る実験を行った。実験は電熱線ａ，ｂのそれぞれについて行い，はじめの水温はどちらも17℃で，水の量は等しい。電源装置の電圧も等しい。その結果，電熱線ａでは水温が21℃，電熱線ｂでは水温が23℃になった。電熱線ａとｂの電気抵抗の比を，最も簡単な整数比で表せ。

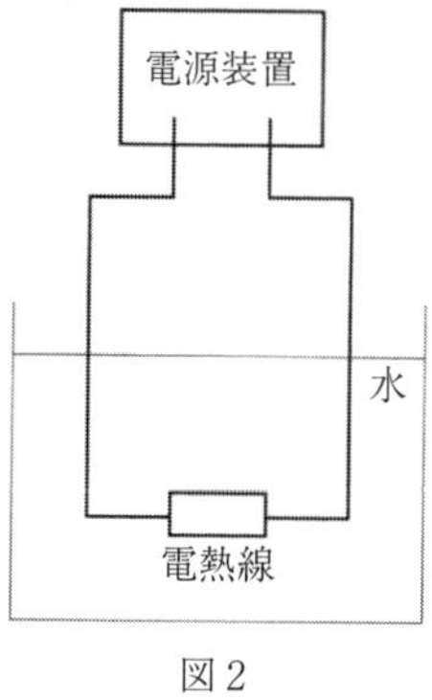

図２

(3)　図３の装置で，電熱線ａとｂを直列につなぎ，それぞれの電熱線で容器ＡとＢの水を温める実験をした。それぞれの水の量は，(2)の水の量と等しく，電源装置の電圧も(2)と等しい。はじめの水温が17℃のとき，Ａの水温が21℃になるのは何秒後か。

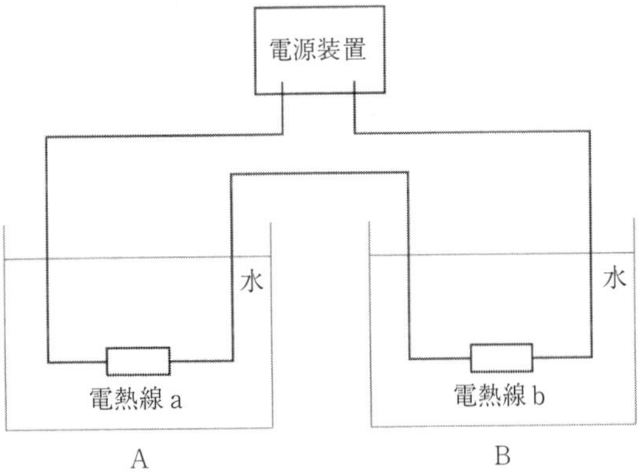

図 3

(4) (3)で水を温めているときの説明として，正しいものを次のア～カから１つ選び記号で答えよ。ただし，電熱線 a，b を流れる電流をそれぞれ I_a，I_b，電熱線 a，b に加わる電圧をそれぞれ V_a，V_b とする。

ア　$I_a > I_b$ で，A の水温は B の水温より高い。

イ　$I_a < I_b$ で，A の水温は B の水温より低い。

ウ　$I_a = I_b$ で，A の水温は B の水温と等しい。

エ　$V_a > V_b$ で，A の水温は B の水温より高い。

オ　$V_a < V_b$ で，A の水温は B の水温より低い。

カ　$V_a = V_b$ で，A の水温は B の水温と等しい。

6　地表の空気のかたまりについて，あとの(1)～(4)の問いに答えよ。ただし，気温と，空気 1 m^3 あたりの飽和水蒸気量との関係は下のグラフのとおりである。

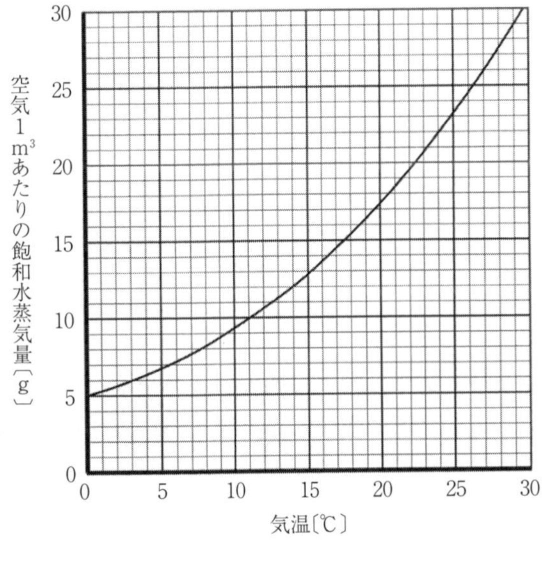

右の図は，山のふもとにあった空気のかたまりが山の斜面にそって上昇し，やがて雲ができ始めるようすを模式的に表したものである。上昇する空気のかたまりの温度は，水蒸気が飽和していないときには100m上昇するごとに１℃ずつ下がる。

また，雲は，空気のかたまりの中の水蒸気が飽和したときに発生するものとする。

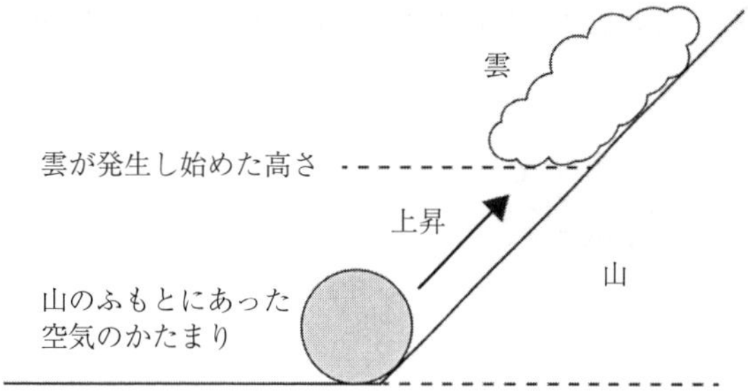

⑴　空気のかたまりが山のふもと(高さ０ｍ)にあったとき，25℃だった。雲が発生し始めた高さが1400mだとすると，空気のかたまりが山のふもとにあったときの湿度は何％だったか。小数点以下を四捨五入して整数で答えよ。

⑵　空気のかたまりが上昇するときに温度が下がるのはなぜか。理由として最も適切なものを次のア～オから１つ選び，記号で答えよ。

ア　地面が太陽の光であたためられるから。
イ　上空でまわりの気圧が下がり空気のかたまりが膨張《ぼうちょう》するから。
ウ　上空で水滴が気化するときに熱が放出されるから。
エ　上空で水蒸気が凝結するときに熱が吸収されるから。
オ　空気のかたまりが移動するためにエネルギーが使われるから。

⑶　空気のかたまりが山の斜面にぶつかって上昇する以外に，上昇気流が生じるのはどのような場合か。次のア～オから，正しいものをすべて選び，記号で答えよ。

ア　地上の空気が地面によってあたためられたとき。
イ　地上の空気が地面によって冷やされたとき。
ウ　地表で暖かい空気と冷たい空気がぶつかったとき。
エ　高気圧の中心部にあるとき。
オ　台風の目(中心部分)にあるとき。

⑷　地面に対して垂直な方向に強い上昇気流が生じたときに発生する雲と気象現象について，最も適切なものを次のア～カから１つ選び，記号で答えよ。

ア　高層雲ができ，弱い雨が長時間降り続くことがある。
イ　高層雲ができ，地上の気温に変化はない。
ウ　乱層雲ができ，暖かい雨が降ることがある。
エ　乱層雲ができ，急に地上の気温が低下する。
オ　積乱雲ができ，雷雨や突風が発生することがある。
カ　積乱雲ができ，急に地上の気温が上昇する。

7　図1および図2の装置を用いて，実験を行った。あとの(1)～(4)の問いに答えよ。

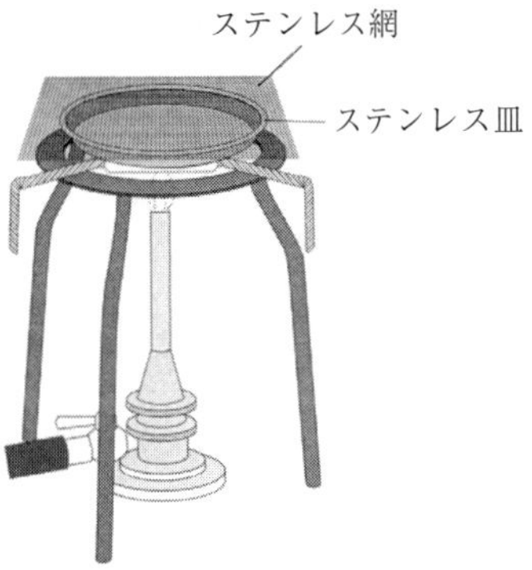

図1

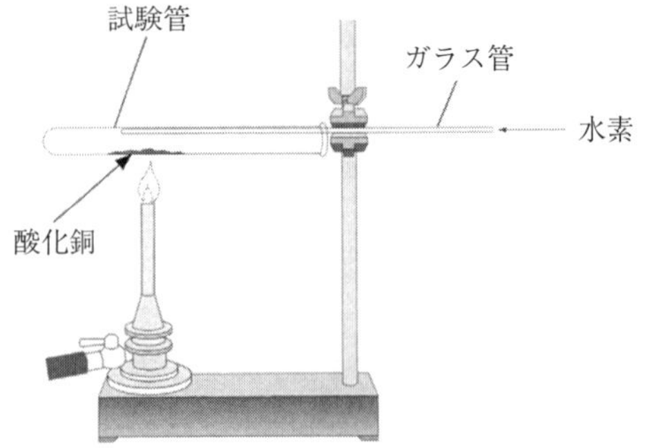

図2

＜実験1＞　図1のステンレス皿に銅粉1.00gを薄く広げて入れ，ガスバーナーで十分に加熱した。その後，ガスバーナーの火を消して放置し，常温に戻してから粉末の質量をはかった。

＜実験2＞　図1のステンレス皿にマグネシウム粉末1.00gを薄く広げて入れ，ガスバーナーで十分に加熱した。その後，ガスバーナーの火を消して放置し，常温に戻してから粉末の質量をはかった。

＜実験3＞　図2の試験管中の左側に酸化銅粉末1.00gを薄く広げて入れた。試験管を支えているガラス管からゆっくり水素を流し込みながら，ガスバーナーで十分に加熱した。その後，ガスバーナーの火を消して，ゆっくり水素を流し続けながら放置し，常温に戻してから粉末の質量をはかった。

＜結果＞

	1回目	2回目	3回目
実験1	1.25g	1.24g	1.25g
実験2	1.67g	1.66g	1.58g
実験3	0.80g	0.81g	(C)g

(1)　次の文の(A)・(B)にあてはまる最も適切な語を漢字で記せ。

＜実験1＞では金属原子が(A)され，＜実験2＞では金属原子が(B)された。

(2)　＜実験3＞での化学変化を化学反応式で表せ。

(3)　＜実験2＞の3回目では，ステンレス網を載せ忘れた。結果の値が1回目や2回目に比べて小さくなったのはなぜか。理由を20字以内で説明せよ。

(4)　＜実験3＞の3回目では，ガスバーナーの火を消した直後に試験管をガラス管から外し，耐熱板の上で放置した。結果の値は次のア～ウのいずれになったか。記号を1つ選んで記し，さらに理由を20字以内で説明せよ。

ア　(C)の値は1回目や2回目とほぼ同じ値になった。

イ　(C)の値は1回目や2回目に比べて小さくなった。

ウ　(C)の値は1回目や2回目に比べて大きくなった。

8　光合成を調べる実験について，あとの(1)～(4)の問いに答えよ。

アサガオのふ入りの葉(一部が白い葉)を，図1のようにアルミニウムはくでおおい，一昼夜暗室に置いたのち，数時間日光を当ててつみ取った。これをエタノールの中であたため，水洗いしてからヨウ素液をかけた。その結果，Bの部分だけがヨウ素液に反応して青紫色になった。

図1

(1)　下線部のように，アサガオを暗室に置くのはなぜか。理由を説明せよ。

(2)　この実験から光合成についてわかることは何か。次のア～キからすべて選び，記号で答えよ。

ア　光合成には光が必要である。
イ　光合成には酸素が必要である。
ウ　光合成には二酸化炭素が必要である。
エ　光合成には葉緑体が必要である。
オ　光合成には水が必要である。
カ　光合成によって酸素が発生する。
キ　光合成によって糖が合成される。

図2は，顕微鏡で観察したアサガオの葉の断面を示したものである。ただし，示しているのは葉の断面全体ではなく，維管束の周辺だけである。

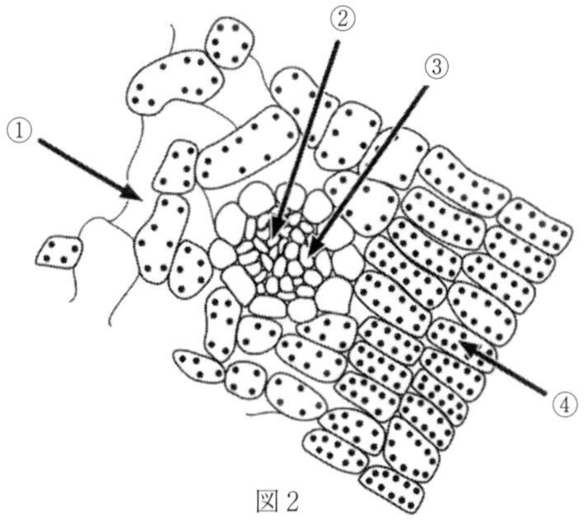

図2

(3)　図2の①～④のうち，光合成に必要な水を運んでいる部分はどこか。番号で答えよ。さらに，その部分の名称を漢字2字で答えよ。

(4)　図2の葉の断面を，葉の表面が視野の上部になるように回転させたい。顕微鏡のステージ上でプレパラートを回転させることができるとすると，どのように回転させればよいか。次のア～クから最も適切なものを1つ選び，記号で答えよ。ステージ上のプレパラートを上から見た図3を参考にすること。

ア　プレパラートを時計回りに30度回転させる。
イ　プレパラートを時計回りに60度回転させる。
ウ　プレパラートを時計回りに120度回転させる。
エ　プレパラートを時計回りに150度回転させる。
オ　プレパラートを反時計回りに30度回転させる。
カ　プレパラートを反時計回りに60度回転させる。
キ　プレパラートを反時計回りに120度回転させる。
ク　プレパラートを反時計回りに150度回転させる。

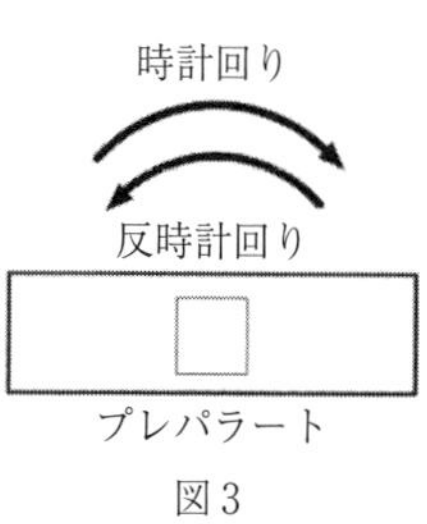

図3

エ　似顔絵を描いてほしいという依頼を受けることで、自分を必要としてくれる人がいるのだと実感でき、いつも明るくふるまえるということ。

問七　傍線部⑦「魔法が使える」とはどういうことか。**三〇字以内**で説明しなさい。

問八　この小説の特徴《とくちょう》の説明として**適切でない**ものを次の中から一つ選び、記号で答えなさい。

ア　改行を多く用いながら喫茶店での二人の行動や結衣の心情が細やかに描写《びょうしゃ》され、二人の様子をありありと感じ取れる。

イ　結衣が心の中で考えていることをそのまま文章化したような叙述《じょじゅつ》により、結衣の気持ちに寄りそって読み進められる。

ウ　喫茶店での二人の会話の様子が丁寧に描《えが》かれ、その会話文から坂口の置かれた状況を詳《くわ》しく読み取ることができる。

エ　結衣が過去の出来事を回想する場面が繰《く》り返され、結衣を取り巻く人間関係を段階的に捉《とら》えていくことができる。

問九　二重傍線部a「閑散とした」、b「垣間見る」の本文中の意味として最も適切なものを、それぞれ後の中から一つずつ選び、記号で答えなさい。

a「閑散とした」

ア　のどかで落ちついた　イ　人気《ひとけ》がなく静かな

ウ　人家《じんか》がまばらな　エ　古びて廃《すた》れた

b「垣間見る」

ア　少しだけ見る　イ　じっと見る

ウ　横目に見る　エ　時々見る

問一　傍線部《ぼうせんぶ》①「ほっとした表情でうなずいた」とあるが、このときの男性の心情の説明として最も適切なものを次の中から一つ選び、記号で答えなさい。

ア　店主が似顔絵を描いてくれると聞いていたが、その話をいつ切り出せばよいか迷いつつ思い切って尋ねたら、すぐに引き受けてくれたのでうれしかった。

イ　初めて訪《おとず》れた喫茶店なので、似顔絵を描いてほしいと頼むのをためらったが、共通の知り合いが話題に出たことで親しみを感じ頼みやすくなった。

ウ　喫茶店で似顔絵を描いてもらうということは、無理を承知での依頼《いらい》だったが、意外にも簡単に承諾《しょうだく》してもらえたので、その幸運に感謝した。

エ　似顔絵を描いてもらえるという情報が本当かどうか不安だったが、快諾《かいだく》してもらえたので、念願のかなう見込《みこ》みが立って安心した。

問二　傍線部②「あ、いえ」とあるが、この後男性はどのようなことを言いたかったのか。その内容がわかるように、「あ、いえ」の後に続く**三〇字以内**の適切な言葉を自分で考えて答えなさい。

問三　傍線部③「ただのお節介サービス」とあるが、結衣はどのような意味で言っているか。その説明として最も適切なものを次の中から一つ選び、記号で答えなさい。

ア　自分の特技を生かせるよい機会であるということ。

イ　宣伝にもなって店の側にも利益があるということ。

ウ　自分がしてあげたくてしているものということ。

エ　大した労力も必要なく無料でよいということ。

問四　傍線部④「男性は丁寧に頭を下げた」とあるが、このときの「男性」の心情の説明として最も適切なものを次の中から一つ選び、記号で答えなさい。

ア　自分が打ち明けた内容を、結衣に「いいお話」とほめてもらったことで、照れ臭くなっている。

イ　結衣の説明に納得《なっとく》するとともに、無料で似顔絵を描かせる運びになったことに恐縮している。

ウ　似顔絵の料金について結衣に気を遣わせてしまったことに気づいて、申し訳なく思っている。

エ　無料で似顔絵を提供するという結衣の提案に反論してしまったことを後悔《こうかい》し、反省している。

問五　傍線部⑤「土俵にさえ上げてもらえない」とあるが、ここではどのような意味で使われているか。その説明として最も適切なものを次の中から一つ選び、記号で答えなさい。

ア　裏通りの判りづらい所に店を構えるさか寿司は、他の寿司店の影響《えいきょう》を受ける立地ではないということ。

イ　さか寿司には鮮魚もなくメニューも少ないので、寿司店のひとつとして認めてもらえないということ。

ウ　売り上げを気にせず商売をしているさか寿司は、他の寿司店から敬遠されているということ。

エ　さか寿司の経営は細々としているので、他の寿司店に相手にされることなどないということ。

問六　傍線部⑥「自己表現方法」とあるが、お客さんに似顔絵を描いてあげることが「自己表現方法」であるとはどういうことか。その説明として最も適切なものを次の中から一つ選び、記号で答えなさい。

ア　似顔絵を描くという自分の特技を生かすことが、他の人とコミュニケーションをとりながら良好な関係を築く手立てとなっているということ。

イ　似顔絵を描くという特技によって人の役に立てると、マンガ家になれなかった挫折感を封印《ふういん》して、自分に自信を持てるようになるということ。

ウ　似顔絵を描く作業をすることでその相手とじっくり話す機会が増え、他の人の人生や内面にも触れながら、よき相談相手になれるということ。

「気にしないでください。ここもがらんとしてることは確かですから」

「あ、それと気を遣《つか》ってさか寿司に食べに行こうなんて考える必要ありませんよ。もう何年も前から鮮魚《せんぎょ》を扱《あつか》わなくなってしまって、握《にぎ》りはシメサバ、穴子、湯通ししたタコや玉子ぐらいしかなくて、あとは稲荷《いなり》に巻き寿司ですから。常連客も高齢化しちゃって、最近は飲食代を払ってもらうよりも香典《こうでん》を包む方が増えたって父親が嘆《なげ》いてました」

「厳しい世界ですよね、お寿司屋さんも」

「ちゃんとした寿司屋ですら、回転寿司の進出によって次々と潰《つぶ》れてますからね。しかもその回転寿司店も、ライバル店との競争で次々と潰れてる。さか寿司はそういう⑤土俵にさえ上げてもらえないわけですが、ある意味、年金もらいながら売り上げなんか気にせずご近所さんたちと世間話をしながらのんびりやってるっていうのは、老後の過ごし方としては悪くないのかもしれません」坂口さんはそう言ってコーヒーを口に含《ふく》んでから「ま、身体《からだ》を壊《こわ》さないでいてくれたらの話ですね」とつけ加えた。

　結衣は、自分には似顔絵という⑥自己表現方法があったのだとしみじみ思った。

　マンガ家を目指したけれど、結局は挫折《ざせつ》した。マンガは絵が上手《うま》いだけでは駄目《だめ》で、ストーリーを作れないと成立しない。だからストーリー作りができなかった自分はマンガ家にはなれないと悟《さと》って随分《ずいぶん》落ち込《こ》んだ。

　でも全否定することなんてなかったのだ。ストーリーが作れなくても、似顔絵なら描ける。描いて欲《ほ》しいという人たちがいて、仕上がりを見て喜んでくれるのなら、やる意味はある。

　誰《だれ》かのお役に立てること以上に幸せを感じることなんてないもの。

　ひかりさんからもらった言葉。確かにそうだ。似顔絵を描けるという、ちょっとした特技によって、誰かが喜んでくれる。自分がやってきたことは決して無駄《むだ》ではない。それどころか幸せを生み出すツールを持っているのだから、誇《ほこ》っていいのではないか。

　似顔絵を描くときは、お客さんとの会話がよりいっそう弾《はず》む。描いてもらう側は自然と、自身の内面も見せようという気持ちになるからだろうか。その内面部分が、似顔絵のどこかに表れる。だから似顔絵は、さまざまな人生ドラマをｂ垣間見《かいまみ》る楽しみも与《あた》えてくれる。今回はさか寿司を営む老夫婦《ろうふうふ》の物語に触《ふ》れることができた。

　一時はやめようと決めた絵を描くという作業は、こんなに素敵《すてき》なことだったのだ。

　似顔絵も、きっかけはひかりさんだった。彼女《かのじょ》に頼まれて困惑《こんわく》しながら描いたら、おおげさに喜んでくれただけでなく、お弟子《でし》さんや知り合いに広めてくれて、喫茶店経営の仕事がより充実《じゅうじつ》したものになりつつある。お客さんたちと、親戚《しんせき》や友人のような関係が作れるようになってきた。

　今は確信している。ひかりさんは本当は自分の似顔絵なんて欲しいと思ってなかったのだ。知り合いが孫に似顔絵を描いてもらって自慢《じまん》していたとかいう、あのエピソードはきっと作り話。陰気臭《いんきくさ》かった女性店主に、似顔絵というツールがあるじゃないのと気づかせるための、優《やさ》しいうそ。

　そう、ひかりさんはうそを操《あやつ》る魔法使《まほうつか》いなのだ。

　似顔絵が仕上がった。

「こんな感じですが」

結衣はそう言ってまず、色紙の裏面を向けて掲《かか》げた。くるりと回転させる。

　それを見る人の表情が一瞬《いっしゅん》だけ止まる。目を見開いて、口が開く。

　そして顔が緩《ゆる》み、目が細くなる。

　結衣は、自分もちょっとだけ⑦魔法が使えるようになってきたかもと心の中で、うふふと笑った。

（山本甲士《やまもとこうし》『ひかりの魔女《まじょ》　にゅうめんの巻《まき》』による）

［注］

＊長屋…複数の住まいが壁《かべ》を共有して横に連なっている形態の集合住宅。

一枚は、和食用の調理服を着た小柄《こがら》な年配男性の上半身が映っていた。厨房《ちゅうぼう》らしき場所で座《すわ》っているところらしい。目を細くして笑っている。

もう一枚は、同様の調理服を着た年配女性が笑いながら撮影者《さつえいしゃ》を叩《たた》くような仕草をしている姿が映っていた。急にカメラを向けられて、やめてよと言っている感じだった。

最後の一枚はこぢんまりした飲食店の外観だった。看板には〔さか寿司《ずし》〕とある。

「市内で両親が細々とやってる寿司屋なんですがね、二人とも高齢《こうれい》なもんで、いつまで続けられるかっていう状況《じょうきょう》なんですよ。特に母親の方は体調が悪くて」と男性は説明した。「それで先日、店の前で二人並んでる写真を撮《と》ろうって提案したんですけど、二人とも照れ屋なところがあって、そんなもん撮らなくていいって応じてくれないんです。父親なんか最後はしつこいぞって怒《おこ》り出す始末で」

「なるほど。それで代わりにお店をバックにしたご両親の似顔絵をと」

「そういうことです。もちろんお礼はさせていただきますので」

「いえ、絵でおカネはいただかないことにしてますので、お気になさらず」

「それはいけません」男性は少し険しい表情になった。「結構な手間のかかる頼み事をしておりますので。それに、特別な仕事ができるスキルをお持ちの方には、それにふさわしい対価が支払《しはら》われて当然だと思います」

「いいえ」結衣は笑って頭を横に振《ふ》った。「そういうお考えもごもっともだと思いますが、私はプロの絵描きになるほどの覚悟《かくご》はないんです。その代わり、お客さんに喜んでいただけるサービスとしてならいいかなという考えでやってます。お客さんにちょっとした手品を見せたり、占《うらな》いをしてあげたり、小咄《こばなし》を披露《ひろう》したりっていうお店、たまにあるじゃないですか。それと同じ類いの、③ただのお節《せっ》介《かい》サービスですから」

「はあ……」

「それにさきほど、お客さんにはちょっといいお話を聞かせてもらえましたので」

「そうですか……じゃあ、申し訳ありませんがお願いします」

④男性は丁寧《ていねい》に頭を下げた。

「ご両親はバストアップでいいですか。全身を描くこともできますけど、そうなるとお顔が小さくなってしまいますし」

「ええ、バストアップでお願いします。店の入れ方なんかはお任せします」男性はそう言ってから「あー、よかった。金婚式《きんこんしき》なんかやらないって言ってるんですが、身内でパーティーみたいなことならってことになってるんですよ。頑固者《がんこもの》の父親も、孫たちが祝ってくれるのなら断らないんで」

「そのときにサプライズでお渡《わた》しするわけですか」

「ええ。温泉旅行券を贈《おく》ることにしてるんですけど、そのときに一《いっ》緒《しょ》に。あ、もしかしてプレッシャーかけてしまってますか」

「そうですね、ちょっとだけ」結衣はくすっと笑った。

男性にコーヒーを出してから、カウンター裏の調理台の上に色紙を置いて描き始めた。

「あ、そうそう、申し遅《おく》れました。私、百貨店の三根屋《みねや》で地下売り場を担当しております、坂口《さかぐち》と申します」と彼《かれ》は自己紹介《しょうかい》した。

〈中　略〉

「ご両親のお店はどの辺にあるんですか」

「市立体育館や公民館、警察署なんかが集まってる辺りですが、店自体は裏通りにあるのでちょっと判りづらいかもしれません。以前は町工場や＊長屋《ながや》のような建物が多かった場所ですが、今ではａ閑《かん》散《さん》とした通りになってしまって」

「ここの商店街と同じですね」

「いやいや、さか寿司の立地は、もっと寂《さび》しい通りですよ。あ、すみません。この言い方だと、ここの商店街も寂しい通りだって認めてる感じになっちゃいますね」

である。

イ　一見すると誰もが正しさに納得《なっとく》するであろう考え方だが、丁《てい》寧《ねい》に言葉の意味を捉《とら》え直すと、実は論理的矛盾《むじゅん》をはらむ考え方である。

ウ　基本的にどのような場面にも当てはまる常識的な考え方だが、実際にはミスをした人を責め立てるのに使うべき考え方ではない。

エ　表面的には理屈《りくつ》の通った一般《いっぱん》に受け入れられやすい考え方だが、問題の本質を捉えておらず、適切な対応を導く考え方ではない。

問五　傍線部⑤「そうした人間の特性」とはどのような特性か。本文中の語句を用いて簡潔に答えなさい。

問六　傍線部⑥「いい加減にやる」とはどういうことか。**四〇字以内**で説明しなさい。

問七　本文の論じ方について述べた次の各文のうち、**適切でない**ものを一つ選び、記号で答えなさい。

ア　現場に起こりがちな状況や、採用すべきではない方法を丁寧に説明していくことで、解決策に説得力を持たせている。

イ　組織の在り方と個人の在り方とを切り離《はな》して分析《ぶんせき》することで、それぞれ異なる発想に基《もと》づく対処方法を提案している。

ウ　事故回避《かいひ》のために払うべき注意の種類と人間の心理的特徴《とくちょう》との関係を、構造的に示しながら解決策を導き出している。

エ　重大なトラブルを防ぐ方法として一見非常識な考え方を提示した上で論を進めることで、読む者の注意を引いている。

問八　二重傍線部a～dのカタカナを適切な漢字に改めなさい。

二　次の文章を読んで、後の問いに答えなさい。

結衣（鳥海結衣《とりうみゆい》）は、やや寂《さび》れた商店街で、二年前に亡《な》くなった祖父の喫茶店《きっさてん》を引き継《つ》いで営んでいる。一月ほど前、祖父の幼なじみの真崎《まざき》ひかりと知り合ってから、不思議と人とのつながりが広がり始めている。

コーヒーを淹《い》れる作業中にその男性が小声で「あの、こちらでは似顔絵をお願いできると聞いたんですが」と尋《たず》ねてきた。店内にそういう表示はしていないので、人づてに聞きはしたが、本当かどうか確信が持てないようだった。

「ええ、できますよ。今は忙《いそが》しくないので大丈夫《だいじょうぶ》です。真崎ひかりさんのお知り合いですか？」

結衣も小声で返した。

「はい、真崎ひかりさんにはいろいろとお世話になっている者です」男性は、①ほっとした表情でうなずいた。「筆ペンを使われるとか」

「はい。でも、ご用意いただければ、水彩《すいさい》絵の具やペンでも構いませんよ」

「いえ、筆ペンでお願いします。ただ、ポストカードではなくて、これにお願いできるとありがたいのですが」

男性はブリーフケースの中から色紙を出した。ポストカードよりも時間がかかるが、ひかりさんの知り合いの頼《たの》みとあらば喜んでやらせてもらおう。

「はい、判《わか》りました」結衣は色紙を受け取った。「では、コーヒーをお出ししたら、さっそく描《か》かせていただきますね」

「②あ、いえ」男性はあわててブリーフケースからさらに写真を三枚出してカウンターに置いた。「厚かましいお願いで大変恐縮《きょうしゅく》なのですが、これを組み合わせて一枚の似顔絵を仕上げていただけないでしょうか」

こうしたことは、とくに大きなトラブルを経験していないか、経験していてもだいぶ昔のことですでに忘れ去られている会社でよく見られる傾向《けいこう》です。

なぜこのようなことが起こるかというと、人間の注意力や集中力には限界があるからです。ですから一番大切なことから細かいところまですべてに同じような注意力と集中力を注ぐのは、現実にはほぼ不可能なことなのです。

もちろん些細なミスを減らすために、最も大切なことが軽く扱《あつか》われるのはbホンマツ転倒《てんとう》だし、「細かいところを注意するからといって、大きなミスを起こすなんてケシカラン」というのは正論です。しかし、④それは正論ではあるけれど、私から見ると「正しいものの見方」ではありません。このようなミスは本来、「たるんでいる」「緊張感《きんちょうかん》がない」などといった精神論による指摘で解決できる問題ではないからです。この発想を変えないことには、より大きな問題を引き起こす原因になるだけです。

ですから組織運営に際しては、まず⑤そうした人間の特性をcゼンテイに考えるべきなのです。そのうえで、人間の持っている「使命感」や「恐《おそ》れ」などの感情をうまく利用しなくてはいけません。「守らなかったら何が起こるか」「守らないことがどんなに恐ろしいことか」を当人に理解させることで、常に真剣《しんけん》さを持続させるのです。

もちろんこうした「運営方法を変える」という対策は、dコゴトを実際に言われている立場にある人たちにはあまり役立ちません。そうした人たちにまず必要なのは、「いまどうするか」ということでしょう。

ではそうした人にとっての現実的な解決策は何か。それは「⑥いい加減にやる」ということです。不真面目に思われるかもしれませんが、大きなトラブルを避けるには「いい加減にやる」のが一番なのです。もちろんこれは「不真面目にやれ」ということではありません。人間の注意力や集中力に限界があるならば、その中で本当に優先すべき事柄《ことがら》を取捨選択《せんたく》し、状況《じょうきょう》に応じて力の配分を変えていかないことにはうまくいきません。まず注意力や集中力には限界があることを自覚し、それを見《み》越《こ》して自分で対策を立てることなのです。周りから細かいことで「ヤイノヤイノ」と言われたら、まずは「わかりました」と返事だけはきちんとしながらも、注意されたことに全力で取り組まず、本当に大事なことをおろそかにしないように気をつけながら「要求されたことに適度に対応する」のが正しい対処の方法なのです。

（畑村洋太郎《はたむらようたろう》『失敗学実践《じっせん》講義』による。一部改）

［注］

＊アドバイザリーグループ…ここでは、事故を起こした航空会社の安全対策を指導・補助する専門家集団のこと。

問一　傍線部《ぼうせんぶ》①「真面目に仕事に取り組む」とあるが、具体的にはどのような姿勢のことか。それについて述べている部分を本文中から**四〇字以内で抜《ぬ》き出し、はじめとおわりの五字**を答えなさい。

問二　傍線部②「ヤイノヤイノ」とはどのような様子を表す語か。その説明として最も適切なものを次の中から一つ選び、記号で答えなさい。

ア　みんなに言いふらす様子

イ　しつこく要求する様子

ウ　集まって非難する様子

エ　大声で言い騒《さわ》ぐ様子

問三　傍線部③「いい塩梅だった注意力のバランスが崩れることになるのです」とあるが、具体的にはどのような状態になるのか。わかりやすく説明しなさい。

問四　傍線部④「それは正論ではあるけれど、私から見ると『正しいものの見方』ではありません」とはどういうことか。その説明として最も適切なものを次の中から一つ選び、記号で答えなさい。

ア　理論上は解決に向かうための核心《かくしん》を突《つ》いた考え方だが、具体性に欠けるために現実的でなく、机上《きじょう》の空論ともいえる考え方

二〇二一年度 筑波大学附属高等学校

【国語】（五〇分）〈満点：六〇点〉

注意 1．字数制限のある設問は、句読点やその他の記号も一字として数えます。
2．解答用紙の一行の枠《わく》には、二行以上書いてはいけません。
3．＊印のついている語は、後に[注]があります。

一 次の文章を読んで、後の問いに答えなさい。

私は＊アドバイザリーグループの調査を通じて、事故を起こした航空会社の多くの社員と接しましたが、社員の誰《だれ》もが非常に真面目に仕事に取り組んでいるということを感じました。

常識的に考えると、これは「たいへん良いこと」です。しかし、その一方で、危《あや》うさのようなものを感じました。じつは、①真面目に仕事に取り組むという「たいへん良いこと」であるはずの姿勢が、大きなトラブルの誘因《ゆういん》になることもあるからです。私が危うさを感じたのは、彼《かれ》らが「真面目だからこそ事故が起こる」という現実があることを理解していないように見えたからです。

私が多くの失敗、事故を見聞してわかったのは、人が注意しなければいけないことには階層性があるということです。階層の一番上にくるのは、何を置いても注意しなければいけない「絶対に必要なこと」です。そして次は、そこまで重要ではないものの、「普通《ふつう》に必要なこと」がきます。さらに一番下には、必要ではあるものの「できればあるほうがいい」という程度のことがきます。

これを航空会社に当てはめて考えると、一番上にくるのはもちろん「安全性」でしょう。人命に関わる問題はすべての輸送機関に求められている、最も優先されるべきことです。次に大切なのは「定時性」です。スケジュールどおりに飛行機が飛ばないのは約束違反《いはん》で、とくに理由がないのに出発時間や目的地への到着《とうちゃく》時間が遅《おく》れると利用者からの信頼《しんらい》が失われます。そして、一番下には、「快適性」や「経済性」がきます。もちろん階層が下とはいっても、これらは会社のａギョウセキを左右するものなので、決して軽視してよい問題ではありません。あくまでも、「安全性や定時性に比べて重要度が低い」という程度に考えてください。

何もない状態では、人間の意識は階層の中でも上位のものに向かっています。「絶対に必要なこと」「普通に必要なこと」に、ほどほどに注意を払《はら》っている状態です。ところが、何か小さなトラブルが起こると、とかく周囲の人間（ここで言う周囲の人間とは直属の上司だったり、乗客だったりします）はそのことについて「②ヤイノヤイノ」とうるさく言うようになります。この声に対して真面目な人ほど冷静でいられなくなり、③いい塩梅《あんばい》だった注意力のバランスが崩《くず》れることになるのです。

もちろん、周りがうるさく言うことが、注意すべき階層の上位に位置するものに関することだったらそれほど問題がありません。しかし小さなトラブルというのは、えてして注意力の階層が下のものであることが多いのです。もともと階層の下位のほうにあるのは、同じことを繰《く》り返し毎回、確実にやることが求められていることばかりです。ところが、人間は同じことを繰り返して行うとき、新しいことを行うときのようなフレッシュな気持ちをいつも持ちながら同じ注意力で行うことなどできないので、ときどきおろそかになってミスが起こるのです。

そして、こういう些細《ささい》なミスを起こしたことに対して、周りは「おまえがたるんでいるからミスするんだ」「いい加減にやっているからだ」といった精神論による指摘《してき》を行いがちです。そうした細かい指摘をされ続けると当人は「ヤイノヤイノ」とうるさく言われるのがだんだん嫌《いや》になってきて、これを避《さ》けるために目先のことを考えて行動するようになります。その結果、一番大切な部分に注意がいかなくなり、結果として重大なトラブルを引き起こすことになります。

英語解答

1 放送文未公表

2 問1 エ　問2 イ　問3 ウ
問4 ア　問5 ウ
問6 it is to have a son who wants to go
問7 (7-A) sell (7-B) added
問8 イ　問9 listened
問10 ア

3 問1 エ
問2 a king who lived far away asked your parents to sell the statue
問3 ア　問4 イ　問5 ア
問6 ウ　問7 blue eyes
問8 イ　問9 ウ
問10 one third of the kingdom

4 (1) (例)Do you know why Japanese food has become so popular?
(2) (例)It has been three years since I began to use this pen.
(3) (例)That〔It〕 is the best movie (that) I have ever seen.
(4) (例)They may hurt someone else if they don't look around.

1〔放送問題〕放送文未公表

2〔長文読解総合―物語〕

≪全訳≫❶昔々，年老いた賢者が山に住んでいた。彼は庭の手入れをしながら静かに過ごしていた。❷その山の麓にアレンという若者が住んでいた。彼はときどき旅人を見かけた。彼らはたいてい心配そうな顔をして老人の家に向かった。しかし，戻ってくるときはいつも幸せそうだった。「山の上で何があったのだろう？」と彼は思った。❸そこである朝，アレンは年老いた賢者に会いに行くことにした。❹「ようこそ若者よ」と老人は言った。「なぜ私の古い家に来たのか？」❺「あなたの助言を求める訪問者をあなたがどのように助けているのかを知りたいのです」とアレンは言った。❻老人は「よく見ていればわかるよ」と言った。❼そこでアレンは見ていた。やがて農夫が現れた。❽農夫は言った。「あの，私の農地についてお尋ねします。隣人から畑を買えるチャンスがあるのですが，それには全財産が必要になるのです。今の季節に他の野菜がうまく育たなかったら，新しい畑だけでなく，私の農地全体まで失うかもしれません。どうしたらいいでしょう？」❾「ふーむ。それはいいチャンスかもしれませんね」と老人は言った。❿「ええ。そうかもしれません。というのも，私の家族はその土地を欲しがっているのです。彼女たちは，私にとって大きなチャンスだと思っています。でも実のところ，私はこれ以上土地はいらないのです。多すぎますから。手入れしきれません」と農夫は言った。⓫「ああ。わかりますよ」と年老いた賢者は穏やかな声で言った。農夫が自分の問題について話している間，彼は耳を傾けた。それから老人は，アレンに庭からメロンを取ってくるように頼んだ。3人が果物を食べているとき，農夫は話し続けていた。彼は，輝く葉をつける自分の小さな木について話した。⓬「私はその手入れをするのが好きなのです」と農夫はほほ笑みながら言った。⓭アレンはいつ老人が問題の答えを農夫に与えるのだろうと思っていたが，老人はただ「おそらくその小さな木にはとても大切なものがあるのでしょう。あなたの家族はそれを理解していませんね」と言っただけだった。⓮男は顔を赤くして，「私は輝く葉を見ているととても幸せなのです」と話した。彼はため息をついた。「私から木を奪うことになるかもしれない土地を，どうして私がこれ以上必要とするべきなのでしょうか」　農夫が話している間，老人は何も言わなかった。彼は山を見て甘い果物を食べ続けていただけだった。⓯農夫はメロンを食べ終わると，帰ろうと立ち上がった。「あなたの言うとおりだと思います」と彼は言った。「私にその畑は必要ありませんし，私には私の小さい木の手入れをする方がいいはずです。ありがとうございます」　農夫は老人の家を出ていった。⓰数か月が過ぎたが，アレンは老人の秘密を発見できなかった。どの人の訪問もほとんど同じだった。⓱そしてある朝，老人は具合が悪くなり，寝ていなければならなかった。アレンが老人にスープを持っていくと，ドアをノックする音がした。⓲「どうしよう！」とアレンは叫んだ。「誰かがあなたに会いに来ています。別の日に来るように伝えましょうか？」⓳老人はほほ笑んで言った。「(5)いや。君が出なさい」⓴アレンは緊張したが，「こんにちは，奥様」と訪問者に挨拶した。㉑「おはようございます，お若い方。私は賢者に会いに来ました」と，彼女は新鮮なパンを彼に渡しながら言った。㉒アレンは贈り物を受け取り，「誠に申し訳ありませんが，彼は今日病気なのです。何か私にお手伝いできることはありますか？」と言った。㉓女性は椅子に座り，「あなたがどのような答えを私にくださるのかしら？　あなたはとても若いわ。受け取るはずだった農場を捨てて街に(6)行きたがる息子がいるということがどういうふうか，あなたにはわからないでしょう」と言った。㉔「それは困りましたね」とアレンはお茶を出しながら言った。彼は婦人のための答えがわからず申し訳なく思った。㉕「そうなの，困ったわ。なぜかわからないけど，息子は決してその土地に愛着を持たないの。彼は商人になってお金を稼ぎたいのよ」と女性は話した。㉖「うーん」とアレンはパンを切り分けて出しながら言った。「どうすればいいかを知るのは難しいですよね？」㉗彼らは一緒にお茶を飲み，パンを食べ，村の最近の話題について話した。㉘最後に女性は，「そうね，息子は商人になったら喜ぶと思うわ。私は息子に本当に幸せになってもらいたいの」と話した。㉙「彼が商人になれば，ひょっとしたら農場を売って，私も彼と町に行って一緒に住むことができるかもしれないし…」と，彼女は弱々しい声でつけ加えた。㉚アレンは何も言わなかった。㉛婦人は立ち上がり，彼に言った。「お若い方，どうもありがとう。あなたは優秀な助手ね」㉜彼女は別れを言って山を下り始めた。㉝アレンは，お茶をもう一杯とパンを一切れ持って，老人の部屋に行った。「いくらか召し上がりませんか？」と彼はきいた。㉞「ありがとう，アレン」と老人は言った。「(8)訪問はどうだった？　答えがわかったか？」㉟「いいえ，答えはわかりませんでした。私はただ耳を傾けただけです」と，アレンは言った。「私は彼女に何もうまい言葉をかけていません。良い助言もしていません」　彼は，女性の最後の言葉について考え，それから老人に言った。「でも，話を聞くことが，ときに全ての最良の答えなんですね？」㊱人々が山を登り続けたので，うわさは村中に広まった。人々は，若者が老人と同じくらい賢いと語った。

問１＜適語選択＞空所の前後で，これ以上の土地は手入れできないのでいらない，と農夫は言っている。これ以上の土地はtoo much「多すぎる」のである。　take care of ～「～の世話をする」

問２＜指示語＞農夫の家族が理解していないと考えられるのは，直前で賢者が話したyou have a great treasure in your little treesの部分である。このtreasureは「大切なもの」というような意味。この内容に一致するのは，イ．「農夫はその小さな木を手入れするのが好きである」。　look after ～「～の世話をする」

問３＜適語選択＞アレンが老人に会いに行った目的を考える。アレンは老人がどのように訪問者を助けるか知りたかった（第２～５段落参照）のだが，老人は特別な助言をするわけでもなく話を聞くだけだったので，アレンは老人のsecret「秘密」を見つけられなかったのである。　discover「～を発見する」

問４＜文脈把握＞この後，アレンは訪問者に日を改めて来るように伝えるか老人に確認していることから，アレンは自分が訪問者に対応できると思っておらず，突然の訪問に焦ったと考えられる。　Shall I ～?「～しましょうか」　‘tell＋人＋to ～’「〈人〉に～するように言う」

問５＜適文選択＞空所は，前段落のアレンの質問に対する返答。この後に続く内容から，アレンが老人の代わりに訪問者に対応したことがわかるので，老人はNo(＝「別の日に来るように伝えなくてよい」)，You go(＝「あなた(＝アレン)が対応しなさい」)と言ったのである。

問６＜整序結合＞この後の内容から，女性の悩みとは，商人になるために街に行こうとする息子のことだと判断できる。まず空所直後のto the townを手がかりに，後半部分を語群のwhoを主格の関係代名詞として使ってa son who wants to go to the town「街に行きたがる息子」とまとめる。残りの語群からitはto不定詞を受ける形式主語と見なし，残りをit is to haveとまとめa sonの前に置く。how it is to have ... は，‘It is ～ to …’「…することは～だ」の‘～’の部分を疑問詞howで問う形。how以下は，knowの目的語になる間接疑問なので，‘疑問詞＋主語＋動詞...’の語順になることに注意。

問７＜適語選択・語形変化＞(7-A)もし息子が商人になれば，農地は手放すことになるのでsell「売る」が適切。　(7-B)この段落は，前段落に続き，息子が商人になることについて女性が肯定的にとらえようとしている場面。前段落の発言に続いているので，add「つけ加える」が適切。会話以外の本文にそろえて過去形にする。

問８＜適文選択＞この後，アレンは婦人の訪問に対してどう対応したかについて話しているので，老人はthe visit「訪問」がどうだったかを尋ねたのだと考えられる。

問９＜適語補充＞直後のアレンの発言に注目。アレンは，すばらしい助言をしたわけではないがlistening「聞くこと」の重要性に気がついている。これは，農夫に対して老人がとった方法(第11段落第２文)にも一致している。アレンはただlistened「聞いた」のである。

問10＜内容真偽＞ア.「アレンは，老人のしたことに興味があったので彼を訪ねた」…○　第２～５段落に一致する。　イ.「農夫は隣人に土地を売りたかったが，彼の家族は売りたがらなかった」…×　第８，10段落参照。　ウ.「女性はアレンに自分の話を聞いてもらいたかったので家に来た」…×　第21段落参照。　エ.「アレンは老人の教えから，訪問者への食べ物の出し方を学んだ」…×　このような記述はない。

３〔長文読解総合─物語〕

≪全訳≫❶メアリーは小さな村に住んでいた。10歳のとき，両親が海で行方不明になり，彼女は祖父の家に預けられた。❷毎晩祖父は，かつて世界中で演じた驚くべき芸をメアリーに見せてくれた。彼は動物になることができた。❸「もう一度ネズミをやって」とメアリーはよくせがんだ。祖父はほほ笑み，鼻をつまんだ。すると彼は小さなネズミになった。彼の青い目だけがネズミの正体を示していた。それから彼は彼女の足元を走り回り，彼女は驚いて目を覆った。彼女が再び目を開けると，祖父がほほ笑みながら立っていた。❹メアリーは両親の話を聞くのが好きだった。彼女は祖父に「(1)2人はどうやって出会ったの？」ときいた。❺「お前の母さんは踊るのが大好きでね」と祖父は答えた。「私が演じるとき，私についてきて踊ったんだ。彼女はみんなの注目を集めたよ」**6**「それでお母さんはお父さんに会ったのね」とメアリーは言った。**7**メアリーの祖父は「そうだよ。お前の父さんは若い芸術家だった。結婚の贈り物として母さんの像をつくって，結婚式で披露したのさ。像は本当にお前の母さんそっくりでね。世界で最も美しい像だと人々は話したんだ」と言った。**8**彼は続けた。「それから，(2)遠くに住んでいた王が，お前の両親にその像を売るように頼み，最終的に２人は同意した。彼らはその像を持って王国へ旅したんだ。悲しいことに，家に帰る途中にひどい天気に遭い，二度と戻ることはなかった」**9**メアリーと祖父はしばらく黙って座っていたが，ついに祖父が「ウサギはいかがかな？」ときいた。彼は鼻をつまむと小さなウサギになり，メアリーの悲しい気持ちは消えていった。**10**メアリーは成長して，美しい若い女性になった。ある日，彼女は１人で家にいた。ある男が彼女を訪ねてきた。彼は村の人間ではなかった。メアリーは彼の目に何か信用できないものを感じて恐ろしく思った。**11**「すみませんが」と男は言った。「船が大雨に遭い，自分たちが今どこにいるか知りたいのです」　彼女が一番近い町の名前を教えると，彼はその返事に喜んだ。**12**「ありがとうございます。プレゼントとして金の皿をお渡しさせてください」と彼は言った。「船に置いてあるんです，すぐそこの。私と一緒に来てください」**13**メアリーは危険だと思ったが，そのとき，皿を売って祖父のためにお金を稼ごうと思った。それで船に行くことに応じた。彼女が船に乗るとすぐ，船が動き出した。**14**メアリーは「帰りたい！」と叫んだ。**15**「聞け！」と男は叫んだ。「俺の名前はブルーノだ。俺は王の２番目の息子だから，王国は俺のものにはならない。だが，兄のアダモが結婚を拒否し，父はアダモと結婚する女性を見つけた者に王国の３分の１を与えると約束したんだ」**16**「彼と結婚？」とメアリーは尋ねた。**17**「アダモは宮殿で見つけた像に恋してるのさ」とブルーノは説明した。「兄は像と同じくらい美しい女性を見つけるまで結婚しないだろう」**18**メアリーはすぐに，自分の両親とその像の話を思い出した。「その像は私に似ているの？」と彼女はきいた。**19**「そうだ」とブルーノが言った。「俺は像の話を知っている。その芸術家の娘を探してきたんだ。娘がその母親に似ていてくれればと期待していたが，お前はそっくりだ。お前が兄貴を喜ばせ，それが俺を金持ちにするのさ」**20**メアリーが泣くと，涙が下の水に落ちた。**21**突然，青い目をした魚が水から跳び上がった。**22**「おじいちゃん！」とメアリーは叫び，魚がもう一度跳び上がると，彼女はそれをエプロンの中に捕まえて小声で状況を話してから，水の中に戻した。魚は船についてきた。彼女は祖父がそこにいるとわかって安心した。**23**その夜，ブルーノはメアリーをテーブルに連れてきて，一緒に食事をするように言った。ちょうどそのとき，黒い鳥が開いた窓から飛んできてテーブルの上に降りたった。**24**「出ていけ！」とブルーノが叫んだ。**25**メアリーは鳥の青い目に気づき，鳥を腕に抱いた。すると鳥が恐ろしい声で，「お前は間違っている。お前は彼女を不当に扱った。お前は褒美をもらえない。もし，兄のところへ彼女を連れてきたのが自分だと言えば，お前の体は石になるだろう」と言った。**26**ブルーノは怖くなり，部屋から逃げ出した。メアリーは鳥の頭にそっと触れた。そして，鳥は窓から飛んでいった。**27**船が王国に着くと，ブルーノはメアリーを城内の部屋に連れていった。一匹の小さなネズミが岸から彼らの後をついてきた。**28**「明日，お前はアダモに会う」とブルーノが言った。「俺がお前を連れてきたと言え。(8)俺からは言わない，そうすればあの鳥の言葉を気にしなくて済む。俺の言うとおりにしろ，そうしないと何か悪いことがお前に起きるぞ」**29**次の日，メアリーはアダモのもとへ連れていかれた。彼は部屋の向こうにいる彼女を見ると，立ち上がって走り寄った。彼は彼女の手を握った。**30**「私の姫よ」とアダモは言った。「あなたのような美しい人はいません！　あなたがここにいて，今，私は幸せがわかります。誰があなたを私のもとへ連れてきたのですか？」㉛アダモはとても紳士的で，恐ろしい弟とは違っていたので，メアリーは驚いた。彼女が辺りを見回すと，ドアのところにブルーノが見えた。彼は褒美を待っていた。しかし彼の足元には青い目の小さなネズミがおり，メアリーはどうすればいいのかわかった。㉜「祖父が私と一緒に来ました」とメアリーは言った。㉝「違う！」とブルーノが叫んだ。彼は走って部屋の中に入ってきた。「それは本当じゃない！　ここに彼女の家族はいない。俺が連れてきたんだ！」㉞ブルーノがその言葉を話したとたん，彼の足が灰色の石に変わった。彼の足，胸と腕，そして頭へと，色は広がった。㉟小さなネズミはメアリーを見上げた。そしてネズミは彼女の祖父になった。㊱その後，アダモとメアリーは結婚した。祖父は王国の３分の１を受け取った。そして，家を建ててそこに住んだ。彼は孫娘が平和な暮らしを送っていることを知って喜んだ。

問１＜適文選択＞この後の祖父の返答に対し，メアリーはThen she met my father「それで母さんは父さんに会ったのね」と続けていることから，メアリーは両親の出会いについて尋ねたと考えられる。

問２＜整序結合＞語群と前後の内容から，「王がその像を売るように両親に頼んだ」というような意味になると推測できる。まず，‘ask＋人＋to ～’「〈人〉に～するよう頼む」の形を使って，a king asked your parents to sell the statueとまとめる。残りは，whoを主格の関係代名詞として使ってwho lived far away「遠くに住んでいた」とまとめ，a kingを後ろから修飾する。

問３＜適語句選択＞空所は祖父の言葉。直後に祖父が小さなウサギに変身していることから，孫を元気づけようとウサギになることを提案したのだと考えられる。Would you like ～？は「～はいかがですか」と人に何かを勧める言い方。

問４＜適語選択＞空所の前にあるitは，直前の内容，つまり，船まで一緒に行くことを受けている。メアリーは男に怪しさを感じていたので(第10段落最終文)，船までついていくことも「危険だ」と感じたのだが，祖父のためについていくことにしたのである。

問５＜適語選択＞search for ～で「～を探す」。空所後のthe artistとはメアリーの父親を指す(第７段落第２文参照)。さらに次の文で，ブルーノがI hoped that she would look like her mother「彼女がその母親に似ていてくれればと期待していた」と言っていることから，ブルーノが探していたのは，芸術家である父親の「娘」だとわかる。

問６＜適語選択＞(６-A)魚になった祖父がメアリーの乗った船を追いかけてくる場面。祖父が近くにいるとわかってメアリーは「安心」したのである。　(６-B)鳥になった祖父が恐い声でブルーノに警告し，ブルーノが逃げ出した場面。逃げ出したのだから，ブルーノは「恐れて」いたのである。　run away「逃げる」

問７＜適語句補充＞recognizeは「～を認識する，見てわかる」という意味。メアリーは「鳥の何か」を見て鳥を腕に抱いたことから，それが祖父だとわかったのである。祖父がネズミに変身したとき(第３段落第４文)や，海から魚が出てきたとき(第21段落)も，それらが祖父であることを示すのはblue eyes「青い目」である。

問８＜適文選択＞ブルーノは，この直前で，自分がメアリーを連れてきたことを彼女の口から兄に言わせようとしているが，空所直後の言葉から，これはブルーノ自身が言えば石になる，という鳥の警告(第25段落最終文)を恐れてのことだということが読み取れる。自分で言わなければ鳥の言葉を心配する必要がないと考えたのである。

問９＜適語選択＞ブルーノの意に反して，メアリーが祖父と一緒に来たと話した直後の場面。ブルーノはメアリーの言葉を否定していることから，ここに彼女の祖父はいない，つまり family「家族」はいない，と反論したのである。

問10＜適語句補充＞received は「受け取った」。メアリーを兄のもとへ連れてきた人に与えられる褒美といえば，第15段落最終文にある one third of the kingdom「王国の３分の１」。分数は，分子を先に基数で表し，分母を後に序数で表す。なお，分子が２以上のときは，two thirds のように分母の序数の後に複数形の s がつく。

4〔和文英訳─完全記述〕

(1)「～を知っているか」という Yes/No で答えられる質問文なので，Do you know で始め，know の目的語にあたる部分を‘疑問詞＋主語＋動詞...’の語順の間接疑問で表す。「人気が出た」は「人気になった」と考え，‘become〔get〕＋形容詞’「～(の状態)になる」の形で表せる。became〔got〕so popular と過去形で表してもよい。

(2)「～してから(年月)になる」は‘It is〔has been〕＋期間＋since ～’の形で表せる。これは‘期間＋have/has passed since ～’の形で書き換えられる。または「私はこのペンを３年間ずっと使っている」と読み換えて，現在完了の‘継続’用法で表してもよい。　(別解例) I have used this (pen) for three years.／Three years have passed since I began using this (pen).

(3)「私が今まで見た中で一番良い映画である」と読み換えれば，‘the＋最上級＋名詞(＋that)＋主語＋have/has ever＋過去分詞’「これまで～した中で最も…な―」の形で表せる。また，「今まででで」は ever 1語でも表せる。　(別解例) It is the best movie ever.

(4)前で A が Many people と言っているので，主語を They とする。「～かもしれない」は助動詞 may〔might〕で表せる。「ケガさせる」は hurt。「～しないと」は if 節で表せばよい。「周りを見る」は look around。「誰か」は someone だけでもよい。

2021年度／筑波大学附属高等学校

数学解答

1 (1)　$21a+34b$

(2)　②-ア…7　②-イ…3

2 ③-ア…(例)2乗　③-イ…(例)正

④…$-\sqrt{3}$　⑤…(例)全て

⑥…(例)成り立たない

⑦-ア・⑦-イ…$x-\sqrt{3}$，$x+\sqrt{3}$

⑧…(例)0にならない

3 (1)　$\frac{5}{9}$

(2)　⑩-ア…26　⑩-イ…300

4 (1)　18　(2)　QP　(3)　I，O

(4)　IH，KF，RT

5 (1)　5　(2)　7

(3)　(例)円 O_1 の半径を $r$cm とすると，$S_1=\triangle ABC=\triangle O_1AB+\triangle O_1BC+\triangle O_1CA=\frac{1}{2}\times7\times r+\frac{1}{2}\times8\times r+\frac{1}{2}\times9\times r=12r(\mathrm{cm}^2)$ となる。円 O_2 の半径は $3r$cm だから，$S_2=\triangle O_2BC=\frac{1}{2}\times8\times3r=12r(\mathrm{cm}^2)$ となる。よって，S_1 と S_2 は等しい。

1〔特殊・新傾向問題〕

(1)＜文字式の利用＞1行は，4列のマスが $b+(a+b)=a+2b$，5列のマスが $(a+b)+(a+2b)=2a+3b$，6列のマスが $(a+2b)+(2a+3b)=3a+5b$，7列のマスが $(2a+3b)+(3a+5b)=5a+8b$，8列のマスが $(3a+5b)+(5a+8b)=8a+13b$，9列のマスが $(5a+8b)+(8a+13b)=13a+21b$ となるので，10列のマスは $(8a+13b)+(13a+21b)=21a+34b$ となる。

(2)＜方程式の応用＞(1)より，1行5列のマスの数は $2a+3b$ だから，これが29であることより，$2a+3b=29$……(i)が成り立つ。5行2列のマスの数は，(1)と同様に考えて，$2b+3d$ となる。これが16であることより，$2b+3d=16$……(ii)が成り立つ。(i)において，$2a$ は偶数だから，$3b$ は奇数であり，b は奇数である。また，(ii)において，$2b$ は偶数だから，$3d$ も偶数となり，d は偶数である。これより，$d=2$，4が考えられる。$d=2$ のとき，$2b+6=16$ より，$b=5$ となり，$d=4$ のとき，$2b+12=16$ より，$b=2$ となる。b は奇数だから，$b=5$，$d=2$ である。このとき，(i)より，$2a+15=29$，$a=7$ となる。また，(1)より，1行10列のマスの数が $21a+34b$ となるから，各行の10列のマスの数は $21\times$〔1列のマスの数〕$+34\times$〔2列のマスの数〕となり，同様にして，各列の10行のマスの数は $21\times$〔1行のマスの数〕$+34\times$〔2行のマスの数〕となる。よって，2行10列のマスの数は $21c+34d$ となり，10行10列のマスの数は，$21(21a+34b)+34(21c+34d)$ となる。$a=7$，$b=5$，$d=2$ だから，$21(21\times7+34\times5)+34(21c+34\times2)=6657+34(21c+68)$ となり，これが11111だから，$6657+34(21c+68)=11111$ が成り立つ。これを解くと，$34(21c+68)=4454$，$21c+68=131$ より，$c=3$ となる。

2〔方程式―二次方程式〕

$\sqrt{3}$ は，2乗すると3になる正の数である。$(-\sqrt{3})^2=3$ より，$x=-\sqrt{3}$ も等式 $x^2=3$ を満たすので，方程式 $x^2=3$ の解は，$x=\sqrt{3}$，$-\sqrt{3}$ ということになる。「方程式を解く」ということは，その等式を満たす数を全て見つけることである。よって，$x=\sqrt{3}$，$-\sqrt{3}$ 以外の数では，等式 $x^2=3$ が成り立たないことを示さなければならない。方程式 $x^2=3$ は，$x^2-3=0$，$(x-\sqrt{3})(x+\sqrt{3})=0$ と変形できる。これより，左辺が0になるのは，$x=\sqrt{3}$，$-\sqrt{3}$ のときだけで，他の値のときには0にならない。

3〔確率〕

(1)＜確率＞$n=6$ より，円周上には $2n=2\times6=12$(個)の点があるので，A，B以外の点は $12-2=10$

(個)ある。この10個の点の中から2個の点を選ぶとき，順番に選ぶとすると$10\times9=90$(通り)の選び方があるが，選ぶ順番が入れかわっても選んだ2個の点は同じであるから，90通りの選び方の中には同じ選び方が2通りずつあることになる。よって，10個の点の中から2個の点を選ぶときの選び方は$90\div2=45$(通り)となり，Lは45通りある。また，$10\div2=5$より，線分ABより上側，下側には5個ずつ点がある。Lが線分ABと交わって交点Pができるのは，Lが，線分ABより上側と下側の点を結んだ線分になるときだから，$5\times5=25$(通り)ある。したがって，求める確率は$\frac{25}{45}=\frac{5}{9}$である。

(2)＜$\boldsymbol{n}$の値，線分の数＞円周上に$2n$個の点があるから，A，B以外の点は$2n-2$個あり，線分ABより上側，下側には$(2n-2)\div2=n-1$(個)ずつある。(1)と同様に考えると，Lは$(2n-2)\times(2n-3)\div2=(n-1)(2n-3)$通りあり，交点Pができる場合は$(n-1)\times(n-1)=(n-1)^2$通りある。よって，交点Pができる確率は$\frac{(n-1)^2}{(n-1)(2n-3)}=\frac{n-1}{2n-3}$となる。これが$\frac{25}{49}$になることより，$\frac{n-1}{2n-3}=\frac{25}{49}$が成り立ち，$49(n-1)=25(2n-3)$，$49n-49=50n-75$，$n=26$となる。次に，交点PができるLは$(n-1)^2=(26-1)^2=25^2=625$(本)ある。線分ABより上側，下側には$n-1=26-1=25$(個)ずつ点があるから，Lが円の直径となるのは25本，つまり交点Pが円の中心となるのは25本である。これ以外の$625-25=600$(本)のLは，線分APが円の半径より短くなる線分か，線分BPが円の半径より短くなる線分であり，これらは同じ数ずつあるから，線分APの長さが円の半径より短くなるLは$600\div2=300$(本)である。

4〔空間図形―八面体〕

(1)＜辺の数＞展開図を組み立てると，右図のような八面体ができる。よって，辺の数は18本である。

≪別解≫4つの正六角形と4つの正三角形の辺の数の合計は$6\times4+3\times4=36$(本)となる。組み立てて立体をつくるとき，辺は2本ずつ重なって1本になるから，できる立体の辺の数は$36\div2=18$(本)である。

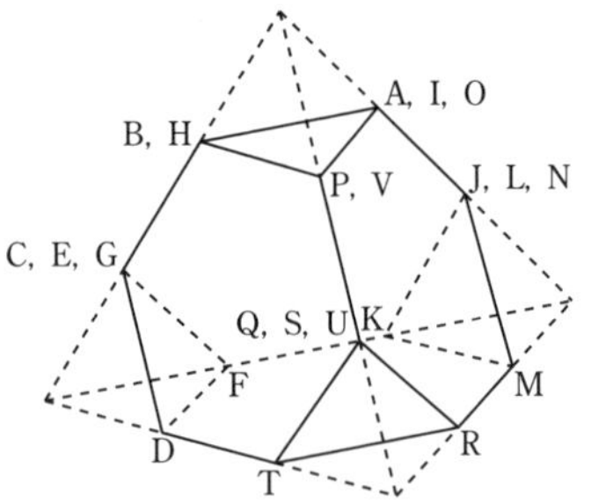

(2)＜重なる線分＞展開図を組み立てると，右図のように，3点Q，S，Uが重なり，2点P，Vが重なるから，辺UVと重なるのは線分QPである。

(3)＜重なる点＞展開図を組み立てると，右上図のように，3点A，I，Oが重なるから，点Aと重なる点は点Iと点Oである。

(4)＜重なる辺，平行な辺＞展開図を組み立てると，右上図のように，3点A，I，O，2点B，Hがそれぞれ重なるから，辺ABと重なるのは線分IHである。また，六角形FGHIJK，DFKMRTは正六角形だから，IH∥KF，KF∥RTである。よって，辺ABと重なる線分および平行となる線分は，線分IH，線分KF，線分RTである。

図1

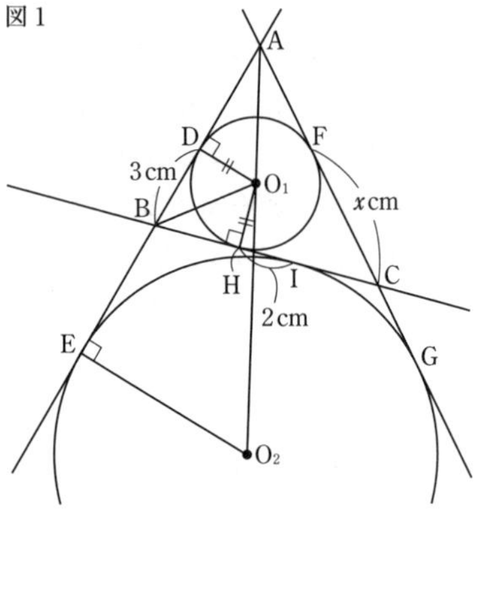

5〔平面図形―円と接線〕

≪基本方針の決定≫(1)　円外の点から円に引いた2本の接線の長さは等しい。　(2)　2円O_1，O_2の相似比に着目する。

(1)＜長さ―合同＞右図1のように，点O_1と3点D，B，Hを結ぶ。$\angle BHO_1=\angle BDO_1=90^\circ$，$BO_1=BO_1$，$O_1H=O_1D$より，$\triangle BHO_1\equiv\triangle BDO_1$だから，$BH=BD=3$となる。同様にして，$BE=BI$

$=BH+HI=3+2=5$ だから，$DE=BD+BE=3+5=8$ となり，$AG=AE$，$AF=AD$ より，$FG=DE=8$ である。また，$CF=x$(cm) とおくと，$CH=CF=x$，$CG=CI=CH-HI=x-2$ となるから，$FG=CF+CG=x+(x-2)=2x-2$ である。よって，$2x-2=8$ が成り立ち，これを解くと，$x=5$(cm) となる。

覚えておこう！

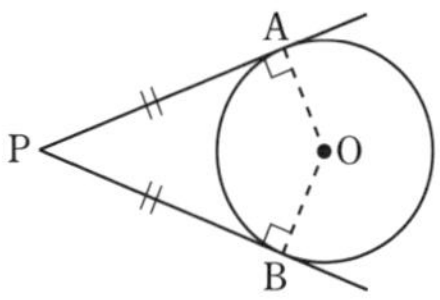

PA，PB が円 O の接線のとき，PA＝PB

覚えておこう！

相似比が $a:b$ の図形では，
面積比…$a^2:b^2$
体積比…$a^3:b^3$

⑵<長さ>前ページの図 1 のように，点 O_2 と 2 点 A，E を結ぶ。このとき，点 O_1 は直線 AO_2 上の点となるから，$\triangle ADO_1 \backsim \triangle AEO_2$ となり，$AD:AE=DO_1:EO_2$ である。円 O_1 と円 O_2 の面積比は $1:9=1^2:3^2$ だから，相似比は $1:3$ であり，$DO_1:EO_2=1:3$ となる。よって，$AD:AE=1:3$ だから，$AD:DE=1:(3-1)=1:2$ となり，$AD=\frac{1}{2}DE=\frac{1}{2}\times 8=4$ となる。したがって，$AB=AD+BD=4+3=7$(cm) である。

⑶<理由と面積の大小>右図 2 で，$\triangle ABC$ を $\triangle O_1AB$，$\triangle O_1BC$，$\triangle O_1CA$ に分ける。⑵より，$AB=7$ であり，$AF=AD=4$ だから，$CA=AF+CF=4+5=9$ である。さらに，⑴より，$BH=3$ であり，$CH=CF=5$ だから，$BC=BH+CH=3+5=8$ となる。円 O_1 の半径を $r$cm として，S_1 を r を用いて表す。$O_2I=3O_1D=3r$ より，S_2 も r を用いて表すことができる。解答参照。

図 2

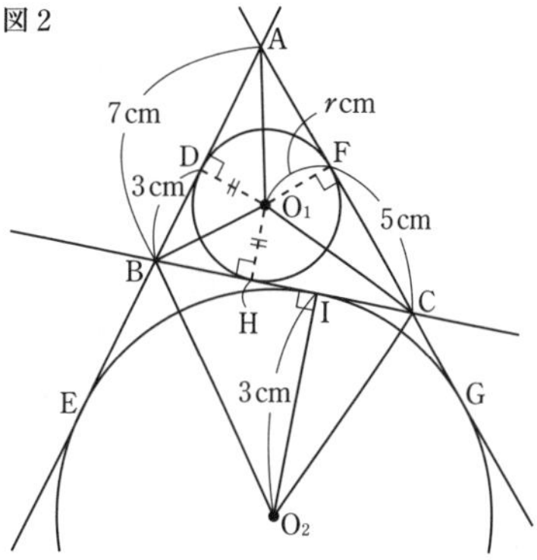

═読者へのメッセージ═

①の表では，行の数の並びも列の数の並びも，前に並んでいる 2 つの数を加えることで次の数が求まりました。このような数の並びをフィボナッチ数列といいます。フィボナッチは 12 世紀イタリアの数学者で，ヨーロッパにアラビア数字を伝えました。

2021年度／筑波大学附属高等学校

社会解答

1 問1 ⑴…A→C→B　⑵…エ
問2 エ　問3 イ，オ

2 問1 イ
問2 ⑴…縦
⑵ (例)人口の増減がない状態。
問3 エ
問4 ⑴…都市
⑵ 客層1…(例)女性
理由 (例)コロナ禍で在宅時間が増え，化粧をする機会が減ったため。
客層2…(例)外国人
理由 (例)コロナ禍で来日する外国人が激減したため。

3 問1 ア，エ
問2 a…執権　b…管領
問3 イ　問4 イ→ウ→エ→ア
問5 ウ
問6 出来事…(例)建武の新政
説明 (例)武家政権から政治の実権を朝廷に取り戻したかったので，平安時代に行われた天皇親政を再評価した。

4 問1 ⑴…ウ　⑵…エ　問2 イ
問3 ⑴…ゴム　⑵…カ　問4 イ

5 問1 A…法の下　B…社会
問2 (例)医療において，医師による十分な説明に基づく患者の理解と同意によって，治療方針などを決定すること。
問3 ウ　問4 ア
問5 ア…×　イ…○　ウ…○　エ…×　オ…○

6 問1 希少性
問2 Aさん…7　Bさん…3
問3 (例)Bさんに拒否されると0個になってしまうから，Bさんに多めに渡す。
問4 寡占　問5 労働基準

1〔世界地理―総合〕

問1＜メルカトル図法，時差＞⑴メルカトル図法では，赤道から離れて緯度が高くなるにつれて，距離の拡大率が大きくなり，実際よりも横に長く表される。Aは赤道上の緯線で，これが拡大率が最も小さく，実際の距離が一番長い。Cは赤道をまたぐ経線だが，南北に引かれた経線も赤道から離れるにしたがって拡大率が大きくなり，実際よりも縦に長く表されるので，赤道上の線であるAより拡大率が大きく，実際の距離は短い。北極に近いBは最も拡大率が大きく，実際の距離は最も短い。　⑵飛行機が目的地Xに到着したときのメキシコシティの時刻は，8月13日午前1時の14時間30分後にあたる8月13日午後3時30分なので，目的地Xにおける到着時刻8月14日午前6時30分との時差は，メキシコシティを基準とすると＋15時間となる。メキシコシティを基準とした場合，イギリスを通る本初子午線を標準時子午線とする世界標準時は＋6時間なので，世界標準時を基準としたときの目的地Xの時間は，＋9時間となる。経度差15度につき1時間の時差が生じるので，15×9＝135より，本初子午線との経度差は，東へ135度となる。したがって，目的地Xは東経135度の経線を標準時子午線とする日本だとわかる。なお，アはアメリカ合衆国アラスカ州のアンカレジ，イはドイツの首都ベルリン，ウはタイの首都バンコクの位置である。

問2＜世界の貿易＞イギリスの輸出額で最も大きな割合を占めているのは，2018年時点ではまだイギリスも加盟していたEU〔ヨーロッパ連合〕である。近年，オーストラリアはアジア諸国との結びつきを強めており，輸出額では中華人民共和国が最も大きな割合を占める。日本の輸出額は近年，中華人民共和国とアメリカ合衆国が第1位，第2位を占める状態が続いている。

問3＜南アメリカ州＞南アメリカ州の大西洋岸には，サンパウロ(ブラジル)，リオデジャネイロ(ブラジル)，ブエノスアイレス(アルゼンチン)などヨーロッパ人によって建設され，その後発展した大都市がいくつもある。また，19世紀末にはペルー，20世紀初めにはブラジルへの移民が始まり，多くの日本人が南アメリカ州に渡った。南アメリカ州には今でも，そうした人たちの子孫である日系人が多く暮らしている。なお，アンデス山脈は南アメリカ大陸の西部にある(ア…×)。アルゼンチンではスペイン語が用いられており，ポルトガル語はブラジルで用いられている(ウ…×)。2018年におけるブラジルの最大の輸出品は大豆である(エ…×)。

2〔日本地理―総合〕

問1＜日本の気候＞資料Aは冬に日本海側から吹く北西季節風の影響を受け，西から暴風雪が吹きつける地域なので，東北地方の日本海側に位置する①が当てはまる。写真は，秋田県北西部の八郎潟付近を走る国道7号を写したものである。また，資料Cの写真は，③の富山県西部に広がる砺波平野で見られる散村〔散居村〕の様子で，住居の周囲に農地が広がり，家屋の周囲に屋敷林が設けられていることが特徴となっている。屋敷林は，冬の冷たい風や雪，夏の日ざしや春先に吹く南風を防ぐため，東側以外に設けられている。なお，資料Bは④の高知県室戸市，資料Dは②の群馬県前橋市で見られる景観である。

問2＜人口動態＞(1)富山県に比べて東京都の方がプラスの年がずっと多く，人口も多いことを示す縦軸が社会増減数を示している。なお，近年，人口の自然増減数は全国的に減少傾向にある。　(2)斜線Aは縦軸と横軸の数値の合計が0になる点を結んだ直線になっており，人口の自然増と社会減，あるいは自然減と社会増が等しく，人口の増減がない状態を示している。

問3＜過疎化＞「貨客混載」は，公共交通機関の利用者減，輸送にかかる人件費の負担などを解消するため，主に過疎地域で始まった取り組みで，環境への負荷を軽減することにもつながる。ドーナツ化現象とは，地価の高騰，居住環境の悪化などの理由で，人口が都市中心部から周辺部に移っていく現象のことだが，「貨客混載」が全国に広がったとしても，それが直接人口の移動につながるとは考えにくい。

問4＜商業＞(1)2020年は新型コロナウイルスの感染拡大に伴って外出を控える人が増えたが，この影響をより大きく受け，売上高が前年比で大きく落ち込んだA社が，都市型(駅前型)だと判断できる。また，A社に比べてB社の方が食品の割合が高いことから，B社が郊外型(住宅地隣接型)であると考えることもできる。　(2)A社の前年同月比売上高が，2020年3月以降，前年より減少している原因としては，新型コロナウイルス感染拡大や，それに伴う緊急事態宣言の影響で，外出を控える人が増えたため，化粧品を購入していた女性客が減少したことや，海外から日本を訪れる外国人の数が激減したこと，在宅勤務やテレワークの普及によって通勤のために駅に行く会社員が減ったことなどが挙げられる。

3〔歴史―江戸時代までの歴史〕

問１＜縄文時代の遺物＞須恵器づくりは古墳時代に朝鮮から伝わった。また，銅鏡などの金属器は，弥生時代から使われるようになった。

問２＜鎌倉幕府と室町幕府＞地方機関として六波羅探題が置かれている方が鎌倉幕府のしくみで，将軍に次ぐａの役職は執権である。一方，地方機関として鎌倉府が置かれた方が室町幕府のしくみで，将軍を補佐するｂの役職は管領と呼ばれた。

問３＜鎌倉時代と室町時代＞鎌倉時代に中国から伝えられた禅宗，特に栄西が伝えた臨済宗は，鎌倉時代には執権の北条氏の帰依を受け，室町時代には幕府の保護を受けて広まった。なお，書院造が流行したのは室町時代のことである(ア…×)。室町幕府は明に朝貢する形で勘合貿易を行ったが，鎌倉幕府は中国と正式な貿易を行っていなかった(ウ…×)。律令制度の導入とともに始まった戸籍作成は，平安時代半ばには実施されなくなった(エ…×)。朝廷が貨幣を鋳造したのは飛鳥時代末から平安時代までのことで，鎌倉時代や室町時代には，中国からもたらされた宋銭や明銭が流通した(オ…×)。

問４＜江戸幕府の対外政策＞年代の古い順に，1635年に出され，日本人の海外渡航を禁止したイの鎖国令，1825年に出されたウの異国船打払令，1842年に出されたエの天保の薪水給与令，1860年に出されたアの五品江戸廻送令となる。

問５＜４世紀の日本と世界＞395年は４世紀末にあたり，この頃，朝鮮半島では百済，高句麗，新羅の３国や加耶地域(任那)が勢力を争っていた。なお，東アジアで鉄製農具が使われるようになったのは，春秋・戦国時代(紀元前８世紀～紀元前３世紀)のことである(ア…×)。日本で武士団が形成され始めたのは，平安時代半ば(10世紀前後)のことである(イ…×)。日本各地に国分寺と国分尼寺が建てられたのは，奈良時代(８世紀)のことである(エ…×)。秦が中国を統一し，万里の長城を築いたのは，紀元前３世紀のことである(オ…×)。

問６＜過去の再評価＞建武の新政は，鎌倉幕府執権の北条氏の専制政治に不満を持つ武士の協力を得て，後醍醐天皇が鎌倉幕府を倒して行った，天皇親政，公家重視の政治のことである。後醍醐天皇は新政を行うにあたって，平安時代に醍醐天皇と村上天皇が行った延喜・天暦の治と呼ばれる天皇親政を模範とした。寛政の改革は，商業を重視した老中田沼意次の政治が賄賂によって腐敗したため，老中松平定信が政治不信を払拭し，祖父にあたる第８代将軍徳川吉宗が行った享保の改革を手本として行った政治改革である。王政復古の大号令は，内政，外交ともにうまくいかなくなり，権威を失って国をまとめられなくなった江戸幕府を押さえて新政府をつくるため，薩摩藩と長州藩が岩倉具視らと結び，古代に行われていた天皇中心の国づくりを復活させることを宣言したものである。

4〔歴史―明治時代以降の日本と世界〕

問１＜明治時代の貿易，産業＞⑴江戸時代末の欧米諸国との通商条約締結以降，昭和時代前期までの日本の輸出品の中心は生糸だった。また，貿易開始当初は，主にイギリスから，綿糸や綿織物，毛織物といった製品を輸入していたが，明治時代に日本でも産業革命が進み，1880年代後半になると，綿花から綿糸をつくる紡績業などが発展し，綿花を輸入して綿糸を輸出する加工貿易への転換が見られるようになった。　⑵八幡製鉄所の操業開始は1901年のことである。なお，日清戦争勃発は1894年，大阪紡績会社開業は1883年，大日本帝国憲法発布は1889年のことである。

問２＜第一次世界大戦＞1918年に始まったシベリア出兵では，シベリアに最も近く，大陸での勢力拡大を画策していた日本が最も多い兵力を出した。また，第一次世界大戦が始まると，日本は戦争の中心となったヨーロッパ諸国が抜けたアジア市場に入り込み，輸出を増やして大戦景気と呼ばれる好景気を迎えた。特に，軍需の急増で世界的に船が不足したため，日本では海運業や造船業がめざましく成長して「成金」と呼ばれるにわか富豪が生まれた。

問３＜大東亜共栄圏と東南アジア＞⑴戦前から現在に至るまで，ゴム〔天然ゴム〕の最大の産地は東南アジアで，太平洋戦争時，日本はさまざまな用途があるゴムを「重要資源」と位置づけ，その産地である東南アジア諸国を侵略して支配下に置いた。　⑵第二次世界大戦前，東南アジアの多くの地域は欧米の植民地だった。フランスは18世紀半ばにインドを巡る争いでイギリスに敗れると東南アジアへ進出し，現在のベトナム，ラオス，カンボジアがあるインドシナ半島の東部を植民地化した。オランダは17世紀初めにインドネシアに進出して勢力を広げ，19世紀には植民地としてこれを支配した。第二次世界大戦後，日本の降伏を受けインドネシアは独立，ベトナムはさらにベトナム戦争を経て独立を果たした。

問４＜戦後の日本経済＞Ａの時期の1973年，第四次中東戦争をきっかけに石油危機〔オイルショック〕が起こり，日本の経済成長率は戦後初めてマイナスとなった。石油危機をきっかけとして日本では産業やエネルギー政策の転換が行われ，製鉄業や造船業や石油化学工業などの重化学工業中心の「重厚長大」型から，コンピュータなどの先端技術を利用した小型の「軽薄短小」型へと工業の中心が移っていった。なお，規制の緩和や国営事業の民営化が進んだのは，1980年代以降のことである。また，Ｂの時期に経済成長率が大きく落ち込んだのは，2008年のリーマン=ショックをきっかけとして広がった世界金融危機のためである。なお，SARS〔重症急性呼吸器症候群〕が流行したのは2002～03年のことである。

5〔公民―基本的人権〕

問１＜平等権＞日本国憲法第14条は法の下の平等を保障し，政治的，経済的，社会的な差別を禁じている。

問２＜自己決定権＞インフォームド・コンセントとは「十分な情報に基づく同意」といった意味で，医療における投薬や治療法の選択に際して，医療提供者が患者に十分な説明をし，患者がその説明を理解したうえで同意することによって選択が決定していくことをいう。インフォームド・コンセントを含む自己決定権は，知る権利，プライバシーの権利，環境権とともに，日本国憲法制定後の社会の変化に伴って認められるようになった新しい人権の１つである。

問３＜日本の裁判制度＞日本では，2008年から刑事裁判における被害者参加制度が導入されたが，被害者や遺族が参加できる刑事裁判は，殺人罪や傷害罪など，重大な犯罪に関する刑事裁判に限られている（Ａ…×）。有罪判決が確定した後でも，新しい証拠や証人があれば裁判のやり直しを求めることができる再審制度があるが，これは裁判所に訴える。検察審査会は，検察官が被疑者を裁判所に起訴しなかった事件について，不起訴の判断を見直すべきという請求を受けつける機関である（Ｂ…×）。2009年から，重大な刑事裁判の第一審に，裁判員制度が導入された（Ｃ…○）。

問４＜差別と法律＞2001年，熊本地方裁判所は，国のハンセン病患者隔離政策の違法性を認める判決を下した。なお，2019年，アイヌ文化振興法を廃止して，アイヌの人々を先住民と認めるアイヌ新法が成立した(イ…×)。部落差別を解消するため，2016年に，部落差別解消推進法が制定された(ウ…×)。2016年，障害者への合理的配慮を求める障害者差別解消法が施行された(エ…×)。

問５＜基本的人権＞現行犯の場合は，令状がなくても逮捕できる(ア…×)。日本国憲法第36条は，拷問や残虐な刑罰を禁止している(イ…○)。日本国憲法第38条は，自己に不利益な供述を強要されないと定めている(ウ…○)。日本国憲法第31条は，法律の手続きによらなければ，刑罰は科せられないと定めている(エ…×)。日本国憲法第40条は，無罪の判決を受けたときは，国に補償を求めることができるという刑事補償請求権を保障している(オ…○)。

6〔公民─経済〕

問１＜希少性＞人間の欲求が無限に近いのに対し，資源やそれによって生み出される財やサービスは有限である。このように経済社会にとってほぼ全てのものに限りがあることを，希少性という。

問２＜満足度を高める選択＞【ゲーム２】をＢさんの立場で考えると，Ａさんから１個しかもらえない場合，それを拒否して先生から３個もらっても，そのうちＡさんに１個はあげなくてはならないので，最高でも２個しか手元に残らない。またＡさんの立場で考えると，Ｂさんに拒否されたら，改めてＢさんからの提案で１個もらうか，それを拒否すると０個になってしまう。よって，Ａさんからすると，拒否したＢさんがもらえる２個より多くＢさんに渡すのが得策で，Ｂさんも３個以上なら，拒否するより得である。したがって，Ａさんが７個，Ｂさんが３個となる。

問３＜行動の選択＞Ａさんが Ｂさんの選択を知らないとすると，Ｂさんに拒否されて０個になるより，Ｂさんに拒否されない個数を渡して，自分の手元に残る個数を確保すると考えられる。

問４＜寡占＞市場で，１つの企業に生産が集中することを独占，少数の企業に集中することを寡占という。

問５＜労働基準法＞労働者の権利を守るための法律である労働基準法，労働組合法，労働関係調整法は合わせて労働三法と呼ばれ，このうち，労働者の労働条件の最低基準は労働基準法で定められている。

理科解答

1 (1)

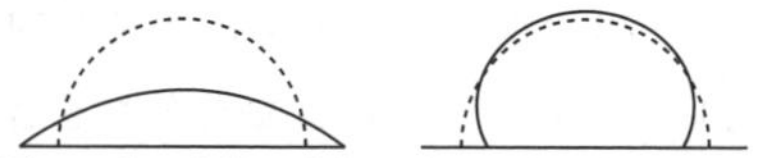

濡れやすい水滴の形状　濡れにくい水滴の形状

(2) エ　(3) イ　(4) イ

2 (1) ア…減数分裂　イ…半分

(2) ①　(A→) F→B→E→C→D

②　胚

(3) イ，カ

3 (1) 秒速72m　(2) ア　(3) イ

(4) イ

4 (1) a…エ　b…ウ

(2) ア，イ，カ　(3) オ

5 (1) 5Ω　(2) 3：2

(3) 500秒後　(4) エ

6 (1) 43%　(2) イ　(3) ア，ウ

(4) オ

7 (1) A…酸化　B…酸化

(2) $CuO + H_2 \longrightarrow Cu + H_2O$

(3) (例)加熱された物質が皿の外に飛び散ったから。

(4) 記号…ウ

理由…(例)生じた銅が外の空気にふれて酸化したから。

8 (1) (例)葉の中のデンプンをなくすため。

(2) ア，エ

(3) 番号…③　名称…道管　(4) キ

1〔身の回りの物質〕

(1)＜物体の濡れやすさ＞物体が水に濡れやすい場合，液体と物体ができるだけ密着するような形状をとるので，水滴と物体の接触面積が大きくなるように，広がった形状となる。また，水に濡れにくい場合，水滴は球体のような形状になり，物体との接触面積が小さくなる。解答参照。

(2)＜物体の濡れやすさ＞まな板の上にたらした水滴はすぐに平らに広がるので，3つの物体のうちでは最も水に濡れやすい。また，フッ素樹脂加工とは，フライパンの表面にフッ素樹脂という物質でうすい膜をつくり，油や水をつきにくくしたものである。そのため，水には非常に濡れにくくなる。よって，何も加工していないガラスは，水への濡れやすさにおいて，まな板とフッ素樹脂加工をしたフライパンの間に位置すると考えられる。

(3)＜液体の性質＞食器用洗剤と油は「居心地」のよい関係なので，洗剤を溶かした水溶液の水滴は，洗剤を溶かしていない水の水滴に比べ，油よごれのついた食器の面に接触している面積をできるだけ広くするように，水に濡れやすい広がった形状となる。なお，「居心地」がよいか悪いかは，液体を構成している分子どうし，または液体の分子と物体の分子との間の関係によって決まるので，水滴の形状はたらした瞬間に決まる。

(4)＜表面の性質＞水に浸けておいたコップについた水気をタオルで拭き取っても，ガラスの表面にはわずかに水が残っている。よって，水に浸けておいたコップの表面では，乾いたコップの表面と比べて，水滴はより密着するような形状，つまり，水に濡れやすい形状になると考えられる。

2〔動物の生活と生物の変遷〕

(1)＜生殖＞生殖細胞は，染色体数がもとの細胞(体細胞)の半分となる減数分裂によってつくられる。なお，受精卵は雄雌の生殖細胞が合体(受精)してできたもので，染色体数は体細胞と同じになる。

(2)＜発生＞①受精卵は1個の細胞からなり，体細胞分裂を繰り返して細胞数をふやしながら成長する。Aは1回目の分裂によって受精卵が2個の細胞になったもので，続いて起こる2回目の分裂によりFのように細胞は4個になる。その後，分裂が繰り返されて細胞の数がB，Eのようにふえ，やがて，Cのように器官がつくられ始め，Dのようなオタマジャクシの原形ができ上がる。　②動物では，受精卵が細胞分裂を始めてから自分で食物をとることができる個体となる前までを，胚という。受精卵から子となり，さらに親になるまでの過程は，発生と呼ばれる。

(3)＜生殖と発生＞受精卵の染色体数は体細胞と同じであり，受精卵は体細胞分裂を繰り返して成長するので，Ａの細胞１個の染色体数は，Ｄの尾の細胞などの体細胞１個の染色体数と同じであり，その組み合わせも全く同じである。よって，イは正しい。また，受精卵が細胞分裂を繰り返して成長する過程で，図Ｃの頃までは全体の大きさは受精卵とほぼ変わらない。そのため，この時期は，細胞分裂を繰り返すごとに細胞１個の大きさはしだいに小さくなる。よって，カは正しい。なお，有性生殖によって生まれた子は，雄，雌の両親の遺伝子を半分ずつ受けつぐので，遺伝子は両親のものとは異なる。したがって，遺伝子が親と完全に一致しているクローンとはいえない。無性生殖によって生じた個体は，親と遺伝子が完全に一致しているので，クローンである。

3 〔小問集合〕

(1)＜速さ＞260kmは260×1000＝260000(m)で，１時間は60×60＝3600(秒)であるから，時速260kmは，260000÷3600＝72.2…より，秒速72mである。

(2)＜力のつり合い＞図１で，それぞれの磁石は向かい合った面の極が同じ極になっていて，互いにしりぞけ合う力(斥力)がはたらいている。一番上の磁石と真ん中の磁石の間ではたらく斥力の大きさは，一番上の磁石の重さをその斥力で支えているので，磁石１個の重さと同じである。また，真ん中の磁石はこの斥力を下向きに受けるので，真ん中の磁石と一番下の磁石の間にはたらく斥力の大きさは，一番上の磁石によって真ん中の磁石にはたらく下向きの斥力と真ん中の磁石の重さの和に等しい。よって，磁石の間隔は，磁石の間にはたらく斥力の大きさが小さいほど大きくなるので，Ａの方がＢよりも大きい。

(3)＜熱と温度＞熱は温度の高い方から低い方へと移動し，温度が等しくなれば熱の移動は止まる。一晩冷蔵庫の中で冷やした場合，熱の移動は止まると考えてよいので，紙パックと牛乳の温度は等しくなっている。

(4)＜凸レンズと像＞凸レンズによってできる像の大きさは，レンズの焦点距離，レンズと物体の距離，レンズと観測者の距離の３つの条件によって決まる。この３つの条件が同じであれば，像の大きさも同じになる。

4 〔大地のつくりと変化〕

(1)＜プレート＞プレートの厚さは，海洋プレートで５～10kmくらい，大陸プレートで30～100kmくらいである。

(2)＜プレート＞ア…正しい。東北地方太平洋沖地震の震源は，図のＡの北アメリカプレートとＢの太平洋プレートの境界である。ＢはＡを引きずり込みながら地下に沈み込み，その境界では境界面に向かって押し合う力がはたらいていて，Ａのプレートにたまったひずみが限界に達し反発して地震が発生するので，逆断層型の地震と呼ばれる。　イ…正しい。ＢはＡの下へ沈み込んでいるので，ＡとＢの境界面は西にいくにつれて深くなっている。　カ…正しい。Ｃのフィリピン海プレートがＤのユーラシアプレートの下に沈み込んでできている細長い海底盆地は南海トラフと呼ばれ，この地域を震源とする巨大地震が近い将来起こると予測されている。　ウ…誤り。ＣはＤに近づいてその下に沈み込んでいる。　エ…誤り。北海道南西沖地震や日本海中部地震などのように日本海の東部で起こった地震は，ＡとＤのプレートの境界で発生したと考えられている。　オ…誤り。内陸型と呼ばれる地震は，列島の地下にある活断層の活動によって起こる地震で，プレートどうしの衝突による地震ではなく，一般に，プレートの境界で起こる地震より規模が小さい。

(3)＜プレート＞太平洋プレートは，１年間に８～10cmくらいの速さで西の方に移動している。よって，その速さを1年で10cm，つまり，0.1mとして計算すると，20000kmは20000000mだから，20000000÷0.1＝200000000より，約2億年となる。

5〔電流とその利用〕

⑴＜電力，オームの法則＞図1で，電圧が5Vのとき，消費電力が5Wなので，〔電力(W)〕＝〔電圧(V)〕×〔電流(A)〕より，〔電流(A)〕＝〔電力(W)〕÷〔電圧(V)〕となるから，このとき，電熱線aに流れている電流は，5÷5＝1(A)である。よって，オームの法則〔抵抗〕＝〔電圧〕÷〔電流〕より，電熱線aの抵抗は，5÷1＝5(Ω)となる。

⑵＜電流と発熱＞図2で，電熱線に電流を3分間流すと，水の温度は，電熱線aでは21－17＝4(℃)，電熱線bでは23－17＝6(℃)上昇する。水の量と電流を流す時間が等しいとき，水の上昇温度は電熱線の消費電力に比例するので，電熱線aと電熱線bの消費電力の比は，4：6＝2：3である。また，加わる電圧が等しいとき，流れる電流の比は消費電力の比に等しいので，電熱線aと電熱線bに流れる電流の比は，2：3である。さらに，加わる電圧が等しいとき，流れる電流は電気抵抗に反比例するから，電熱線aと電熱線bの電気抵抗の比は，$\frac{1}{2}:\frac{1}{3}=3:2$となる。

⑶＜直列回路＞図3の直列回路では，それぞれの電熱線に加わる電圧の比は，電気抵抗の比に等しい。⑵より，電熱線aと電熱線bの電気抵抗の比は3：2だから，電熱線aに加わる電圧は，図2のときの$\frac{3}{3+2}=\frac{3}{5}$(倍)になる。オームの法則より，電圧が$\frac{3}{5}$倍になると，流れる電流も$\frac{3}{5}$倍になるから，消費電力は$\frac{3}{5}\times\frac{3}{5}=\frac{9}{25}$(倍)になる。このとき，発熱量も$\frac{9}{25}$倍になり，水の温度を同じ温度まで上げるのにかかる時間は発熱量に反比例するので，$\frac{25}{9}$倍になる。よって，水温が21℃になるのは，図2では3分後，つまり，60×3＝180(秒)後だったことから，図3では，$180\times\frac{25}{9}=500$(秒)後である。

⑷＜直列回路＞直列回路では，回路の各部を流れる電流の大きさは一定であるから，$I_a=I_b$である。また，⑵より，各電熱線に加わる電圧の比は，電気抵抗の比に等しいから，$V_a:V_b=3:2$となり，$V_a>V_b$である。さらに，電流が一定なので，電熱線の消費電力は電圧の大きさに比例し，水を温める時間が同じとき，発熱量は消費電力に比例するため，発熱量は加わる電圧が大きい電熱線aの方が電熱線bより大きく，Aの水温はBより高くなる。

6〔気象とその変化〕

⑴＜湿度＞雲が発生するのは，上昇した空気のかたまりの温度が露点以下になったときである。雲が発生し始めた1400mの高さまで上昇した空気の温度は，高さ0mにあったときから，$1\times\frac{1400}{100}=$14(℃)下がって，25－14＝11(℃)になり，これがこの空気の露点である。このとき，空気中に含まれる水蒸気量は変化しないので，山のふもと(高さ0m)にあった空気に含まれていた水蒸気量は，露点における飽和水蒸気量に等しい。よって，グラフより，飽和水蒸気量は，25℃のとき23.2g/m^3，11℃のとき10.0g/m^{3}だから，求める湿度は，〔湿度(%)〕＝〔空気1m^{3}中に含まれる水蒸気の量(g/m^3)〕÷〔その気温での飽和水蒸気量(g/m^3)〕×100より，10.0÷23.2×100＝43.1…となり，約43%である。

⑵＜断熱膨張＞空気のかたまりが上昇すると，上空では周りの気圧が下がるため，上昇した空気のかたまりが膨張する。気体が熱の出入りのない状態で急激に膨張(断熱膨張)すると，温度が下がるという現象が起こる。

⑶＜上昇気流＞暑い夏の日などのように，太陽の強い日ざしで地面が温められると，地面の熱が空気

に伝わり，温められた空気が膨張して軽くなって(密度が小さくなって)上昇する。地面が強く温められるときには，強い上昇気流が生じる。また，暖かい空気と冷たい空気が地表でぶつかると，暖かい空気の下に冷たい空気がもぐり込むように暖かい空気を押し上げ，上昇気流が生じる。暖かい空気が冷たい空気の上にはい上がるようにして進むときも，ゆるやかな上昇気流が生じる。よって，正しいのはアとウである。なお，高気圧の中心部や台風の目では下降気流が生じている。

(4)＜積乱雲＞地面に対して垂直な方向に強い上昇気流が生じたときに発生する雲は，積乱雲である。積乱雲は雷や突風を伴う激しい雨を降らせたり，ゲリラ豪雨と呼ばれる，狭い地域に短時間で大量に雨を降らせたりする。

7〔化学変化と原子・分子〕

(1)＜酸化＞実験１では銅が酸化し，実験２ではマグネシウムが酸化している。よって，どちらも金属が空気中の酸素と結びつく化学変化，つまり，酸化反応が起こっている。

(2)＜還元＞実験３では，水素(H_2)が酸化銅(CuO)から酸素(O_2)を奪い，酸化銅が銅になり，水素は酸素と結びついて水が生じる。化学反応式は，矢印の左側に反応前の物質の化学式，右側に反応後の物質の化学式を書き，矢印の左右で原子の種類と数が等しくなるように化学式の前に係数をつける。

(3)＜実験操作＞実験１や実験２で，図１のようにステンレス皿の上にステンレス網を載せるのは，加熱のときに，皿の上の物質が飛び散って失われるのを防ぐためである。実験２の３回目で，結果の値が１回目や２回目よりも小さくなったのは，ステンレス網を載せ忘れたため，皿の上の物質の一部が飛び散って失われたためであると考えられる。

(4)＜実験操作＞実験３でガスバーナーの火を消した直後に試験管をガラス管から外して放置すると，酸化銅が還元されてできた銅が熱い状態で空気にふれるため，一部が再び酸化して酸化銅となる。この結果，Ｃの値は１回目や２回目の値よりも大きくなる。なお，実験３で，加熱後も水素を流し続けながら放置して常温に戻したのは，生じた銅が再び酸化するのを防ぐためである。

8〔植物の生活と種類〕

(1)＜実験操作＞実験は，葉にデンプンがつくられる条件を確かめるものであるから，実験をする前に葉の中のデンプンをなくしておく必要がある。昼間に葉でつくられたデンプンは，夜の間に水に溶けやすい糖に変えられて体の各部に運ばれるため，一昼夜暗室に置いておくと，葉の中のデンプンをなくすことができる。

(2)＜光合成＞ヨウ素液に反応して青紫色になったＢは葉緑体を含み，日光に当てた部分で，デンプンがつくられている。つまり，Ｂで光合成が行われたことがわかる。よって，ＡとＢの結果を比べることで，光合成には葉緑体が必要であるとわかる。また，ＢとＣの結果を比べることで，光合成には光(日光)が必要であるとわかる。

(3)＜葉の維管束＞図２で，細胞が密に並んでいる側が葉の表側(表面)，すき間の多い側が葉の裏側である。図２の①～④のうち，維管束を示しているのは②と③を含む部分で，光合成に必要な水を運ぶ道管は，維管束の中で葉の表側に集まっているので，③が適する。

(4)＜顕微鏡の使い方＞図２のように，顕微鏡の視野の中で葉の表側(表面)は右下側に位置しているので，実際には図３のプレパラートの左上側に位置している。この葉の表面を視野の中で上部になるようにするには，図３のプレパラートの左上の位置が真下の位置にくるように，プレパラートを反時計回りの向きに120°回転させればよい。

国語解答

一　問一　一番大切な～中力を注ぐ

問二　イ

問三　重要度に応じた注意力の配分ができなくなり，重要度の低いことに過度に注意して重要度の高いことに対する注意が不十分になること。

問四　エ

問五　注意力や集中力に限界がある，という特性。

問六　優先すべき事柄を取捨選択し，優先度の低い事柄に注意力・集中力を注ぎすぎないこと。(40字)

問七　イ

問八　a　業績　b　本末　c　前提　d　小言

二　問一　エ

問二　［あ，いえ］(例)お願いしたいのは，私の似顔絵ではなく両親の似顔絵なのです。(29字)

問三　ウ　問四　イ　問五　エ

問六　イ

問七　自分の持っている力で人が幸せや喜びを感じるようになること。(29字)

問八　エ　問九　a…イ　b…ア

一〔論説文の読解―教育・心理学的分野―心理〕出典；畑村洋太郎『失敗学実践講義』「人の注意力には限界がある」。

≪本文の概要≫真面目に仕事に取り組むという姿勢が，大きなトラブルの誘因になることもある。人が注意しなければいけないことには，絶対に注意が必要なことを最上位として階層性があり，何もない状態では，人間の意識は，上位のものに向かっている。しかし，何か小さなトラブルが起こると，周囲の人間が，些細なことについてうるさく指摘する。すると，当人は目先のことを考えて行動するようになり，一番大切な部分に注意がいかなくなって，結果として重大なトラブルを引き起こすことになる。このようなことが起こるのは，人間の注意力や集中力には限界があって，全てに同じような注意力や集中力を注ぐのは，現実的にはほぼ不可能だからである。したがって，組織運営に際しては，人間の注意力や集中力には限界があるということを前提に考えるべきである。小言を言われる立場にある人にとっては，「いい加減にやる」ことが解決策になる。注意されたことに全力で取り組まず，本当に大事なことをおろそかにしないように気をつけながら「要求されたことに適度に対応する」のが，正しい対処法なのである。

問一＜文章内容＞「真面目に仕事に取り組む」という姿勢が，「大きなトラブルの誘因になること」もある。小さなトラブルが起こると，「些細なミス」について「ヤイノヤイノ」と周囲の人間がうるさく言う。すると，言われた方は，うるさく言われるのを避けようとして目先のことを考えて行動するようになり，「一番大切な部分に注意がいかなく」なって，「重大なトラブルを引き起こす」ことになる。「人間の注意力や集中力には限界がある」ため，「真面目」に「一番大切なことから細かいところまですべてに同じような注意力と集中力を注ぐ」という姿勢で仕事をしていると，大きなトラブルを引き起こしてしまうのである。

問二＜語句＞「ヤイノヤイノ」は，要求を実現するようしつこく求めるさまをいう副詞。

問三＜文章内容＞「人が注意しなければいけないこと」には「階層性」があり，「何もない状態」では，人間の意識はその階層が上位のものに向かっていて，それは「『絶対に必要なこと』『普通に必要なこと』に，ほどほどに注意を払っている状態」であり，注意力のバランスはとれている。しかし，「何か小さなトラブルが起こる」と「些細なミス」をうるさく指摘され，指摘される側は，うるさく言われるのが嫌なので「目先のことを考えて行動する」ようになり，「一番大切な部分」には注意がいかなくなる。階層が下位の，重要度の低いものに必要以上に注意し，重要度の高いものに十分な注意が払えなくなるのである。

問四＜文章内容＞「細かいところを注意するからといって，大きなミスを起こすなんてケシカラン」というのは，道理にかなってはいる。しかし，「人間の注意力や集中力には限界がある」ことを前提にしたうえで，「注意力の階層が下のもの」については「適度に対応する」のが，「正しい対処の方法」である。この「正論」は，物事への正しい「対処の方法」にはつながらないのである。

問五＜文章内容＞人間は，「些細なミス」について「ヤイノヤイノ」と言われるのを避けるために「目先のことを考えて行動する」ようになると，「一番大切な部分に注意がいかなくなり，結果として重大なトラブルを引き起こす」ことになる。このようなことが起こるのは，「人間の注意力や集中力には限界がある」からで，「一番大切なことから細かいところまですべてに同じような注意力と集中力を注ぐ」ことは，「現実にはほぼ不可能なこと」なのである。したがって，組織運営に関しては，「注意力や集中力には限界がある」という人間の特性を前提に，考えるべきである。

問六＜文章内容＞大きなトラブルは，小さなトラブルが起こることによって「目先のことを考えて行動する」結果，「一番大切な部分に注意がいかなく」なって起こる。したがって，「人間の注意力や集中力には限界がある」以上，大きなトラブルを避けるためには，「本当に優先すべき事柄を取捨選択し，状況に応じて力の配分を変え」て，優先順位の低いものに向ける注意力・集中力は「適度」に止めることが重要になる。

問七＜表現＞まず，「真面目に仕事に取り組む」ことが「大きなトラブルの誘因になることもある」という，一見意外なことが述べられる(エ…○)。そして，「小さなトラブル」が起こると周囲の人間が「ヤイノヤイノ」とうるさく言い，その結果，一番大切な部分に言われた当人の注意がいかなくなって重大なトラブルを引き起こすことになるという，「現場」の状況が説明される(ア…○)。また，「人が注意しなければいけないことには階層性がある」こと，「人間の注意力や集中力には限界がある」ことに基づいて，「大きなトラブル」を避けるためには，「本当に優先すべき事柄」でないことについては「いい加減にやる」ことこそが適切であるという主張が，導き出される(ウ…○)。組織は運営方針を変えること，個人は「本当に優先すべき事柄」でないことについては「いい加減にやる」ことが，解決策として示されているが，根拠となる「人間の注意力や集中力には限界がある」という考え方は，両者に共通している(イ…×)。

問八＜漢字＞ａ.「業績」は，事業や研究などで成し遂げた仕事のこと。　ｂ.「本末」は，大切なものとどうでもよいもののこと。「本末転倒」は，大切なものとどうでもよいものとが逆になっていること。　ｃ.「前提」は，あることをする際の土台・出発点のこと。　ｄ.「小言」は，とがめたり戒めたりする言葉のこと。

二〔小説の読解〕出典；山本甲士『ひかりの魔女　にゅうめんの巻』。

問一＜心情＞男性は，「こちらでは似顔絵をお願いできると聞いたんですが」と尋ねてきたが，その様子は，「人づてに聞きはしたが，本当かどうか確信が持てないよう」だった。結衣が，男性の質問に対して「ええ，できますよ。今は忙しくないので大丈夫です」と答えたので，男性は安心した。

問二＜文章内容＞結衣が「コーヒーをお出ししたら，さっそく描かせていただきますね」と言ったところ，男性は，三枚の写真を出し，それらを組み合わせて一枚の似顔絵を描いてほしいと言った。男性は，描いてほしいのは自分のではなく，両親の似顔絵であることを言おうとしたと考えられる。

問三＜文章内容＞結衣は，プロの絵描きとしてお金をもらって似顔絵を描くのではなく，「お客さんに喜んでいただけるサービスとして」自分がしたいことをするのだと言っている。

問四＜心情＞男性は，「結構な手間のかかる頼み事」をしているし，「特別な仕事ができるスキルをお持ちの方には，それにふさわしい対価が支払われて当然」だと考えているため，似顔絵代を払うつもりでいた。しかし，結衣が，「お客さんに喜んでいただけるサービス」としてするのだからお金はもらわないと言い，加えて，「ちょっといいお話」を聞かせてもらったからとも言ったので，男性は，結衣の言い分に納得し，「じゃあ，申し訳ありませんがお願いします」と恐縮したのである。

問五＜文章内容＞「土俵」は，この場合，競い合いや戦いなどが行われる場のこと。男性によれば，「ちゃんとした寿司屋」は「回転寿司の進出」によって次々に潰れ，その回転寿司店も，「ライバル店との競争」で次々に潰れている。しかし，「もう何年も前から鮮魚を扱わなくなって」いるうえ，常連客も高齢化している「さか寿司」は，そういう寿司店どうしの競争に加わることすらできていない。

問六＜文章内容＞結衣は，「ストーリー作りができなかった自分はマンガ家にはなれないと悟って随分落ち込んだ」ものだった。しかし，似顔絵なら描けること，そのことによって「誰かが喜んでくれる」ことに気づき，結衣は，「自分がやってきたことは決して無駄ではない。それどころか幸せを生み出すツールを持っているのだから，誇っていいのではないか」と思えるようになった。

問七＜文章内容＞「魔法使い」と結衣が言うひかりさんは，結衣に「似顔絵というツールがある」ことを気づかせ，それによって結衣は，似顔絵を描くことに「幸せを感じる」ようになった。その結衣は，今，似顔絵を描き，依頼者の男性に喜んでもらうことができた。結衣もまた，ひかりさんと同じように，人に幸せや喜びを感じてもらうことができたのである。

問八＜表現＞結衣と客の男性とのやりとりが，会話を中心にして改行をしながら，具体的にていねいに描かれており，その場の状況や客の男性の事情がよくわかる(ア・ウ…○)。また，似顔絵を描いているときの結衣が思っていることが，そのまま述べられているため，読み手は，結衣の側に立って読める(イ…○)。結衣の過去の回想は少しあるだけで，その回想から結衣を取り巻く人間関係がわかるということもない(エ…×)。

問九＜語句＞a.「閑散」は，静かでひっそりしていること。　b.「垣間見る」は，物の隙間からこっそりとのぞいて見る，また，隙間からのぞき見たときのようにわずかだけ見る，という意味。

Memo

Memo

Memo

2020年度 筑波大学附属高等学校

【英　語】（50分）〈満点：60点〉

1　放送の指示にしたがって答えなさい。〈編集部注：放送文は未公表につき掲載してありません。〉

例題　ア　A CD.　イ　A pen.　ウ　A cake.　エ　A book.

(1)　ア　5 books.　イ　6 books.　ウ　7 books.　エ　8 books.

(2)　ア　In Tokyo.　イ　In New York.

ウ　In London.　エ　In Hawaii.

(3)　ア　At 4:30.　イ　At 4:40.　ウ　At 4:50.　エ　At 5:00.

(4)　ア　90 dollars.　イ　100 dollars.　ウ　170 dollars.　エ　180 dollars.

(5)　ア　By bike.　イ　By car.　ウ　By bus.　エ　By train.

(6)　ア　A water bottle and a rain coat.

イ　A hat and a pair of shoes.

ウ　A rain coat and a hat.

エ　A pair of shoes and a water bottle.

2　次の英文を読んで，**問１～問９**に答えなさい。

I feel nervous, but I try to smile as I stand with the teacher in front of my new sixth grade class. Ms. Gomez places her hand on my shoulder.

"Please welcome Hasan Yilmaz," she says. "Hasan has just moved to Florida from his home in Turkey. We will learn a lot about Turkey from Hasan this year."

"Hello," I say to the class. When I walk to my desk, a boy, bigger than the others, brings his left hand under his mouth and moves his fingers in a strange way.

"Gobble-gobble," he says in a high voice. A few students laugh. He does it again. I don't know why he is making this sound, but maybe it's not good for me.

"You shouldn't do that, Brian," says Ms. Gomez with an angry look. Brian puts his hands on his desk.

Later that morning, Ms. Gomez calls Jimmy and me to her desk. Jimmy is a tall, thin boy who sits in front of me.

"Jimmy," she says. "Would you help Hasan this week ? Sit with him at lunch and introduce him to your friends."

"Sure," says Jimmy, "no problem." He turns to me. "I moved here from India last year. I know it's hard to move to a new country."

"Thanks," I say. We go back to our seats, and I hear the sound again. "Gobble-gobble. Gobble-gobble." This time the teacher cannot hear it. (1)＿＿＿＿＿＿

"Why does Brian make that sound ?" I ask Jimmy.

"In America, *turkey* isn't just the name of your country," he says. "It's the name of a bird that we eat at Thanksgiving. *Gobble* is the sound this bird makes."

"Uh-huh. I have read about Thanksgiving," I say.

"But don't worry. Just forget about Brian," says Jimmy.

During the day, Brian keeps saying to me, "Gobble-gobble." I try to calm down, but he knows it bothers me.

At dinner I tell my family about my problem with Brian.

"Don't give Brian any attention. He will get bored soon," says Fatma, my ten-year-old sister.

"I tried that, but it didn't work," I say.

"Hasan,"says Father. "You are a smart boy. I know you will solve (2)this problem."

"Look," Mother says, "I have a surprise. I made this for you." She shows us our favorite Turkish cake. "Wow!" Fatma and I shout. As I eat it, the sweet taste fills my mouth, and it reminds me of my hometown. For a moment, my problems melt away.

But for the rest of the week, Brian always comes to whisper into my ear, "Gobble-gobble," when he finds me. I am losing my temper.

On Monday, I have a P.E. class on the field. Our P.E. teacher, Mr. Wilson, says that we are going to play soccer. I've never heard of soccer, but when he holds up a ball, I get (3-A)______.

"Football!" I shout.

Everyone is silent. I feel (3-B)______ and say, "In Turkey, we say football."

Mr. Wilson says, "Yes, people around the world call this game football. That's the most common name for this sport. Thanks for reminding us."

Mr. Wilson selects two captains, and they choose their team members. I am chosen last. Last! I am surprised. In Turkey, I was usually chosen first. Maybe (4)[well / too / I'm / they / play / small / think / to].

My captain, Julia, points at me and then to the bench.

"I'll put you back in," she says, "after we have the lead."

She doesn't think I'm a good player. Tears come to my eyes as I walk to the bench. On the field, the teams are enjoying the game. I cannot just sit and wait. I pull a ball from the ball bag and start to warm up. I want to be ready when Julia calls me back.

I tap the ball from my knee to my head. Then I tap it from foot to foot without dropping it to the ground. Suddenly, play has stopped. Both teams are watching me. Their mouths are open. A girl shouts, "(5)__________!"

"Hey," Julia says to me. "Come on in."

I run to the field. "The score is 3 to 3. We need to score a point quickly," Julia says. After the ball is thrown in, she gets it and passes it to me.

Two boys are running toward me. I don't move. I wait. When they get close enough, I dribble right, then left, and leave the first boy behind. When the second boy tries to get the ball, I kick it through his open legs and go past him. Now I dribble toward the goal.

The goal keeper comes out to meet me. Brian!

"Gobble-gobble," he says. "(6)This is going to be like taking candy from a baby."

Brian pulls back his foot to kick the ball, but I move it quickly to the left. Brian kicks at the air. I run past him and kick the ball into the goal.

"Goal!" Mr. Wilson shouts and raises his arms. Our team cheers. Several players tap my back.

Just then Mr. Wilson says, "Time is up!" He looks at me. "You're a fantastic football player."

I smile back. When I look at Brian, (7)he turns away.

On the way back to our classroom, Julia comes and says, "Sorry. I didn't know you are such an awesome player."

"Football — I mean soccer — is Turkey's national sport," I say. "We play soccer as soon as we can walk."

"Well done!" says Jimmy. "You're not going to hear any more gobbles."

After school, I invite Julia and Jimmy to my house. While they see photos of my home and friends in Turkey, I run into the kitchen. My mother meets me with a plate of the (8)__________.

"Thanks, Mom," I say and smile. My new friends will never forget the treat.

（注） gobble ゴロゴロ(鳥の鳴き声)　have the lead リードする
warm up 準備運動をする　tap 軽くたたく
dribble 球を蹴りながら進む

問1 下線部(1)の空所に入る最も適切なものを，次のア～エから1つ選び，記号で答えなさい。
ア Brian points at me and laughs.
イ Brian asks me to stop making the sound.
ウ Brian looks at her and says, "Sorry."
エ Brian stands up and comes to us.

問2 下線部(2)が指す内容を，句読点を含む20字以内の日本語で答えなさい。

問3 下線部(3-A)，(3-B)の空所に入る語の組み合わせとして最も適切なものを，次のア～エから1つ選び，記号で答えなさい。
ア (3-A) frustrated (3-B) strange　イ (3-A) interested (3-B) tired
ウ (3-A) disappointed (3-B) proud　エ (3-A) excited (3-B) embarrassed

問4 下線部(4)の[ ]内の語を，意味が通るように並べかえなさい。

問5 下線部(5)の空所に入る最も適切なものを，次のア～エから1つ選び，記号で答えなさい。
ア It's boring　イ That's my ball　ウ It's like magic　エ You can't join us

問6 下線部(6)が表す意味として最も適切なものを，次のア～エから1つ選び，記号で答えなさい。
ア お前，思っていたよりもやるじゃないか。
イ お前のボールを止めるくらい朝飯前だぜ。
ウ 何としてでもお前のゴールを阻止してやる。
エ 俺から簡単にゴールを奪えると思うなよ。

問7 下線部(7)の行動の理由として最も適切なものを，次のア～エから1つ選び，記号で答えなさい。
ア Because Brian still wants to say "Gobble-gobble."
イ Because Brian knows that the game hasn't finished yet.
ウ Because Brian doesn't want to say that Hasan is a good player.
エ Because Brian doesn't know what to do when Hasan smiles at him.

問8 下線部(8)の空所に入る連続する最も適切な2語を，本文中から抜き出して答えなさい。

問9 次の英文はこの日の晩にHasanが母国の友人に向けて送ったメッセージである。本文の内容に沿って，文中の空所(①)～(④)に入る最も適切な英語1語を答えなさい。

I'll tell you two things I learned here. First, the word *turkey* has two meanings in America. One is, of course, the name of our (①), but the word is used for a (②), too. Interesting! Also, do you know what they call (③) in America? They call it (④) instead of (③). I played it in P.E. class today and my team won! I scored a goal, and I made new friends through the game.

3 次の英文を読んで，問１～問10に答えなさい。

When people in Scotland become fifteen years old, they can choose a single spell from the spell book of the Grand Wizard and learn it. On the morning of my fifteenth birthday, I'm going to go to the Grand Wizard's Castle. I can look through the book for only five minutes before making my decision. There are thousands of spells to choose from. 'How am I going to decide ?' I wonder.

"Ron," my sister Mei insists, "you should choose a practical spell." She points at me with her fork when she says this. There is still some pancake with honey on her plate.

"Leave him alone," my father says, without moving his eyes from the newspaper. "It's his decision. Not yours," he adds.

I look up at the kitchen ceiling. 'What should I do ? My birthday is only three days away ! I need to make a decision — and soon,' I think.

"Active !" Mei suddenly says in a loud voice. From her knife, arms and legs appear, and the knife begins dancing in circles around the table.

My mother laughs softly. A few seconds later, the knife falls to the floor.

"See ?" Mei says. "Useless ! A silly trick !"

Mei learned the spell, Active. When she casts the spell on something small, it begins dancing. However, it only (1)______ a few seconds.

My friend Andy chose a spell, Assist. Once a day, he can whisper the word, and any answer on any test appears on the page in his own writing.

"Believe me, Ron," Andy says to me, "don't choose that spell."

Everyone at school knows Andy's spell. On test days his teacher watches him closely and he gets too nervous to do his best.

Both my parents made good decisions. My father chose Love. When he whispers, "Love," he can attract anyone for twenty seconds. And he is happy now, because he got married to my mother. My mother learned Photo. She can only cast it once a week. When she does, that moment is kept in her memory. She can remember the sights, the sounds, and even the feelings she has at that moment.

"I won't use my spell this week," she tells me as she touches my hair, "until your big day."

"Great," I say. "I'll make a bad choice. You'll remember it."

"Ron !" My mother (2)______. She looks very serious.

I look down at my plate and say, "Even if I try very hard, I won't be happy with my decision."

For the first time, my sister defends me. "He's probably right," she says.

When the big day comes, I put on a suit and my father helps me to put on a tie. We go to the Grand Wizard's Castle. It is a huge old castle. A man in a long black coat comes out from the castle to meet us at our car. Then he leads me to the castle.

My parents have to wait around the car. It's the rule, and I am happy. (3)<u>'I don't want them to see which spell I will choose,'</u> I think.

"This day isn't for them," the wizard says. 'Can he read my thoughts ?' I wonder. He continues, "It's for you. Don't be nervous."

'Don't be nervous ? Is that all ?' I think. I try to say something clever, but I can't.

We walk for a while and reach a small dark room. It is lit only by candles. There is a large old wooden desk.　A huge (4)______ sits on it.　"This is it," I whisper.

"You have exactly five minutes," the wizard says.　"After you choose your spell, read it in a loud voice.　When you make your choice, it's final.　So choose carefully."

'It is easy for the wizard to say.　He probably knows hundreds of spells.　He never has to choose just one.　(5)__________,' I think.

As I don't have much time, I quickly look through the pages.　There is a spell, Birdcall.　It's a spell to attract birds.　They will even land on my head and shoulders for a short time.　I suddenly remember my sister's advice.　I should choose something (6)______.

I skip forward a few pages.　There is a spell, Shine.　I know this is a popular one.　The shoes and the windows clean themselves for a few minutes.

"Just two more minutes," the wizard says.　"If you're looking for a spell that will (7)[everything / gold / touch / turn / to / you], I'm afraid you won't find it.　These are common spells.　There is nothing that will make you rich."

Finally, I find a spell that I want.　I continue looking through the pages just to be sure, but I realize the spell is the best.

"Time's up!" the wizard says.

When I walk back to the car, I smile.　It is the first time I have done so in at least three days.　I'm not worried about my decision anymore.　Maybe there is a better spell, but I'm happy with my choice.

"You won't believe it," I tell my parents.　"You won't believe my choice!"

"Wait, wait," my father says.　"Before you say anything, let me tell you this.　(8)Your mother and I are proud of you."

I can't wait any longer.

"I chose Clear," I say.

Both of them look confused.　It isn't a very popular spell.

"It helps people to see all the good points and bad points of their decisions more clearly.　When it's time for my friends to choose their spells, I can cast it and help them," I say.

My mother smiles, touches my hair and says, "Now this is the moment."　She says, "(9)______."

（注）　spell　魔法の呪文　　wizard　魔法使い　　useless　役に立たない　　cast　(呪文を)唱える
　　　defend　かばう　　skip　飛ばし読みする

問１　下線部(1)の空所に入る最も適切なものを，次のア～エから１つ選び，記号で答えなさい。

ア　chooses　　イ　counts　　ウ　lasts　　エ　waits

問２　下線部(2)の空所に入る最も適切なものを，次のア～エから１つ選び，記号で答えなさい。

ア　smiles　　イ　scolds　　ウ　panics　　エ　agrees

問３　下線部(3)のように考えた理由を，句読点を含む15字以内の日本語で答えなさい。

問４　下線部(4)の空所に入る最も適切な１語を，本文中から抜き出して答えなさい。

問５　下線部(5)の空所に入る最も適切なものを，次のア～エから１つ選び，記号で答えなさい。

ア　It's not fair　　イ　It's difficult　　ウ　It's not enough　　エ　It's dangerous

問６　下線部(6)の空所に入る最も適切な１語を，本文中から抜き出して答えなさい。

問７　下線部(7)の［　］内の語を，意味が通るように並べかえなさい。

問８　下線部(8)のように言った理由として最も適切なものを，次のア～エから１つ選び，記号で答えなさい。

ア　Ron followed his parents' advice.

イ　Ron was able to choose his own spell.

ウ　Ron learned the same spell as his father did.

エ　Ron chose the spell that helps his friends.

問9　下線部(9)の空所に入る最も適切な1語を，本文中から抜き出して答えなさい。

問10　本文の内容に合うものを，次のア～エから1つ選び，記号で答えなさい。

ア　Mei always disagrees with her brother and never helps him.

イ　Andy's teacher assists him in answering questions on test days.

ウ　Ron's mother takes pictures to keep all the moments in mind.

エ　Ron's father can attract anyone for a short period of time.

4　次の(1)～(4)の対話を読んで，それぞれの空所に，［　］内に示した日本語の意味を表す英語を書きなさい。

(1)　A : What do you want to be in the future ?

B : A scientist. ______________________________

［病気で苦しんでいる子ども達を救う薬を開発したいんだ。］

(2)　A : Mom, there are many trees in the yard.　Is this an apple tree ?

B : Right. ______________________________

［この木はね，私が生まれてすぐに植えられたんだよ。］

(3)　A : Do you have any plans this weekend ?

B : My sister had a baby last week, so I am going to visit her.

____

［赤ちゃんに初めて会うのが楽しみ。］

(4)　A : I very much enjoyed the Rugby World Cup.　The final game was very exciting.

B : Yes, it really was. ______________________________

［優勝チームのキャプテンのスピーチが印象的だった。］

【数　学】（50分）〈満点：60点〉

（注意）円周率を必要とする計算では，円周率は π で表しなさい。

1　２個以上のさいころを投げたとき，出た目すべての積の値を a とし，a の正の約数の個数について考える。

このとき，次の①～③の[　　]にあてはまる数を求めなさい。

(1)　２個のさいころを投げるとき，a の正の約数の個数が[①―ア]個となる確率が最も大きく，その確率は[①―イ]である。

また，a の正の約数の個数が奇数個となる確率は[　②　]である。

(2)　３個のさいころを投げるとき，a の正の約数の個数が３個となるような a の値をすべて求めると，

$a=$[　③　]

である。

2　AB＝3cm，BC＝4cm，CA＝5cmである△ABCがある。

３点P，Q，Rはそれぞれ頂点A，B，Cを同時に出発して，

点Pは毎秒３cmの速さで，A→B→C→A→…

点Qは毎秒２cmの速さで，B→C→A→B→…

点Rは毎秒１cmの速さで，C→A→B→C→…

のようにすべて同じ向きに進み，３点がそれぞれの最初の位置に同時に戻ったとき，３点とも止まる。

３点が出発してからの時間を x 秒とするとき，次の④～⑥の[　　]にあてはまる数または式を求めなさい。

(1)　$x>0$ のとき，３点が動いている間にP，Q，Rがつくる三角形が△ABCと合同になるときの x の値と，３点が止まるときの x の値を求めると，

$x=$[　④　]

である。

(2)　３点P，Q，Rのうち，２つの点が重なることは[　⑤　]回ある。

(3)　３点P，Q，Rが三角形をつくらない時間すべてを，x についての等式または不等式で表すと，[　⑥　]である。

〈計算欄〉

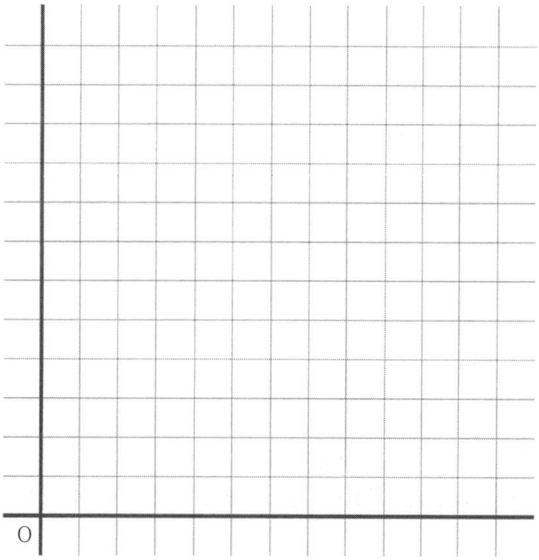

3　下の図のように，線分BC上に点DをBD：DC＝2：3となるようにとり，線分BCに垂直な線分DAを∠BAC＝45°となるように引く。

このようにしてできた△ABCに対して頂点Bから辺ACに垂直な線分BEを引き，ADとBEの交点をHとする。

このとき，次の⑦～⑨の［　　］にあてはまる三角形または数を求めなさい。

(1)　△BCEと相似な三角形のうち，△BCE以外のものを２つあげると，［　⑦　］である。

(2)　線分AHの長さは，線分BDの長さの［　⑧　］倍である。

(3)　AH＝10cmであるとき，△ABCの面積は，［　⑨　］cm^2である。

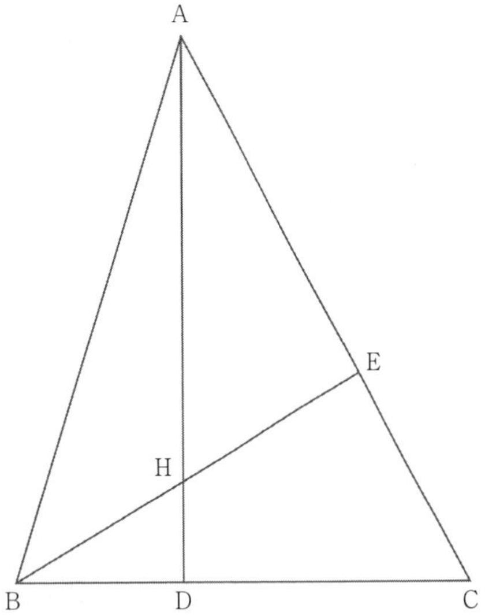

4　ふたがついた大きさの異なる２つの直方体の箱X，Yがある。Xには半径$r$cmの球が５個，Yには半径４cmの球が４個，底面に接するように入っている。

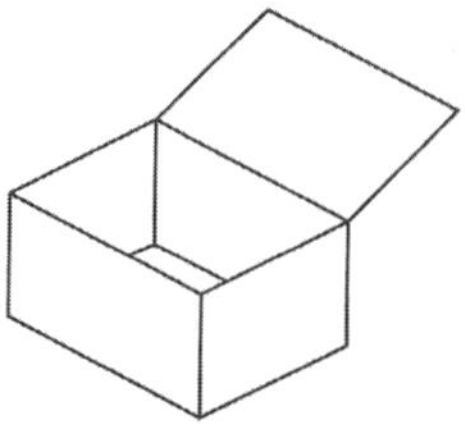

下の図１の長方形ABCD，EFGHはそれぞれX，Yの平面図であり，AD＝EHである。

図１のように，隣り合う球は互いに接しており，それぞれの箱の４個の球は側面にも接している。

このとき，次の⑩～⑫の［　　］にあてはまる数または辺を求めなさい。

（図１）

(1)　r＝［　⑩　］cmである。

(2)　辺ABと辺EFの長さを比べると，辺［⑪―ア］の方が［⑪―イ］cmだけ長い。

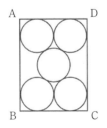

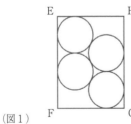

(3)　下の図２のように，Ｘには半径 r cmの球，Ｙには半径４cmの球をそれぞれの３個の球と接するように１個ずつ置き，ふたをして直方体にしたところ，どちらのふたも置いた球と接した。

このとき，Ｘの体積は，Ｙの体積の ⑫ 倍である。

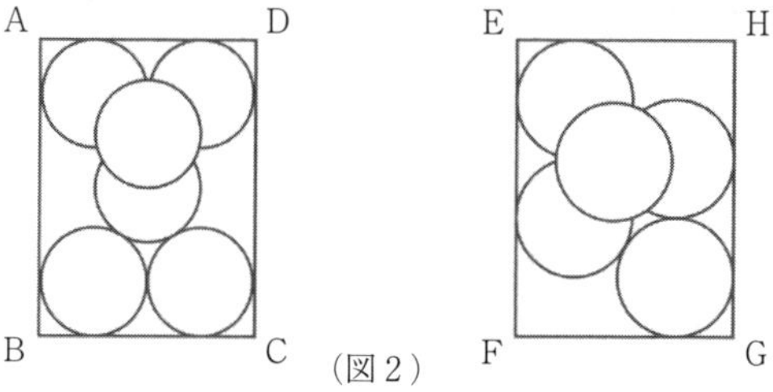

（図２）

5　「1＋2×3＋4＝」と入力すると，計算結果が11となる電卓を使用する。

このとき，次の⑬，⑭の □ にあてはまる数または数の組を求めなさい。ただし，１から10までの連続する自然数の和 1＋2＋3＋……＋10 は，55である。

(1)　11から20までの連続する10個の自然数を小さい方から順に入力して和を計算しようとしたところ，自然数 n の次の「＋」を「×」と押し間違えてしまい，計算結果が364となった。

このとき，

n ＝ ⑬

である。

(2)　自然数 m から $m+9$ までの連続する10個の自然数を小さい方から順に入力して和を計算しようとしたところ，自然数 n の次の「＋」を「×」と押し間違えてしまい，計算結果が94となった。

このような自然数の組 $(m,\ n)$ をすべて求めると， ⑭ である。なお，⑭の解答欄には答えを求めるまでの過程や考え方も書きなさい。

【社　会】（50分）〈満点：60点〉

1　問1　図Ⅰの5つの地図は，メルカトル図法で描いた世界地図の一部である。これらは上端が北緯50°，下端が北緯20°の範囲を示しており，経度は20度間隔で任意に切り取ったものである。図ⅡのP～Sは，図ⅠのA～Dのいずれかの地点における雨温図である。QとRの正しい組合せを，下のア～シの中から1つ選び，記号で答えなさい。

図Ⅰ

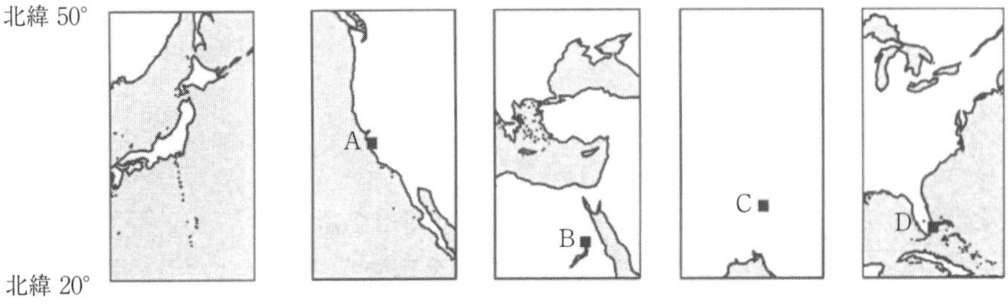

図Ⅱ

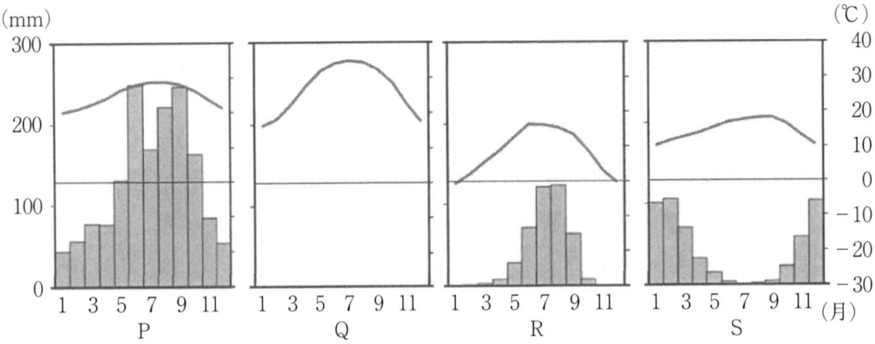

	ア	イ	ウ	エ	オ	カ	キ	ク	ケ	コ	サ	シ
雨温図Q	A	A	A	B	B	B	C	C	C	D	D	D
雨温図R	B	C	D	A	C	D	A	B	D	A	B	C

問2　次の文は，東南アジアとオセアニア州の共通点をまとめたものである。正しいものを次のア～カの中から2つ選び，記号で答えなさい。

ア．大陸地域はプレート境界に位置し，島しょ地域に比べ地震や火山が多くみられる。

イ．農業では大型機械が多数導入され，大規模に小麦栽培が行われている。

ウ．イギリスによって植民地支配を受けていた国がある。

エ．島しょ地域はイスラム教を信仰する人が最も多い。

オ．主要な貿易相手国は，アジア諸国とヨーロッパ諸国である。

カ．APECとTPPの両方に加盟している国がある。

問3　図ⅢのA～Dは，それぞれの国の2004年から2016年の*GDP(国内総生産)推移を，2010年を100として示したものである。これらの国は日本，ギリシャ，中華人民共和国，マレーシアのいずれかである。日本と中華人民共和国の正しい組合せを，次のページのア～シの中から1つ選び，記号で答えなさい。

図Ⅲ

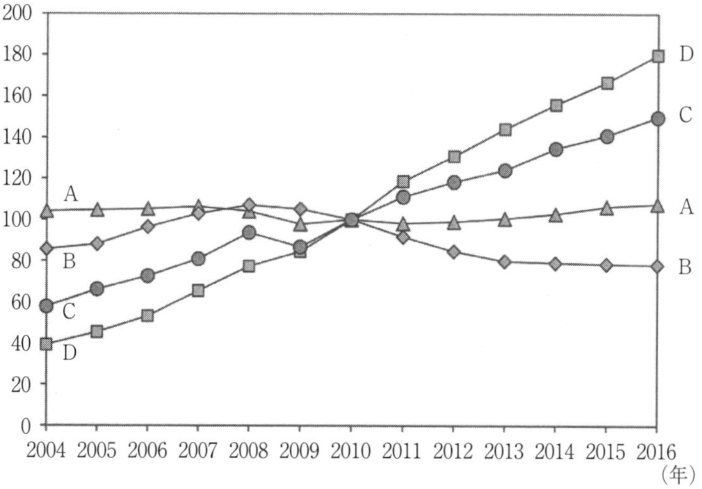

＊GDPは各国通貨をベースとして計算してある。

(National Accounts - Analysis of Main Aggregates により作成)

	ア	イ	ウ	エ	オ	カ	キ	ク	ケ	コ	サ	シ
日本	A	A	A	B	B	B	C	C	C	D	D	D
中華人民共和国	B	C	D	A	C	D	A	B	D	A	B	C

問４　図ⅣのＡ～Ｃは，距離・方位・角度・面積の１つまたは２つが正しく示された世界地図である。各国の人口密度(人/km^2)のデータを世界地図に表現するとき，次のページの問いに答えなさい。

図Ⅳ

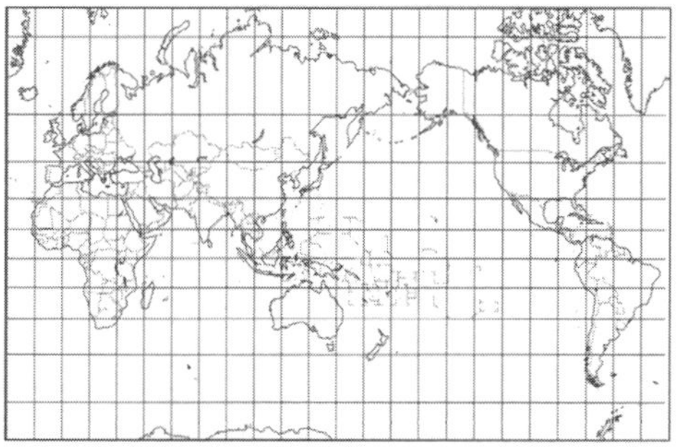

A

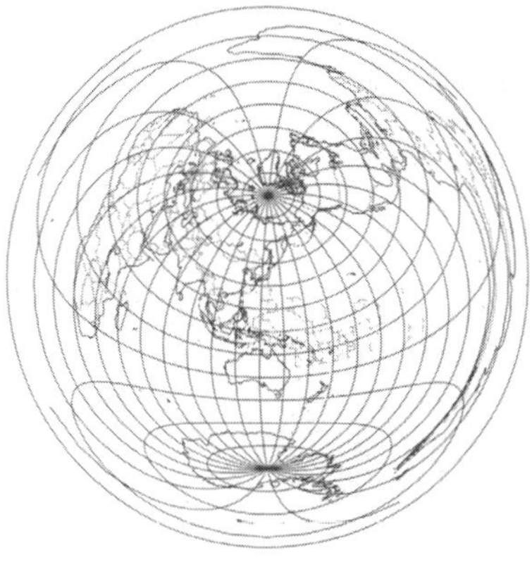

B

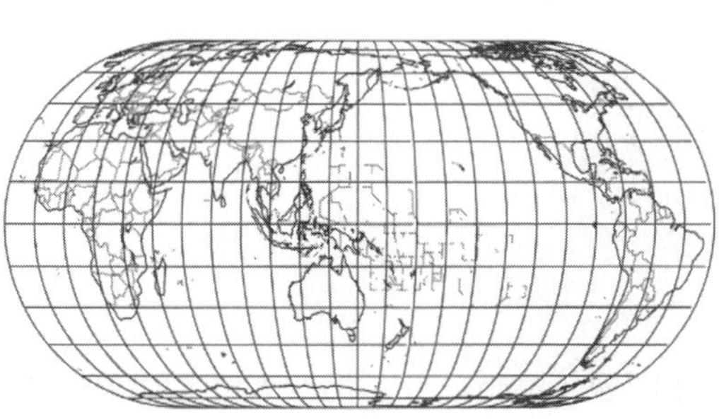

C

(1)　どの図法の世界地図を使用するのがもっとも適切か。A～Cの中から１つ選び，記号で答えなさい。

(2)　次の説明文は，(1)でそれを選択した理由を記したものである。［X］にあてはまるものを下のア～ウの中から１つ選び，［Y］にあてはまる語句を答えなさい。

説明文

この図法は［　X　］が正しく，［　Y　］には適切だから。

ア．角度　　イ．中心からの距離と方位　　ウ．面積

2　**問１**　図Ⅰの①～③は，図ⅡのA～Cの都市における，気象に関するデータを示したものである。①と③の正しい組合せを，下のア～カの中から１つ選び，記号で答えなさい。

図Ⅰ　気温の年較差と年平均日照時間

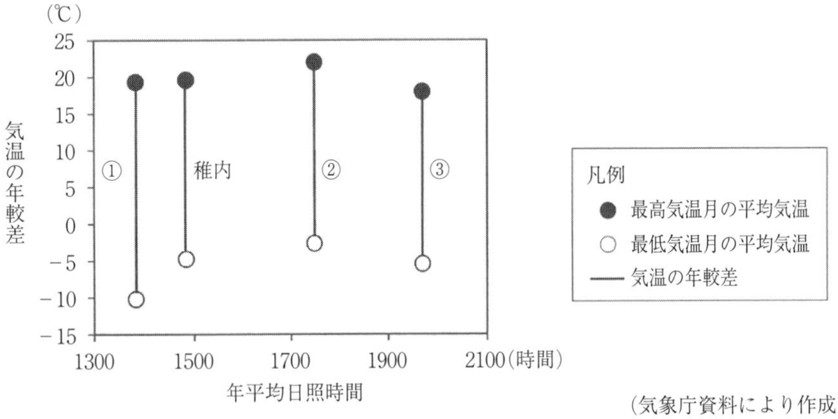

(気象庁資料により作成)

図Ⅱ　地形の起伏を陰影で示した地図

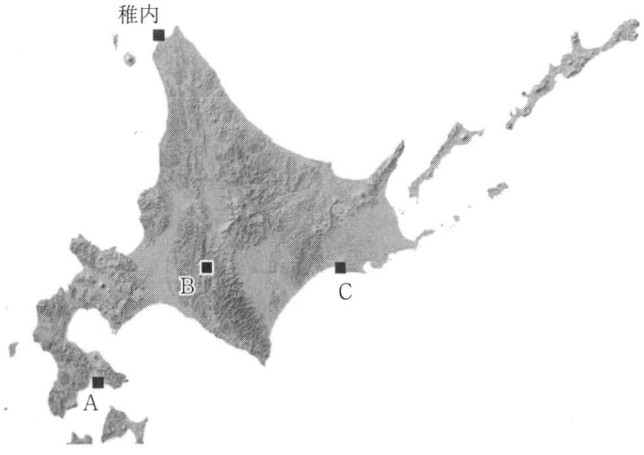

	ア	イ	ウ	エ	オ	カ
①	A	A	B	B	C	C
③	B	C	A	C	A	B

問２　図ⅢのA～Cは，*北海道の市町村別の人口増加率(2010年から2015年)，人口密度(2015年)，平均年齢(2015年)のいずれかを示したものである。図Ⅳを参考にして，これらの正しい組合せを，

下のア～カの中から１つ選び，記号で答えなさい。

図Ⅲ

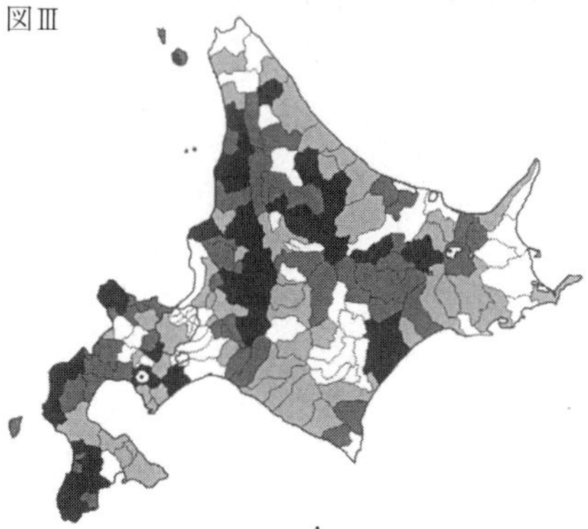

A

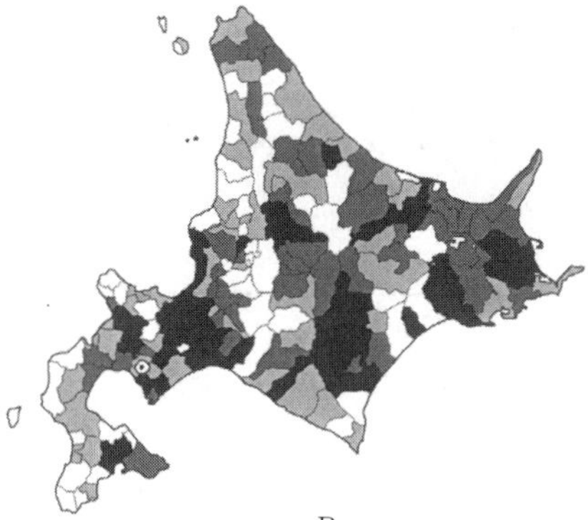

B

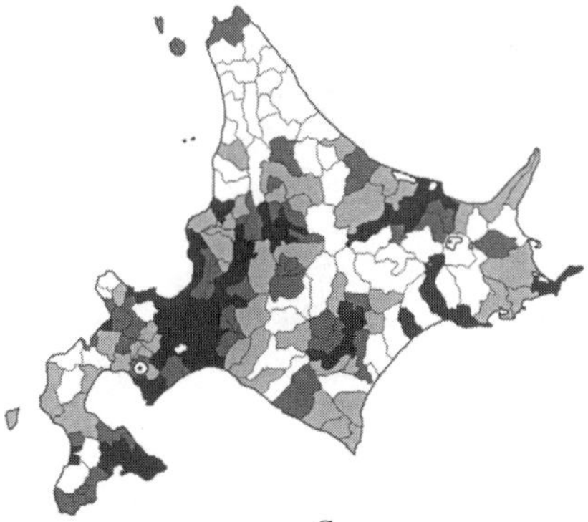

C

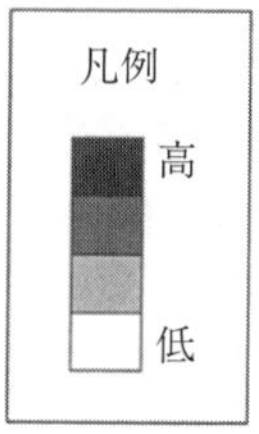

＊図Ⅲに関する北方領土のデータは無し。
（『国勢調査』により作成）

図Ⅳ　北海道の人口上位６市の位置(2015年)

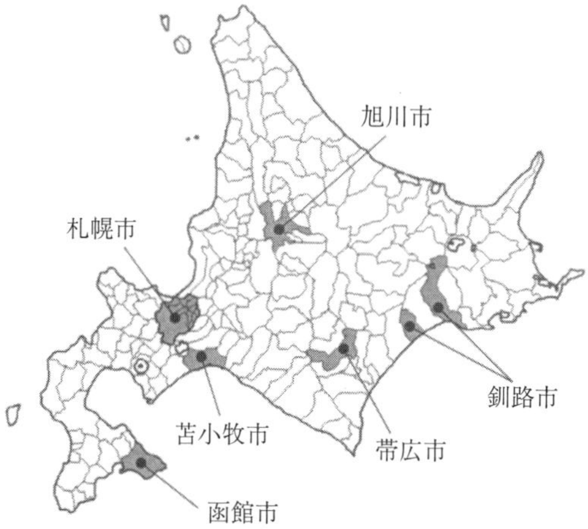

＊人口上位６市で北海道の人口の約６割を占める。
＊札幌市には10区あり，図Ⅲでは区ごとのデータを示している。
＊釧路市は2005年の市町合併の結果，２地域から成り立っている。
＊人口に関する北方領土のデータは無し。
（『国勢調査』により作成）

	ア	イ	ウ	エ	オ	カ
人口増加率	A	A	B	B	C	C
人口密度	B	C	A	C	A	B
平均年齢	C	B	C	A	B	A

問 3　図Ⅴは，2018年における都道府県ごとの75歳以上の自動車運転免許返納率と，一世帯あたりの自家用乗用車普及台数を示したものである。図Ⅴ中のA～Dは茨城県，大阪府，東京都，北海道のいずれかで，残る1つは群馬県である。大阪府と北海道の正しい組合せを，下のア～シの中から1つ選び，記号で答えなさい。

図Ⅴ

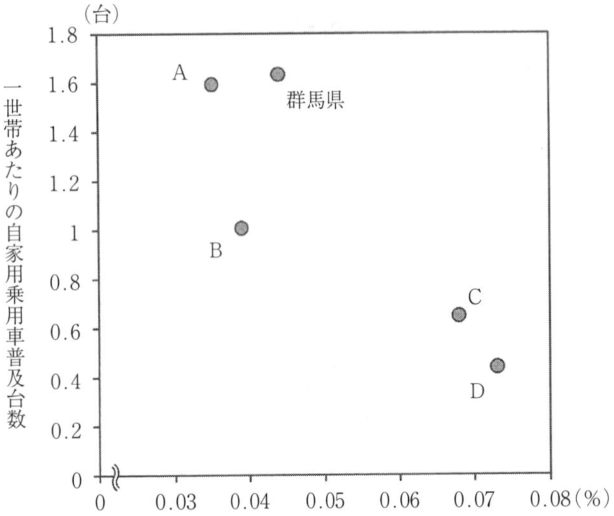

(警察庁，自動車検査登録情報協会資料などにより作成)

	ア	イ	ウ	エ	オ	カ	キ	ク	ケ	コ	サ	シ
大阪府	A	A	A	B	B	B	C	C	C	D	D	D
北海道	B	C	D	A	C	D	A	B	D	A	B	C

問4　図Ⅵの A は1952年，B は2016年発行の25000分１地形図であり，A，B とも同じ地域を示している。この地域一帯は，2018年９月６日に発生した北海道胆振東部地震で大きな被害を受けた。

B の円で囲んだ**X**と**Y**の地域は，**X**では被害が大きく家屋の倒壊や，液状化現象などが発生した一方で，**Y**の被害は**X**に比べると小さかった。B の時点で，両地域の標高はともに約60m であった。**X**の被害が大きかった理由を，A を参考に地形と土地利用の改変に注目して説明しなさい。

図Ⅵ

A（1952年）

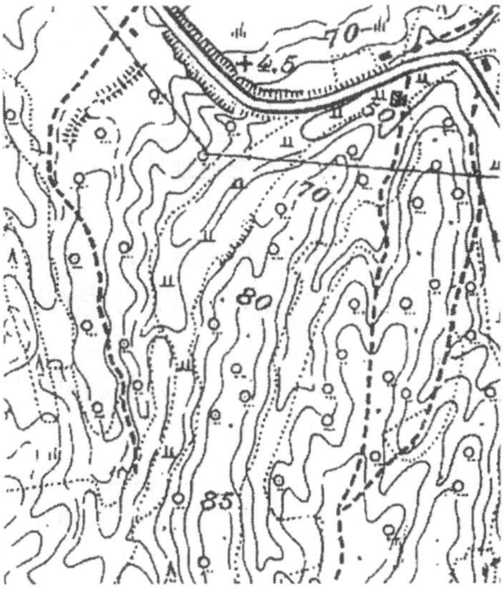

B（2016年）

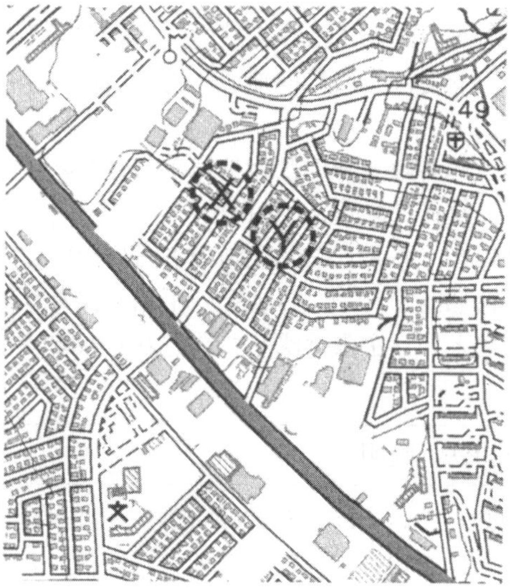

＊それぞれの地形図は，読み取りやすいように拡大してある。

＊それぞれの地形図内に記された地名は伏せた（白抜き）。

＊A の地図記号のうち，次の２つの地図記号は，現行の地図記号と一部異なる。

 広葉樹林　　 水田

3　次の資料は，①～④の各時代に出された法や，法についての説明である（一部意訳している）。これを読んで，あとの各問いに答えなさい。

時代①に出された法

- 各地域の城は，たとえ修理であっても必ず幕府に報告せよ。まして，新規に築城することは厳重に禁止する。
- 大名が幕府の許可なく私設の関所をおいたり，新たに法をつくって関所や港での物資の出入りを制限することは禁止する。
- すべて幕府の制定した法令に準じて，各地域において法令を守ること。

時代②に出された法

- 戸籍は六年に一回つくること。十一月の上旬からはじめて，法に定めた書式に従ってつくること。里別に巻を分けること。写しをあわせて三通つくること。…二通は太政官に提出せよ。一通はその地域に置いておくこと。
- 兵役の任務は，都の警備は一年，辺境の防備は三年。都での任務は衛士と名付ける。…辺境防備の任務を［　A　］と名付ける。

時代③に出された法

- わが朝倉の城郭のほかには，領域内に城郭を構えさせてはならない。　（朝倉孝景条々）
- 武田氏の許可を受けずに，他地域へ物や手紙を送ることは，一切禁止する。　（［　B　］法度之次第）
- 今川氏の家臣の者は，勝手に他地域から嫁をとったり，婿を迎えたり，娘を他地域へ嫁として送ることは，今後は禁止とする。　（今川仮名目録）
- ⓐ守護の使いが立ち入れない土地のことについて…現在はすべて今川義元の力量によって地域支配の法を命じ，それでこの地域の平和が保たれている状態なので，守護（今川氏）の手が入ってはならないという主張は決して許されるものではない。…　（今川仮名目録）

時代④に出された法の説明

ⓑ仮名しか知らない者は，漢字に向かうと目が駄目になってしまうようなものだ。それゆえに，この法は仮名だけを知っている人が世間には多いのだから，ひろく人々に納得させやすいように，そうした武士の便宜のためにつくったというほどのものである。これによって京都の朝廷でのとりきめや律令の規定が少しでも改まるようなことはない。…京都の人々の中に，この法の制定について非難するものがあったならば，この趣旨をよく心得て伝えてほしい。…

問1　時代①～時代④を，古いものから順に正しく並べなさい。

問2　［A］にあてはまる語を，漢字２字で答えなさい。

問3　［B］にあてはまる地域名を，次のア～エの中から１つ選び，記号で答えなさい。

ア．奥州　　イ．甲州　　ウ．信州　　エ．遠州

問4　下線部ⓐについて，守護に関する説明として正しいものを，次のア～エの中から１つ選び，記号で答えなさい。

ア．源頼朝は1185年に，荘園ごとに守護を置いた。
イ．守護は都から派遣され，地方の豪族であった郡司を従えて政治を行った。
ウ．国司の権限を吸収し，守護大名となる者もいた。
エ．下剋上の世の中では，守護大名が成長して戦国大名となることはなかった。

問5　下線部ⓑに関連して，かな文字を使って書かれた書物を，次のア～エの中から１つ選び，記号で答えなさい。

ア．古今和歌集　　イ．日本書紀　　ウ．風土記　　エ．古事記

問6　次の先生と生徒の会話について，［C］・［D］にあてはまるものを次のページのア～オの中から記号で選び，［E］にあてはまる語句を答えなさい。

先生「法をみてみると，当時の国の様子が分かってきますね。①～④の時代で，それぞれ法がどこから出されているかに着目すると，何が分かりますか。」

生徒「4つの時代を比べると，①・②では法が[C]から出され，それに対して③・④では法が[D]から出されていることが分かります。」
先生「その通りです。そこから考えると，当時の国の様子として，どういったことが分かるでしょうか。」
生徒「③・④の時代では，日本という国が[E]ということができると思います。」
先生「そうですね。現在のような日本という国のあり方が，昔からずっと続いてきたというわけではないんですね。」
ア．朝廷　イ．幕府　ウ．地方政権　エ．1つのところ　オ．複数のところ

4 問1　次の年表は日本と世界の，統計に関する出来事をもとに作成したものである。年表と資料を参考にあとの問いに答えなさい。

年表

年	出来事	
1690年	他国との国力を比較した『政治算術』出版（イギリス）	
		A
1801年	ナポレオンが統計局を設置し政策に活用（フランス）	
		B
1871年	太政官に統計を管轄する部署が設置される（日本）	
		C
1885年	内閣制度ができ，内閣に統計局が設置される（日本）	
1916年	「統計の進歩改善に関する内閣訓令」が出る（日本）	D
1920年	日本初の国勢調査が実施される（日本）	
		E
1945年	戦争のため国勢調査を実施できず（日本）	

(1)　年表中のA～Eの5つの期間に起きた出来事を順不同に1つずつ挙げた次のア～オのうち，B・Cにあてはまるものをそれぞれ1つずつ選び，記号で答えなさい。
ア．征韓論を唱えて辞職した人々によって，政府に民撰議院設立の建白書が出された。
イ．政府が議会の承認なしに労働力や物資を動員できる国家総動員法が制定された。
ウ．日本の漂流民をのせてきたアメリカ商船モリソン号が，浦賀などで砲撃を受けた。
エ．大逆事件が起こり，幸徳秋水ら社会主義者が処刑された。
オ．松平定信が幕府の学問所で朱子学以外を講じることを禁止した。

資料Ⅰ

統計は，国家社会の様々な現象を観察し，その発達や消長の様子を明らかにするものであって，将来の施策の指針とすべきものであるのみならず，また，学術研究の基礎となるべきものである。単に数値を並べ，体裁を整えるだけで良しとすべきではない。その調査は，迅速で詳細かつ正確で実用に適したものである必要がある。官庁各種の統計報告年報等を作成するにあたっては，特にこの点に留意すべきである。

欧米列強の状況を見ると，皆各種統計を整備し，常に用意周到に計画を立てている。①欧州におけるこの度の戦争が終息すれば，必ず各国競って戦後の国家経営を計画し，自他の情勢を

比較検討して，民力の回復と国運の発展を図ることと考えられる。②我が国もまた各種統計の調査を的確にし，それによって列国が連なって進む世界情勢に対応する方法を議論することをぬかりなく行うことが必要である。この職務に就く者は，ますます統計のために力を尽くし，有能な官僚にこれを担当させ，調査のずさんな点を改め，詳細かつ正確な報告を心掛け，統計の進歩改善に努め，国務に役立てることを望む。

大正５年５月10日

内閣総理大臣　大隈重信

（「統計の進歩改善に関する内閣訓令」『官報』第1130号より一部改め）

(2)　下線部①の戦争について述べた次のア～カの中から正しいものを２つ選び，記号で答えなさい。

ア．この戦争中に，日本は中国に対して二十一か条の要求を出して受け入れさせた。

イ．ドイツによるポーランド侵攻が戦争のきっかけとなった。

ウ．背景としてイギリスなど三国同盟と，ドイツなど三国協商の対立があった。

エ．この戦争中にアウシュビッツなどの強制収容所で，多数のユダヤ人が殺害された。

オ．パリでこの戦争の講和会議が開催され，日本も参加した。

カ．戦争後，ウィルソンの提言でニューヨークを本部とする国際連盟が発足した。

(3)　下線部②に関連し，資料Ⅰに加えて次の資料Ⅱ・Ⅲも参考に，1920年に行われた第一回国勢調査について述べた文として正しいものを下のア～オの中から２つ選び，記号で答えなさい。

資料Ⅱ

…国の勢い社会《よ》の中の　実情《さま》を細かに調べ立て　政治経済学問の　基本《もと》ともならん国民の「氏名」「職業，仕事前」「出生地《うまれしところ》」「誕生日」「世帯の組織」「男女別」「配偶《つれあい》あるか独身《ひとりみ》か」「領土生まれの民なるか　余所《よそ》の国より来た人か」是《これ》等八つの事項《ことがら》を…「申告書《さだめのかみ》」にカキクケコ

大正九年十月の　一日午前正零時　大正九年十月の　一日午前正零時　人も寝入りて世の中も静かにチンと十二時を　打出す時の身の上を　其日《そのひ》の朝に書き出《いだ》す　「税金」「戸籍」「犯罪」や　「財産」などにかかわらぬ　大正維新世界的　いとも重要《だいじ》な事調べ　是ぞ皇国《みくに》の基本調査《もとしらべ》基の調べの無い国は　国とはいえどさりながら　半開未開野蛮国　欧米諸国逸《いち》早く　是の調査を幾度《いくたび》も　重ね重ねてかく迄《まで》に　進みに進み栄えに栄ゆ　進みゆく世《よ》界の為となり　御《み》代《よ》の御《み》栄《さかえ》我れ人の　為ともならん基本調査　いざやつくさん打ち連れて…

（調査実施直前に出された「国勢調査宣伝歌謡集」(1920年)より一部改め）

資料Ⅲ　第一回調査時の就業者の業種別割合

業種	A	B	商業	公務自由業	交通業	水産業	その他(無職含む)
割合(%)	51.6	19.4	11.6	5.3	3.8	2.0	6.3

ア．第一回調査実施当時，選挙権を持たなかった者は調査の対象外であった。

イ．国勢調査を実施することは欧米の国ぐにに並ぶ国力の育成につながると考えられた。

ウ．外国出身の人も調査の対象となっていたことがわかる。

エ．資料Ⅲ中のAは工業である。

オ．資料Ⅲ中のBは農業である。

問２　次のａ～ｃは，第８回(1955年)以降の国勢調査について説明したものである。古いものから順に正しく並べたものを次のページのア～カの中から１つ選び，記号で答えなさい。

ａ．この調査で初めて日本の総人口の減少が確認された。

b．この調査は返還後の沖縄を含んだ初めての調査となった。
c．この調査の翌年の『経済白書』に「もはや戦後ではない」と記述された。

ア．a→b→c　　イ．a→c→b　　ウ．b→a→c
エ．b→c→a　　オ．c→a→b　　カ．c→b→a

問３　かつての日本の諸統計には植民地等のものも含まれていた。資料Ⅳ・Ⅴを参考に資料中のDにあてはまる語を答えなさい。

資料Ⅳ　植民地関係統計

地域	人口(人)	米生産量(石)	甘蔗(千斤)	パルプ(円)
C	18,068,116	13,219,322	—	639,758
D	4,041,702	6,443,163	7,793,689	—
E	152,668	—	—	21,126,113

(『日本長期統計総覧』『明治大正国勢総覧』などより)

＊人口は外国人なども含む全在住人口
＊パルプ(紙の原料)の生産額は昭和４年，その他は大正13年の統計
＊１石は約180リットル，甘蔗はさとうきびで１斤は600グラム
＊—はデータなし

資料Ⅴ　帝国各部の面積割合

地域	本州	C	北海道	九州	D	E	四国	その他
面積割合(%)	33.5	32.5	11.7	6.0	5.4	5.1	2.7	3.1

(教科書『帝国地理　大正七年』より)

問４　中学校の歴史の授業のまとめとして，「戦後日本の経済と私たちの生活」というタイトルのレポートを作成することになった。そのレポートの中でグラフを用いて「バブル経済とその崩壊とはどのようなものだったか」を説明したい場合，次の４つのグラフのうちどれを使うのがもっとも適切か。次のア～エの中から１つ選び，記号で答えなさい。なお，４つのグラフはすべて日本に関するものである。

ア

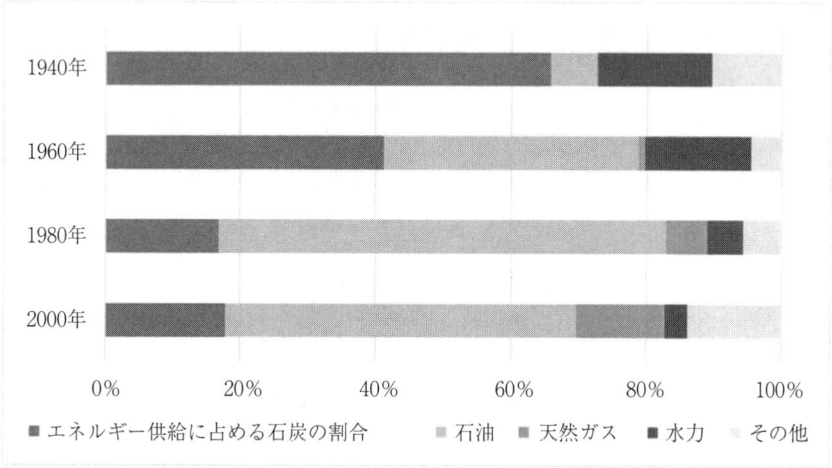

(資源エネルギー庁資料などより)

イ

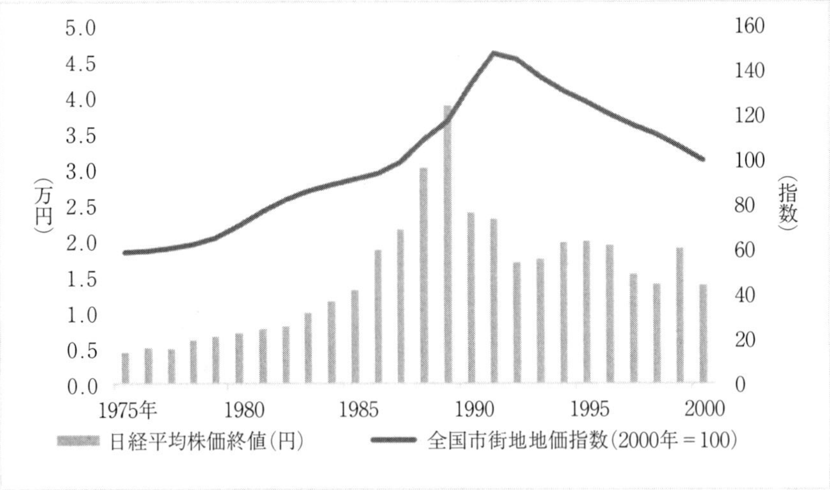

（総務省統計局資料，日経プロフィルなどより）

ウ

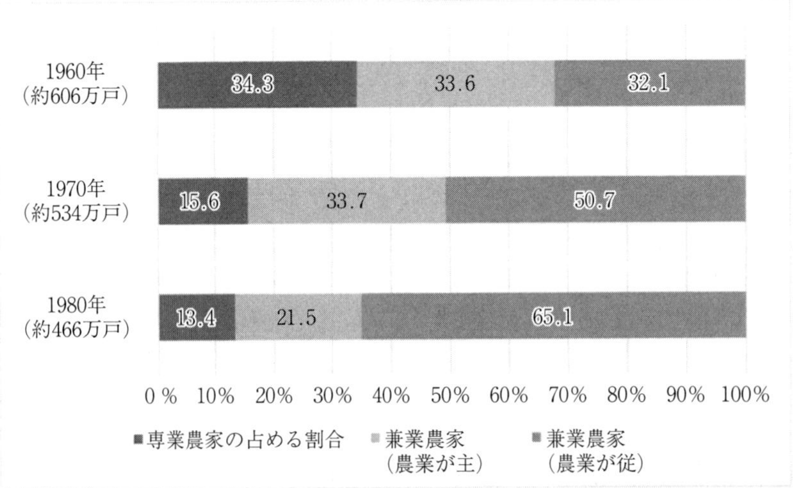

（農林水産省資料より）

エ

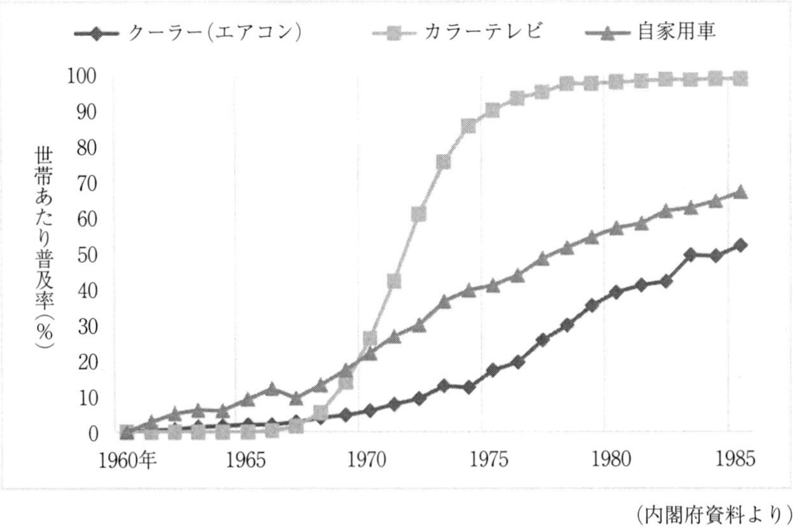

（内閣府資料より）

5 問1 次の日本国憲法の条文を読んで，あとの問いに答えなさい。

> 第24条 婚姻は，両性の［ A ］のみに基いて成立し，夫婦が同等の権利を有することを基本として，相互の協力により，維持されなければならない。
> 2 配偶者の選択，財産権，相続，住居の選定，離婚並びに婚姻及び家族に関するその他の事項に関しては，①法律は，［ B ］と②両性の本質的平等に立脚して，制定されなければならない。

(1) ［A］・［B］にあてはまる語句を答えなさい。

(2) 下線部①に関連して，現在の民法に関して誤っているものを，次のア～エの中から１つ選び，記号で答えなさい。

ア．相続については，子どもは性別・出生順位に関わりなく平等に相続することができる。

イ．未成年者が婚姻をする場合は，父母両方の同意が必要である。

ウ．現在は，男性は満18歳，女性は満16歳にならなければ，婚姻をすることができない。

エ．婚姻の際は，夫または妻のいずれかの姓にするように定められている。

(3) 下線部②に関連して，1979年に国際連合で採択された女性への差別を禁止する条約は何か，漢字８字で答えなさい。

問２ 次の図Ⅰ・Ⅱから読み取れることと現在の選挙制度について述べたａ～ｅの文が正しければ○，誤っていれば×をつけなさい。

図Ⅰ 選挙への関心(1958年)

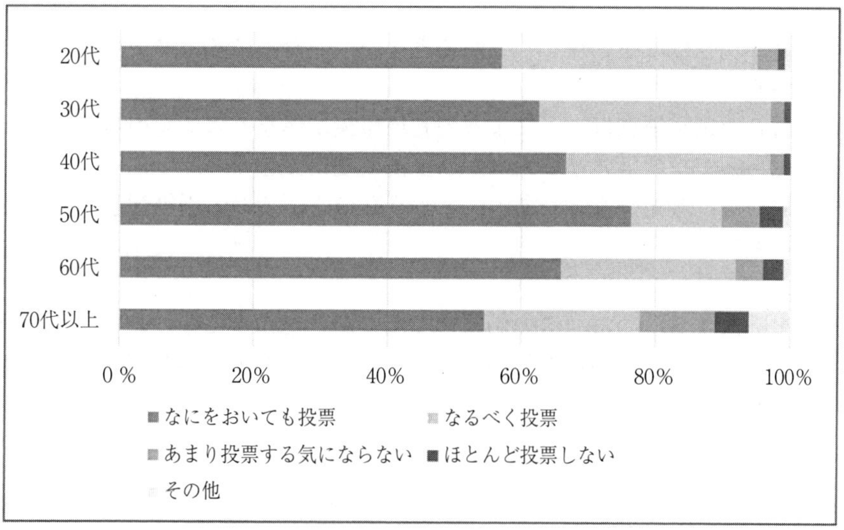

図Ⅱ　選挙への関心(2013年)

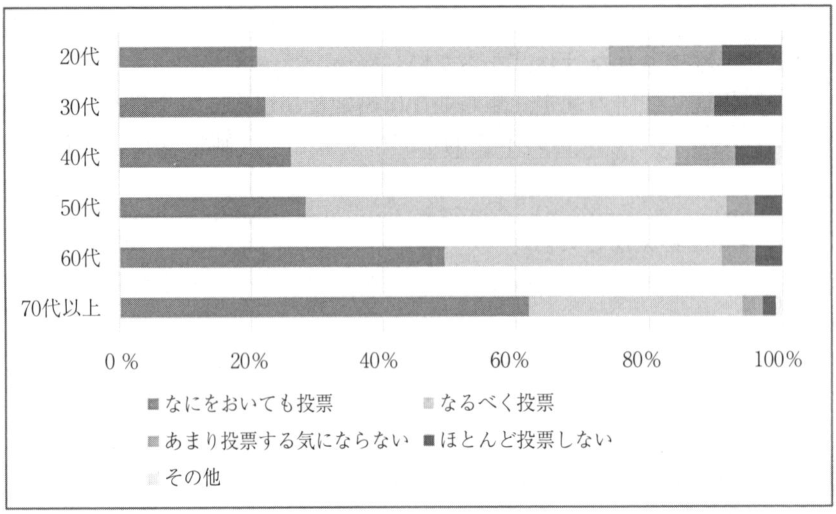

（統計数理研究所　第13次「日本人の国民性調査」より）

a．いずれの年齢層においても，「あまり投票する気にならない」人と「ほとんど投票しない」人を加えた割合は1958年よりも2013年の方が多い。

b．いずれの年齢層においても，「なるべく投票」したい人の割合は1958年に比べて2013年の方が多い。

c．ネット環境の整備が進み，現在は投票に行くことができない人のためにインターネットでの投票ができるようになっている。

d．インターネット等を利用した選挙運動は，人によって利用環境が異なるので認められていない。

e．現在は，投票日に予定があって投票できない人は，期日前に投票できる。

問３　選挙の原則には，秘密選挙，直接選挙などがある。このうちの１つである平等選挙の原則とはどのような原則か，説明しなさい。

6　問１　ある人が，商品を購入するために，この価格までだったら支払ってもいいと考える価格を留保価格と呼ぶ。例えば，ハンバーガーの留保価格が200円の人は，180円のハンバーガーは買うが，210円のハンバーガーは買わない。また，商品Ａに対する留保価格が a 円で，商品Ｂに対する留保価格が b 円のとき，ＡとＢのセットに対する留保価格は$(a+b)$円だとする。この前提に基づいて，下の文章の［Ａ］～［Ｇ］にあてはまる数値を答えなさい。

	ハンバーガーの留保価格	ジュースの留保価格
Ｘさん	300円	200円
Ｙくん	450円	150円

Ｘさんとワくんがハンバーガー店に入った。ＸさんとＹくんのハンバーガーとジュースの留保価格は右表の通りで，２人ともハンバーガーを２個以上買うことも，ジュースを２本以上買うこともないとする。

もしハンバーガー店が，ハンバーガーを300円，ジュースを100円で売るとすると，この２人に対する売上高(商品を売って得られた金額の合計)は［　Ａ　］円になる。

もしハンバーガー店が，ハンバーガーを400円，ジュースを100円で売ったとすると，この２人に対する売上高は［　Ｂ　］円になる。

もしハンバーガー店が，ハンバーガーを300円，ジュースを250円で売ったとすると，この２人に対する売上高は［　C　］円になる。

こう考えると，ハンバーガーとジュースを別々に売るとすれば，この２人に対する売上高を最大化するには，ハンバーガーを［　D　］円，ジュースを［　E　］円で売ればよい。この場合，この２人に対する売上高は［　F　］円になる。

しかし，ここでもし「ハンバーガー＋ジュース」のセットを考えて，このセットの価格を500円とすると，この２人に対する売上高は［　G　］円となる。

ハンバーガー店などで「セットメニュー」があることの理由はここにある。

問２　コンビニ店などでは，提示するとポイントがたまるポイント・カードを導入しているところが多い。ポイント・カードの使用により，店側は，誰が，いつ，どこで，何を，いくら支払って買ったかをデータとして入手・保存でき，それを利用することで売上高を伸ばすことができる。一方，消費者側は，ポイントをためることで，価格の割引を受けたり，特別なサービスを受けたりすることができる。消費者にとって「お得」に感じられることだが，それは［　H　］を店に売った代金と考えることができる。

⑴　波線部について，売上高を伸ばすためにデータをどう利用すればよいか，例をあげて説明しなさい。

⑵　［H］にあてはまる言葉を，次のア～オの中から１つ選び，記号で答えなさい。

ア．品質　　イ．利便性　　ウ．時間　　エ．情報　　オ．権利

問３　次の条文は，循環型社会形成推進基本法から抜粋したものである。

第１条　この法律は，［　I　］の基本理念にのっとり，循環型社会の形成について，基本原則を定め…もって現在及び将来の国民の健康で文化的な生活の確保に寄与することを目的とする。

第２条　この法律において「循環型社会」とは，製品等が廃棄物等となることが抑制され…もって天然資源の消費を抑制し，環境への負荷ができる限り低減される社会をいう。

⑴　［I］には，公害対策基本法が元となり，地球環境問題への対応も視野に入れて制定された法律名が入る。その法律名を答えなさい。

⑵　循環型社会形成推進基本法の背景には，国際連合を中心とする世界規模の動向がある。その動向に関連して，近年提唱されている行動指針の略称を次のア～オの中から１つ選び，記号で答えなさい。

ア．EPA　　イ．ODA　　ウ．PKO　　エ．SDGs　　オ．WTO

【理　科】（50分）〈満点：60点〉

（注意）　コンパスと定規を使用してはいけません。

1　A～Eは，日本国内の異なる地点である。冬至の日，A～Eの各地点で太陽の南中高度と南中時刻を調べたところ，右の表のようになった。また，E地点の夏至の日の南中高度は78.7°であった。次の(1)～(3)の問いに答えよ。

表

	A地点	B地点	C地点	D地点	E地点
冬至の日の南中高度	30.9°	31.9°	35.0°	33.0°	31.9°
冬至の日の南中時刻	11:35	11:38	12:20	12:13	11:58

(1)　次に示す記述にあてはまる地点はどこか。それぞれについて，A～Eからあてはまるものをすべて選び記号で答えよ。

①　緯度が同じである地点

②　冬至の日，太陽が出ている時間がもっとも長い地点

(2)　A地点の秋分の日の南中高度を求めよ。

(3)　B地点とE地点の経度の違いについて，B地点はE地点より何度西または，何度東の形で答えよ。

2　10Vの電源装置，豆電球A～C，抵抗器，電流計，電圧計を用いて図1～3の回路を組んだ。図1～3の豆電球Aと抵抗器は，同一のものを用いた。あとの(1)～(4)の問いに答えよ。

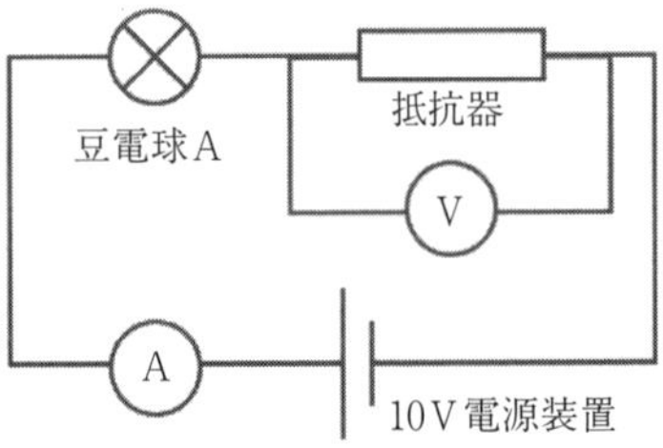

図1

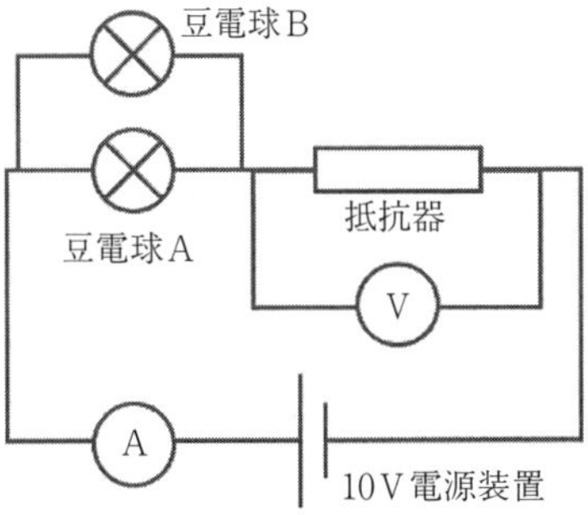

図2

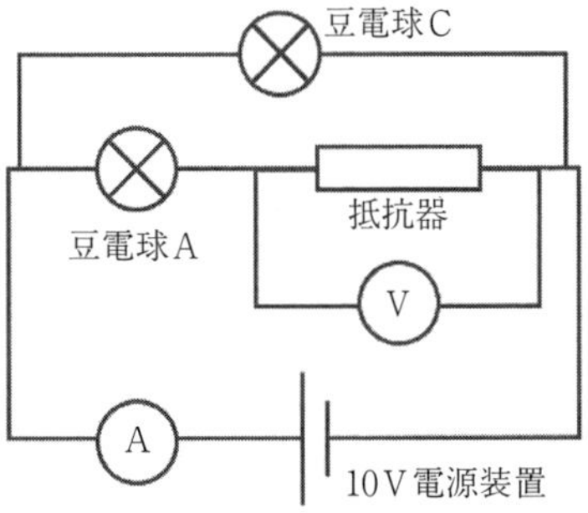

図3

(1)　図1の回路において，電流計は200mAを，電圧計は3.0Vを表示していた。抵抗器の抵抗は何Ωか。

(2)　図2の回路における電流計と電圧計の表示値について，図1のときと比べたものとして最も適切な組み合わせを，右のア～ケから1つ選び，記号で答えよ。

(3)　図3の回路における電流計と電圧計の表示値について，図1のときと比べたものとして最も適切なものを，(2)のア～ケから1つ選び，記号で答えよ。

	電流計の表示値	電圧計の表示値
ア	大きい	大きい
イ	大きい	等しい
ウ	大きい	小さい
エ	等しい	大きい
オ	等しい	等しい
カ	等しい	小さい
キ	小さい	大きい
ク	小さい	等しい
ケ	小さい	小さい

(4)　図1～図3の回路における豆電球Aの明るさを比べたとき，最も明るく光る豆電球Aはどの図のものか。最も適切なものを，次のア～クから1つ選び，記号で答えよ。

ア　図1　　イ　図2　　ウ　図3

エ　図1および図2　　オ　図2および図3　　カ　図1および図3

キ　どの図の豆電球Aも同じ明るさ

ク　判断するために必要な情報が足りない

3　次の文を読み，あとの(1)～(4)の問いに答えよ。

地球上には，さまざまなセキツイ動物が生息している。これらについて，呼吸のしかた・子のうまれ方・体表のようすで分けると，表の①～⑤のグループになった。

表

	呼吸のしかた	子のうまれ方	体表
①	肺呼吸	卵生	羽毛
②	肺呼吸	胎生	毛
③	えら呼吸(幼生) →肺呼吸(成体)	卵生	しめった皮膚
④	えら呼吸	卵生	うろこ
⑤	肺呼吸	卵生	うろこ

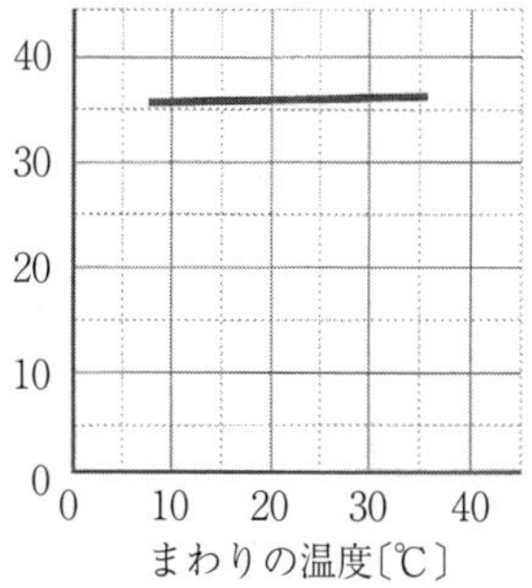

図

(1)　図は，まわりの温度と，あるセキツイ動物の体温の関係を表している。このグラフにあてはまる動物はどのグループか。表の①～⑤からあてはまるものをすべて選び，記号で答えよ。

(2)　(1)で答えたグループ以外の体温の変化を表すとしたらどのようになるか。解答用紙の図中に描け。

温度0℃から描く必要はないが，図を参考にし，その特徴がわかるように描くこと。

(3)　写真は，ドイツで中生代の地層から発見されたある生物の化石で，表の①と⑤の両方の特徴をもつ。その生物の名称をカタカナで答えよ。

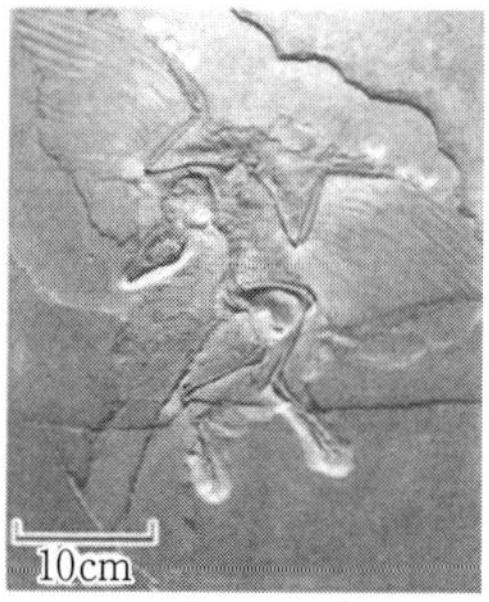

写真

(4)　表の②のグループについて，空を飛ぶ前あしは翼，水中を泳ぐ前あしはひれ，二足歩行をして道具を使う前あしはうで，というように前あしがもつはたらきは異なっていても，骨格を比べてみると基本的なつくりに共通点がある。このように，現在の形やはたらきは異なっていても，もとは同じと考えられるものを何というか。漢字4字で答えよ。

4　次の文を読み，あとの(1)～(4)の問いに答えよ。ただし，(3)，(4)に関しては解答欄の行数以内で述べよ。

赤色色素，*ショ糖，香料で構成された，かき氷用シロップ(以下，シロップとする)がある。このシロップに活性炭の粉末を混ぜてしばらく放置すると，活性炭が沈み，無色透明の水溶液になった。この上澄み液を口に入れてみたところ，シロップの香料のにおいがするショ糖水溶液であった。そこで，シロップを用いてできるだけ香料のにおいがしないショ糖水溶液を作ろうと，上の実験とは別に以下の2つの実験を行った。

＜実験1＞　シロップをろ過した。

＜実験2＞　シロップを図のような装置で加熱した。

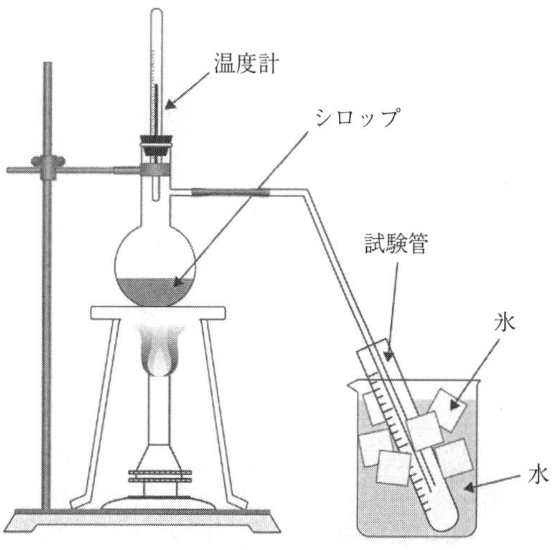

図

※ショ糖は砂糖の主成分である。

(1)　＜実験1＞において，ろ液に関して述べた次のページの文中の①～③について，それぞれ正しいものを1つ選び，記号で答えよ。

①(ア　赤色・イ　無色透明)で香料の②(ウ　においがする・エ　においがしない)， ③(オ　甘い味の・カ　甘い味のしない)水溶液であった。

(2)　＜実験２＞において，収集した試験管内の水溶液に関して述べた次の文中の④～⑥について，それぞれ正しいものを１つ選び，記号で答えよ。

④(ア　赤色・イ　無色透明)で香料の⑤(ウ　においがする・エ　においがしない)， ⑥(オ　甘い味の・カ　甘い味のしない)水溶液であった。

(3)　＜実験２＞のシロップの加熱を続けて，フラスコ内のシロップに含まれる水をすべて蒸発させて，ショ糖の結晶を得ようとした。どのような結果になるか，答えよ。

(4)　シロップを用いて無色で香料のにおいができるだけしないショ糖水溶液を作る方法を説明せよ。

5　次のＡ～Ｄの図は，気象庁のwebサイトにある天気図を一部改変したものである。あとの(1)～(3)の問いに答えよ。

A

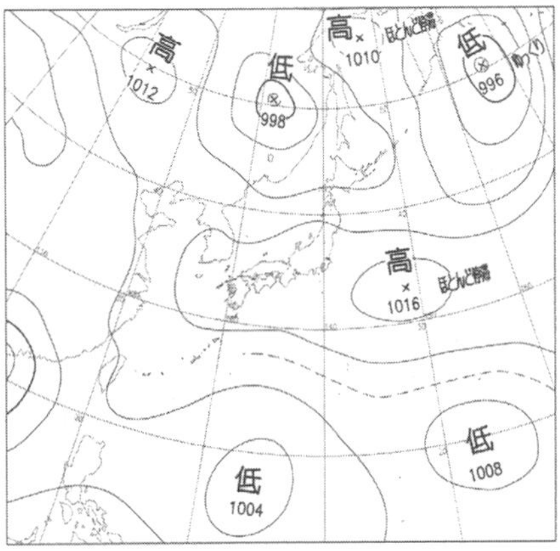

B

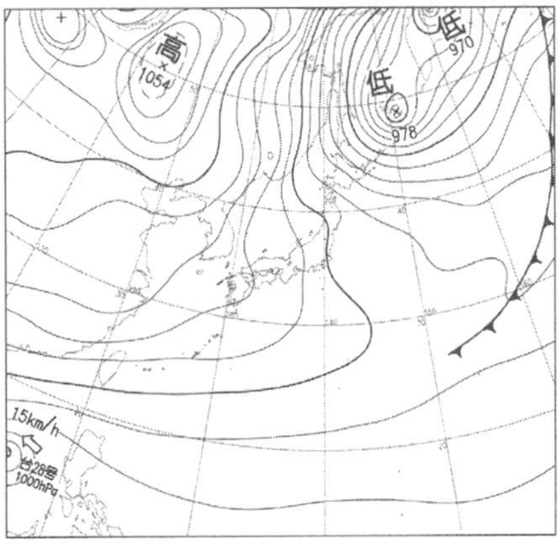

C

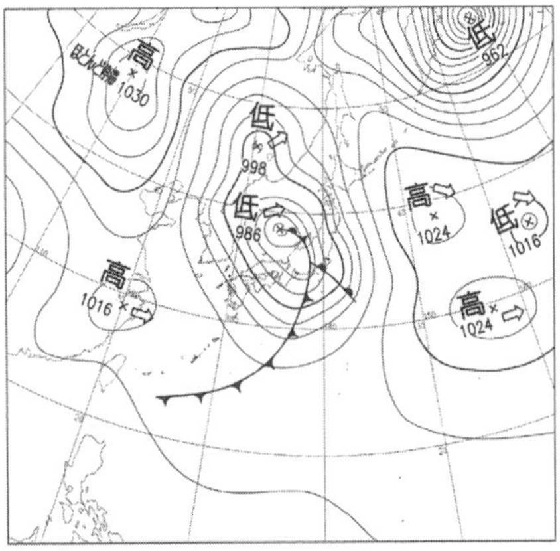

D

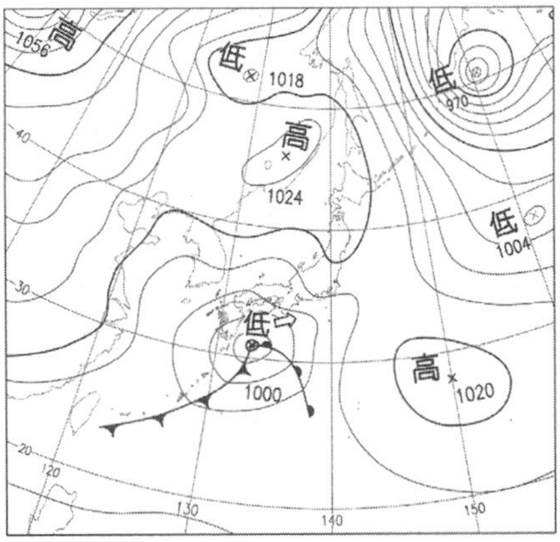

(1)　４つの天気図Ａ～Ｄの中で，東京に強い南風が吹くものはどれか。最も適切なものを１つ選び，記号で答えよ。

(2)　Ａは，ある季節によくみられる特徴的な天気図である。この季節の気象について述べた次のページのア～オから正しいものを２つ選び，記号で答えよ。

ア　南北の気団の間に前線が停滞し，雨天が続く。
イ　上空に寒気が入り込み，地上との気温差で不安定な大気になることがある。
ウ　関東地方は高気圧におおわれ晴天になるが，日本海側は雪が降ることが多い。
エ　関東地方は西から低気圧と高気圧が数日ごとに交互に訪れ，晴天は続かない。
オ　関東地方は高気圧におおわれ，晴天が続き猛暑になる。

(3)　1気圧は1013hPaである。Bの天気図で，日本の北西，ユーラシア大陸上に見られる高気圧は1054hPaであり，非常に発達している。この高気圧はどのような理由で発達したと考えられるか。適切なものを次のア～オから3つ選び，記号で答えよ。
ア　放射冷却によって，大陸上に寒気が蓄積されやすいため。
イ　地球温暖化がすすみ，大陸上に高気圧が発達しやすくなったため。
ウ　フェーン現象により，大陸上に高温の空気が吹き降りてくるため。
エ　ヒマラヤ山脈により，大陸上の寒気がせき止められやすいため。
オ　大陸の方が海洋よりもあたたまりやすく，冷えやすいため。

6　次の文を読み，あとの(1)～(4)の問いに答えよ。

図1のようにまさつのある水平な台の上に，糸をつけた直方体の物体Xを置いた。糸を滑車にかけて，おもりYをつるし，糸がたるまないようにYを手で支えた。このときおもりYの底面は高さ0.4mの位置にあった。次に，物体Xに記録テープをつけ，記録タイマーでXの運動を記録できるように準備した。

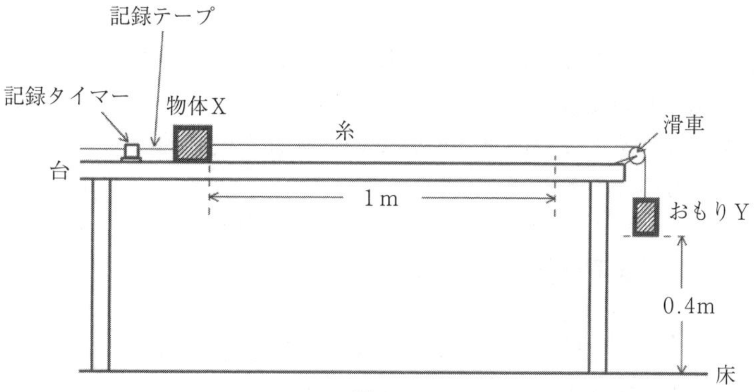

図1

おもりYから手を離したところ，Yは落下して床で弾むことなく静止し，物体Xは1m進んで静止した。図2のグラフは，この実験から得られた物体Xの速さと時間との関係を表している。

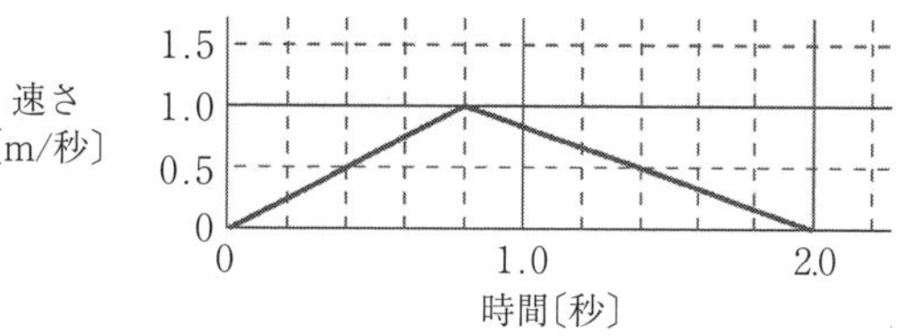

図2

(1)　おもりYが動き始めてから床に着くまで，Yの平均の速さは何m/秒か。

(2)　物体Xの運動を記録したテープのうち，おもりYが床に着いたあとの部分を模式的に表すとどうなるか。最も適切なものを次のア～エから1つ選び，記号で答えよ。

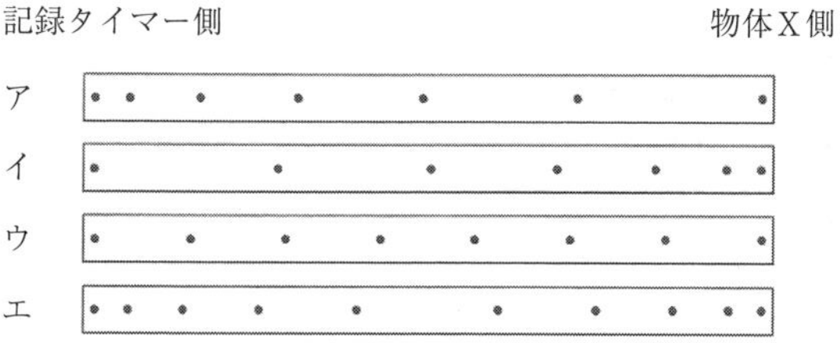

(3)　おもりYが動き始めてから床に着く直前までの間に，Yが受けている上向きの力の大きさをT，下向きの力の大きさをWとする。TとWの関係について正しく述べているものを，次のア～オから1つ選び，記号で答えよ。

ア　つねに$T>W$である。

イ　つねに$T=W$である。

ウ　つねに$T<W$である。

エ　最初は$T>W$で，途中から$T<W$になる。

オ　最初は$T<W$で，途中から$T>W$になる。

(4)　物体Xがこの台を滑るとき，まさつによって熱エネルギーが生じている。その熱エネルギーの源は，おもりYの位置エネルギーだと考えられる。

　おもりYが動き始めてから床に着く直前までの間に，次の①と②の量はどのように変化するか。あとの選択肢ア～ウからそれぞれ1つずつ選び，記号で答えよ。

①「Yの位置エネルギー」と「Yの運動エネルギー」の和

②「Yの位置エネルギー」と「Yの運動エネルギー」と「Xの運動エネルギー」の和

　選択肢　ア　減少する　　イ　変わらない　　ウ　増加する

7　通学路や校庭に見られる植物について，あとの(1)～(4)の問いに答えよ。

　図1は，イチョウの葉がついている部分を模式的に示したものである。

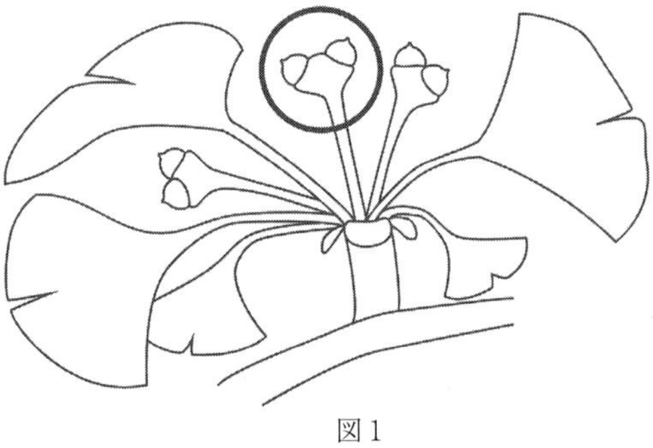

図1

(1)　イチョウの特徴について述べた次の文中のA，Bにあてはまる適切な語句を漢字で答えよ。また，Cはどちらか一方を選べ。

　[A] が [B] におおわれて [C いる・いない] 花をつけ，種子をつくって増える。

(2)　図1中に○で示したものは何か。最も適切なものを次のア～オから1つ選び，記号で答えよ。

ア　芽　　イ　種子　　ウ　花　　エ　果実　　オ　つぼみ

　図2のDは，イヌワラビの地上部を示したものである。Dの一部をちぎりとり，裏面を双眼実体顕微鏡で観察すると，EやFが見られた。

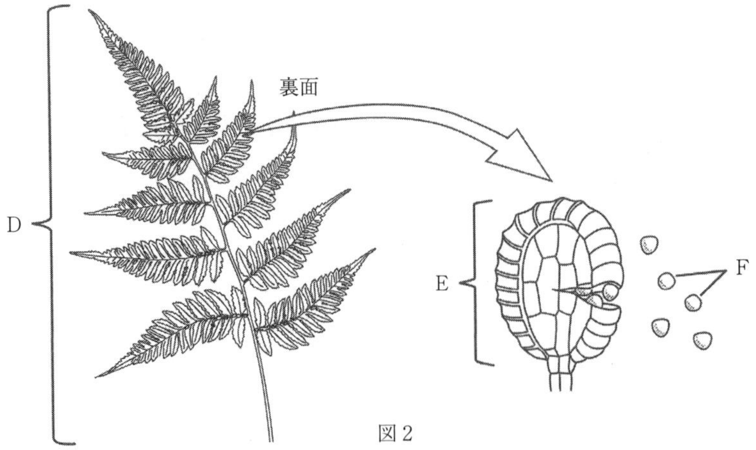

図2

⑶　イヌワラビの特徴について述べた文として適切なものを，次のア～キからすべて選び，記号で答えよ。
ア　シダ植物に分類される。
イ　根・茎・葉のはっきりとした区別がない。
ウ　維管束がある。
エ　根から有機物を吸収して成長する。
オ　からだ全体で有機物を吸収して成長する。
カ　光合成を行い，有機物を合成する。
キ　精子と卵の受精によって，種子をつくる。
⑷　図２のＤやＥの細胞の染色体数を調べると80本であったが，Ｆの染色体数は40本であった。ＥからＦができる過程で何が起こったと考えられるか，漢字４字で答えよ。また，Ｅの名称を答えよ。

8　次の文を読み，あとの⑴～⑷の問いに答えよ。

硫黄はいろいろな元素と結合して化合物を作ることが知られている。

ある金属Ｘの粉末と硫黄粉末とを混ぜて加熱すると，金属Ｘの原子と硫黄原子とが原子数比１：１で結合する。金属Ｘの質量を変えて，生成した化合物の質量を調べると右図のようになった。

別の金属Ｙの原子と硫黄原子も原子数比１：１で結合し，金属Ｙの質量と化合物の質量との関係は右図のようになる。

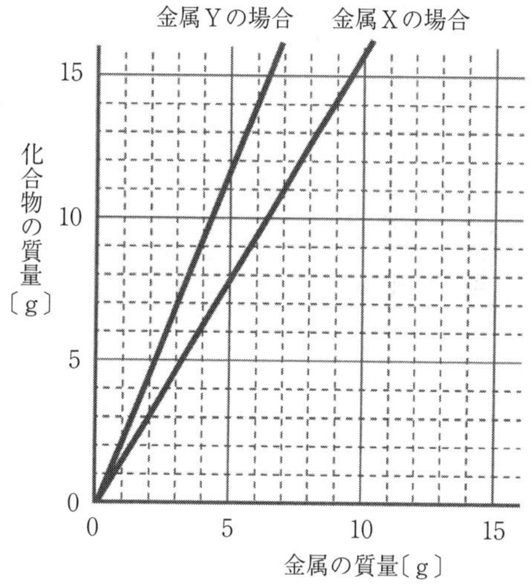

一方，ある元素Ａの原子と硫黄原子とは，原子数比１：２で結合して化合物Ｍを作る。この化合物Ｍに含まれる元素Ａと硫黄との質量比は３：16である。

化合物Ｍは充分な量の酸素を加えて点火すると完全に燃焼して，酸素ではない２種類の気体ＧとＨとが生成する。気体Ｇは無色透明でにおいはなく，石灰水に通すと石灰水が白濁する。気体Ｈは元素Ｂの原子と硫黄原子とが原子数比２：１，質量比１：１で結合している。

⑴　金属Ｘの原子１個の質量を x，金属Ｙの原子１個の質量を y，硫黄原子１個の質量を z とおく。それらの大小関係を表わす式として最も適切なものを次のア～カから１つ選び，記号で答えよ。

ア　$x>y>z$　　イ　$x>z>y$　　ウ　$y>x>z$
エ　$y>z>x$　　オ　$z>x>y$　　カ　$z>y>x$

⑵　元素Ａの原子１個の質量を a，硫黄原子１個の質量を z とおく。$a:z$ を最も簡単な整数比で答えよ。
⑶　気体Ｇの名称を答えよ。
⑷　19ｇの化合物Ｍに充分な量の酸素を加えて完全に燃焼させたとき，生成する気体Ｇの質量は何ｇか。小数第１位を四捨五入して整数で答えよ。

海の心情はどのようなものか。**五〇字以上六〇字以内**で説明しなさい。

問四 傍線部③「広海は松平から目をそらした」とあるが、それはなぜか。その説明として最も適切なものを次の中から一つ選び、記号で答えなさい。

ア 自分たち島民を見下す松平の楽しげな様子を見ているのが不快だったから。

イ 自分の考えが見抜かれてしまった動揺を松平に気づかれたくなかったから。

ウ 松平と自分とが同じ考えを持っていることがわかり、それが嫌だったから。

エ 松平の意見に反論したくなり、その言葉を落ち着いて考えようとしたから。

問五 傍線部④「まるでお面を脱ぐように、松平の顔から柔和な表情が消えた」とあるが、このときの松平の心情はどのようなものか。その説明として最も適切なものを次の中から一つ選び、記号で答えなさい。

ア しつこい問いかけにどう答えればよいのか言葉を失い、困惑した。

イ 核心を突く質問に余裕を失って、返事をする気力がなくなった。

ウ 子ども扱いしていた相手が急に歯向かってきたので、驚いた。

エ 自分の本心を見透かされたことに戸惑い、警戒心を強めた。

問六 傍線部⑤「ふくらんだ気持ちはするするとしぼんだ」とあるが、どのような気持ちがどうなったというのか。具体的に説明しなさい。

問七 本文の特徴についての説明として**適切でない**ものを次の中から一つ選び、記号で答えなさい。

ア 主人公の広海の視点から登場人物の心の動きを細かに描き出すことで、会話の運びに緊張感を持たせている。

イ 松平に対して真帆が物怖《ものお》じしない態度をとることで場面が展開し、それに伴って主人公の心情も変化している。

ウ 松平の不可解な言動を含めた様子を「魔女」と表現するなどして、彼女の存在を強く意識させるようになっている。

エ 簡単に予測できる安易なドラマ性を広海が心中で否定することにより、読者に問題の深刻さを伝えようとしている。

「なにも?」
不服そうな声を上げた真帆に、すましてうなずいている。ホテルにチェックインしたときの苦しげな表情とはうってかわって、泰然《たいぜん》と落ち着きはらっている。
「じゃあ、なんで」
広海は思わずさえぎった。目の前にいる松平ではなく、ロビーをつかつかと横切っていくはりねずみみたいに神経をとがらせた老女を、頭の中に再生する。
「なんで、ぴりぴりしてるんですか?」
松平の口もとがこわばった。手ごたえを感じ、広海はさらにたたみかけた。
「結局はこだわってるんじゃないですか」
④まるでお面を脱ぐように、松平の顔から柔和な表情が消えた。にらみつけてくる視線も、もうおそろしくはなかった。どちらかといえば快い。
「子どもが、えらそうに」
松平が吐き出すように言って、ぷいとそっぽを向いた。勝った、と広海は思った。晴れやかな気分で松平を見下ろす。白い髪がぺたんと頭にはりつき、骨ばった首筋にしみが浮いている。
びくつくことなんかなかった。ただの老人だ。魔法なんて使えない。確かめるように、自分に言い聞かせるように考えた。しかし考えれば考えるほど、どういうわけか、⑤ふくらんだ気持ちはするするとしぼんだ。ばつが悪くなってきて、広海は顔をそむけた。いつのまにか、空を染めていたピンク色は水で薄めたように淡くぼやけていた。天頂に細かい星が散らばっている。

（瀧羽麻子《たきわあさこ》「瀬戸内海の魔女」による）

[注]
＊荷物を運んで…広海はホテルで旅客の手荷物を運ぶ仕事をしている。
＊主任…ホテルでの広海の上司。
＊美術館…広海の勤めるホテルは美術館を併設している。
＊魔女…本文の前に、松平の表情や服装が広海に魔女を連想させたという主旨の記述がある。
＊オーシャンビュー…海の眺めが良いこと。
＊ホテル…いま松平が宿泊しているホテルではなく、かつて別の場所で経営していたホテルのこと。

問一　二重傍線部a「むこうみず」、b「毒気を抜かれた」の本文中での意味として最も適切なものを、それぞれ後の中から一つずつ選び、記号で答えなさい。

a 「むこうみず」
ア　後先を考えないこと
イ　反対を押し切ること
ウ　勇気をもって動くこと
エ　危険に気づかないこと

b 「毒気を抜かれた」
ア　安心して気分が軽くなった
イ　怒りが沈んで落ち着いた
ウ　拍子抜けして落胆した
エ　驚いて呆然《ぼうぜん》となった

問二　傍線部①「頬が紅潮しているのは夕日のせいだけではないだろう」とあるが、何のせいだというのか。その説明として最も適切なものを次の中から一つ選び、記号で答えなさい。
ア　松平の意地の悪さに思わずカッとなってしまったせいだということ。
イ　島をかばって反論したい気持ちが表情にあらわれたせいだということ。
ウ　年配の人に対して反論するためにひどく緊張しているせいだということ。
エ　ホテルの功績を丁寧に説明しようとする熱意が顔に出たせいだということ。

問三　傍線部②「広海は舌打ちをこらえ」とあるが、このときの広かった。顔を見あわせているふたりにはおかまいなしに、松平はひとりごとのように続ける。
「感謝したほうがいい。運がよかったんだ。他に島なんかいくらでもあるのに」
　ホテルは、とある大企業からの出資を受けて建てられた。瀬戸内海に浮かぶ小島は無数にあるのに、なぜ他でもないこの島に白羽の矢が立ったのか、広海は正確なところを知らない。なにか明確な理由があったなら、主任あたりが嬉々《きき》として教えてくれそうなものだから、松平の言うとおり、単に運がよかっただけなのかもしれない。
「あれは別に島が作ったものじゃない。ただ、外からきたものをまるごと受け入れただけで」
　松平の声はぞっとするほど冷ややかだった。
　ホテルやそこを訪れる人々をあれこれと批判しながらも、松平が本当に敵視しているものがなんなのか、広海はようやくはっきりと理解する。要するに松平は、見下しているのだ。この島と、ここで暮らしている人々を。
「わたしは、そうなりたくなかった」
　口調をがらりとあらためて、松平が言う。これまで聞いた中では一番の、言い換えればはじめてといってもいい、明るい声音《こわね》だった。
「絶対にそうなりたくなかった」
　広海と真帆を交互に見る。楽しげともいえる微笑《ほほえ》みを浮かべている。
「運とか好意とか、そういう不確かなものにばっかり頼ってないで、自分だけでうまくやりたかった」
　③広海は松平から目をそらした。夕日に照らされたホテルが、視界の隅で輝いている。
「他人の力を借りて、自分で成功した気になって、調子に乗るなんてみっともない。それなら失敗したほうがまだいい」
　なんだよそれ、と思う。なんなんだよ。危うく口にも出しそうになって、それは思いとどまった。なにを言っても、松平は気を悪くするどころか、笑みを深めそうな気がする。それにしても、どうしてこんなにいらいらするのか、自分でもわからない。広い外の世界に出て誰の力も借りずに勝負したいというのは、まさに広海の願いでもあるのに。
「＊ホテルを経営してるんでしたっけ？」
　真帆が我に返ったように聞いた。松平の声が表面上は穏やかなせいか、言葉遣いが抽象的で真意が伝わりづらかったのか、さっきのように腹を立てている様子はない。
「経営していた」
　松平が浅くうなずいた。
　先月、社長の座を後任に譲ってから、ひたすら時間が余るようになったという。たいくつそうな元社長を見かねた部下たちに、せっかくだからのんびり旅行でもしてきたらどうかとすすめられ、その気になった。ひとりだから身軽なものだ。海外にしようか国内にしようかと思案しているうちに、故郷の島のことをふっと思い出した。
「もう何十年も、完全に忘れてたのにね」
　肩をすくめる。
「ひまつぶしにはちょうどいいかと思って、来ることにした」
「どうですか、帰ってきてみた感想は？」
　真帆が足をぶらぶら前後に揺らしてたずねた。好意的な反応が期待できないのは明らかなのに、勇気があるというかこりないというか、広海はもはや感心してしまう。
　現実は、ドラマのようにはいかないのだ。これがドラマなら、ひねくれた老女は心優しい島の少年少女に感銘を受け、ひさびさになつかしいふるさとを訪れた喜びを素直に独白する。そして、少年たちに感謝しつつ、ほろ苦くもあたたかな郷愁《きょうしゅう》を胸に、すがすがしい気分で帰っていく。あるいはもっとわかりやすく、島に戻って余生を過ごそうと決意する、というのはやりすぎだろうか。
「別に、なにも」
　案の定、松平は鼻を鳴らした。

じめて気づいたかのように、しげしげと顔をのぞきこんでくる。
「値打ち？」
松平がゆっくりと繰り返した。声はさっきほどとがっていないけれど、からかうような試すような響きを聞きとって、広海の体はこわばった。
「あんたはそう思うんだ？　あそこで＊荷物を運んでやってるお客はみんな、値打ちがわかって来てるって思うんだね？」
口もとがゆがんでいる。笑っているのだと広海が気づくのに、少しかかった。
松平が自分を覚えていたらしいことにも、驚いた。到着してロビーへ入ってきたときに一瞬すれ違っただけなのに、どうして覚えられているのだろう。ひょっとして＊主任が言っていたように、無愛想すぎて目立っていたのか。それはまずい。かなりまずい。
「＊美術館だかなんだか知らないけど、ホテルなんて基本的に安心して眠れればそれでいいと思うけどね」
なにもかも見透かされている気がして、広海はますますたじろぐ。優等生ぶるな、と暗に戒められた感もある。やっぱり松平は＊魔女なのか。他人の心が読めるのか。
「まあ、お客はしかたないか。そうやってあおってるほうが問題だね。いりもしないものをごてごてくっつけて、あんなとんでもない値段をふっかけて」
言いたいことだけ言い終えると、言葉に詰まっている広海には目もくれず、松平は前に向き直ってすたすたと歩きはじめた。
動揺しながらも、いやでも矛盾《むじゅん》してるだろう、と広海はかろうじて胸の中で反論する。あざといと自らこきおろしているそのホテルで、松平は最高級のスイートルームにひとりで泊まり、シャンパンを注文している。文句があるなら、三つもベッドルームがある＊オーシャンビューの部屋なんかではなくて、そのへんの民宿に泊まればいい。いっそ親戚の家を訪ねてもいい。指摘してやりたいところだが、下手にはむかってまたやりこめられそうな気がして、とりあえず黙って後を追いかける。
「お客さんが満足してるんだから、いいじゃないですか？　何度も繰り返し来てくれるひとも多いみたいだし」
言い返したのは、真帆だった。右半分だけ見える横顔の、①頬が紅潮しているのは夕日のせいだけではないだろう。
好みというのは遺伝するのか、それとも育てかたのせいなのか、aむこうみずとも言える勢いでここへ移住してしまった両親の娘だけあって、真帆は本当に島のことが好きなのだった。
「それに、島に活気が出たのはホテルのおかげだってみんな言ってます。わたしたち、感謝してるんです。たくさんのひとに、ここがこんなにいいところだって知ってもらえたんだから」
ただし今回は相手が悪い。松平にとってこの島が「いいところ」だったとは思えない。もう帰ろう、と広海は念じる。こんなやつと話していてもいやな気持ちになるだけだ。別につきあう義理もない。
足をとめたのは、しかし真帆ではなく松平だった。腕を組み、真帆をじっと見据《みす》えている。どんなに辛辣《しんらつ》な返答をよこすのか、広海ははらはらして見守った。
「ちょっと疲れた。休みたい」
松平が一方的に宣言した。
ちょうど通り過ぎようとしていたバス停のベンチに近づいて、ぺたりと腰を下ろす。むきになりかけていた真帆もb毒気を抜かれたようで、おとなしく隣に座った。
「じゃあ、少しだけ」
つくづく自分勝手なばあさんだ。②広海は舌打ちをこらえ、自転車を停めた。年寄りのくせに、意地になって歩くからだ。このまま走り去ってしまえれば爽快だろうが、真帆の自転車でそんなことはできない。そもそも真帆を置き去りにはできない。
「そうかもしれない」
松平がぽつりとつぶやいた。
それがさっきの話の続きだとは、広海も真帆もとっさにわからないていたということ。

問三　傍線部③「個人的な実感として、音読が奴隷的な行為である、というのは非常に納得がいく」とあるが、筆者にとっては音読のどのような点が「奴隷的」なのか。二点にわけて説明しなさい。

問四　空欄[A]に当てはまる**二字**の語を、自分で考えて答えなさい。

問五　傍線部④「音読がむしろ快感だった」とあるが、その理由として最も適切なものを次の中から一つ選び、記号で答えなさい。

ア　他者の言葉は意味を正しく理解することが難しいものだが、自分で声に出して読むことでその意味が自然に頭の中に入り、黙読よりもすんなりと内容を読み取れるため。

イ　他者の言葉をそのまま発声する方が、自分の考えた言葉を口に出していくことよりもスムーズにできて、一時的であっても自分が吃音であることを感じなくてすむため。

ウ　自分の言葉で話そうとするとリズムよく話せないが、他者の言葉には自分の言葉にはないリズムがあり、それに乗って話すことで詰まることなく話せて楽しくなるため。

エ　自分で言葉をつないで発していくよりも、他者の構成した言葉を声に出す方が、間違えてもかまわないと割り切ってしまえるので、多少の吃音も気にならなくなるため。

問六　空欄[B]に当てはまる**一〇字以内**の表現を、自分で考えて答えなさい。

問七　傍線部⑤「字幕付きでしゃべっているような感覚」とあるが、ここでは何が字幕のような役割を果たしているか。本文中から**五字以内**で抜き出して答えなさい。

問八　傍線部⑥「しゃべれるほうが、変。」とあるが、この言葉に込められている意味として最も適切なものを次の中から一つ選び、記号で答えなさい。

ア　言葉を発することは、心の中に起こるさまざまな感情や考えを他者に伝える行為であり、すらすらと話せる方がものごとを深く捉えていないとも言えるのだということ。

イ　言葉を発することは、身体をうまく操ることで為《な》し得る営みであり、それを誰もが思い通りによどみなくできるのが当たり前だとする前提はおかしいのだということ。

ウ　言葉を発することは、吃音のない人からすると何の苦もなく行えることだが、吃音のある人にとっては、工夫や努力が必要な、困難を伴う辛い営みなのだということ。

エ　言葉を発することは、本来、自分の思っていることを自分の言葉で表現することであり、滑らかに話せるかどうかだけにとらわれてはいけないのだということ。

問九　破線部「西洋社会において黙読が発明されたのは」とあるが、日本語においては、何によって黙読がしやすくなっていると考えられるか。本文を踏まえつつ、自分で考えて答えなさい。ただし、スペースおよび句読点等の記号以外の例を考えること。

問十　二重傍線部a～cのカタカナを適切な漢字に改めなさい。

二

次の文章を読んで、後の問いに答えなさい。

中学生の広海は、瀬戸内海のとある島のホテルで接客係のアルバイトをしている。そのホテルには、松平ナミエという老女が宿泊していた。松平はその島を出てから五十年ぶりに戻ってきたという噂だったが、ホテルではなぜかいつも不機嫌な様子を見せていた。ある日、アルバイトの帰り道に同級生の真帆と会い、自転車で一緒に家に向かっていた広海は、車道わきにうずくまる松平を発見する。広海と真帆とでホテルに送り届けることになるが、その間、松平はホテルのことを意地悪くけなし続けるのだった。

「それだけの値打ちがあるんでしょう」

広海が言うと、松平はぱっと振り向いた。まるで広海の存在にはノもいる。

だが一方で、さらに話を聞いてみると、④音読がむしろ快感だった、という吃音当事者もいるのである。

彼らにとっては、音読はむしろ「自分の体の思い通りにならなさ」を忘れられるユートピアのような瞬間だった。他者の言葉に身を任せ、言うべき音を機械的に体から出していけばいい。私には信じがたいが、自分の体を明け渡すことが、解放になることもあるのだ。別の人格になりきって演技するように読むと、吃音が出ないという人もいる。

確かに、体のコントロールを手放すことによってうまくいく、ということは吃音にはしばしば見られる現象である。

たとえば歌。吃音の出方や捉え方は人によって実にさまざまだが、どんな症状の人でも、歌を歌っていると吃音が出ない、という一点においては一致する。歌がなくとも、単純な拍子だけでも効果は出る。いずれにせよ何らかのパターンやリズムがあると、ふだんはひどく吃音が出ている人であっても、それに乗せてしゃべればよいので、スムーズに言葉が出てくるのである。

あるいは、全員が教科書を持っていることが、むしろ安心につながるという当事者もいて驚いた。彼にとっては、音読の目的は「書かれているとおりに読むこと」ではなく、「　B　」なのである。だから、少しくらい自分の発音がまずくても、書いてあるのだから大丈夫だろう、と思える。おそらく、⑤字幕付きでしゃべっているような感覚なのだろう。

同じ吃音という苦労を抱えている人であったとしても、言葉と体の関係は人によってずいぶんと違っていて面白い。ひとくちに「音読」と言っても、言葉を体から出すために彼らがやっている行為そのものは、かなり違っている。

程度の差こそあれ、吃音でない人の多くにとっても、言葉と体の関係は一筋縄ではいかないはずだ。私は、さいきん出版した本の＊帯に、「⑥しゃべれるほうが、変。」というちょっと思い切った言葉を掲げた。この言葉に対しては驚くほどたくさんの反響をいただいたが、その多くは、吃音でない人たちからだった。

音読には、文の意味が生き生きと感じられる等メリットもあり、営みそのものを批判するつもりはない（もちろん、要望に応じて吃音のある生徒に配慮することは必要だが）。だが同時に、言葉と体の関係は一筋縄ではいかないことを、安心して話せる場が学校の中にあったら、どんなにか良かったろうと思う。言葉は言語活動であると同時に、それをあやつる体の問題でもあるのだから。

（伊藤《いとう》亜紗《あさ》「ままならない体と言葉」による。一部改）

［注］

＊スペース…空白。

＊碑文…石碑に刻んだ文。

＊アテレコ…アニメーション制作や外国映画の吹き替えの時、先に撮った映像に合わせて、後からセリフを録音すること。

＊吃音…言葉が滑らかに話せないこと。

＊手枷…刑罰のために手にはめて自由を奪う道具。

＊足枷…刑罰のために足にはめて自由を奪う道具。

＊帯…本の表紙の下方に巻く、内容の紹介や広告文を記した紙。

問一　傍線部①「自分の声を他者に貸す」とは具体的にはどうすることか。簡潔に説明しなさい。

問二　傍線部②「『アテレコ』された墓の声として聞いていた」とはどういうことか。その説明として最も適切なものを次の中から一つ選び、記号で答えなさい。

ア　まるで奴隷がグラウコス本人のしゃべる様子を再現しているかのように聞いていたということ。

イ　まるでグラウコスの魂が奴隷にのりうつってしゃべっているかのように聞いていたということ。

ウ　まるでグラウコスの墓そのものがしゃべっているかのように聞いていたということ。

エ　まるで墓石の下からグラウコスがよみがえったかのように聞

二〇二〇年度 筑波大学附属高等学校

【国語】（五〇分）〈満点：六〇点〉

注意　1. 字数制限のある設問は、句読点やその他の記号も一字として数えます。
2. 解答用紙の一行の枠には、二行以上書いてはいけません。
3. ＊印のついている語は、後に［注］があります。

一　次の文章を読んで、後の問いに答えなさい。

あまり知られていないが、aイッセツによれば、古代ギリシャにおいて、音読は奴隷の仕事だったそうだ。文字を扱うのは精神的な営みであり、したがって自由人の特権だと思われがちだ。だが、そうではなかったのだ。

前提として、西洋社会において黙読が発明されたのは、遅く見積もって紀元前五世紀とされている。それまでは＊スペースなしで文字が続けて書かれていたため、語の切れ目を把握するためには、声に出して読む必要があった。つまり書かれた文字から意味を取り出すためには、音読が必須だったのである。

たとえば旅人の一団が、荒れ果てた土地の一角に古い墓を見出《いだ》したとしよう。その碑には、何やら＊碑文が彫ってある。主人の命を受けた奴隷が前に進み出《い》で土埃《つちぼこり》を払い、その碑文を読み上げる。一団に聞こえるように大きな声で――「私はグラウコスの墓である。」

音読とは、何よりもまず、①自分の声を他者に貸す行為である。つまり、己の身体の自由を失うことである。

碑文を読む者は、自分ではしゃべることのできない墓に成り代わって、声を発している。しかも、現代ならば「これはグラウコスの墓である」と無生物主語で記すところ、当時は「私は」と一人称で記すのが普通だった。そこに居合わせた人々は、それを奴隷の声ではなく、②『＊アテレコ』された墓の声として聞いていたに違いない。

私はこの説が大好きである。専門家ではないので、この説の学問的な正しさを客観的に判断することはできないが、少なくとも③個人的な実感として、音読が奴隷的な行為である、というのは非常に納得がいく。やっぱりね！　音読に苦しんできた身としては、bツウカイこの上ない。

私は子供のころから＊吃音《きつおん》があった。大人になったいまでは症状は軽く、日常生活にcシショウはないが、それでも音読の機会があれば可能なかぎり避けたいと思う。

音読が苦しい理由は二つある。一つは、「言い換え」ができないこと。吃音のある人の多くが、つっかえそうな言葉に出会うと、同じ意味の別の言葉に言い換えて言う、という工夫をしている。たとえば「いのち」と言いたいけれど言えなそうだと感じたら、直前で「［A］」という語に変えて言うのだ。

音読の場合、当然ながら言い換えという手段は使えない。教室での音読では、全員が教科書という正解を持っている以上、書かれているのと違う言葉を発したらおかしなことになってしまう（が、私は小学校の頃にはあまりに苦しくて、音読でさえも言い換えをしていた。みんな不思議に思っていたことだろう）。

もう一つの理由は、より根本的なもので、「思ってもいないことを言う」つらさだ。心のなかは刻一刻と変化していて、さまざまな感情を抱いたり、考えがめぐったりする。音読をするためには、そういう自分のなかで起こっているうごめきを押し殺して、決められた言葉を体から出す、ということをしなければならない。まるで、＊手枷《てかせ》や＊足枷《あしかせ》をはめられているような気分だったのだ。

私以外の吃音当事者と話しても、音読が苦痛だったという人は多い。どうやって地獄を切り抜けたかという話は、吃音当事者定番の「あるあるネタ」である。わざと漢字が読めない振りをして、言いにくい単語を代わりに先生に発音してもらった、なんていうツワモ

英語解答

1 放送文未公表

2 問1 ア

問2 ブライアンが自分をからかい続けること。

問3 エ

問4 they think I'm too small to play well

問5 ウ　問6 イ　問7 ウ

問8 Turkish cake

問9 ① country ② bird ③ football ④ soccer

3 問1 ウ　問2 イ

問3 この日は自分のための日だから。

問4 book　問5 ア

問6 practical

問7 turn everything you touch to gold

問8 イ　問9 Photo　問10 エ

4 (1) (例)I want to develop medicine which〔that〕can save children suffering from diseases.

(2) (例)This tree was planted soon after I was born.

(3) (例)I'm looking forward to seeing the baby for the first time.

(4) (例)The speech made by the captain of the winning team was impressive.

1〔放送問題〕放送文未公表

2〔長文読解総合―物語〕

≪全訳≫❶僕は緊張しているが，自分の新しい6年生のクラスの前に先生と立って，ほほ笑もうとする。ゴメス先生が僕の肩に手を置く。❷「ハサン・イルマズさんを歓迎してください」と先生が言う。「ハサンはトルコの家からフロリダに引っ越してきたばかりです。今年はハサンからトルコについてたくさん学びましょう」❸「こんにちは」と僕はクラスに言う。自分の机まで歩いていくとき，他の子より大きい少年が，左手を口の下に持っていって変な風に指を動かす。❹「ゴロゴロ，ゴロゴロ」と彼は高い声で言う。何人かの生徒が笑う。彼はまたそれをやる。なぜこんな音を出しているかわからないけれど，僕にとっていいことではないのだろう。❺「そんなことをしてはいけません，ブライアン」とゴメス先生が怒った顔で言う。ブライアンは手を机に置く。❻その午前遅く，ゴメス先生はジミーと僕を机に呼ぶ。ジミーは，僕の前に座っている背が高くて痩せた少年だ。❼「ジミー」と先生が言う。「今週ハサンを手伝ってくれるかしら？　お昼のときにハサンと一緒に座って，お友達に紹介してあげてね」❽「もちろんです」とジミーは言った。「問題ありません」　彼が僕の方を向く。「僕は去年インドから引っ越してきたんだ。新しい国に引っ越すのが大変だってわかってるよ」❾「ありがとう」と僕は言う。席に戻るとまた音がする。「ゴロゴロ，ゴロゴロ。ゴロゴロ，ゴロゴロ」　今度は先生には聞こえない。(1)ブライアンが僕を指さして笑う。❿「なぜブライアンはあの音をたてるの？」と僕はジミーに尋ねる。⓫「アメリカでturkeyは，単に君の国の名前ではないんだ」と彼が言う。「感謝祭で食べる鳥の名前なのさ。ゴロゴロというのはその鳥が出す音だよ」⓬「そうか。感謝祭については読んだことがあるよ」と僕は言う。⓭「でも心配しないで。ブライアンのことはただ忘れたらいいさ」とジミーが言う。⓮その日の間中，ブライアンは僕に言い続ける。「ゴロゴロ，ゴロゴロ」　僕は落ち着こうとするが，迷惑がっているのが彼にはわかっている。⓯夕食のとき，僕は家族にブライアンとの問題について話す。⓰「ブライアンのことを気にとめなければいいのよ。すぐに飽きるわ」と10歳になる妹のファトマが言う。⓱「試したけど，うまくいかなかったんだ」と僕は言う。⓲「ハサン」と父が言う。「お前は賢い子だ。お前ならこの問題を解決するはずさ」⓳「見て」と母が言う。「サプライズがあるの。

あなたたちのためにこれをつくったのよ」　彼女は私たちの大好きなトルコケーキを見せてくれる。「わあ！」とファトマと僕は叫ぶ。食べているうちに甘い味が口いっぱいに広がり，故郷を思い出す。つかの間，僕の問題はとけてなくなる。20しかし，その残りの週の間，ブライアンは僕を見つけると必ず僕の耳元に「ゴロゴロ，ゴロゴロ」とささやきにやってくる。僕は腹が立ってくる。21月曜日はグラウンドで体育の授業がある。体育のウィルソン先生がサッカーをすると言う。サッカーというのは聞いたことがないけれど，先生がボールを持ち上げると，僕は興奮する。22「フットボールだ！」と僕は叫ぶ。23みんなは静まり返っている。僕は恥ずかしくなって言う。「トルコではフットボールと言うんです」24ウィルソン先生は言う。「そうだね，世界中の人たちはこのゲームをフットボールと呼んでいる。それがこのスポーツの最も一般的な名前だ。思い出させてくれてありがとう」25ウィルソン先生がキャプテンを２人選び，そして彼らがチームのメンバーを選ぶ。僕は最後に選ばれる。最後だ！　僕は驚く。トルコでは，たいてい最初に選ばれた。たぶん，(4)彼らは僕が小さすぎてうまくプレーできないと思っているのだ。26僕のキャプテンであるジュリアは，僕を指さしてから，ベンチを指さす。27「あなたを戻してあげるから」と彼女が言う。「私たちがリードしたらね」28彼女は僕のことをいい選手だと思っていない。ベンチに向かって歩いていると涙が出てくる。グラウンドではチームが試合を楽しんでいる。僕もただ座って待つなんてできない。僕はボールの袋からボールを引っ張り出すと，準備運動を始める。ジュリアが僕を呼び戻してくれたとき，準備ができた状態でいたいのだ。29ボールを膝から頭にのせる。それから，ボールを地面に落とさず足から足へとリフティングをする。急に試合が止まった。両方のチームが僕を見ている。彼らの口が開いている。１人の女子が叫ぶ。「(5)魔法みたい！」30「ねえ」とジュリアが僕に言う。「入って」31僕はグラウンドに走る。「スコアは３対３よ。早く１点取らないと」とジュリアが言う。ボールが投げ込まれると彼女はそれを取り，僕にパスをする。32２人の少年が僕の方へ走ってくる。僕は動かない。僕は待つ。彼らが十分に近づいたとき，僕は右にドリブルし，それから左にドリブルして，最初の男子を抜き去る。２人目の少年がボールを取ろうとするとき，僕は彼の股の間にボールを蹴って彼を抜く。今やゴールに向かってドリブルだ。33ゴールキーパーが僕を迎え撃とうと出てくる。ブライアンだ！34「ゴロゴロ，ゴロゴロ」と彼が言う。「お前のボールを止めることくらい朝飯前だぜ」35ブライアンがボールを蹴ろうと足を後ろに引くが，僕はすばやくボールを左に動かす。ブライアンは空振りする。僕は彼を抜いて，ゴールにボールを蹴り込む。36「ゴール！」とウィルソン先生が叫び，両手を上げる。僕のチームが歓声を上げる。何人かの選手が僕の背中を軽くたたく。37ちょうどそのとき，ウィルソン先生が言う。「タイム・アップ！」　先生が僕を見る。「君はうまいなあ」38僕はほほ笑み返す。僕がブライアンを見ると，彼は顔を背ける。39教室に戻る途中，ジュリアが来て言う。「ごめんなさい。あなたがあんなに上手だなんて知らなかったの」40「フットボール，つまりサッカーはトルコの国民的スポーツなんだ」と僕は言う。「僕らは歩けるようになったらすぐにサッカーをするんだよ」41「よくやったよ！」とジミーが言う。「もうゴロゴロを聞くことはないね」42放課後，僕はジュリアとジミーを家に招待する。彼らが僕のトルコの家と友人の写真を見ている間，僕は台所に駆け込む。母がトルコケーキの皿を持って僕を迎える。43「ありがとう，ママ」と僕は言ってほほ笑む。僕の新しい友達はこのご馳《ち》走《そう》を決して忘れないだろう。

問１＜適文選択＞この後のジミーの説明から，ブライアンは，Turkey「トルコ」から来たハサンを，turkey「七面鳥」の鳴きまねをしてからかっているのだとわかる。からかっているときの動作と考えられるのは，指をさして笑うというア。　point at ～「～を指さす」

問２＜指示語＞this problem「この問題」とは，第15段落にある my problem with Brian「ブライアンとの問題」のことである。ブライアンは七面鳥の鳴きまねをしてハサンをからかい続けている。

問3＜適語選択＞(3-A)の直後に，僕が「フットボール！」と叫んだのは，物語の後半からもわかるように僕はサッカーが得意だからと考えられる。これと合致するのは excited「興奮した」。
(3-B)サッカーのことを「フットボール」と言ってしまったがみんなからの反応がなく，この後フットボールと言った理由を言い訳のように説明している。このときの心境を表す最も適切な語は embarrassed「きまりの悪い，恥ずかしい」。

問4＜整序結合＞語群に too と to があることから，‘too ～ to …’「…するには～すぎる，～すぎて…できない」の構文で，I'm too small to play とし，well「上手に」を play の後に置く。このように思っているのはハサンを最後に選んだキャプテンたちなので，この前に they think を置けばよい。

問5＜適文選択＞ハサンがサッカーボールを巧みに扱っている場面。直前には「彼らの口が開いている」とあるので，それを見ていた誰もがその様子に驚き，見とれていたのである。

問6＜英文解釈＞下線部(6)は直訳すると「これは赤ん坊からキャンディーを取るようなものだ」。This は，話者であるブライアンから見たこれから起こること，つまり，「ハサンを止めること」を指す。この like は「～のような」を表す前置詞。「赤ちゃんからキャンディーを取る」とは，いとも簡単にできてしまう，朝飯前ということである。

問7＜文脈把握＞turn away は「離れた所を向く，顔を背ける」という意味。ハサンをからかっていたブライアンにとって，サッカーでハサンに負けたことは屈辱だったはずである。その気持ちを表すのはウ.「ブライアンは，ハサンがいい選手だとは言いたくないから」。

問8＜適語句補充＞空所の前にある a plate of ～ は「一皿の～」という意味。また空所後の最終段落の内容から，母親は何か特別な食べ物を持っていると推測できる。本文中に登場したそのような食べ物と言えば，ハサンの大好きな Turkish cake(第19段落3文目)である。

問9＜内容一致＞≪全訳≫こっちでわかったことを2つ教えるよ。まず，アメリカで turkey という言葉には2つの意味があるんだ。1つはもちろん僕たちの①国の名前だけど，②鳥にも使われているんだ。おもしろいね！　あと，アメリカでは③フットボールのことを何て呼ぶか知ってる？　③フットボールの代わりに④サッカーって言うんだよ。今日体育の授業でやったんだけれど，僕のチームが勝ったんだ！　僕がゴールを決めて，その試合で新しい友達ができたよ。
＜解説＞①・②第11段落第1，2文参照。turkey にはハサンたちの国である「トルコ」と，感謝祭で食べる「七面鳥」の2つの意味がある。　③・④call という動詞と instead of ～「～の代わりに」という語句から，アメリカとトルコで呼び名が異なるものに関する内容だと判断できる。第21～23段落参照。

3〔長文読解総合―物語〕

≪全訳≫❶スコットランドの人々は15歳になると，グランドウィザードの魔法本から魔法の呪文を1つ選び，それを学ぶことができる。15歳の誕生日の朝，僕はグランドウィザードの城に行く予定だ。自分の決断をする前に，5分間だけその本をざっと読むことができる。選ぶことができる呪文は数千とある。『どうやって決めればいいんだろう』と僕は思う。❷「ロン」　姉のメイは主張する。「あなたは実用的な呪文を選ぶべきよ」　こう言って，フォークで僕を指す。彼女の皿にはまだ蜂蜜のかかったパンケーキがある。❸「放っておけ」と父は新聞から目をそらさずに言う。「彼の決断だ。お前のじゃない」とつけ加える。❹僕は台所の天井を見上げる。『どうしたらいい？　誕生日まであと3日しかない！　もうすぐ決めないと』と思う。❺「Active！」　メイが突然大きな声で言う。彼女のナイフから腕と脚が現れ，ナイフがテーブルの周りをぐるぐると踊り始める。❻母は優しく笑う。数秒後，ナイフが床に落ちる。❼「ほらね」とメイは言う。「役に立たない！　ばかばかしい魔法よ！」❽メイはActiveという呪文を学んだ。彼女が小さな物に魔法の呪文を唱えると，それは踊り始める。ただし，それは数秒しか続かない。[9]友人のアンディはAssistという呪文を選んだ。1日に1回，彼はその言葉をつぶやくことができて，どんなテストの答えでも自分の文字の形でページに表れる。[10]「僕を信じろ，ロン」とアンディは言う。「この呪文は選ぶなよ」[11]学校の誰もがアンディの呪文を知っている。テストの日，先生は注意深く彼を見張るものだから，彼は緊張しすぎてベストを尽くすことができないのだ。[12]僕の両親は2人ともいい決断をした。父はLoveを選んだ。彼が「Love」とつぶやくと，20秒間誰でも引きつけることができるのだ。それで，父は母と結婚したから今幸せなのだ。母はPhotoを学んだ。彼女は週にたった1度その呪文を唱えることができる。そうすると，その瞬間が母の記憶に保存される。その瞬間の光景や音，そして気持ちまで覚えていることができるのだ。[13]「今週は呪文を使わないわ」と母が僕の髪を触りながら言う。「あなたの大切な日までね」[14]「すばらしいよ」と僕は言う。「僕は間違った選択をする。お母さんはそれを覚えておけるね」[15]「ロン！」と母は叱る。とても真剣な顔つきで。[16]僕は皿を見下ろして言う。「たとえ必死になったって，自分の決断に満足しないよ」[17]初めて姉が僕をかばう。「たぶん正しいわね」と彼女が言う。[18]大事な日がやってくると，僕はスーツを着て，父はネクタイを結ぶのを手伝ってくれる。僕たちはグランドウィザードの城に行く。巨大な古い城だ。黒いロングコートを着た男が，僕らを車まで出迎えに城から出てくる。そして彼は僕を城に導く。[19]両親は車の辺りで待たなくてはならない。それがルールで，僕はうれしい。『自分がどの呪文を選ぶか，両親には見られたくない』と思う。[20]「この日は両親のための日ではありません」と魔法使いが言う。『彼は僕の考えを読むことができるのか』と僕は自問する。彼は続ける。「あなたのための日です。緊張してはいけません」[21]『緊張するなって？　それで全部？』と僕は思う。何かうまいことを言おうとするが言えない。[22]しばらく歩くと，小さな暗い部屋にたどり着く。ろうそくだけで照らされている。大きな古い木の机がある。そこに大きな本がのっている。「いよいよだな」と僕はつぶやく。[23]「きっかり5分あります」と魔法使いが言う。「呪文を選んだら，大きな声で読んでください。選んだら，それが最終決定です。だから慎重に選ぶのです」[24]『魔法使いが言うのは簡単だ。彼はおそらく何百もの呪文を知っている。1つだけ選ぶ必要なんてない。(5)そんなの公平じゃない』と僕は思う。[25]時間がないので，ページにざっと目を通す。Birdcallという呪文がある。鳥を引き寄せる魔法だ。鳥は僕の肩や頭に短い間とまるだろう。僕は突然，姉の助言を思い出す。実用的なものを選ぶべきだ。[26]僕は数ページ飛ばし読みをする。Shineという呪文がある。これが人気だというのは知っている。靴も窓も数分で自然ときれいになるのだ。[27]「あとちょうど2分」　魔法使いが言う。「もし(7)触るもの全てを金に変える呪文をお探しなら，それは見つからないでしょう。これらは一般的な呪文なのです。あなたを金持ちにするものは何もありません」[28]ついに僕は欲しい呪文を見つけた。念のため続けてページに目を通すが，この呪文が一番だと気づく。[29]「時間です！」と魔法使いが言う。[30]車に戻ると，僕はほほ笑む。そうしたのは少なくとも3日ぶりだ。もう自分の決断について心配していない。たぶんもっといい呪文はあるけど，自分の選択に満足している。[31]「信じないと思うよ」と僕は両親に言う。「僕の選択を信じないと思うよ！」[32]「待て待て」と父が言う。「お前が何か言う前に，これを言わせてくれ。母さんと私はお前を誇りに思っているよ」[33]これ以上待てない。[34]「僕はClearを選んだよ」と僕は言う。[35]2人とも困惑しているようだ。あまり人気のある呪文ではないのだ。[36]「この呪文は，自分の決断の良い点と悪い点が全部もっとはっきりわかるように，人々を助けてくれるんだ。友達が呪文を選ぶとき，僕がこの言葉を唱えて助けてあげるのさ」[37]母はほほ笑み，僕の髪を触って言う。「このときがきたわ」彼女は言う。「Photo」

問1＜**適語選択**＞空所を含む文の主語 it が受けているのは前の文の dancing。メイの呪文によって踊り始めたナイフは数秒後には床に落ちてしまっていることから，その踊りは数秒しか続かないことがわかる。この last は動詞で「続く」という意味。

問２＜適語選択＞直前のロンの言葉に注目。自分の大切な決断に対してロンが投げやりな態度をとったため，母親が叱ったのである。

問３＜文脈把握＞第20段落参照。「彼は僕の考えを読むことができるのか」とあるので，魔法使いの言った言葉が下線部(3)のロンの気持ちを代弁していると考えられる。「この日は両親のための日ではない」ということは，「自分のための日」だということ。

問４＜適語補充＞空所を含む文にある it は，前の文にある a large old wooden desk を受けると考えられるので，大きな古い机の上にあった物を考える。この後に続く描写から，第１段落の they can choose a single spell from the spell book ..., I can look through the book for only five minutes の説明のとおりに，ロンは呪文の本を見て，自分の呪文を決めようとしていることがわかる。この sit は「(物が)置いてある」という意味。

問５＜適文選択＞直前３文の内容をまとめる発言となるアが適切。つまり，魔法使いから指示を受けたロンは，いくつもの呪文を知っていて１つを選ぶ必要のない魔法使いと自分を比べて，「それは公平ではない」と思ったのである。

問６＜適語補充＞直前の文に my sister's advice とある。第２段落第１文に you should choose a practical spell というメイの助言がある。　practical「実用的な」

問７＜整序結合＞第27段落最終文に「あなたを金持ちにするものは何もありません」とあることから，それと近い主旨の文になると推測できる。語群の turn と to から，'turn A to B'「AをBに変える」の文であると考え，'B' は gold，'A' は everything you touch とまとめる。

問８＜文脈把握＞第30，31段落では，満足のいく呪文を自分で選んだロンの喜びが伝わってくる。父親の言葉は，この様子を受けてのものだと考えられるので，イ．「ロンが自分自身の呪文を選ぶことができた」が適切。父親はこの時点ではロンが何の呪文を選んだか知らないので，エは不可。

問９＜適語補充＞直前の This is the moment. は，「今がそのときだ」というような意味。第13段落で母親は，息子の大切な日まで自分の呪文は使わないと言っている。母親は，ロンが自分の呪文を決めた今が，自分の Photo という呪文を唱えるときだと判断したのである。

問10＜内容真偽＞ア．「メイはいつも弟に賛成せず，決して弟を助けない」…×　第17段落参照。　イ．「アンディの先生はテストの日，アンディが問題に答えるのを手伝っている」…×　第11段落最終文参照。　ウ．「ロンの母親は全ての瞬間を覚えておくために写真を撮る」…×　第12段落後半参照。実際に写真を撮るわけではない。　エ．「ロンの父親は，短い時間誰かを引きつけることができる」…○　第12段落第３文に一致する。

４〔和文英訳―完全記述〕

(1)「～を開発する」は develop，「病気」は disease。「～で苦しむ」は suffer from ～。「苦しんでいる子ども達」は解答例のように現在分詞の形容詞的用法だけでなく，主格の関係代名詞を用いてもよい。

(2)「植えられた」なので，受け身の文にする。「～してすぐ」は soon after ～ や shortly after ～ などで表せる。

(3)「～を楽しみにしている」は be looking forward to ～ で表せる。この to は前置詞なので，動詞が続く場合は動名詞(～ing)になることに注意。「初めて」は for the first time。

(4)「印象的」は impressive で表せる。「優勝チームのキャプテンのスピーチ」は，「優勝チームのキャプテンによって行われたスピーチ」と考え，The speech made by the captain of the winning team などとまとめる。

数学解答

1 (1) ①-ア…4　①-イ…$\frac{5}{18}$　②…$\frac{2}{9}$

(2) 4，9，25

2 (1) 8，12　(2) 4

(3) $\frac{7}{3} \leqq x \leqq 4$，$x=5$，$x=\frac{19}{2}$

3 (1) △BHD，△ACD，△AHE のうちの2つ

(2) $\frac{5}{2}$　(3) 60

4 (1) $2+\sqrt{3}$

(2) ⑪-ア…AB　⑪-イ…$6\sqrt{3}-10$

(3) $\frac{19+11\sqrt{3}}{40}$

5 (1) 15　(2) (2，6)，(3，5)

1〔確率─さいころ〕

(1)<**確率**>2個のさいころをA，Bとする。AとBを投げるときの目の出方は，全部で$6\times6=36$(通り)あり，それぞれの目の出方における出た目の積aの値は右表1のようになる。このときのaの正の約数の個数は右下表2のようになる。aの正の約数の個数が4個となる場合が10通りで最も多いので，確率は最も大きくなり，その確率は$\frac{10}{36}=\frac{5}{18}$である。また，$a$の正の約数の個数が奇数個となるのは，約数の個数が1個，3個，5個，9個となる場合で8通りあるから，aの正の約数の個数が奇数個となる確率は$\frac{8}{36}=\frac{2}{9}$である。

表1　aの値

A＼B	1	2	3	4	5	6
1	1	2	3	4	5	6
2	2	4	6	8	10	12
3	3	6	9	12	15	18
4	4	8	12	16	20	24
5	5	10	15	20	25	30
6	6	12	18	24	30	36

表2　aの正の約数の個数

A＼B	1	2	3	4	5	6
1	1	2	2	3	2	4
2	2	3	4	4	4	6
3	2	4	3	6	4	6
4	3	4	6	5	6	8
5	2	4	4	6	3	8
6	4	6	6	8	8	9

(2)<**積**>aの正の約数の個数が3個になるのは，aが素数の2乗となるときである。さいころの目は，1，2，3，$4=2^2$，5，$6=2\times3$だから，素数の2乗となるaの値は$2^2=4$，$3^2=9$，$5^2=25$が考えられる。このようになるさいころの目の組は，(1，2，2)，(1，3，3)，(1，5，5)があるので，求めるaの値は4，9，25である。

2〔関数─関数と図形・運動〕

≪**基本方針の決定**≫(2)，(3)　3点P，Q，Rの動きをグラフに表してみる。

(1)<**時間**>右図1で，3点P，Q，Rの速さはそれぞれ毎秒3cm，毎秒2cm，毎秒1cmだから，$(3+4+5)\div3=4$，$12\div2=6$，$12\div1=12$より，最初の位置に戻るのに，点Pは4秒，点Qは6秒，点Rは12秒かかる。4と6と12の最小公倍数は12だから，3点P，Q，Rが同時に最初の位置に戻るのは12秒後である。点Rは12秒で△ABCの周上を1周するので，3点P，Q，Rがつくる三角形が△ABCと合同になるとき，点Rは頂点Aか頂点Bにある。点Rが頂点Aにあるのは$5\div1=5$(秒)後，頂点Bにあるのは$(5+3)\div1=8$(秒)後である。5秒後は，点Qは$2\times5=10$(cm)進み，$10=4+5+1$だから，点Qは辺AB上にあり，AQ＝1(cm)である。これより，3点P，Q，Rがつくる三角形は△ABCと合同にならない。8秒後は，$3\times8=24=12\times2$，$2\times8=16=12+4$より，点Pは頂点Aに，点Qは頂点Cにあり，△ABCと合同になる。以上より，求めるxの値は，$x=8$，12である。

図1

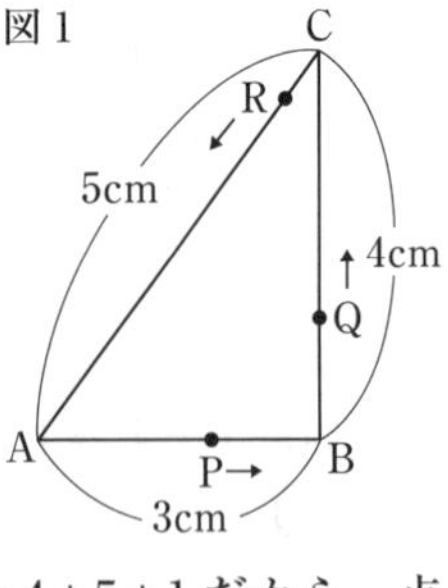

(2)<**2点が重なる回数**>出発してからx秒後の3点P，Q，Rの，△ABCの周に沿った頂点Aからの距離を$y$cmとして，xとyの関係をグラフに表すと，次ページの図2のようになる。3点P，Q，Rのうち2つの点が重なるのは，2つのグラフが交わるときだから，点K，点L，点M，点N

の4回ある。

図2

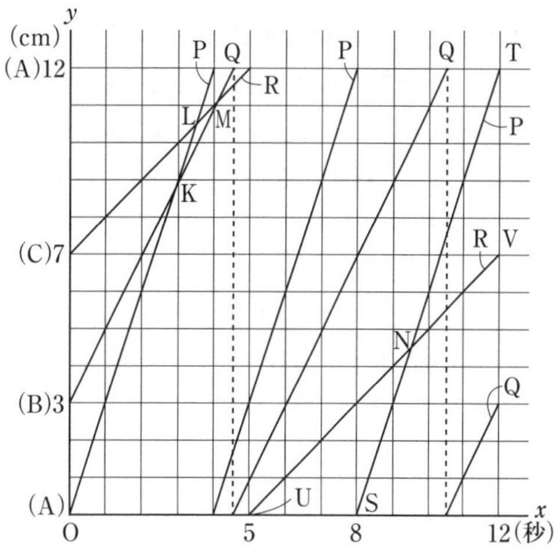

(3)＜**時間**＞3点P，Q，Rが三角形をつくらないのは，3点が同じ辺上にあるときと，2点以上が重なるときである。右図2で，点Pが初めて頂点Cを通ってから頂点Aに着くまでは，3点P，Q，Rは辺CA上にある。点Pが初めて頂点Cを通るのは$(3+4)\div3=\frac{7}{3}$(秒)後，頂点Aに着くのは4秒後だから，$\frac{7}{3}\leqq x\leqq4$のとき，三角形をつくらない。また，$x=5$のとき，3点P，Q，Rは辺AB上にあり，三角形をつくらない。(2)より，2点が重なることを表す点は点K，点L，点M，点Nで，このうち3点K，L，Mは$\frac{7}{3}\leqq x\leqq4$に含まれる。図2のように，4点S，T，U，Vを定めると，点Nは直線STと直線UVの交点となる。直線STの傾きは3だから，直線STの式は$y=3x+b$とおける。これが点(8, 0)を通ることより，$0=24+b$，$b=-24$となり，直線STの式は$y=3x-24$である。直線UVの傾きは1だから，直線UVの式は$y=x+b'$とおける。これが点(5, 0)を通るから，$0=5+b'$，$b'=-5$となり，直線UVの式は$y=x-5$である。この2式より，$3x-24=x-5$，$2x=19$，$x=\frac{19}{2}$となる。以上より，3点P，Q，Rが三角形をつくらない時間は，$\frac{7}{3}\leqq x\leqq4$，$x=5$，$x=\frac{19}{2}$である。

3 〔平面図形―三角形〕

≪**基本方針の決定**≫(2)　∠BAE＝45°であることに着目する。　(3)　三角形の相似を利用する。

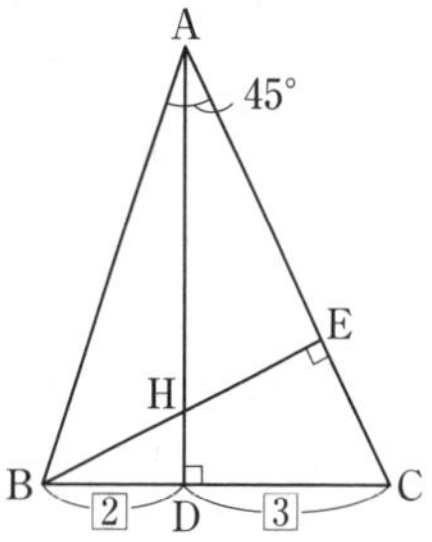

(1)＜**相似な三角形**＞右図で，∠BDH＝∠BEC＝90°，∠HBD＝∠CBEより，△BHD∽△BCEである。また，∠ADC＝∠BEC＝90°，∠ACD＝∠BCEより，△ACD∽△BCEである。さらに，△ACD∽△BCEより，∠HAE＝∠CBEであり，∠AEH＝∠BEC＝90°だから，△AHE∽△BCEである。以上より，△BCEと相似な三角形は△BHD，△ACD，△AHEである。

(2)＜**長さの比―合同**＞右図で，(1)より，△AHE∽△BCEである。また，∠BEA＝90°，∠BAE＝45°より，△ABEは直角二等辺三角形だから，AE＝BEである。よって，△AHE≡△BCEとなるから，AH＝BCである。また，BD：DC＝2：3より，$\mathrm{BC}=\frac{2+3}{2}\mathrm{BD}=\frac{5}{2}\mathrm{BD}$である。したがって，$\mathrm{AH}=\frac{5}{2}\mathrm{BD}$となり，線分AHの長さは線分BDの長さの$\frac{5}{2}$倍である。

(3)＜**面積―相似**＞右上図で，(1)より，△BHD∽△ACDとなるから，HD：CD＝BD：ADである。AD＝x(cm)とおくと，HD＝AD－AH＝$x-10$と表せる。また，BC＝AH＝10だから，$\mathrm{BD}=\frac{2}{2+3}\mathrm{BC}=\frac{2}{5}\times10=4$，CD＝BC－BD＝10－4＝6となる。よって，$(x-10):6=4:x$が成り立ち，これを解くと，$(x-10)\times x=6\times4$より，$x^2-10x-24=0$，$(x-12)(x+2)=0$　$\therefore x=12,\ -2$　$x>10$だから，$x=12$となり，$\triangle\mathrm{ABC}=\frac{1}{2}\times10\times12=60(\mathrm{cm}^2)$となる。

4 〔空間図形―球〕

(1)＜**長さ―特別な直角三角形**＞右図1，2のように，球と箱の面との接点と球の中心，球の中心どうしを結び，点I～点Pを定める。図1で，$\angle AIJ=\angle IJD=90^\circ$となるから，四角形AIJDは長方形であり，$AD=IJ=4r$である。図2で，$OL=LN=NO=4\times2=8$より，△OLNは正三角形であり，点Mは辺LNの中点だから，△OLMは3辺の比が$1:2:\sqrt{3}$の直角三角形である。よって，$MO=\sqrt{3}LM=\sqrt{3}\times4=4\sqrt{3}$だから，$EH=KL+MO+OP=4+4\sqrt{3}+4=8+4\sqrt{3}$である。$AD=EH$だから，$4r=8+4\sqrt{3}$より，$r=2+\sqrt{3}$となる。

図1

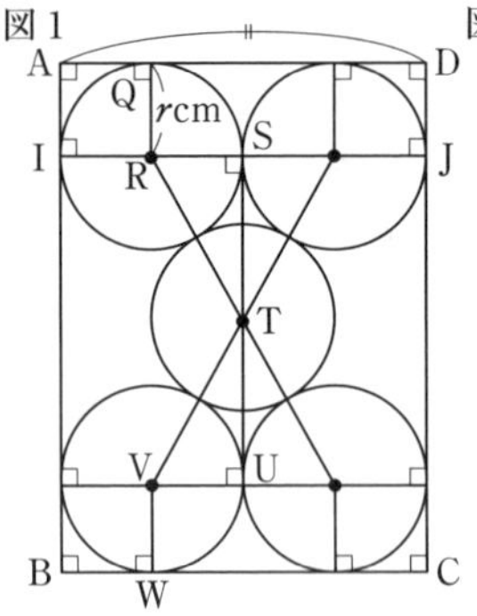

図2

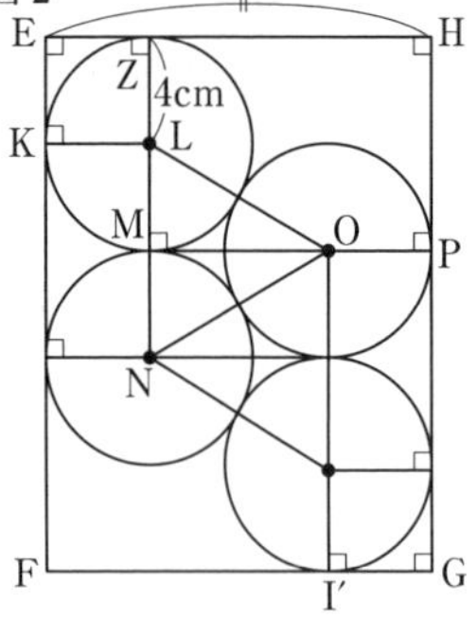

(2)＜**長さの差―特別な直角三角形**＞右上図1，2のように，点Q～点W，点Z，点I′を定める。図1で，(1)と同様にして，$ST=TU=\sqrt{3}RS=\sqrt{3}r$だから，$AB=QR+ST+TU+VW=r+\sqrt{3}r+\sqrt{3}r+r=2r+2\sqrt{3}r=(2+2\sqrt{3})r=(2+2\sqrt{3})(2+\sqrt{3})=10+6\sqrt{3}$である。また，図2で，$EF=ZM+OI'=4\times2+4\times3=20$である。$10<6\sqrt{3}<11$より，$20<10+6\sqrt{3}<21$だから，$10+6\sqrt{3}>20$となる。よって，辺ABの方が辺EFより$(10+6\sqrt{3})-20=6\sqrt{3}-10$(cm)長い。

(3)＜**体積比―相似**＞右図3のように，同じ大きさの4個の球を互いに接するように組み合わせた立体は全て相似だから，高さの比は半径の比と等しい。よって，箱Xと箱Yの高さの比は$r:4$だから，箱Xの高さは箱Yの高さの，$\dfrac{r}{4}=\dfrac{2+\sqrt{3}}{4}$(倍)である。また，右上図1，2で，$AD=EH$であり，辺ABの長さは辺EFの長さの$\dfrac{10+6\sqrt{3}}{20}=\dfrac{5+3\sqrt{3}}{10}$(倍)だから，長方形ABCDの面積は長方形EFGHの面積の$\dfrac{5+3\sqrt{3}}{10}$倍となる。よって，箱Xの体積は箱Yの体積の，$\dfrac{5+3\sqrt{3}}{10}\times\dfrac{2+\sqrt{3}}{4}=\dfrac{19+11\sqrt{3}}{40}$(倍)である。

図3

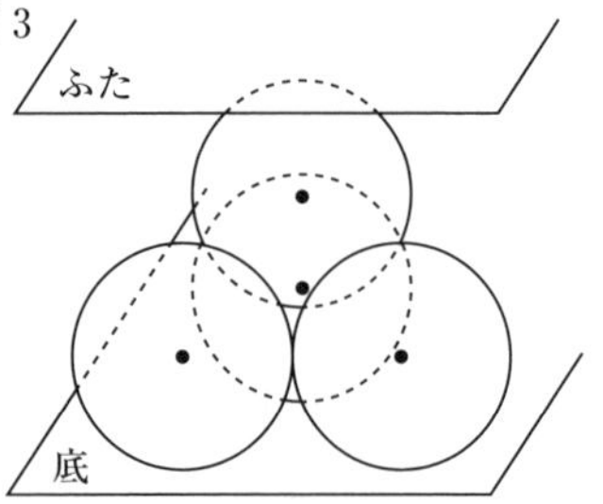

5 〔方程式―二次方程式の応用〕

≪**基本方針の決定**≫$n(n+1)$と$n+(n+1)$の差に着目する。

(1)＜**二次方程式の応用**＞11から20までの連続する10個の自然数の和は，$11+12+\cdots\cdots+20=(10+1)+(10+2)+\cdots\cdots+(10+10)=10\times10+(1+2+\cdots\cdots+10)=100+55=155$だから，$n+(n+1)$を$n\times(n+1)$と押し間違えて計算結果が364になったことより，$n(n+1)-\{n+(n+1)\}=364-155$が成り立つ。これを解くと，$n^2+n-2n-1=209$，$n^2-n-210=0$，$(n-15)(n+14)=0$　$\therefore n=15$，-14　$11\leqq n\leqq19$だから，$n=15$である。

(2)＜**二次方程式の応用**＞mから$m+9$までの連続する10個の自然数の和は，$m+(m+1)+\cdots\cdots+(m+9)=10m+45$だから，$n+(n+1)$を$n\times(n+1)$と押し間違えて計算結果が94になったことより，$n(n+1)-\{n+(n+1)\}=94-(10m+45)$が成り立つ。これを変形すると，$n^2+n-2n-1=94-10m-45$，$n^2-n=50-10m$，$n(n-1)=10(5-m)$となる。$n\geqq1$より，$n(n-1)$は0以上だから，$10(5-m)$も0以上である。$m$は自然数だから，$m=1$，2，3，4，5が考えられる。$m=1$のとき，$n(n-1)=40$となる。$n(n-1)$は0以上の連続する2個の整数の積である。40は連続する2個の整

数の積で表すことはできないから，適さない。$m=2$ のとき，$n(n-1)=30$ より，$n(n-1)=6\times5$ となるから，$n=6$ である。これは $2\leqq n\leqq10$ を満たす。$m=3$ のとき，$n(n-1)=20$ より，$n(n-1)=5\times4$ となるから，$n=5$ である。これは $3\leqq n\leqq11$ を満たす。$m=4$ のとき，$n(n-1)=10$ となり，適さない。$m=5$ のとき，$n(n-1)=0$，$n(n-1)=1\times0$ となるから，$n=1$ であるが，これは $5\leqq n\leqq13$ を満たさないから，適さない。よって，求める自然数 m，n の組は，$(m,\ n)=(2,\ 6)$，$(3,\ 5)$ である。

＝読者へのメッセージ＝

自然数は，1と素数と，それ以外の合成数に分けられます。自然数を1と素数と合成数に分けたのは，古代ギリシアのピタゴラスです。ピタゴラスは奇数と偶数も発見しています。

社会解答

1 問1　オ　問2　ウ，カ　問3　ウ

問4　(1)…C

(2)　X…ウ

Y　(例)人口密度のような面積と関連するデータの表現

2 問1　エ　問2　エ　問3　ク

問4　(例)Xは，もともと水田だった低い地域に盛り土をして宅地化された場所であるため，地盤が弱いから。

3 問1　②→④→③→①　問2　防人

問3　イ　問4　ウ　問5　ア

問6　C…エ　D…オ

E　(例)身分や場所によって異なる権力に支配される国だった

4 問1　(1)　B…ウ　C…ア　(2)…ア，オ

(3)…イ，ウ

問2　カ　問3　台湾　問4　イ

5 問1　(1)　A…合意　B…個人の尊厳

(2)…イ

(3)…女子〔女性〕差別撤廃条約

問2　a…×　b…○　c…×　d…×

e…○

問3　(例)一定年齢に達して有権者となった選挙人に，1人1票の選挙権を与えるという原則。

6 問1　A…800　B…600　C…600

D…300　E…150　F…900

G…1000

問2　(1)　(例)時間帯ごとにどの商品がどれくらい売れるかを調べ，それに合わせて商品を入荷・陳列する。

(2)…エ

問3　(1)…環境基本法　(2)…エ

1〔世界地理―総合〕

問1＜世界の地図と気候＞Aを含む地図には北アメリカ大陸西岸が描かれており，Aはアメリカ合衆国西部の都市サンフランシスコを指している。サンフランシスコは夏の降水量が少ない温帯の地中海性気候に属しているので，雨温図Sが当てはまる。Bを含む地図には黒海や地中海，紅海とその沿岸にあるアラビア半島西部，アフリカ大陸北東部などが描かれている。Bはアフリカ大陸北西部のナイル川沿いに位置するアスワンを指しており，この地域は乾燥帯の砂漠気候に属しているので，雨温図Qが当てはまる。Cを含む地図にはベンガル湾北部とその周辺が描かれており，Cは中華人民共和国のチベット自治区の都市ラサを指している。ラサは温帯が見られる緯度帯に位置し，夏の降水量が多く冬は乾燥するが，標高3650mの高地に位置するため，気温が低くなる。この特徴を示しているのは雨温図Rである。Dを含む地図には北アメリカ大陸南東部やカリブ海の島々が描かれており，Dはアメリカ合衆国南東部の都市マイアミを指している。マイアミは雨季と乾季がある熱帯のサバナ気候に属しているので，雨温図Pが当てはまる。

問2＜東南アジア，オセアニア＞東南アジアのマレーシア，シンガポール，ミャンマー，オセアニア州のオーストラリア，ニュージーランドなどは，かつてイギリスの植民地だった。また，東南アジアのベトナム，マレーシア，ブルネイ，シンガポール，オセアニア州のオーストラリア，ニュージーランドは，APEC〔アジア太平洋経済協力会議〕とTPP〔環太平洋経済連携協定〕の両方に加盟して

いる。なお，オーストラリア大陸はインド・オーストラリアプレートという海洋プレート上に位置しており，地震や火山は少ない(ア…×)。オーストラリアでは大規模な小麦栽培が行われているが，東南アジアの農業は稲作が中心で小麦栽培はほとんど行われていない(イ…×)。東南アジアのインドネシアではイスラム教が信仰されているが，フィリピンではキリスト教を信仰する人が多く，オセアニア州では島しょ部を含めてキリスト教を信仰する人が多い(エ…×)。東南アジア，オセアニア州のいずれの地域においても，貿易総額の上位は中国や日本，アメリカ合衆国，あるいは域内の国が占めており，個別に見た場合のヨーロッパ諸国の割合は多いとはいえない(オ…×)。

問３＜各国のGDP＞経済がそれほど成長していない，あるいは停滞していることが読み取れるＡとＢのうち，2008年のリーマンショックの影響をより大きく受けているＡが日本で，2010年に経済危機に陥ったギリシャがＢに当てはまる。経済発展を遂げているＣとＤのうち，特に目覚ましい成長を遂げているＤが中華人民共和国で，Ｃにはマレーシアが当てはまる。

問４＜世界地図の図法＞人口密度は人口を面積でわって求めるのだから，面積がより正確な地図で表現するのが適切である。Ｃは実際の地球に合わせ，赤道付近と比べて両極に近い地域ほど幅を狭くし，できるだけ面積が正確に表せるようになっている。なお，Ａは緯線と経線が直角に交わり，２地点間を結んだ直線と経線の角度が正しくなるメルカトル図法の地図，Ｂは中心からの距離と方位が正しく表される正距方位図法の地図である。

2 〔日本地理─総合〕

問１＜北海道の気候＞年較差は高地や内陸で大きくなる傾向があり，北海道でも標高の高い山中では特に冬の寒さが厳しいと判断できるので，①にはＢの占冠《しむかっぷ》が当てはまる。一方，Ａの函館は北海道では低緯度に位置しているので，最高気温が比較的高い②に，沖合を流れる寒流の千島海流〔親潮〕の影響で稚内とそれほど気温が変わらない③には，Ｃの釧路が当てはまる。

問２＜北海道の地域の特色＞図Ⅳに示された６市で低い傾向にあるＡは，平均年齢である。人口が多く都市が広がっていれば働く場所も多いため，平均年齢は低くなると判断できる。また，図Ⅳに示された６市が全て「高」となっており，山地が広がる地域で低い傾向にあるＣは，人口密度である。

問３＜自動車と都道府県＞東京都や大阪府などの都市部では，地下鉄を含めた鉄道やバスなどの公共交通機関が発達しており，駐車場代などの維持費も高くなるので，一世帯あたりの自家用乗用車普及台数が少なくなる。東京都の方がこの傾向が顕著に表れるので，Ｄが東京都で，Ｃが大阪府となる。一世帯あたりの自家用乗用車の保有台数が群馬県とほぼ等しいＡが，同じ北関東に位置する茨城県で，Ｂに北海道が当てはまる。北海道は，札幌市などの都市部に人口が集中しており，一世帯当たりの自家用乗用車普及台数はそれほど多くない。

問４＜地形図の読み取り＞ＡとＢを比べると，1952年時点でＸの地域は標高50～60mほどの水田，Ｙの地域は標高70m程度の広葉樹林だったことがわかる。ここから，もともとあった地面を削って宅地化したＹの地域に対し，Ｘの地域は水田だった低い場所をそのまま，あるいは数m盛り土して宅地化したのだとわかる。液状化現象は河口付近の三角州や埋め立て地など，軟弱な地盤で起こることが多い。つまり，森林があった場所に比べて水田や盛り土は地盤が弱かったため，Ｙの地域に比べてＸの地域の方が被害が大きくなったのだと考えられる。

3 〔歴史─江戸時代までの歴史〕

問１＜年代整序＞「時代②に出された法」は，飛鳥時代～奈良時代に整備された律令制度について説明したものである。この内容は，701年に制定された大宝律令を改定し，718年に完成した養老律令の内容を記した『令義解』に見られる。「時代④に出された法」は鎌倉時代前半の1232年に，鎌倉幕府第３代執権北条泰時が出した御成敗式目〔貞永式目〕である。「時代③に出された法」は，戦国時代に戦国大名がそれぞれ定めた法で，分国法と呼ばれる。「時代①に出された法」は，江戸時代初めの1615年に出された武家諸法度である。

問２＜律令の兵役＞律令制度のもと，成年男子には，１年間都の警備にあたる衛士や，３年間北九州の防衛にあたる防人などの兵役が義務づけられた。

問３＜戦国大名＞武田氏は現在の山梨県にあたる甲州〔甲斐〕の守護から戦国大名へと成長し，信玄の頃には信濃(長野県)，駿河(静岡県中部)，遠江(静岡県西部)にまで勢力を広げて最盛期を迎えた。「甲州法度之次第」は，信玄が1547年に制定した分国法である。

問４＜守護＞1185年に源頼朝が地方の国ごとに設置した守護は，室町時代になると，幕府から土地支配の権限を広く認められるようになった。これによって支配力を高めた守護は，地頭を家臣とし，国司の権限も吸収して一国を治め，守護大名と呼ばれるようになった。なお，鎌倉時代には荘園や公領ごとに地頭が置かれた(ア…×)。都から派遣され，地方の豪族を郡司として従えたのは律令制度の地方官である国司で，守護には主に有力御家人が任命された(イ…×)。薩摩(鹿児島県)の島津氏や駿河(静岡県中部)の今川氏のように，守護大名から戦国大名へと成長した者もいた(エ…×)。

問５＜かな文学＞平安時代初期の９世紀には，漢字を変形させて日本語の発音を表せるように工夫したかな文字がつくられた。10世紀初めの905年に成立した『古今和歌集』には，紀貫之がひらがなを用いて書いた「仮名序」が序文として収録されている。なお，『日本書紀』，『風土記』，『古事記』は，いずれも，かな文字がつくられる前の奈良時代にまとめられた書物である。

問６＜日本の政権構造＞①の江戸時代に出された武家諸法度は江戸幕府が，②の飛鳥時代～奈良時代に整備された律令制度は朝廷が出した法令で，ともに全国を治める統一政権が出したものである。一方，③の戦国時代に出された分国法は，各地を支配した戦国大名がそれぞれ出したものである。また，④の鎌倉時代に鎌倉幕府が出した御成敗式目〔貞永式目〕は武家法で，資料からもわかるとおり，京都の朝廷に対しては適用されなかった。つまり，飛鳥時代～奈良時代には朝廷が，江戸時代には幕府が全国を支配する中央集権体制であったが，鎌倉時代や戦国時代には朝廷と武士，あるいは戦国大名が治める領国といったように，支配体制が場所や身分によって分散していたことがわかる。

4 〔歴史―江戸時代以降の日本と世界〕

問１＜17世紀末以降の日本と世界の歴史＞⑴モリソン号事件は1837年に起こった。また，板垣退助らが民撰議院設立建白書を政府に提出したのは，1874年のことである。なお，国家総動員法は1938年に制定され，大逆事件は1910年に起こった。また，松平定信が寛政の改革を実施したのは，1787～93年(オの寛政異学の禁は1790年)のことである。　⑵大隈重信が首相在任時に起こった「欧州におけるこの度の戦争」とは，第一次世界大戦(1914～18年)を指す。第一次世界大戦中の1915年，大隈政権は中華民国の袁世凱政府に二十一か条の要求を出し，そのほとんどを受け入れさせた。また，第一次世界大戦後の講和会議はパリで開かれ，日本も参加した。なお，ドイツのポーランド侵攻をきっかけに起こったのは第二次世界大戦である(イ…×)。第一次世界大戦の背景となったのは，イギリスを中心とする三国協商と，ドイツを中心とする三国同盟の対立である(ウ…×)。ドイツのナチスにより，アウシュビッツ強制収容所などで多数のユダヤ人が殺害されたのは，第二次世界大戦中のことである(エ…×)。第一次世界大戦後の1920年，アメリカ合衆国大統領ウィルソンの提唱に基づいて国際連盟が設立され，本部はスイスのジュネーブに置かれた(カ…×)。　⑶資料Ⅱの後半に，国勢調査を重ねた欧米諸国が栄えているのに対して，国勢調査をしない国は「半開未開野蛮国」であると述べられている(イ…○)。資料Ⅱの前半に，「余所の国より来た人か」という調査項目が書かれている(ウ…○)。なお，第一回調査が実施された「大正九年」は1920年にあたり，このときには女性の選挙権は認められていなかったが，調査項目には「男女別」があるので，女性も調査対象であった(ア…×)。資料Ⅲ中のＡは農業，Ｂは工業である(エ，オ…×)。

問２＜年代整序＞国勢調査は５年ごとに行われている。ｃは『経済白書』に「もはや戦後ではない」と記述された1956年の前年の1955年の国勢調査，ｂは沖縄が返還された1972年の後の1975年，ａは，国勢調査としては初めて日本の総人口が減少に転じた2015年に，それぞれ当てはまる。

問３＜日本の植民地＞明治時代後半から第二次世界大戦敗戦までの間に，日本が植民地とした主な地域として，日清戦争で得た台湾，日露戦争で得た南樺太，1910年の韓国併合で植民地とした朝鮮が挙げられる。このうち，Ｄは甘蔗〔さとうきび〕が栽培できる温暖な気候であることから，台湾である。なお，最も人口が多く，面積も本州に次いで大きいＣには朝鮮が当てはまる。豊富な森林資源を背景に紙・パルプの生産が行われた南樺太が，Ｅに当てはまる。

問４＜バブル経済＞バブル経済は，1980年代後半から1990年代初めにかけて起こった好景気のことで，株価や地価が実態以上の価値を持って泡のように膨れ上がり，崩壊したことからこのように呼ばれる。なお，アはエネルギー革命の進展を調べるのには役立つが，バブル経済との直接の関連はない。ウとエは，バブル経済の時期を含んでいない。

5〔公民―政治〕

問１＜日本国憲法＞⑴**Ａ**．日本国憲法第24条１項は，婚姻が両性の合意のみに基づいて成立すると規定している。　**Ｂ**．日本国憲法第24条２項は個人の尊厳と両性の本質的平等を明記し，法律がこれに基づいて制定されなければならないとしている。　⑵未成年者が婚姻する場合は，父母のうちどちらか一方の同意が必要となる(2020年３月現在)。　⑶1979年，国際連合で，あらゆる分野・形態での女性差別を撤廃するため，女子〔女性〕差別撤廃条約が採択された。日本でも国内法の整備が進められ，男女雇用機会均等法が制定された1985年にこれを批准した。

問２＜選挙制度＞「あまり投票する気にならない」人と「ほとんど投票しない」人を加えた割合は，70代以上では2013年の方が1958年よりも少ない(ａ…×)。2013年に公職選挙法が改正され，候補者はインターネットを利用した選挙運動ができるようになったが，2020年３月時点で，インターネットでの投票は認められていない(ｃ，ｄ…×)。

問３＜平等選挙＞平等選挙は，選挙人に対して年齢以外の制限を加えず，１人１票の選挙権を与えるという原則で，日本国憲法第44条で保障されている。

6〔公民―経済・環境問題〕

問１＜留保価格＞Ｘさんは，ハンバーガーは300円までなら買い，ジュースは200円までなら買う。Ｙ

くんは，ハンバーガーは450円までなら買い，ジュースは150円までなら買う。したがって，300円のハンバーガーと100円のジュースは２人とも購入するので，２人に対する売上高は300×2＋100×2＝800円になる。ハンバーガーを400円，ジュースを100円にすると，Ｘさんはハンバーガーは買わずジュースは買い，Ｙくんは両方買うので，売上高は400＋(100×2)＝600円になる。ハンバーガーを300円，ジュースを250円で売ると，２人ともハンバーガーは買うが，ジュースは買わないので，売上高は300×2＝600円になる。２人ともハンバーガーもジュースも両方買う価格の最大値は，ハンバーガーが300円，ジュースが150円なので，別々に売る場合の売上高の最大値は300×2＋150×2＝900円になる。しかしセットにした場合，ハンバーガーとジュースのセットに対する留保価格は，Ｘさんが500円，Ｙくんが600円なので，セット価格が500円の場合，２人ともセットを買う。したがって，この場合の売上高は1000円となる。

問２＜ポイント・カード＞⑴どの店舗で，どのような客が，いくらの，どんな商品を，どれくらい購入したかというデータが集積できると，各コンビニ店は商品を過不足なく入荷することができる。これに基づいて，商品を入荷したり陳列したりすれば，品不足や売れ残りを防ぐことができ，売上高を伸ばすことにつながる。　⑵ポイント・カードによって消費者は店側に，自分の性別，年齢，購入した品物の種類や数量などの情報を，ポイントの代価として提供することになる。

問３＜循環型社会＞⑴公害問題の深刻化を背景として1967年に公害対策基本法が制定されたが，その後の環境問題の広がりに対応するため，1993年に環境基本法が制定された。　⑵SDGsはSustainable Development Goalsの略称で，日本語では「持続可能な開発目標」と表される。2015年の国際連合総会で採択され，2030年までに達成すべき17分野の目標(ゴール)と169のターゲット(達成基準)が，国際社会における地球規模の諸課題に対する基本的な行動指針として示された。なお，EPAは経済連携協定，ODAは政府開発援助，PKOは(国連)平和維持活動，WTOは世界貿易機関の略称である。

2020年度／筑波大学附属高等学校

理科解答

1 (1) ①…B，E　②…C
(2) 54.3°　(3) 5°東

2 (1) 15Ω　(2) ア　(3) イ
(4) カ

3 (1) ①，②
(2)

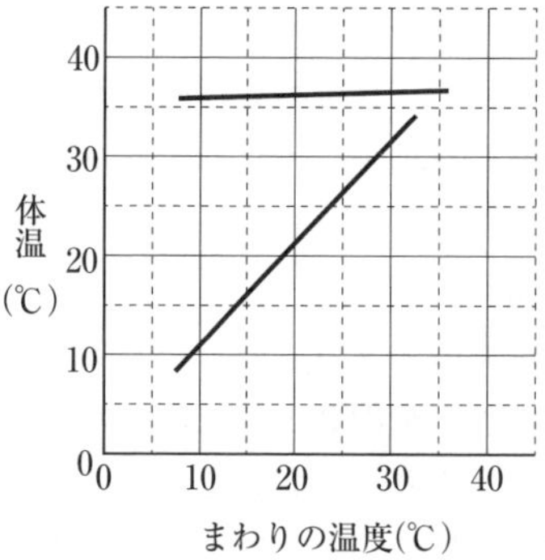

(3) シソチョウ　(4) 相同器官

4 (1) ①…ア　②…ウ　③…オ
(2) ④…イ　⑤…ウ　⑥…カ
(3) (例)黒く焦げる。
(4) (例)活性炭の粉末を混ぜ，活性炭が沈んだらろ過する。ろ液を，香料のにおいがしなくなるまで加熱する。

5 (1) C　(2) イ，オ
(3) ア，エ，オ

6 (1) 0.5m/秒　(2) ア　(3) ウ
(4) ①…ア　②…ア

7 (1) A…胚珠　B…子房　C…いない
(2) ウ　(3) ア，ウ，カ
(4) 減数分裂　E…胞子のう

8 (1) イ　(2) 3：8
(3) 二酸化炭素　(4) 11g

1 〔地球と宇宙〕

(1)＜**太陽の動き**＞①日本の観測地点での，冬至の日の太陽の南中高度は，90°－(〔観測地点の北緯〕＋23.4°)で求められる。緯度が同じ地点では，太陽の南中高度は等しくなる。よって，表より，緯度が同じ地点は，南中高度が同じB地点とE地点である。　②冬至の日は，地軸の北極側が太陽とは反対側に傾いているため，右図のように，北極付近では一日中夜が続き，北半球にある日本では緯度が低い地点ほど昼の長さ(太陽が出ている時間)が長い。また，日本の観測地点での，冬至の日の太陽の南中高度は，90°－(〔観測地点の北緯〕＋23.4°)で求められるから，観測地点の緯度が低いほど，太陽の南中高度は高くなる。よって，冬至の日，太陽が出ている時間が最も長いのは，最も太陽の南中高度が高いC地点である。

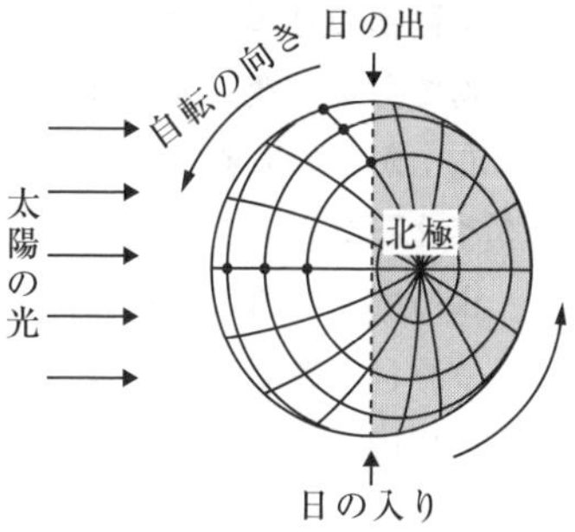

(2)＜**太陽の動き**＞表より，A地点での冬至の日の南中高度は30.9°だから，A地点の緯度をx°とすると，$90°-(x°+23.4°)=30.9°$が成り立つ。これを解くと，$x°=35.7°$となる。よって，春分の日や秋分の日の太陽の南中高度は，90°－〔観測地点の北緯〕で求められるので，A地点の秋分の日の太陽の南中高度は，$90°-35.7°=54.3°$である。

(3)＜**太陽の動き**＞日本では全国で1つの標準時を用いていて，太陽の南中時刻は，東の地点ほど早くなる。地球はほぼ24時間で1回(360°)自転しているので，$24\times60\div360=4$より，経度を1°自転するのにかかる時間は4分である。表より，B地点とE地点の太陽の南中時刻は，11時58分－11時38分＝20分より，B地点の方が20分早いので，B地点はE地点より，$20\div4=5°$東にある。

2 〔電流とその利用〕

(1)＜**オームの法則**＞図1の回路では，豆電球と抵抗器が直列につながれているので，どちらにも電流計が示す200mA，つまり0.2Aの電流が流れている。よって，抵抗器の両端に加わる電圧は電圧計の示す3.0Vなので，抵抗器の抵抗は，オームの法則〔抵抗〕=〔電圧〕÷〔電流〕より，3.0÷0.2=15(Ω)である。

⑵＜電流回路＞豆電球Aに豆電球Bを並列につなぐと，その部分の抵抗は豆電球Aだけのときよりも小さくなるので，図2の回路に流れる全体の電流は図1の回路より大きくなる。よって，電流計の表示値は図1のときより大きい。また，〔電圧〕=〔抵抗〕×〔電流〕より，電流が大きくなると，抵抗器に加わる電圧も大きくなる。

⑶＜電流回路＞図3の回路では，豆電球Aと抵抗器を直列につないだ部分と豆電球Cを並列につないでいる。このとき，豆電球Aと抵抗器を直列につないだ部分と，豆電球Cに加わる電圧は，電源の電圧10Vに等しい。そのため，豆電球Aと抵抗器には，図1の回路と同じ大きさの電流が流れるため，抵抗器の両端にかかる電圧も図1と等しい。全体の電流は，豆電球Cに流れる電流が加わり大きくなるので，電流計の表示値は図1のときより大きくなる。

⑷＜電流回路＞図1と図3の回路では，豆電球Aに流れる電流の大きさは同じなので，明るさも等しい。また，⑵より，図2の回路では抵抗器にかかる電圧が図1や図3より大きいので，豆電球Aと豆電球Bを並列につないだ部分に加わる電圧は，図1や図3より小さい。そのため，豆電球Aに流れる電流は図1や図3より小さく，図2の豆電球Aの明るさは，図1と図3の回路より暗い。よって，豆電球Aが最も明るく光るのは，図1および図3の回路である。

3〔動物の生活と生物の変遷〕

⑴＜動物の分類＞周りの温度と体温の関係が，図のグラフのようになるのは，恒温動物である鳥類とホニュウ類である。表の①～⑤のうち，鳥類は肺呼吸を行い，卵生で体表は羽毛でおおわれているので，①が当てはまり，ホニュウ類は胎生なので②が当てはまる。

⑵＜動物の分類＞セキツイ動物のうち，鳥類とホニュウ類を除くハチュウ類と両生類，魚類は変温動物である。変温動物は，周りの温度変化に伴い，体温が同じように変化するので，グラフはおよそ右上がりの直線で表せる。

⑶＜化石＞表の①は鳥類，⑤は肺呼吸を行い体表がうろこでおおわれているので，ハチュウ類である。よって，写真の生物は，鳥類とハチュウ類の両方の特徴を持つシソチョウ(始祖鳥)である。シソチョウは，翼を持ち，体表が羽毛でおおわれている鳥類の特徴を持つが，くちばしの中に歯があり，尾の内部に骨があるハチュウ類の特徴も持つため，鳥類がハチュウ類から進化したことの証拠とされる。

⑷＜相同器官＞現在の形やはたらきは異なっているが，骨格などのつくりからもとは同じものと考えられる器官を相同器官という。相同器官は，動物が共通の祖先から別の生物が生じた根拠と考えられている。

4〔身の回りの物質〕

⑴＜ろ過＞ろ過は，水に溶けていないものと水溶液とを分離する操作である。実験1では，シロップに含まれる赤色色素，ショ糖，香料は全て水に溶けているので，その水溶液をろ過しても分離はできない。そのため，シロップはそのままろ紙を通過してろ液となる。よって，得られたろ液は，赤色で，香料のにおいがして，甘い味がする。

⑵＜蒸留＞実験2では，水溶液から水と揮発成分を取り出す蒸留を行っている。このとき，赤色色素とショ糖は丸底フラスコの中に残り，水と香料だけが試験管に集まる。よって，試験管内の水溶液は，無色透明で，香料のにおいがして，甘い味はしない。

⑶＜**蒸留**＞実験２のシロップの加熱を続けても，ショ糖の結晶を得ることはできない。シロップは，しだいに褐色となり，さらに加熱を続けると，水分がなくなり黒く焦げる。

⑷＜**物質の分離**＞まず，赤色色素を除くために，活性炭の粉末を混ぜてしばらく放置する。その後，活性炭が沈んだら，水溶液をろ過する。次に，香料を除くために，得られた無色透明のろ液を加熱し，香料のにおいがしなくなったら加熱を止める。

5〔**気象とその変化**〕

⑴＜**天気図**＞強い風が吹いているのは，等圧線の間隔が狭くなっている所である。また，低気圧の周りの風は，低気圧の中心に向かって反時計回りに吹き込み，高気圧の周りの風は，高気圧の中心から時計回りに吹き出している。天気図Ａ～Ｄの中で，東京付近の等圧線の間隔が狭くなり，南風が吹いているのはＣである。

⑵＜**季節と天気図**＞天気図Ａのように，日本列島を太平洋上にある高気圧がおおうような気圧配置になるのは，夏の頃である。夏には地表が強く熱せられて気温が高くなるが，偏西風の影響で上空に一時的に寒気が入り込むと，地上との温度差が原因で大気の状態が非常に不安定になる。その結果，急激に発達した積乱雲によってゲリラ豪雨が発生し，被害が出ることがある。また，日本列島が高気圧におおわれると，晴れた暑い日が続き，猛暑となる。よって，正しいのはイとオである。なお，アは梅雨の頃，ウは冬の頃，エは春や秋の初めの頃の天気の様子について述べたものである。

⑶＜**高気圧**＞天気図Ｂのように，気圧配置が西高東低になるのは，冬の頃である。冬にはユーラシア大陸上に強い寒気が発達し，日本の気候に影響を与える。ユーラシア大陸上に発達した高気圧ができるのは，放射冷却によって地表が冷え，重い寒気が蓄積されやすいこと，南側にあるヒマラヤ山脈によって大陸上の寒気の移動が妨げられること，大陸は海洋よりもあたたまりやすく，冷えやすいことなどが原因である。なお，地球温暖化と高気圧の発達にはほとんど関係がない。また，フェーン現象が起こって，気温が上昇すれば，上昇気流が生じて低気圧が発達するはずである。

6〔**運動とエネルギー**〕

⑴＜**平均の速さ**＞おもりＹが動き始めてから床に着くまでは，物体Ｘは糸に引かれているので，物体Ｘの速さはしだいに速くなる。また，おもりＹが床に着くと，糸が物体Ｘを引く力は０となり，物体Ｘは摩擦力を運動の向きとは逆向きに受けるため，その速さはしだいに遅くなる。よって，おもりＹが動き始めてから床に着くまでの時間は，図２で，物体Ｘの速さが増加している０～0.8秒までの0.8秒間である。このとき，おもりＹは0.4m落下しているから，おもりＹの平均の速さは，0.4÷0.8＝0.5(m/秒)となる。

⑵＜**加速度運動**＞おもりＹが床に着くと，物体Ｘにはたらく糸が引く力はなくなるので，物体Ｘの速さはしだいに遅くなる。よって，記録テープの打点間隔は，アのように，物体Ｘ側から記録タイマー側に向かってしだいに狭くなる。

⑶＜**運動と力**＞おもりＹは手を離すと下向きに運動したので，おもりＹが受けている下向きの力の大きさWは，上向きの力の大きさTよりも大きいことがわかる。また，図２より，おもりＹが動き始めてから床に着くまでの間，物体Ｘの速さは一定の割合で増加しているので，糸が物体Ｘを引く力の大きさは一定である。この糸が物体Ｘを引く力は，おもりＹが受けている上向きの力，つまり，糸がおもりを引く力とつり合っているので，Tも一定である。さらに，おもりＹが受けている下向きの力はおもりＹにはたらく重力なので，Wも一定である。よって，常に$T<W$である。

⑷＜**エネルギーの保存**＞おもりＹが動き始めると，その前に持っていた位置エネルギーが，Ｙの運動エネルギー，物体Ｘの運動エネルギー，摩擦による熱エネルギーに移り変わる。これより，①の

「Ｙの位置エネルギー」と「Ｙの運動エネルギー」の和は，Ｙが動き始める前に初めに持っていた位置エネルギーから，Ｘの運動エネルギーと摩擦による熱エネルギーをひいたものである。このＸの運動エネルギーと摩擦による熱エネルギーはどちらもしだいに増加するので，①のエネルギーの和はしだいに減少する。同様に考えると，②の「Ｙの位置エネルギー」と「Ｙの運動エネルギー」と「Ｘの運動エネルギー」の和は，Ｙが動き始める前に初めに持っていた位置エネルギーから，摩擦による熱エネルギーをひいたものである。摩擦による熱エネルギーはしだいに増加するので，②のエネルギーの和はしだいに減少する。

7〔植物の生活と種類〕

⑴＜**裸子植物**＞イチョウは裸子植物のなかまなので，雌花に子房はなく，胚珠はむき出しになっている。つまり，イチョウは胚珠が子房におおわれていない花をつける。

⑵＜**裸子植物**＞図１中に○で示したものは，イチョウの花（雌花）で，胚珠が先端部にむき出しでついている。

⑶＜**シダ植物**＞イヌワラビはシダ植物に分類されるから，根，茎，葉の区別があり，維管束を持つ。また，葉緑体を持っているので，光合成を行い，デンプンなどの有機物をつくる。なお，種子植物のなかまではないので，種子はつくらず，胞子でふえる。

⑷＜**生殖**＞図２のＦは，Ｅの胞子のうの中でつくられる胞子である。イヌワラビの胞子の染色体数が，体細胞の染色体数の半分になったのは，胞子が減数分裂によってつくられるためである。

8〔化学変化と原子・分子〕

⑴＜**原子**＞グラフより，金属Ｘが７gのとき，化合物は11gできているから，金属Ｘと硫黄が化合するときの質量比は，$7:(11-7)=7:4$である。このとき，金属Ｘの原子と硫黄原子は原子数比１：１で結合するので，原子１個の質量の比も $x:z=7:4$ となる。また，金属Ｙが６gのとき，化合物は14gできているから，金属Ｙと硫黄が化合するときの質量比は，$6:(14-6)=3:4$である。金属Ｙも硫黄と原子数比１：１で結合するので，原子１個の質量の比も $y:z=3:4$ となる。よって，原子１個の質量の比は，$x:y:z=7:3:4$ となるので，大小関係は $x>z>y$ となる。

⑵＜**原子**＞元素Ａの原子と硫黄の原子が原子数比１：２で結合して化合物Ｍをつくり，化合物Ｍ中の元素Ａと硫黄の質量比が３：16なので，原子１個当たりの質量比は，$a:z=\frac{3}{1}:\frac{16}{2}=3:8$ となる。

⑶＜**気体の性質**＞気体Ｇは石灰水を白濁させたから，二酸化炭素である。

⑷＜**反応と質量**＞元素Ａと硫黄の化合物であるＭが完全燃焼して二酸化炭素（CO_2）が発生しているので，元素Ａは炭素（C）である。また，気体Ｈは硫黄と酸素の化合物だから，元素Ｂは酸素（O）である。よって，気体Ｈは酸素原子と硫黄原子が原子数比２：１，質量比１：１で結合しているので，⑵より，硫黄原子１個の質量を８とすると，酸素原子２個の質量が８より，酸素原子１個の質量は，$8\div2=4$ となる。このとき，炭素原子１個の質量は３であり，化合物Ｍに含まれる炭素と硫黄の質量比が３：16より，化合物Ｍ19gに含まれる炭素は$19\times\frac{3}{3+16}=3$（g）である。したがって，炭素原子１個と二酸化炭素分子１個の質量比は，$3:(3+4\times2)=3:11$なので，生じる二酸化炭素の質量は11gである。

2020年度／筑波大学附属高等学校

国語解答

一 問一　文字を書いた人に代わってその文字を声に出して読むこと。

問二　ウ

問三　・発音しにくくても別の言葉への言い換えができない点。
・自分の感情や考えとは異なることを言わなければならない点。

問四　生命　　問五　イ

問六　意味が伝わること

問七　教科書　　問八　イ

問九　(例)仮名・漢字交じりの文であるため，語の切れ目がわかりやすいこと。

問十　a　一説　b　痛快　c　支障

二 問一　a…ア　b…エ　　問二　イ

問三　松平の勝手さに腹が立ったが，だからといって真帆を置いて走り去るわけにもいかないので，しかたなく自分の感情を抑えている。（59字）

問四　ウ　　問五　エ

問六　松平に勝ったと得意になった気持ちが，きまり悪さに変わった。

問七　エ

一〔随筆の読解—芸術・文学・言語学的分野—言語〕出典；伊藤亜紗「ままならない体と言葉」(「ニューサポート 高校 国語」2019年vol.31掲載)。

≪**本文の概要**≫古代ギリシャでは，音読は奴隷の仕事だったそうである。西洋社会では，黙読が発明されるまで，語の切れ目を把握し，文字から意味を取り出すためには，音読が必須だった。音読とは，自分の声を他者に貸し，己の身体の自由を失うことである。音読が奴隷的な行為だということには，納得がいく。「私」には吃音があるが，吃音当事者で音読が苦痛だという人は多い。一方で，音読が快感だったという人もいる。彼らにとっては，音読は「自分の体の思い通りにならなさ」を忘れられる瞬間だった。確かに，体のコントロールを手放すことで，うまくいくことはある。また，教室の音読では，全員が教科書を持っていることが安心につながるという人もいる。自分の発音がまずくても，意味は伝わるからである。言葉と体の関係は，吃音のある人でも人によって違い，吃音のない人にとっても一筋縄ではいかないだろう。言葉は，言語活動であると同時に，それを操る体の問題でもあるのだから，言葉と体の関係は一筋縄ではいかないことを安心して話せる場が，学校の中にあったらどんなによかったか。

問一＜**文章内容**＞例えば，「旅人の一団が，荒れ果てた土地の一角に古い墓を見出した」という場面では，「主人の命を受けた奴隷」は，その墓に彫ってある碑文を読み上げ，「自分ではしゃべることのできない墓に成り代わって，声を発して」いる。このように，音読とは，他人が書いたものを，その書き手に代わって声に出して読む行為だといえる。

問二＜**文章内容**＞墓に彫られた碑文を読む者は，「自分ではしゃべることのできない墓に成り代わって，声を発して」いる。そのとき，「そこに居合わせた人々」は，その声を「奴隷の声」ではなく「墓の声」として聞いていた。人々は，奴隷の声を，墓がしゃべっている声として聞いていたのである。

問三＜**文章内容**＞「私」は子どもの頃に音読で苦しんでいた。音読は「『言い換え』ができない」，すなわち「つっかえそうな言葉」を「同じ意味の別の言葉に言い換えて言う」という手段が使えない。また音読には，「『思ってもいないことを言う』つらさ」がある。心の中は刻一刻と変化していて，「さまざまな感情を抱いたり，考えがめぐったりする」のに，音読をするためにはそういう「うごめき」を「押し殺し」て「決められた言葉を体から出す」ということをしなければならない。だから「私」は，音読を「奴隷的な行為」だと思うのである。

問四＜語句＞「いのち」と同じ意味の二字の語は，「生命」である。

問五＜文章内容＞吃音当事者で音読が「快感」だったという人は，音読が，「『自分の体の思い通りにならなさ』を忘れられるユートピアのような瞬間」だったと言う。音読は，「他者の言葉に身を任せ，言うべき音を機械的に体から出していけばいい」だけだからである。また，「別の人格になりきって演技するように読むと，吃音が出ない」という人もいる。

問六＜文章内容＞「全員が教科書を持っていることが，むしろ安心につながる」という吃音当事者は，全員が教科書を持っているなら「少しくらい自分の発音がまずくても，書いてあるのだから大丈夫だろう」と考える。自分が「書かれているとおりに読むこと」ができなくても，教科書に書かれていることの意味は伝わるからである。

問七＜文章内容＞「全員が教科書を持っている」状況で，自分が教科書を音読する場合，「書かれているとおりに読むこと」ができなくても，何を言おうとしているのかは「教科書」を見ることで理解してもらえる。これは，音読を聞いている側からすれば，字幕つきで外国語の映画を見ているとき，台詞が聞き取れなくても字幕があれば内容がわかる，というのと同じようなものである。

問八＜文章内容＞音読は「言葉を体から出す」行為であるが，吃音当事者がその「言葉を体から出すために」やっている行為は，人によって違っている。「言葉と体の関係」は，同じ吃音当事者でも「人によってずいぶんと違って」いるのであり，「吃音でない人の多くにとっても，言葉と体の関係は一筋縄ではいかないはず」である。「吃音でない」からといって，「言葉を体から出す」ために何の工夫も苦労もないとはいえそうにないのである。

問九＜文章内容＞西洋社会では，黙読が発明されるまでは，「スペースなしで文字が続けて書かれていた」ので，「語の切れ目を把握する」ためには「声に出して読む必要」があった。ということは，黙読できるかどうかは，書かれたものを目で見るだけで，「語の切れ目」を把握して意味をとらえられるかどうかにかかっている。日本語の場合，文が全て平仮名で書かれていると，語の切れ目がわからず，すぐには意味がとれないが，同じ文が漢字と仮名を混ぜて表記されていることで，語の切れ目が明確で意味をとらえることが容易になり，黙読がしやすくなる。

問十＜漢字＞a．一つの説，また，ある説のこと。　b．とても気持ちがよいこと。　c．さしさわりのこと。

二〔**小説の読解**〕出典；瀧羽麻子『瀬戸内海の魔女』。

問一．a＜**語句**＞前後を考えずに物事を行うこと。　b＜**慣用句**＞思いがけない展開であっけにとられ，勢い込んでいた気持ちがそがれることを，「毒気を抜かれる」という。

問二＜文章内容＞松平は，自分が今宿泊しているホテルを「あざとい」と「こきおろし」た。しかし，真帆は「本当に島のことが好き」なので，松平の言うことが受け入れられず，言い返したいと感じて，その高ぶった気持ちが顔に出ていた。

問三＜心情＞歩きながらホテルを「こきおろして」いた松平が，急に足を止めて「ちょっと疲れた。休みたい」と「一方的に宣言」して「腰を下ろ」したため，広海は，「つくづく自分勝手なばあさんだ」と腹が立ち，「このまま走り去って」しまいたいと思った。しかし，「真帆の自転車でそんなことはできない」し，「そもそも真帆を置き去りにはできない」ので，広海は，しかたなく自分の気持ちを抑えた。

問四＜心情＞広海は，松平が「この島と，ここで暮らしている人々」を「見下している」ことを理解した。だが，松平の「運とか好意とか，そういう不確かなものにばっかり頼ってないで，自分だけでうまくやりたかった」というのは，実は「まさに広海の願いでもある」ため，広海は，松平を一方的に攻撃するわけにもいかなくなり，「いらいら」してきて視線をそらした。

問五＜心情＞松平は，「故郷の島のことをふっと思い出した」から，今，島に来ていると言い，真帆から島に帰ってきた感想を問われると，「別に，なにも」としか言わなかった。しかし，広海は，松平がホテルにチェックインしたときには「ぴりぴりして」いたことを知っていたので，「結局はこだわってるんじゃないですか」と言うと，そのとたんに，松平の柔和な表情は消えた。島や島民たちを見下し，「運とか好意とか，そういう不確かなものにばっかり頼ってないで，自分だけでうまくやりたかった」と言っていたときの松平には，自分は島民たちとは違うという優越感から「楽しげともいえる微笑みを浮かべている」ような余裕があったが，広海に痛いところをつかれると，言葉を返せなくなり，表情もこわばったのだと考えられる。

問六＜心情＞広海が，松平は島を見下し，敵視しながらも島に「こだわってる」ということを指摘すると，松平の表情は変わった。そして，松平が「子どもが，えらそうに」と「吐き出すように」言ってそっぽを向いたので，広海は「勝った」と思い，「晴れやかな気分」になった。しかし，広海は，松平と同じように「広い外の世界に出て誰の力も借りずに勝負したい」という気持ちを抱いていたため，松平に「勝った」わけではないことに気づいて，「ばつが悪くなって」しまったのである。

問七＜文章内容＞物語全体は，主人公の広海の視点から，広海や真帆の松平に対する対抗心や，松平の島へのこだわりを言い当てられたときの動揺など，登場人物の心の動きが細かく描かれ，それに応じた会話が緊張感を持って進んでいっている(ア…○)。物おじせず思ったことをはっきり言う真帆の言動で物語は展開していき，広海の心もそれにつれて動いている(イ…○)。松平は，「魔女」とも表現されるように不可解で，なかなか扱いにくい人物であり，読者に強い印象を与える(ウ…○)。真帆が島に帰ってきた感想を尋ねた際の松平の反応について，広海は「現実は，ドラマのようにはいかないのだ」と考えてはいるが，松平と広海や真帆との間に「深刻」な「問題」があることは読み取れない(エ…×)。

Memo

2025年度用

高校スーパー過去問

■編集人　声の教育社・編集部
■発行所　株式会社　声の教育社

〒162-0814 東京都新宿区新小川町8-15
☎03-5261-5061㈹ FAX03-5261-5062
https://www.koenokyoikusha.co.jp

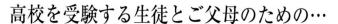

カコを追いかけ
ミライをつかめ
「今の説明、もう一回」を何度でも
web過去問
ストリーミング配信による入試問題の解説動画
声の教育社
詳しくはこちらから

筑波大学附属高等学校

別冊 解答用紙

丁寧に抜きとって、別冊
としてご使用ください。

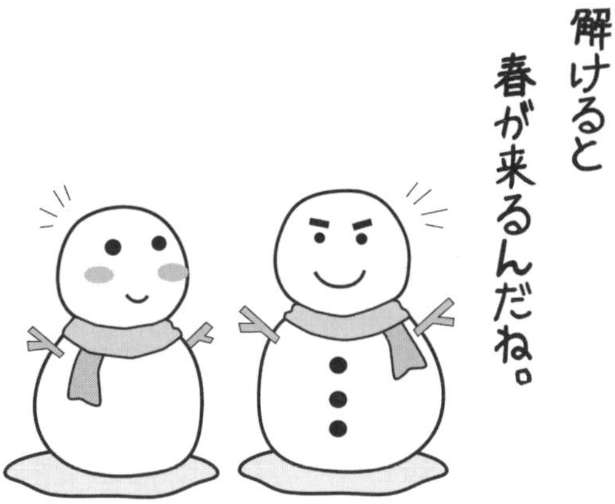

注意

- ○ 解答用紙は、収録の都合により縮小したものや、小社独自に作成したものもあります。
- ○ 学校配点は学校発表のもの、推定配点は小社で作成したものです。
- ○ 無断転載を禁じます。
- ○ 解答用紙を拡大コピーする場合、表示した拡大率に対応する用紙サイズは以下のとおりです。
  101%～102%＝B5　103%～118%＝A4　119%～144%＝B4　145%～167%＝A3
  （タイトルと配点表は含みません）

２０２４年度　筑波大学附属高等学校

英語解答用紙

番号		氏名	

評点	／60

1

(1)　(2)　(3)　(4)　(5)　(6)

2

（問１）　(1-A)　(1-B)　(1-C)　（問２）

（問３）

（問４）　（問５）

（問６）　(6-A)　(6-B)　(6-C)　(6-D)　（問７）

（問８）　（問９）　①　②

3

（問１）　（問２）

（問３）　?

（問４）　（問５）　妖　精　に

（問６）　（問７）　（問８）

（問９）　①　②　③　④

4

(1)

(2)

(3)

(4)

（注）この解答用紙は実物を縮小してあります。Ａ３用紙に161％拡大コピーすると、ほぼ実物大で使用できます。（タイトルと配点表は含みません）

推定配点		計
	1　各２点×６ 2　問１，問２　各１点×４　問３～問５　各２点×３　問６　各１点×４ 問７，問８　各２点×２　問９　各１点×２ 3　問１～問８　各２点×８　問９　各１点×４ 4　各２点×４	60点

2024年度 筑波大学附属高等学校

数学解答用紙

番号		氏名		評点	/60

（注意）　円周率を必要とする計算では，円周率は π で表しなさい。

1	(1)	①					
		②-ア			②-イ		
	(2)	③-ア			③-イ		
	(3)	④					
2	(1)	⑤-ア	m		⑤-イ	m	
	(2)	⑥	m				
	(3)	⑦-ア	m		⑦-イ	m	
	(4)	⑧-ア	m	⑧-イ	m	⑧-ウ	m
3	(1)	⑨					
	(2)	⑩-ア	△		⑩-イ	△	
	(3)	⑪					
	(4)	⑫-ア			⑫-イ		

4	(1)	⑬	cm^2		
	(2)	⑭	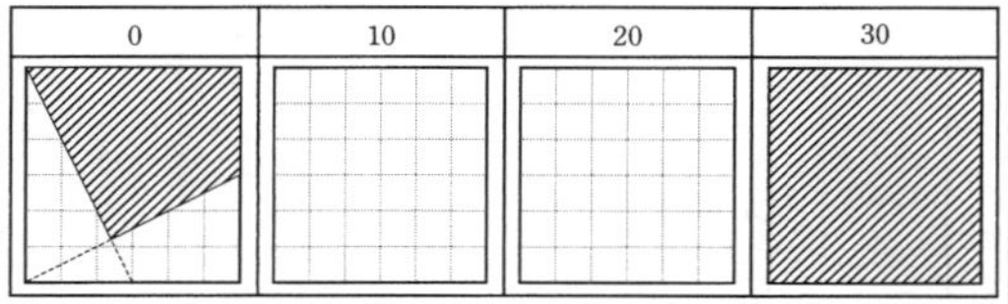		
	(3)	⑮	cm^3		
5	(1)	⑯-ア	$t =$	⑯-イ	$a =$
	(2)	⑰-ア	$u =$	⑰-イ	$u =$
	(3)	⑱	m		

（注）この解答用紙は実物を縮小してあります。172％拡大コピーすると、ほぼ実物大で使用できます。（タイトルと配点表は含みません）

推定配点	
1 各4点×3 2 (1)、(2) 各2点×2　(3)、(4) 各4点×2 3 (1)、(2) 各2点×2　(3)、(4) 各4点×2 4、5 各4点×6	
計	60点

２０２４年度　筑波大学附属高等学校

社会解答用紙

番号		氏名		評点	／60

1

問1		問2			問3		問4	

問4	

2

問1		問2		問3	

3

問1	(1)		(2)	

問2	(1)		(2)	

(3)		(4)	

4

問1		問2	A		B		C	

問3		問4		問5		問6	→ →

5

問1		問2	A		B	

C		問3			問4		問5	

6

問1		問2		問3	(1)	A		B		C		D		E		F	

X		(2)	

（注）この解答用紙は実物を縮小してあります。Ａ３用紙に161％拡大コピーすると、ほぼ実物大で使用できます。（タイトルと配点表は含みません）

推定配点		計
	1 問１　２点　問２　各１点×２　問３，問４　各２点×２ 2 問１　２点　問２　１点　問３，問４　各２点×２ 3 問１　各１点×２　問２　(1)　２点　(2)　１点　(3)　２点　(4)　１点 4 問１　２点　問２　各１点×３　問３～問６　各２点×４ 5 問１　２点　問２，問３　各１点×５　問４，問５　各２点×２ 6 問１，問２　各２点×２　問３　(1)　各１点×７　(2)　２点	60点

２０２４年度　筑波大学附属高等学校

理科解答用紙

番号		氏名		評点	/60

3

(1)										
(2)	A		B		C		D		E	
(3)	(記号)		(反応式)							
	(記号)		(反応式)							
(4)	(密度)		(略称)							
(5)										

4

(1)	①		②		③		④	
(2)								
(3)								
(4)								
(5)								

（注）この解答用紙は実物を縮小してあります。Ａ３用紙に152%拡大コピーすると、ほぼ実物大で使用できます。（タイトルと配点表は含みません）

1

A	(1)	(記号)						
		(根拠)						30
	(2)	km/時						
	(3)	気温		湿度		気圧		天気
B	(4)	①		②				
	(5)							

2

(1)										
(2)	ア		イ		ウ		エ		オ	
(3)										
(4)										
(5)										

推定配点

1 (1) 記号 1点 根拠 3点 (2) 2点 (3) 各1点×4
(4) ① 1点 ② 2点 (5) 2点
2 (1) 2点 (2) 各1点×5 (3)〜(5) 各2点×3
3 (1) 2点 (2) 各1点×5 (3) 記号 各1点×2 化学反応式 各2点×2
(4) 密度 2点 略称 1点 (5) 3点
4 (1)、(2) 各1点×6 (3) 2点 (4) 各1点×3 (5) 2点

計	60点

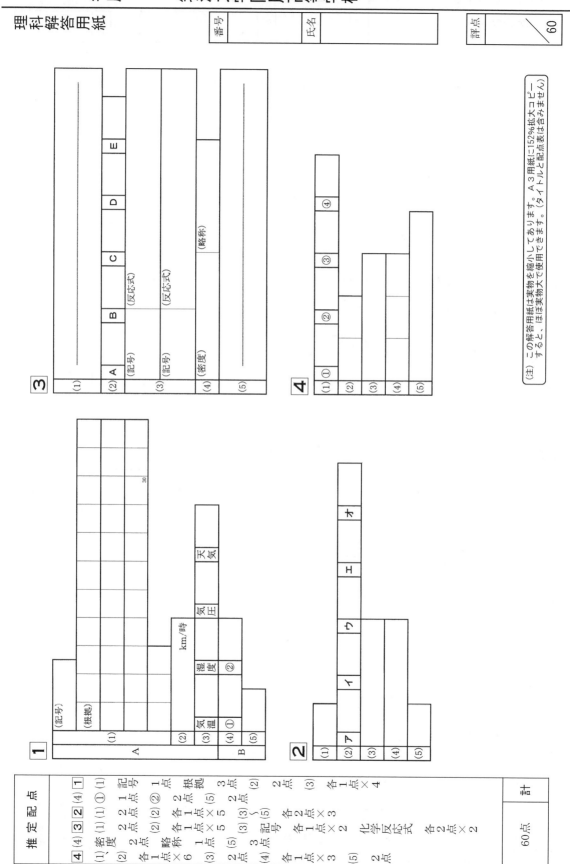

二〇二四年度　筑波大学附属高等学校

国語解答用紙

番号		氏名		評点	/60

（注意）解答用紙の一行の枠には、二行以上書いてはいけません。

一

問一	
問二	
問三	
問四	
問五	
問六	
問七	
問八	a　　b　　c　　ねる

二

問一	
問二	
問三	〜
問四	
問五	
問六	
問七	a　　b　　c

（注）この解答用紙は実物を縮小してあります。B４用紙に130％拡大コピーすると、ほぼ実物大で使用できます。（タイトルと配点表は含みません）

推定配点	計
一　問一、問二　各3点×2　問三　4点　問四　3点　問五　4点　問六　3点　問七　4点　問八　各2点×3 二　問一〜問六　各4点×6　問七　各2点×3	60点

２０２３年度　筑波大学附属高等学校

英語解答用紙

番号		氏名	

評点	／60

1

(1)　(2)　(3)　(4)　(5)　(6)

2

（問１）

（問２）　（問３）　（問４）

（問５）馬は人の

（問６）　→　→　→　（問７）

（問８）(8-A)　(8-B)　(8-C)　(8-D)　（問９）

3

（問１）　（問２）

（問３）

（問４）　（問５）(5-A)　(5-B)

（問６）　（問７）

（問８）　（問９）

4

(1)

(2) I know it's impossible, but .

(3)

(4)

（注）この解答用紙は実物を縮小してあります。Ａ３用紙に156%拡大コピーすると、ほぼ実物大で使用できます。（タイトルと配点表は含みません）

推定配点		計
	1　各２点×６ 2　問１～問７　各２点×７　問８，問９　各１点×６ 3　問１～問８　各２点×９　問９　各１点×２ 4　各２点×４	60点

２０２３年度　筑波大学附属高等学校

数学解答用紙

番号		氏名		評点	／60

（注意）　円周率を必要とする計算では，円周率は π で表しなさい。

1	(1)	①	b =
		②	MK－NL =
	(2)	③	NL =
	(3)	④	(ア)　(イ)　(ウ)　(エ)　いずれかに○をすること。 理由：
2	(1)	⑤	倍
	(2)	⑥	AR = 　cm
	(3)	⑦-ア	⑦-イ
3	(1)	⑧	km
	(2)	⑨	km
	(3)	⑩-ア	午後　時　⑩-イ　分

4	(1)	⑪	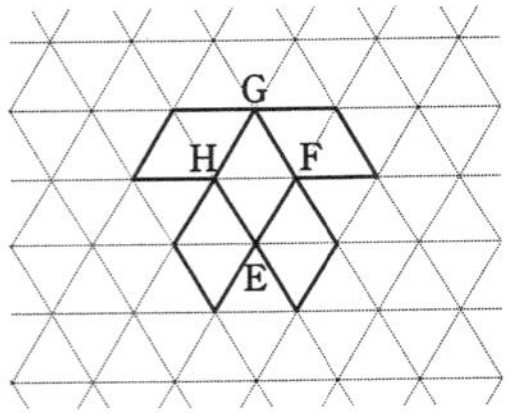
	(2)	⑫	CE = 　cm
	(3)	⑬	cm^2
5	(1)	⑭	
	(2)	⑮	
	(3)	⑯	

（注）この解答用紙は実物を縮小してあります。Ａ３用紙に149%拡大コピーすると、ほぼ実物大で使用できます。（タイトルと配点表は含みません）

推定配点	
1 (1) 各2点×2　(2)、(3) 各4点×2 2～5 各4点×12	
60点	計

2023年度　筑波大学附属高等学校

社会解答用紙

番号		氏名		評点	／60

1

問1 (1)　　(2)　　問2

問3 地図　　理由

2

問1　　問2　　問3

問4

3

問1 (1) A　　B　　(2)

(3)　　(4)　　(5)

問2 (1)　　(2)

4

問1　　問2　　問3 (1)　　(2)

問4　　問5

5

問1 (1)　　(2)　　(3)　　問2 (1)　　(2)

6

問1　　パック　　問2 (1) 経子さん　　円　　済くん　　円

(2)

問3 ア　　イ　　委員会　　問4

(注) この解答用紙は実物を縮小してあります。Ａ３用紙に164%拡大コピーすると、ほぼ実物大で使用できます。(タイトルと配点表は含みません)

推定配点		計
	1 問１　⑴　各１点×２　⑵　２点　問２，問３　各２点×２ 2 各２点×４ 3 問１　⑴，⑵　各１点×３　⑶～⑸　各２点×３　問２　各２点×２ 4，5 各２点×11 6 問１　１点　問２　⑴　各１点×２　⑵　２点　問３　各１点×２　問４　２点	60点

２０２３年度　筑波大学附属高等学校

理科解答用紙

番号　　氏名　　評点　／60

1

(1)

(2)

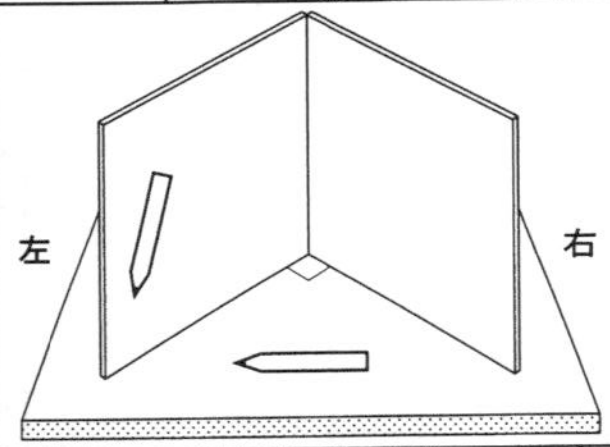

(3) ①

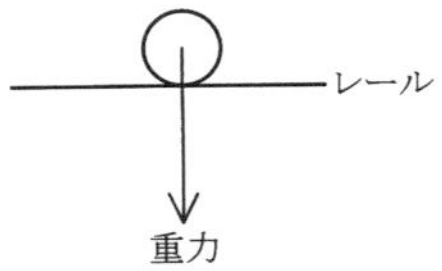

② a　b　c

③ (記号)
(理由)

2

(1) A　B　C

(2)

(3) ①　②　③

(4) ④

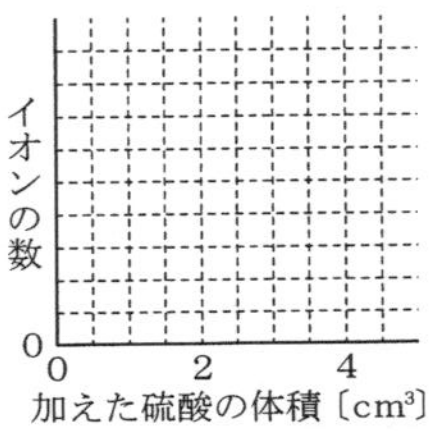

⑤

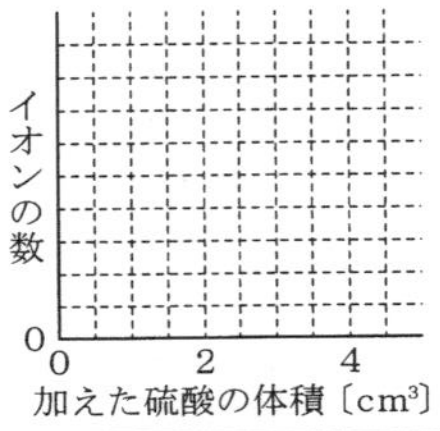

(5) D　E

3

(1)

(2) ①　②　③

(3) ①　②

(4) ①
② (実験)
(結果)
③

4

(1) ①　②　③　(2)　°

(3)　%　(4)　km

(5) ①　°
② (気温差)
(理由)

(注)　この解答用紙は実物を縮小してあります。Ａ３用紙に154%拡大コピーすると、ほぼ実物大で使用できます。(タイトルと配点表は含みません)

推定配点

1 (1) 各1点×2　(2) 2点　(3) ① 2点　② 各1点×3　③ 3点

2 (1) 各1点×3　(2)～(4) 各2点×6　(5) 各1点×2

3 (1) 各1点×3　(2) ①、② 各1点×2　③ 2点　(3) 各1点×2

(4) ① 2点　②、③ 各3点×2

4 (1) 各1点×3　(2)～(4) 各2点×3　(5) ① 2点　② 3点

計　60点

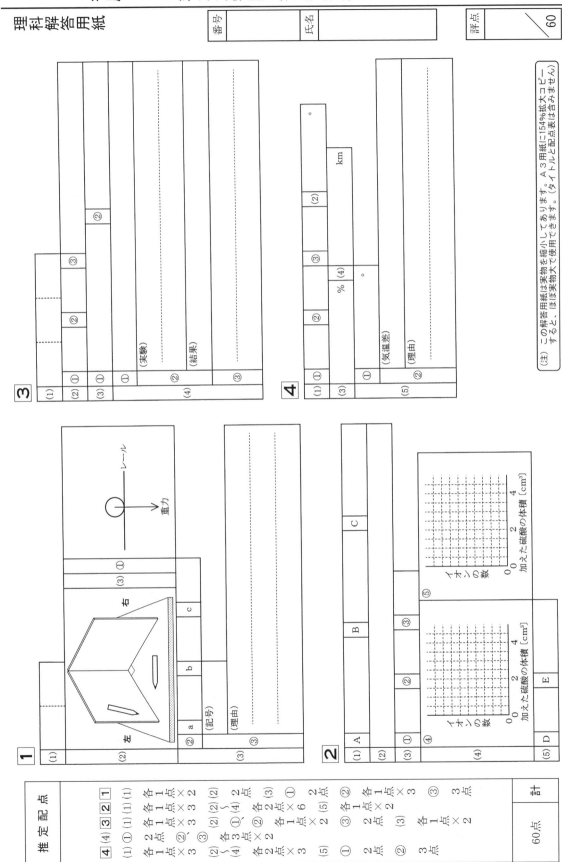

二〇二三年度　筑波大学附属高等学校

国語解答用紙

番号		氏名		評点	/60

（注意）解答用紙の一行の枠には、二行以上書いてはいけません。

一

問一	
問二	
問三 (1)	（20／40）
問三 (2)	
問四	
問五	
問六	a　　b　　c　　d

二

問一	
問二	
問三	
問四	
問五	（15／20）
問六	
問七	
問八	a　　b　　c

（注）この解答用紙は実物を縮小してあります。Ｂ４用紙に139％拡大コピーすると、ほぼ実物大で使用できます。（タイトルと配点表は含みません）

推定配点		計
	一　問一、問二　各３点×２　問三～問五　各４点×４　問六　各２点×４ 二　問一、問二　各３点×２　問三　４点　問四　３点　問五、問六　各４点×２　問七　３点　問八　各２点×３	60点

２０２２年度　筑波大学附属高等学校

英語解答用紙

番号		氏名	

評点	／60

1

(1) (2) (3) (4) (5) (6)

2

（問１）

（問２）

（問３）

（問４）　（問５）

（問６）Well, (　　) (　　) not (　　) me anymore

（問７）　（問８）　（問９）

3

（問１）　（問２）　（問３）　（問４）

（問５）　（問６）(6-A)　(6-B)

（問７）

（問８）

（問９）　（問１０）

4

(1)

(2)

(3)

(4) Yes, but

（注）この解答用紙は実物を縮小してあります。Ａ３用紙に156%拡大コピーすると、ほぼ実物大で使用できます。（タイトルと配点表は含みません）

推定配点		計
	1～4　各２点×30〔3問６は完答〕	60点

2022年度 筑波大学附属高等学校

数学解答用紙

番号　　　　氏名　　　　評点　　／60

1	(1)	①	〈18〉＝	
	(2)	②	n ＝	
	(3)	③		個
	(4)	④	n ＝	
2	(1)	⑤	BC ＝	cm
	(2)	⑥	BD ＝	cm
	(3)	⑦		cm^2
3	(1)	⑧	時速	km
	(2)	⑨-ア	秒　⑨-イ	秒未満
	(3)	⑩		秒後
4	(1)	⑪	x ＝	
	(2)	⑫		cm^2
	(3)	⑬		cm^3

5	(1)	⑭	点
	(2)	⑮	点
	(3)	⑯	あり得る　　あり得ない (理由)
	(4)	⑰	

(注) この解答用紙は実物を縮小してあります。A３用紙に167%拡大コピーすると、ほぼ実物大で使用できます。(タイトルと配点表は含みません)

推定配点	
1	(1)～(3) 各3点×3　(4) 4点
2	各3点×3
3	(1) 3点　(2) 各2点×2　(3) 4点
4	(1)、(2) 各3点×2　(3) 4点
5	(1)、(2) 各3点×2　(3) 8点　(4) 3点
計	60点

2022年度　筑波大学附属高等学校

社会解答用紙

番号		氏名	

評点　／60

1

問1　問2 A　B　問3

問4 C　D

2

問1　問2　問3　問4 (1)

問4 (2)

3

問1 (1)　(2)　(3)

問2 (1)　(2)　→　→　→

問3 (1) A　B　C

問3 (2) D　E

4

問1　問2　問3 (1)　(2)

問4　問5

5

問1 A　万人 B　問2　問3　問4

問5 P　Q　% R　万人

問5 S

6

問1　万円 問2　問3　問4

問5　問6

問7 F　G　H

(注) この解答用紙は実物を縮小してあります。A３用紙に167%拡大コピーすると、ほぼ実物大で使用できます。(タイトルと配点表は含みません)

推定配点		計
推定配点	1　各１点×６　2　問１～問３　各１点×３　問４　(1)　１点　(2)　２点 3　問１　各１点×４　問２，問３　各２点×７〔問２は各２点×２〕 4　問１　１点　問２　２点　問３～問５　各１点×６ 5　各１点×10　6　問１～問３　各１点×３　問４　２点　問５　１点 問６　２点　問７　各１点×３	60点

2022年度　筑波大学附属高等学校

理科解答用紙

番号		氏名		評点	/60

1

(1)	N	(2)	N	(3)	P　cm	Q　cm

2

(1)		(2)		(3)	

3

(1)

(2)

(3) ①　②　③　④

4

(1) ①

②

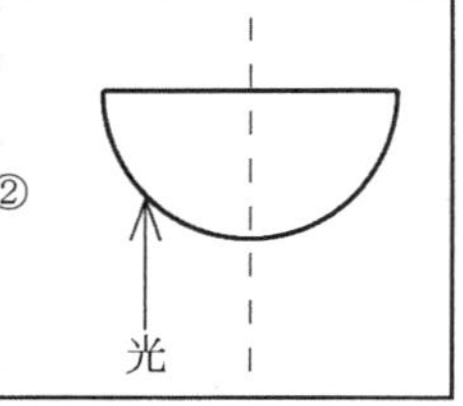

(2) 図　文

(3)

5

(1)

(2) ①　②

(3) ①　②　③

(4) X　Y

6

(1)

(2)

(3)

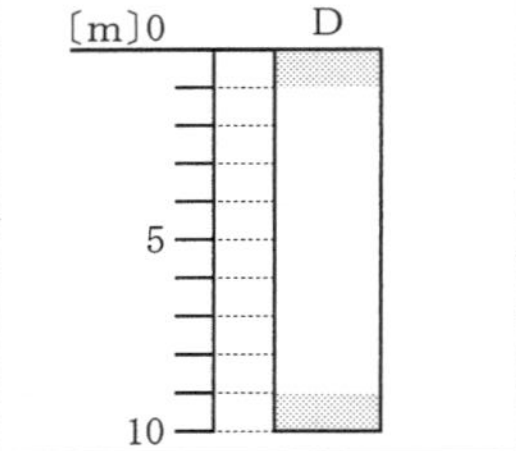

7

(1)

(2)

(3) 質量　g　体積　mL

8

(1) X　Y

(2)

(3)

(4) ビーカー　生物群

（注）この解答用紙は実物を縮小してあります。Ｂ４用紙に141%拡大コピーすると、ほぼ実物大で使用できます。（タイトルと配点表は含みません）

推定配点

1 各2点×4
2 (1) 2点 (2)、(3) 各1点×2
3 (1) 各1点×3 (2) 3点 (3) 各1点×4
4 (1) ① 1点 ② 3点 (2) 各1点×2 (3) 2点
5 (1)～(3) 各1点×8 (4) 2点
6 (1)、(2) 各1点×2 (3) 3点
7 (1) 1点 (2) 2点 (3) 各1点×2
8 (1) 各1点×2 (2)～(4) 各2点×4

計 60点

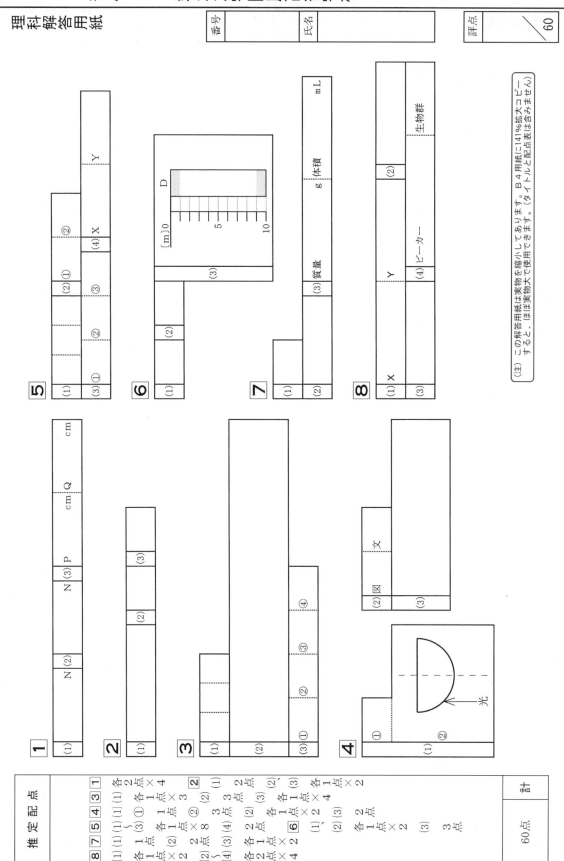

二〇二二年度　筑波大学附属高等学校

国語解答用紙

番号		氏名		評点	／60

（注意）解答用紙の一行の枠には、二行以上書いてはいけません。

一

問一	A　　B
問二	
問三	
問四	20　80　20
問五	25
問六	
問七	a　　b　　c　　d

二

問一	
問二	
問三	
問四	A　〜　B　〜
問五	
問六	
問七	
問八	a　　b

（注）この解答用紙は実物を縮小してあります。Ｂ４用紙に130%拡大コピーすると、ほぼ実物大で使用できます。（タイトルと配点表は含みません）

推定配点	
	一 問一〜問三　各３点×４　問四、問五　各４点×２　問六　３点　問七　各２点×４ 二 問一　３点　問二　４点　問三〜問七　各３点×６　問八　各２点×２
計	60点

２０２１年度　　筑波大学附属高等学校

英語解答用紙

番号		氏名	

評点	／60

1

(1)　(2)　(3)　(4)　(5)　(6)

2

（問１）　（問２）　（問３）　（問４）　（問５）

（問６）

（問７）　(7-A)　(7-B)

（問８）　（問９）　（問１０）

3

（問１）

（問２）

（問３）　（問４）　（問５）　（問６）

（問７）　（問８）　（問９）

（問１０）

4

(1)

(2)

(3)

(4)

（注）この解答用紙は実物を縮小してあります。Ａ３用紙に161％拡大コピーすると、ほぼ実物大で使用できます。（タイトルと配点表は含みません）

推定配点		計
	1　各２点×６ 2　問１～問６　各２点×６　問７　各１点×２　問８～問10　各２点×３ 3，4　各２点×14	60点

2021年度 筑波大学附属高等学校

数学解答用紙

番号		氏名		評点	/60

1	(1)	①			
	(2)	②-ア	$a=$	②-イ	$c=$
2		③-ア		③-イ	
		④			
		⑤			
		⑥			
		⑦-ア	(　　)	⑦-イ	(　　)
		⑧			
3	(1)	⑨			
	(2)	⑩-ア	$n=$	⑩-イ	本
4	(1)	⑪	本		
	(2)	⑫	線分		
	(3)	⑬	点		
	(4)	⑭	線分		

5	(1)	⑮	CF ＝　　cm
	(2)	⑯	AB ＝　　cm
	(3)	⑰	

(注) この解答用紙は実物を縮小してあります。A３用紙に167%拡大コピーすると、ほぼ実物大で使用できます。(タイトルと配点表は含みません)

推定配点	
1	(1) 3点 (2) 各2点×2
2	③ 各2点×2 ④～⑥ 各3点×3 ⑦ 各2点×2 ⑧ 3点
3	(1) 3点 (2) 各2点×2
4	各3点×4
5	(1)、(2) 各3点×2 (3) 8点
計	60点

２０２１年度　筑波大学附属高等学校

社会解答用紙

番号		氏名		評点	/60

1

問1				問2	問3	
(1)	→ →	(2)				

2

問1	問2				問3
	(1)	軸	(2)		

問4					
(1)	型	(2)	客層1		理由
		(2)	客層2		理由

3

問1		問2				問3	問4	問5	問6	
		a		b			→ → →		出来事	

問6	
説明	

4

問1				問2	問3				問4
(1)		(2)			(1)		(2)		

5

問1				問2
A		B		

問3	問4	問5									
		ア		イ		ウ		エ		オ	

6

問1	問2				問3	問4	問5
	Aさん	個	Bさん	個	下欄に記入すること		法

問3

（注）この解答用紙は実物を縮小してあります。Ａ３用紙に164％拡大コピーすると、ほぼ実物大で使用できます。（タイトルと配点表は含みません）

推定配点

1 各1点×5　2 問1 1点　問2 (1) 1点 (2) 2点　問3 1点　問4 (1) 1点 (2) 各2点×2　3 問1 各1点×2　問2 各2点×2　問3 1点　問4〜問6 各2点×3　4 問1、問2 各2点×3　問3、問4 各1点×3　5 問1、問2 各2点×3　問3〜問5 各1点×7　6 問1 2点　問2 各1点×2　問3〜問5 各2点×3

計	60点

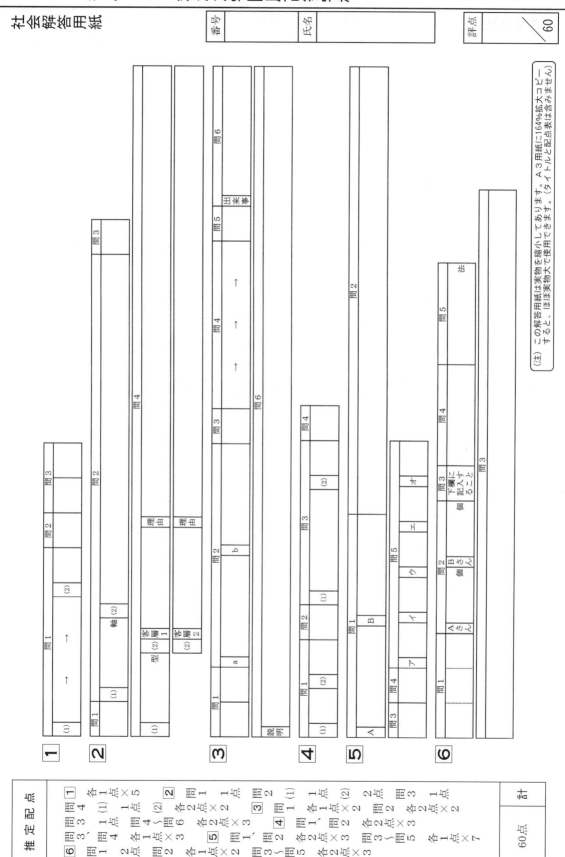

２０２１年度　筑波大学附属高等学校

理科解答用紙

番号		氏名		評点	/60

1

(1)

(2)		(3)		(4)	

2

(1)	ア		イ	
(2)	①	A →　→　→　→　→		
	②			
(3)				

3

(1)	秒速　m	(2)		(3)		(4)	

4

(1)	a		b		(2)		(3)	

5

(1)	Ω	(2)	：	(3)	秒後
(4)					

6

(1)	%	(2)		(3)	
(4)					

7

(1)	A		B		(2)	
(3)						
(4)	記号					
	理由					

8

(1)						
(2)		(3)	番号		名称	
(4)						

（注）この解答用紙は実物を縮小してあります。Ａ３用紙に152%拡大コピーすると、ほぼ実物大で使用できます。（タイトルと配点表は含みません）

推定配点

1　各1点×5
3　各1点×4
5　各2点×4
7　(1)　各1点×2　(2)～(4)　各2点×4
8　(1)　2点　(2)　3点　(3)、(4)　各2点×3
2　(1)、(2)　各1点×4　(3)　3点
4　(1)　各2点×2　(2)　3点　(3)　2点
6　(1)、(2)　各1点×2　(3)　3点　(4)　1点

計	60点

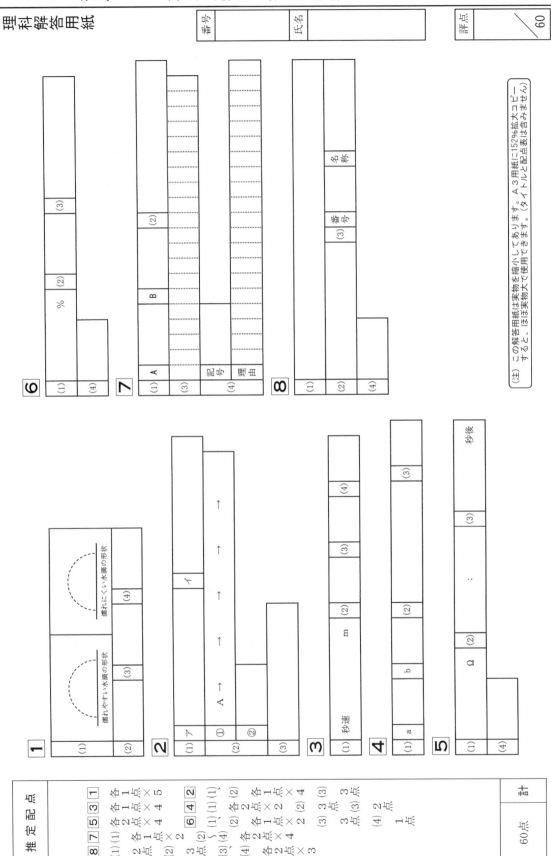

二〇二二年度　筑波大学附属高等学校

国語解答用紙

番号		氏名		評点	/60

（注意）解答用紙の一行の枠には、二行以上書いてはいけません。

一

問一　〜

問二

問三

問四

問五

問六　15　40

問七

問八　a　b　c　d

二

問一

問二　あ、い　え　12　30

問三

問四

問五

問六

問七　15　30

問八

問九　a　b

（注）この解答用紙は実物を縮小してあります。Ａ３用紙に147%拡大コピーすると、ほぼ実物大で使用できます。（タイトルと配点表は含みません）

推定配点		計
	一　問一〜問五　各３点×５　問六　４点　問七　３点　問八　各２点×４ 二　問一　３点　問二　４点　問三〜問六　各３点×４　問七　４点　問八　３点　問九　各２点×２	60点

２０２０年度　筑波大学附属高等学校

英語解答用紙

番号		氏名	

評点	／60

1 (1) (2) (3) (4) (5) (6)

2 （問１） （問２） （問３） （問４） （問５） （問６） （問７） （問８）

（問９） ① ② ③ ④

3 （問１） （問２） （問３） （問４） （問５） （問６） （問７） （問８） （問９） （問１０）

4 (1) (2) (3) (4)

（注）この解答用紙は実物を縮小してあります。Ａ３用紙に161％拡大コピーすると、ほぼ実物大で使用できます。（タイトルと配点表は含みません）

推定配点		計
	1　各２点×６ 2　問１～問８　各２点×８　問９　各１点×４ 3, 4　各２点×14	60点

２０２０年度　筑波大学附属高等学校

数学解答用紙

番号		氏名		評点	/60

1	(1)	①-ア	個	①-イ	
		②			
	(2)	③	a =		
2	(1)	④	x =		
	(2)	⑤	回		
	(3)	⑥			
3	(1)	⑦			
	(2)	⑧	倍		
	(3)	⑨	cm^2		
4	(1)	⑩	r = 　cm		
	(2)	⑪-ア	辺	⑪-イ	cm
	(3)	⑫	倍		

5	(1)	⑬	n =
	(2)	⑭	(m, n) =

（注）この解答用紙は実物を縮小してあります。169％拡大コピーすると、ほぼ実物大で使用できます。（タイトルと配点表は含みません）

推定配点	
1 (1) ① 各3点×2　② 4点　(2) 4点 2 ～ 4 各4点×9〔4(2)は完答〕 5 (1) 4点　(2) 6点	
計	60点

２０２０年度　筑波大学附属高等学校

社会解答用紙

番号　　氏名　　評点　／60

1　問1　問2　問3　問4 (1) (2) X Y

2　問1　問2　問3　問4

3　問1 時代 → 時代 → 時代 → 時代　問2　問3　問4　問5

問6 C D E

4　問1 (1) B C (2) (3)　問2　問3　問4

5　問1 (1) A B (2) (3)

問2 a b c d e　問3

6　問1 A 円 B 円 C 円 D 円 E 円 F 円 G 円

問2 (1) (2)　問3 (1) (2)

（注）この解答用紙は実物を縮小してあります。Ａ３用紙に159％拡大コピーすると、ほぼ実物大で使用できます。（タイトルと配点表は含みません）

推定配点		計
	1 問1～問3　各1点×4　問4 (1) 1点 (2) 各2点×2 **2** 問1～問3　各1点×3　問4　2点 **3** 問1　2点　問2～問5　各1点×4　問6 C、D　各1点×2　E　2点 **4** 問1、問2　各1点×7　問3　2点　問4　1点 **5** 問1 (1) 各2点×2 (2) 1点 (3) 2点　問2　各1点×5　問3　2点 **6** 問1　各1点×7　問2 (1) 2点 (2) 1点　問3　各1点×2	60点

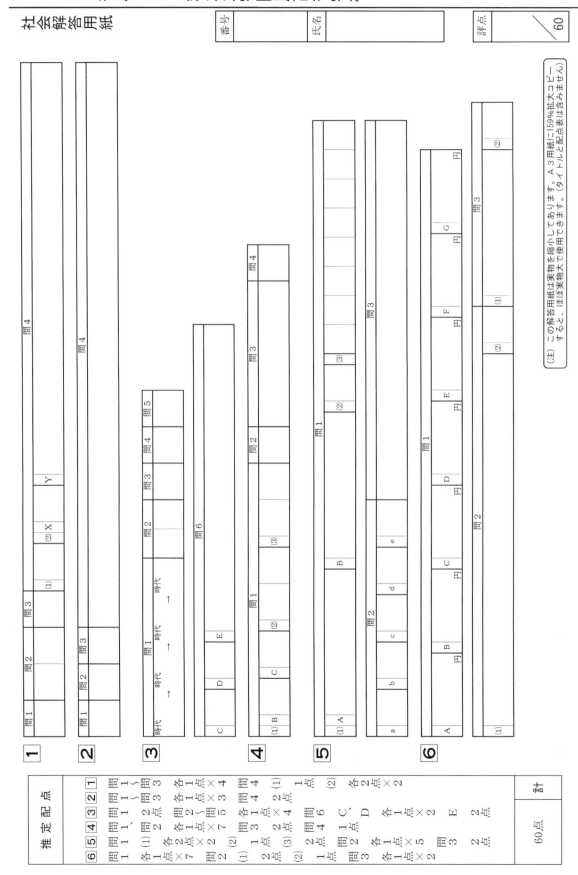

2020年度 筑波大学附属高等学校

理科解答用紙

番号 　　 氏名 　　 評点 　／60

1

(1) ① 　② 　(2)
(3) 度

2

(1) Ω (2) (3) (4)

3

(1)
(3)
(4)
(2)

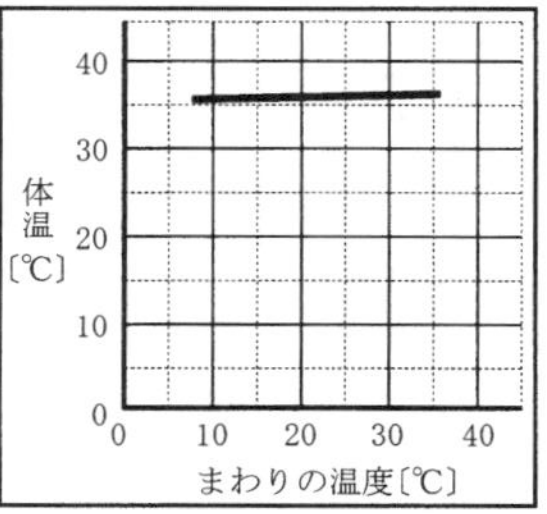

4

(1) ① ② ③ (2) ④ ⑤ ⑥
(3)
(4)

5

(1) (2) (3)

6

(1) m/秒 (2) (3) (4) ① ②

7

(1) A B C
(2) (3)
(4) E

8

(1) (2) : (3)
(4) g

（注）この解答用紙は実物を縮小してあります。Ｂ４用紙に137%拡大コピーすると、ほぼ実物大で使用できます。（タイトルと配点表は含みません）

推定配点

1〜3 各2点×12
4 (1)、(2) 各1点×6 (3)、(4) 各2点×2
5〜7 各1点×18
8 各2点×4

計
60点

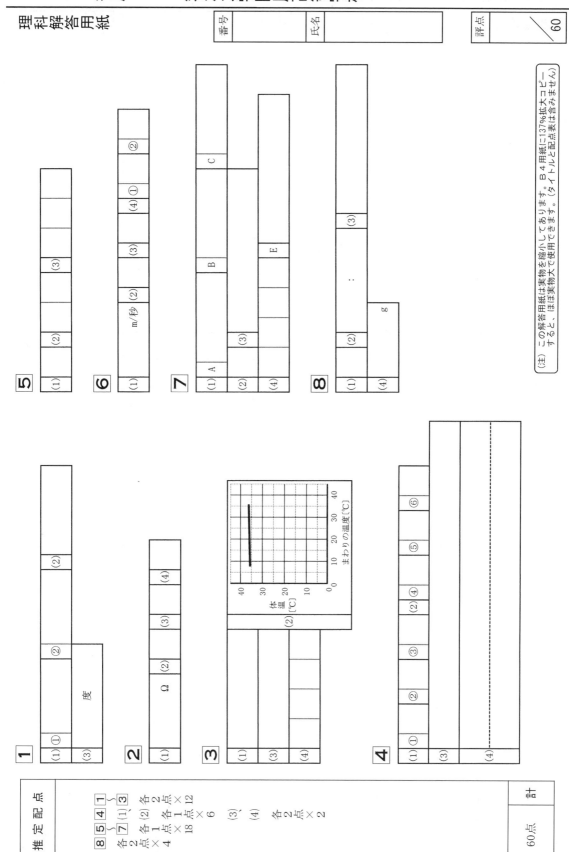

二〇二〇年度　筑波大学附属高等学校

国語解答用紙

番号		氏名		評点	/60

一

（注意）解答用紙の一行の枠には、二行以上書いてはいけません。

問一	
問二	
問三	・
	・
問四	
問五	
問六	
問七	
問八	
問九	
問十	a　　b　　c

二

問一	a
	b
問二	
問三	15 / 60
問四	
問五	
問六	
問七	

（注）この解答用紙は実物を縮小してあります。B４用紙に135%拡大コピーすると、ほぼ実物大で使用できます。（タイトルと配点表は含みません）

推定配点		計
	一 問一　4点　問二　3点　問三　各2点×2　問四～問九　各3点×6　問十　各2点×3 二 問一　各2点×2　問二　3点　問三　5点　問四、問五　各3点×2　問六　4点　問七　3点	60点

Memo

Memo